中国社会保险管理服务发展报告

（2018—2019）

中国社会保险学会社会保险管理服务专业委员会
山东工商学院公共管理学院
组织编写

孟昭喜　傅志明　主编

中国劳动社会保障出版社

图书在版编目(CIP)数据

中国社会保险管理服务发展报告. 2018-2019/孟昭喜，傅志明主编. -- 北京：中国劳动社会保障出版社，2020

ISBN 978-7-5167-4819-0

Ⅰ. ①中…　Ⅱ. ①孟…②傅…　Ⅲ. ①社会保险-保险管理-研究报告-中国-2018-2019　Ⅳ. ①F842. 61

中国版本图书馆 CIP 数据核字(2020)第 236039 号

中国劳动社会保障出版社出版发行

（北京市惠新东街 1 号　邮政编码：100029）

*

保定市中画美凯印刷有限公司印刷装订　　新华书店经销

787 毫米×1092 毫米　16 开本　28. 5 印张　432 千字

2020 年 12 月第 1 版　　2020 年 12 月第 1 次印刷

定价：75. 00 元

读者服务部电话：（010）64929211/84209101/64921644

营销中心电话：（010）64962347

出版社网址：http://www.class.com.cn

不辱使命　不负韶华

（序言）

《中国社会保险管理服务发展报告（2018—2019）》作为这一专业领域系列蓝皮书的第四部，保持自2014年以来每两年编撰一部的节奏如约面世。它记录了自2018年至2019年我国社会保险管理服务工作的总体面貌，展现了突出特点。两年时间不算长，但我国社会保障领域的内外部环境、目标追求、体制机制等都发生了诸多重大变化，引领着、推动着社会保险经办管理服务的改革创新，使之成为中国经济社会发展宏大乐章的组成部分。

从外部变量观察，这两年有三个不同以往的特异点。其一，顶层设计升级。党的十九大作出中国特色社会主义进入新时代的论断，深刻指出我国社会主要矛盾已经转化为人民日益增长的美好生活需求和不平衡不充分的发展之间的矛盾，谋划了至本世纪中叶全面建设社会主义现代化强国的新征程。在被称为新“三步走”战略的第一步——“全面建成小康社会决胜期”，社会保障领域的专项目标确定为“全面建成覆盖全民、城乡统筹、权责清晰、保障适度、可持续的多层次社会保障体系”。而在总共只有三年多的时长里，2018—2019年所占分量特别重。社会保险管理服务作为满足人民美好生活需求必需的公共品供给，这两年的质量数量要求既新且高。其二，时间节点特殊。2018年是我国改革开放四十周年，2019年是中华人民共和国成立七十周年。在这样的“大日子”当口，各项工作的完成进度往往具有某种特殊含义。在社会保险管理服务方面，覆盖规模、保障水平、服务质量三大指标尤为社会所高度关注，既是压力也是动力。其三，条件约束硬化。过去两年，世界正经历百年未有之大变局的表征愈益凸显，国际政治经济局势不确定性、不稳定性增强，我国经济下行压力加大，对我国社会保障的财务平衡和制度可持续性提出新的挑战。而处于一线阵地的社会保险经办管理工作直接承担着繁重任务，经受着空前考验和历练。

从内部变革角度观察，这两年社保制度和政策的开创点多、力度大，对社会保险管理服务具有重大影响的举措至少有六项：全面实行税务机关征收社会保险费和医保机构单立在内的社保经办体制变化，确立企业职工基本养老保险基金全国统筹目标并实施中央调剂制度，持续降低社会保险费率尤其是大幅下调企业基本养老保险费率，提出建立全国统一的社会保险公共服务平台并大力推进便民化行风建设，按照中央脱贫攻坚战三年行动的部署启动社保扶贫三年实施方案，地方社会保险经办机构受命承担职业年金“代理人”职责参与养老金第二支柱运行。这些新变化、新任务、新问题、新要求，同样使社会保险管理服务工作经受空前考验和历练。

令人欣慰的是，全国各级各类社会保险经办管理机构围绕中心，服务大局，开拓创新，奋力拼搏，在过去两年中取得了一系列新进展、新成就，积累了新经验，锻炼了新本领，用“不辱使命、不负韶华”来评价是恰如其分的。具体数据、指标在本书中有详尽描述，无须序言赘述。需要对读者稍作提示的是，本书与上一部蓝皮书在保持总体结构布局一致的基础上，新增了具有这两年特点的篇章，如专题报告有七个之多，比上一部多了两个，特别是“专题七　问题与探索：社会保险管理服务重大问题研究进展”，首次将这方面的科研状况纳入记述范围，希冀达到既脚踏实地又仰望星空的效果。又如“第四部分　专论”，总括了新中国成立七十年来探索和建立中国特色社会保险体系的艰辛历程和基本经验，这一段壮阔历史、如歌岁月也使本书的编撰者多受教益，唯有尽心竭力编纂好本系列蓝皮书，以更准确的史实记述、更精到的思想提炼，来致敬全国各级各类社会保险管理服务的工作者，致敬七十年来社会保障领域的一代代奋斗者。

两年前，第三部蓝皮书序言的结尾是这样写的：“2020 年一天天走近，全面实现“十三五”社会保险体系建设目标尚需艰苦努力，2020 年之后还有更高、更新的奋斗目标。希望这部报告，以及以后的第四部、第五部……报告，能为我国社会保险深化改革和持续发展不断注入新知和活力。”今天，这段话只要稍改几个字，就可能适合作为本序的结尾：本书付梓时，2020 年正一天天走尽，全面实现“十三五”社会保险体系建设目标已成定局，但 2020 年之后还有更高、更新的奋斗目标。希望这部报告，以及以后的第五部、第六部……报告，能为我国社会保险深化改革和持续发展不断注入新知和活力。

中国社会保险学会会长

胡晓义

2020 年 10 月

目 录

CONTENTS

第一部分

总论

2018年是“十三五”规划第三年、党的十九大确立的“三步走”战略起始之年，打赢脱贫攻坚战三年行动第一年。从这一年开始，我国进入“全面建成小康社会决胜期”。2019年则是新中国成立七十周年。这两年中国社会保险管理服务的发展，不仅任务重大，关系到“十三五”规划提出的目标任务能否顺利完成，也关系到能否打赢脱贫攻坚战、取得全面建成小康社会的决定性胜利；而且任务也很艰巨，所面临的形势发生了很大变化，对社会保险管理服务的发展提出了更高的要求，也带来了诸多挑战。各级社保经办机构和医保经办机构经办管理与服务人员“不忘初心、牢记使命”，以改革创新的精神贯彻落实中央部署，攻坚克难，积极探索，顺利推进管理体制改革和各项重大政策落实，创新经办服务模式，完成了一系列重大任务，将社会保险管理服务推进到了一个新的高度。

一、面临的形势

（一）中国特色社会主义进入新时代

2017年10月，中国共产党第十九次全国代表大会胜利召开，宣告中国特色社会主义进入新时代。这个新时代，不仅是决胜全面建成小康社会、进而全面建设社会主义现代化强国的时代，也是全国各族人民团结奋斗、不断创造美好生活、逐步实现全体人民共同富裕的时代。社会主要矛盾已经转化为人民日益增长的美好生活需要和不平衡不充分的发展之间的矛盾。逐步解决这一矛盾，成为今后几十年经济社会发展的中心任务。

新时代对社会保险事业的发展提出了新要求。必须坚持以人民为中心的发展思想，在发展中补齐民生短板、促进社会公平正义，保证全体人民在共建共享发展中有更多获得感，不断促进人的全面发展、全体人民共同富裕。按照兜底线、织密网、建机制的要求，全面建成覆盖全民、城乡统筹、权责清晰、保障适度、可持续的多层次社会保障体系。全面实施全民参保计划。完善城镇职工基本养老保险和城乡居民基本养老保险制度，尽快实现养老保险全国统筹。完善统一的城乡居民基本医疗保险制度和大病保险制度。完善失业保险、工伤保险制度。建立全国统一的社会保险公共服务平台。坚决打赢脱贫攻坚战，确保到2020年我国现行标准下农村贫困人口实现脱贫，贫困县全部摘帽。实施健康中国战略，全面建立中国特色医疗保障制度，为人民群众提供全方位全生命周期健康服务。在组织实施上，要抓住人民最关心最直接最现实的利益问题，既尽力而为，又量力而行，一件事情接着一件事情办，一年接着一年干。坚持人人尽责、人人享有，坚守底线、突出重点、完善制度、引导预期，完善公共服务体系，保障群众基本生活，不断满足人民日益增长的美好生活需要，不断促进社会公平正义，形成有效的社会治理、良好的社会秩序，使人民获得感、幸福感、安全感更加充实、更有保障、更可持续。

（二）全面建成小康社会进入决胜阶段

“小康”是1979年12月6日邓小平在会见日本前首相大平正芳时首次使用的，用来描述到20世纪末中国现代化要达到的目标，即“第三世界中比较富裕一点的国家的水平”。1984年，邓小平又将其确定为“国民生产总值人均800美元”。1998年，我国人均GDP达到828美元。2000年10月，党的十五届五中全会公报宣布：我国人民生活总体上达到了小康水平，从新世纪开始将进入全面建设小康社会，加快推进现代化的新的发展阶段。2002年11月，党的十六大报告明确提出要在21世纪头二十年，集中力量，全面建设惠及十几亿人口的更高水平的小康社会。2007年10月党的十七大报告和2012年11月党的十八大报告都提出，要确保到2020年实现全面建成小康社会的奋斗目标。

从2018年到2020年，距离实现全面建成小康社会的目标仅剩下三年时间，党的十九大报告将这三年确定为全面建成小康社会决胜期，要按照十六大、十七大、十八大提出的全面建成小康社会各项要求，紧扣我国社会主要矛盾变化，统筹推进经济建设、政治建设、文化建设、社会建设、生态文明建设，坚定实施科教兴国战略、人才强国战略、创新驱动发展战略、乡村振兴战略、区域协调发展战略、可持续发展战略、军民融合发展战略，突出抓重点、补短板、强弱项，特别是要坚决打好防范化解重大风险、精准脱贫、污染防治攻坚战，使全面建成小康社会得到人民认可、经得起历史检验。

全面建成小康社会进入决胜阶段，社会保险事业的发展也必须按照党的十六大、十七大和十八大提出的民生保障目标要求（见表1-1），紧扣我国社会主要矛盾变化，突出抓重点、补短板、强弱项，打好社保扶贫攻坚战，力争实现社会保险法定人员全覆盖，总体上实现公共服务均等化。

表1-1　　党的十六大、十七大、十八大提出的民生保障目标

	民生保障目标
十六大	（1）社会保障体系比较健全；（2）社会就业比较充分；（3）家庭财产普遍增加，人民过上更加富足的生活
十七大	（1）覆盖城乡居民的社会保障体系基本建立，人人享有基本生活保障；（2）合理有序的收入分配格局基本形成，中等收入者占多数，绝对贫困现象基本消除；（3）人人享有基本医疗卫生服务
十八大	（1）基本公共服务均等化总体实现；（2）收入分配差距缩小，中等收入群体持续扩大，扶贫对象大幅减少；（3）社会保障全民覆盖，人人享有基本医疗卫生服务，住房保障体系基本形成，社会和谐稳定

（三）基本公共服务均等化深入推进

2012年，国务院印发了《国家基本公共服务体系“十二五”规划》（国发〔2012〕29号），提出到2020年争取基本实现基本公共服务均等化，即全体公民都能公平可及地获得大致均等的基本公共服务，其核心是促进机会均等，重点是保障人民群众得到基本公共服务的机会，而不是简单地平均化。规划确定了八个领域的基本公共服务，社会保险是其中之一。2017年，国务院又印发了《“十三五”推进基本公共服务均等化规划》（国发〔2017〕9号），提出到2020年，基本公共服务体系更加完善，体制机制更加健全，在学有所教、劳有所得、病有所医、老有所养、住有所居等方面持续取得新进展，基本公共服务均等化总体实现。

自2012年以来，国务院及各部委密集出台了一系列推进基本公共服务均等化的政策文件，持续推进公共服务体系建设，推动公共服务领域“放管服”改革，建立健全各种制度与标准规范，特别是以“互联网+政务服务”为核心推进一体化在线政务服务平台建设，以简化流程、精简办事材料、方便群众办事创业为核心创新公共服务模式，基本公共服务均等化工作不断深入。这对基本公共服务八大领域之一的社会保险，也提出了更高要求。

（四）健康中国战略颁布实施

2016年10月25日，中共中央、国务院印发了《"健康中国2030"规划纲要》，以实现全民健康，立足全人群和全生命周期两个着力点，提供公平可及、系统连续的健康服务，实现从胎儿到生命终点的全程健康服务和健康保障，全面维护人民健康的健康中国战略开始实施。党的十九大报告将实施健康中国战略列为提高保障和改善民生水平、加强和创新社会治理的重要内容，提出要全面建立中国特色基本医疗卫生制度、医疗保障制度和优质高效的医疗卫生服务体系，全面取消以药养医，健全药品供应保障制度。

健康中国战略提出了两大健康保障体系：医疗保障体系（包括全民医保体系、医保管理服务体系和商业健康保险）和药品供应保障体系。这两个体系不仅相互衔接，而且紧密相关。在全民医保条件下，医疗保障政策与管理服务对药品供应保障具有重要影响，基于医疗保障政策确定的药品报销范围、药品目录管理、特殊人群基本药物保障等在很大程度上决定了药品需求。药品价格、医保、采购等政策的衔接则是药品供应保障体系和医疗保障体系建设共同的内容。由此可见，两大保障体系建设不仅对医疗保险制度与管理服务的发展提出了更高要求，也赋予了新的内涵。不仅体现在保障理念上，也体现在保障目标、对象范围、内容与方式以及基金使用等方面。例如，健康中国建设主要指标中的"健康服务与保障"包含三项二级指标（见表1-2），其中"重大慢性病过早死亡率"和"个人卫生支出占卫生总费用的比重"两项指标，都与医疗保险政策与管理服务紧密相关，对医疗保险的保障目标、

表1-2 《"健康中国2030"规划纲要》确定的健康服务与保障建设目标

指标	2015年	2020年	2030年
重大慢性病过早死亡率（%）	19.1（2013年）	比2015年降低10%	比2015年降低30%
每千常住人口执业（助理）医师数（人）	2.2	2.5	3.0
个人卫生支出占卫生总费用的比重（%）	29.3	28左右	25左右

对象范围、内容与方式以及基金使用等都提出了新的要求。医疗保险制度与管理服务的发展必须从建设健康中国、实现全民健康的要求出发，更多地体现健康保障理念，拓展保障范围，充实保障内涵，创新保障方式，健全管理服务，为全民健康提供有力保障。

（五）国家治理体系和治理能力现代化全面推进

国家治理体系和治理能力是中国特色社会主义制度及其执行能力的集中体现。2013 年 11 月，党的十八届三中全会首次提出："全面深化改革的总目标是完善和发展中国特色社会主义制度，推进国家治理体系和治理能力现代化。"党的十九大报告则将国家治理体系和治理能力现代化列为社会主义现代化的重要指标，2020 年到 2035 年要基本实现，到 21 世纪中叶要全面实现。

针对党和国家机构设置和职能配置同统筹推进"五位一体"总体布局、协调推进"四个全面"战略布局的要求还不完全适应，同实现国家治理体系和治理能力现代化的要求还不完全适应等问题，2018 年 2 月 28 日，党的十九届三中全会通过了《中共中央关于深化党和国家机构改革的决定》，目标是构建系统完备、科学规范、运行高效的党和国家机构职能体系，全面提高国家治理能力和治理水平。文件提出要调整优化政府机构职能，全面提高政府效能，建设人民满意的服务型政府；要加强和优化政府在社会保障、教育文化、法律服务、卫生健康、医疗保障等方面的职能，更好保障和改善民生。随后，中共中央印发了《深化党和国家机构改革方案》，决定组建国家医疗保障局，将社会保险费征收职责划转税务部门。

为贯彻落实党的十九大精神，2019 年 10 月 31 日，党的十九届四中全会通过《中共中央关于坚持和完善中国特色社会主义制度 推进国家治理体系和治理能力现代化若干重大问题的决定》，提出到建党一百年时，在各方面制度更加成熟更加定型上取得明显成效；到 2035 年，各方面制度更加完善，基本实现国家治理体系和治理能力现代化；到新中国成立一百年时，全面实现国家治理体系和治理能力现代化，使中国特色社会主义制度更加巩固、优越性充分展现。

国家治理体系包括十三个方面，其中七个方面与社会保险制度和管理服务有关，这些方面的现代化都对社会保险制度和管理服务有重要影响。尤其是中国特色社会主义政府治理体系、社会主义基本经济制度和统筹城乡的民生保障制度，直接包含社会保险制度和管理服务的内容，这三个方面的现代化不仅对社会保险制度和管理服务有着重要影响，也都提出了具体要求。

坚持和完善中国特色社会主义制度、推进国家治理体系和治理能力现代化，是全党的一项重大战略任务，必须确保各项目标任务全面落实到位。社会保险管理服务的发展，也必须贯彻落实决定精神，从坚持和完善中国特色社会主义制度、推进国家治理体系和治理能力现代化的高度，改革完善社会保险制度，提高管理服务水平，按照决定要求完成各项目标任务。

（六）经济下行压力持续加大

自 2011 年以来，我国经济增速一直呈下行趋势，并且下行压力持续加大（见表 1-3）。2011 年 GDP 增长率由 2010 年的 10.64%降为 9.55%，此后逐年继续降低。2012 年降为 7.86%，是自 2000 年以来首次降至 8%以下。2015 年进一步降为 6.91%，是自 1991 年以来首次降至 7%以下。2017 年虽然比 2016 年略有提高，但提高幅度非常小，2018 年又降到了 2016 年水平以下。

表 1-3　　2010—2018 年 GDP 增长率变化　　%

年份	2010	2011	2012	2013	2014	2015	2016	2017	2018
GDP 增长率	10.64	9.55	7.86	7.77	7.30	6.91	6.74	6.76	6.57

尽管学者们对导致中国经济增速下行的原因意见不一，但是明显的经济增速持续下行趋势且下行压力持续加大的状况，无论是周期性因素造成的，抑或是结构性因素造成的，抑或是这两方面因素共同造成的，都对中国经济社会的发展带来了诸多不利影响。

经济下行压力持续加大不仅会影响企业生产经营，使就业形势更加严峻，也会导致工资增长和财政收入增长放缓，对社会保险产生多方面影响。第一，受工资增长和财政收入增长放缓的影响，社会保险基金征缴收入增长将放缓，财政补贴增长所面临的压力也会越来越大。第二，失业保险的压力将持续加大，不仅预防失业的任务更加艰巨，促进就业的难度也将持续增加，虽然我国失业保险基金的支付能力充足，但支付压力会持续增加。第三，社会保险负担水平偏高的问题更加凸显。由于企业生产经营压力持续加大，对长期以来偏高的社会保险缴费负担的承受能力不断减弱，要求减轻社会保险缴费负担的呼声持续高涨。这种状况无疑也会对一些社会保险改革举措的实行产生不利影响。第四，地区间社会保险负担不均衡问题也更加凸显。

（七）就业结构已发生深刻变化

我国社会保险制度与就业状况紧密相关，分为城镇职工社会保险和城乡居民社会保险两大类型。城镇职工社会保险覆盖第二、三产业就业人员和少部分第一产业就业人员，并且最初是以具有相对稳定劳动关系的单位就业为基础的，后来逐步扩大到非单位就业（个体工商户和灵活就业人员），分别实行不同的参保缴费政策；城乡居民社会保险覆盖绝大部分第一产业就业人员和城乡非就业人员，对就业人员则以自给自足式农业生产为基础，都以个人名义参保。但改革开放以来，我国的就业结构发生了巨大变化，不仅就业的城乡结构和产业结构发生了巨大变化，就业形式也发生了巨大变化。

在就业的城乡结构上，随着产业结构的变化和农村剩余劳动力的转移，乡村就业人数不断减少，已由 1978 年占总就业人数的 76.31%，下降为 2019 年的 42.89%。在就业的产业结构上，第一产业就业人数持续减少，占总就业人数的比例已由 1991 年开始城镇企业职工养老保险制度改革时的 59.7%，下降为 2019 年的 25.1%，自 1962 年以来首次降至 20 000 万人以下。在就业方式上，城镇个体就业占城镇就业总人数的比例已由 1991 年的 3.96%，提高到 2019 年的 26.42%；个体就业和私营企业就业占乡村总就业人数的比例则由 1991 年的 3.36%和 0.24%，提高到 2019 年的 18.06%和 24.88%。

不仅如此，随着新产业、新业态和新商业模式的发展，还出现了一些不同于传统单位就业和个体就业的劳动关系长期固定的新就业形态，劳动关系更加复杂多样。不仅非全日制劳动者、临时雇用人员、小时工等灵活就业人员大量增加，而且传统经济下以工作岗位为主导的工作形态，正在转变成新经济下以工作任务为主导的工作形态。在这种工作形态下，劳动者只是接受工作任务，与提供任务的资本所有者之间不仅没有签订劳动合同，二者之间的关系也变得复杂多样，是否是劳动关系尚无定论。用人单位的规模也出现了差异化发展，有些企业如互联网分享经济平台型企业，不仅规模可能越来越大，而且不受地域限制；各种小型、微型企业也会日益增加，还出现了一些以个人、家庭及合伙组织等作为“用人单位”的非法人主体，以及一个劳动者可能同时与几个用人单位建立不同类型劳动关系的情况。

就业结构的上述变化，在很大程度上已经改变了职工社会保险制度和城乡居民社会保险制度建立的基础，不仅影响其科学性与合理性，而且也影响其适用性与可行性。首先，越来越多的农村劳动力选择了与城镇职工社会保险参保人员相同的就业形式，在一些发达地区这类人员甚至已占多数，无论是收入水平还是生活水平都已经达到甚至超过了城镇职工社会保险制度建立之初的水平，与城乡居民社会保险制度建立之初已经有了很大差别，无疑会影响城乡居民社会保险制度的科学性与合理性；其次，职工社会保险确定缴费基数和基础养老金计发使用的社会平均工资，统计范围仅限于辖区内规模以上工业、有资质的建筑业、限额以上批发和零售业、限额以上住宿和餐饮业、全部房地产开发经营业、规模以上服务业法人单位，将越来越多的个体就业人员工资排除在外，其科学性、合理性与可行性也同样成问题，特别是在经济下行压力不断加大的情况下；最后，对新业态下基于任务建立工作关系的人员如何参加社会保险，特别是如何参加工伤保险，现行制度存在明显的政策缺失。

二、新时代的新要求

（一）新时代社会保险事业发展的主要任务

作为中国特色社会主义建设重要内容的社会保险，在改革发展初期阶段，服从和服务于经济体制改革，为实现国有企业市场化转型、建立社会主义市场经济体制创造条件，实现了企业职工社会保险制度的社会化转型，建立起与市场经济体制相适应的制度体系和管理服务体系。在此基础上，立足于改善和保障民生，逐步建立适用于各类人群的社会保险制度体系，实现了社会保险制度全覆盖，并通过实施全民参保计划、改革特殊人群参保缴费方式等措施，在实现法定人员全覆盖方面也取得了显著成效，保障水平不断提高。

随着中国特色社会主义进入新时代，社会保险事业的发展也进入了新的阶段，即以解决人民群众对美好生活日益增长的需要与社会保险发展不平衡不充分的矛盾的阶段。不平衡是指由于制度差异和管理服务发展水平不同，导致地区之间、参保人群之间缴费负担不均衡，待遇水平有高有低，经办服务的便捷性和均等化水平存在差异。不充分是指发展水平还不够高，主要表现为社会保险制度还不够完善，管理服务体系不够健全，导致各险种制度保障功能、保障水平以及管理服务能力与水平还不能充分满足参保对象日益增长的需要。

改革开放之初，社会保险的发展也不平衡不充分。但由于经济社会发展水平低，人们关注的与社会保险改革发展所着力解决的，不是平衡不平衡与充分不充分的问题，而是有没有的问题，是如何为全体人民提供基本生活保障的问题。经过四十年的改革发展，覆盖全民的社会保险体系已经建立起来，有没有的问题、基本生活保障问题已基本解决，全面建成小康社会的目标也即将实现，人民群众的生活水平已经大幅度提高，对基本生活保障的需要已经转化为对美好生活的需要。随着这种需要的日益增长，社会保险发展不平衡不充分的问题日益凸显，已经成为社会保险事业发展所面临的基本矛盾，成为人民群众最关心最现实的利益问题。着力解决这一矛盾，就是新时代社会保险事业发展的主要任务。

（二）对社会保险事业发展的新要求

1. 立足“新三步走”战略，全面推进社会保险现代化

党的十九大报告提出了建设中国特色社会主义的“新三步走”战略，即从 2018 年到 2020 年，全面建成小康社会；从 2020 年到 2035 年，基本实现社会主义现代化；从 2035 年到本世纪中叶，把我国建成富强民主文明和谐美丽的社会主义现代化强国。社会保险是中国特色社会主义事业的重要组成部分，今后的发展必须以此为立足点，服从和服务于“新三步走”战略。

从“新三步走”战略出发，社会保险的发展将包含近期（2018—2020 年）、中期（2020—2035 年）和远期（2035—2050 年）三个阶段。三个阶段都应以解决社会保险基本矛盾为核心，以实现社会保险现代化为目标，按照“新三步走”战略的目标要求和中央的有关部署，改革完善社会保险制度体系与管理服务体系，健全制度保障功能，提升管理服务能力，均衡社会保险负担，在提高水平的基础上逐步统一待遇标准和公共服务，保质保量完成“新三步走”战略提出的目标任务。

近期（2018—2020 年）既要按照全面建成得到人民认可、经得起历史检验的小康社会的要求，突出抓重点、补短板、强弱项，特别是要保质保量完成社保扶贫任务，打赢精准扶贫攻坚战，又要着眼于中远期全面建设社会主义现代化强国的需要，乘势而上，开启社会保险现代化的新征程。

中期（2020—2035 年）应按照基本实现国家治理体系治理能力现代化和基本公共服务均等化、全体人民共同富裕迈出坚实步伐的要求，改革完善社会保险制度体系和管理服务体系，基本实现社会保险现代化。

远期（2035—2050 年）应按照实现国家治理体系和治理能力现代化、全体人民共同富裕基本实现、我国人民将享有更加幸福安康的生活的要求，进

一步改革完善社会保险制度体系和管理服务体系，确保社会保险现代化全面实现。

2. 拓展完善制度功能，提高制度统一性与保障水平

社会保险发展不平衡不充分首先表现为制度不完善且缺乏统一性。前者主要是由于过去社会保险发展以解决有没有社会保险的问题、为人民群众提供基本生活保障为主，遵循“广覆盖、保基本、多层次、可持续”的方针，各险种在覆盖人群、保障内容、待遇支付与基金使用范围等方面都做了较多的限定，导致各险种制度的保障功能不够健全，已有功能发挥还不充分，待遇确定与正常调整机制不够完善。后者则是受客观条件的制约，在发展水平很低，地区间、人群间差异也很大，中央又没有能力弥补这种差异的情况下，为了快速发展社会保险，采取了集中与分散相结合、先分后统的发展模式，造成地区间、人群间制度缺乏统一性。一方面，赋予各地区在中央统一政策指导下，结合本地实际改革发展社会保险的自主权，激发了地方政府的积极性、主动性与创造性，加快了发展速度，但也导致地区间在费用负担、待遇水平以及发展速度等方面存在较大差异，统筹层次也普遍比较低；另一方面，根据不同人群的具体情况，先分别建立不同的制度，等条件成熟再进行整合与统一，降低了各项制度建立的难度，以较快的速度建立起了覆盖全民的社会保险制度体系和管理服务体系，但也导致不同人群制度存在较大差异且相互分割，制度统一性、公平性较差，也增加了不同制度间转移接续社会保险关系的难度。

经过四十年的改革发展，我国的经济发展水平和社会保险负担能力都已经大幅度提高，人民群众对社会保险也有了更高的需求，社会保险制度不完善且缺乏统一性的问题更加凸显。在新形势下，必须站在新的起点上，立足于人民群众对美好生活日益增长的需要，着力解决社会保险制度不完善且缺乏统一性的问题。

第一，要在充分发挥现有保障功能的基础上，拓展完善制度保障功能。养老保险应加快多层次保障体系建设，更好地满足人民群众多样化的需求；医疗保险不仅应更好地满足特殊人群（重特大疾病患者、慢病患者、失能老人等）的医疗保障需求，增强防止“因病致贫、因病返贫”风险的功能，更应立足于健康中国建设需要，推动医疗保险向健康保障转变，增强疾病预防、早期干预及应对公共卫生危机的功能；失业保险应更加突出预防失业与促进

就业功能；工伤保险应更好地发挥工伤预防和康复保障功能；生育保险则应立足于提高中华民族生育质量与身体素质，拓展制度覆盖范围，为面临生育风险的全体妇女和婴幼儿提供必要保障。

第二，增强制度统一性，消除不同地区与人群间的不平衡性。一方面，要提高各险种统筹层次，尽快实现基本养老保险全国统筹，基本医疗保险、失业保险、工伤保险和生育保险省级统筹，推动政策与管理服务统一；另一方面，应在整合统一城乡居民基本养老保险与基本医疗保险的基础上，进一步统筹企业职工、机关事业单位工作人员和城乡居民社会保险制度，在更高程度上实现政策统一。

第三，进一步建立健全各险种待遇确定与正常调整机制，适度拓展医疗保险、失业保险、工伤保险以及生育保险的保障范围，不断提高保障水平。

第四，推进社会保险制度创新，将制度功能拓展到预防与消除贫困领域，建立健全社会保险扶贫政策体系，为全面建成小康社会提供有力支撑。

3. 改革完善管理体制，推进治理体系治理能力现代化

管理体制是制约社会保险发展的主要因素，改革完善社会保险管理体制，推进治理体系治理能力现代化，既是有效解决社会保险发展不平衡不充分问题的前提条件，也是新时代实现社会保险现代化的应有之义。

第一，要坚持和完善党的领导制度。建立不忘初心、牢记使命的制度，形成坚持不懈锤炼党员、干部忠诚干净担当的政治品格的长效机制。健全党的全面领导制度，改革完善社会保险管理职能体系，把党的领导贯彻到各级经办机构履行职责的全过程。健全为人民执政、靠人民执政各项制度，贯彻党的群众路线，完善党员、干部联系群众制度，创新互联网时代群众工作机制，始终做到为了群众、相信群众、依靠群众、引领群众，深入群众、深入基层。健全提高党的执政能力和领导水平制度，坚持民主集中制，健全决策机制，改进党的领导方式和执政方式，完善担当作为的激励机制，促进领导干部发扬斗争精神，增强斗争本领。完善全面从严治党制度，坚持党要管党、全面从严治党，增强忧患意识；深化党的建设制度改革，全面推进党的各方面建设的体制机制；坚持新时代党的组织路线，健全党管干部、选贤任能制度；规范党内政治生活，严明政治纪律和政治规矩，全面净化党内政治生态；完善和落实全面从严治党责任制度。坚决同一切影响党的先进性、弱化党的纯洁性的问题做斗争，大力纠正形式主义、官僚主义，不断增强党的创造力、

凝聚力、战斗力，确保党始终成为中国特色社会保险事业的坚强领导核心。

第二，改革完善行政管理体制，调整各级政府的管理职能与职责，着力解决提高统筹层次与属地管理之间的矛盾，增强解决发展不平衡不充分问题的统筹协调能力。适度强化中央政府的管理职能，在缴费基数及费率确定与调整、待遇确定与调整、基金调剂与监管、公共服务平台建设与运行监管、跨地区跨部门信息共享与业务协同、药品价格谈判与集中采购以及制度功能拓展完善等方面发挥更加积极的作用。在实行垂直管理的省（区）及直辖市，应进一步完善垂直管理体制。实行属地管理的省（区），应根据提高统筹层次、扩大基金互济范围、增强基金可持续能力的需要，调整省、市、县三级政府在发展社会保险事业上的功能定位与权责划分，将决策权、政策制定权、基金管理权和政府对社会保险的财政责任适度向省级集中，强化地（市）、县（区）的经办服务职能，提高管理效率，增强经办服务能力。

第三，适应健康中国建设需要，改革完善医疗保障管理体制。长期以来，健康保障管理职能与职责分散在多个政府部门，就是医疗保险管理职能与职责也分散在各级人社与卫健部门。这种状况与建设健康中国的需要是不相适应的，也不利于多层次医疗保障体系建设。必须从建立完善的健康保障体系出发，改革医疗保障管理体制，整合分散在多个部门的健康保障管理职能与职责，增强对健康保障体系建设的统筹协调能力，提高管理水平与管理效率，更好地推动医疗保险向健康保障转变，拓展完善制度功能，更加充分地发挥医疗保险作为健康保障主体的作用。

第四，改革完善基金管理体制。社会保险基金一直按照较低统筹层次实行属地管理，存在地区间政策与管理不统一、基金互济范围窄、基金积累集中度低、不利于投资运营和调剂使用、可持续性差异大等问题。社会保险费征收体制也不统一，受地方行政干预较多，政策执行不统一，各地征收率差异较大。必须在提高统筹层次的同时，将基金管理职能与权限适度向上集中，最终实现省级统收统支，统一投资运营。统一社会保险费征收体制，提高征收机构的法律地位，消除地方行政干预，增强用人单位和个人参保缴费的强制性与政策执行的统一性，提高社会保险费征收率。同时，适应统筹层次提高和社会保险费征收体制改革的需要，改革完善基金监管职能与职责体系，强化省级机构对地市级经办机构的行政监督职能和地（市）、县（区）级经办机构在经办环节的风险防控职能，加强社保、税务、财政、国库在基金风险防控上的协调，建立联防机制，提升基金安全管理水平。

第五，适应行政管理体制和基金管理体制的需要，调整完善经办管理体制。随着行政管理体制和基金管理体制的改革，经办管理职能与职责也必然会发生变化，原来由市、县级经办机构承担的一些经办管理职能和职责将划转出去，市、县级经办机构应强化经办服务与风险防控职能，提高服务效率和风险防控水平。

4. 改革完善基金筹集机制，提高负担合理性与基金可持续性

针对长期存在且在新形势下已变得越来越突出的社会保险负担水平总体偏高、地区间负担很不均衡、企业与个人负担不合理、各地区基金可持续性差异比较大等问题，迫切需要改革完善社会保险基金筹集机制，增强负担合理性，保障基金可持续性。这既是新时代改革完善社会保险制度的应有之义，也是人民群众的期待和确保社会保险持续健康发展的必然要求。

第一，改革缴费负担确定机制，将各险种企业与个人缴费率及缴费基数确定权限集中到中央和省一级，取消地市一级统筹地区政府自行确定各险种缴费率的权限。中央政府应在缴费率和缴费基数确定方面发挥更加积极的作用，适度缩小省（区、市）根据本地情况进行调整的范围。

第二，进一步明确各级政府的社会保险财政责任，健全责任履行机制，特别是对企业职工基本养老保险历史债务的补偿机制。通过加大财政补助力度，划拨国有资本充实职工基本养老保险基金，加大各险种积累基金投资运营力度以提高收益水平，增强保值增值能力等方式，增加基金的非缴费收入，为降低企业和个人缴费负担创造条件。

第三，根据精算平衡，合理确定医疗保险、失业保险、工伤保险和生育保险基金积累的适度水平，以此确定各险种降低缴费负担的空间，为实施降费提供依据，逐步建立社会保险费率确定与正常调整机制。

第四，根据各险种参保人员就业结构的变化，改革并统一各省（区、市）缴费基数确定办法，扩大核定缴费基数的社会平均工资统计范围，增强缴费基数确定办法的适应性和统一性，使社会平均工资更加真实地反映参保缴费人员的实际收入状况，降低小微企业、个体工商户、灵活就业人员等的参保缴费门槛。

第五，根据各地区、各险种费率水平和基金积累状况，逐步降低社会保险缴费率，实现职工基本养老保险企业缴费率全国统一，其他险种费率在确

保基金适度积累条件下基本统一，使社会保险总负担水平更加合理，地区间负担更加均衡。

第六，提高各险种统筹层次，在统一缴费负担和待遇政策的同时，增强基金互济功能和可持续性。职工基本养老保险要进一步做实省级统筹，实现基金省级统收统支，缴费负担和待遇标准统一。在统一费率和社会平均工资计算办法的基础上，通过建立企业职工基本养老保险中央调剂金制度，均衡地区间养老保险负担水平，并逐步统一各地区待遇政策，推进各地区职工基本养老保险尽快实现全国统筹。医疗保险与生育保险、失业保险和工伤保险则应积极推进省级统筹，在实现缴费负担和待遇政策省级统一的同时，扩大基金互济范围，保障基金可持续性。

第七，改革完善基本医疗保险、大病保险、长期护理保险基金筹集模式，进一步明确三者的功能定位和责任主体，建立科学合理的缴费责任分担机制。特别是要根据健康中国建设需要，充分考虑地区间负担不均衡的状况及其对基金可持续性的影响，进一步明确各级政府的财政责任，建立正常的责任履行及负担均衡机制，有效均衡各地区负担水平，确保基金可持续性。

5. 建立全国统一的社会保险公共服务平台，提高服务便捷性与均等化水平

多年来，各级经办机构持续推进管理服务体系建设，创新经办服务模式，整合经办资源，统一公共服务的努力也很早就开始了，并取得了明显成效。绝大多数地区已实现业务系统地（市）级统一，部分省（区、市）已建立起省级统一公共服务平台，并已建立起国家异地就医直接结算平台等三个专门性全国统一公共服务平台。但是公共服务提供不统一现象依然严重，表现在：经办机构设置分散，经办服务系统分设，系统内外信息共享与业务协同障碍较多，适应流动性的能力较差，而且各地区发展水平也不一致，经办服务模式转型升级不够，许多地区还是以传统的线下窗口服务为主，服务便捷性与均等化水平差异较大，办事难、办事繁、办事慢的问题还不同程度存在。

这些现象既是社会保险公共服务发展不充分的表现，也突出反映了地区之间发展的不平衡性。要解决这些问题，单纯依靠各级经办机构立足于本地实际，加强管理服务体系建设，创新经办服务模式等，是难以做到的。必须打破属地管理的局限，利用互联网将各级经办机构的业务系统连接起来，形

成一个覆盖全国的跨区域服务系统，将每一个经办机构的服务端延伸至全国的每一个角落，以实现跨区域异地直接服务，才能满足人民群众对社会保险公共服务“就近办、异地办、快捷办、主动办”的需要。

全国统一的社会保险公共服务平台必须以各级经办机构健全完善的经办服务系统为基础，通过“互联网+社保”服务的形式运行，以实现经办业务的跨区域远程办理。其运行效率在很大程度上取决于各级经办机构业务办理的自动化程度，取决于能够突破时间、空间与人员局限，由参保群众远程自主完成业务办理的程度。因此，建立全国统一的社会保险公共服务平台，不仅要求各级经办机构健全完善经办服务系统，而且要求实现经办服务模式的数字化转型，将过去以线下服务人员办理为主，转变为以线上参保单位和个人自助办理为主。

第一，必须从满足参保群众“就近办、异地办、快捷办、主动办”的需要出发，通过整合公共服务资源，推进业务系统线上线下融合和服务向基层延伸，跨地区、跨部门、跨层级、跨业务信息共享与业务协同，实现社会保险公共服务“一号申请、一窗受理、一网通办、一卡通用”，从“线下跑”转变为“网上办”，从“分头办”转变为“协同办”，从“被动服务”转变为“主动服务”，从“注重服务提供”转变为“注重服务体验”，推动社会保险公共服务迈向主动、精准、智能化的友好型“智慧社保”新时代。

第二，必须坚持上下结合，整体推进，从国家和地区两个层面，围绕信息系统、服务网络和运行要素三大任务模块展开。国家层面遵循“收受分离”原则，建立国家社会保险公共服务平台，作为全国统一平台的总枢纽和总门户，主要承担跨省异地业务申请接收、转发和信息推送职能，提供全国性、跨地区“一网通办”社会保险公共服务和跨部门、跨层级信息共享与业务协同服务。地区层面遵循“受审分离”原则，建立省级公共服务平台和地（市）级公共服务网络，省级平台主要承担省域内“一网通办”社会保险公共服务和跨部门、跨层级信息共享与业务协同服务；地（市）级公共服务网络作为业务终端，具体提供社会保险公共服务。具体需要完成以下几个方面任务：一是建立国家—省（区、市）两级一体化线上服务平台，形成全国统一的社会保险公共服务平台主体架构；二是改造升级地（市）经办服务网络，形成全国统一的社会保险公共服务平台的业务支撑体系；三是统一公共服务事项、申办流程、申请材料、业务表单、服务标准（包括服务内容和时限要求）、身份认证、社会保障卡等，实现社会保险公共服务标准化；四是整合经办机构，做到机构名称、形象标识等统一，形成统一的社会保险公共服务形象。

第三，必须坚持短期与长期相结合，既尽力而为又量力而行。按照“新三步走”战略和实现社会保险现代化的目标要求，分阶段推进：第一阶段，到 2020 年，建成国家社会保险公共服务平台并上线运行，形成全国统一平台的总枢纽和总门户，为属地社会保险公共服务提供统一入口或链接，做到异地能办，为全面推进全国统一的社会保险公共服务平台奠定基础；第二阶段，到 2035 年，建成全国统一的社会保险公共服务平台，形成全国“一张网”，做到“一号申请、一窗受理、一网通办、一卡通用”，基本实现社会保险公共服务均等化；第三阶段，到 2050 年，充分运用大数据、云计算、人工智能等技术，全面提升全国统一平台智能化水平，进一步提高社会保险公共服务均等化水平，改善服务体验，实现主动、精准与智能化友好服务，建成全国统一的友好型“智慧社保”。

三、2018—2019 年的目标任务

2018—2019 年不仅是“十三五”规划中承上启下的关键两年，肩负着完成“十三五”规划目标的重任，也是全面建成小康社会三年决胜期的关键两年和新时代开局头两年，又肩负着打赢脱贫攻坚战、开启社会主义现代化建设新征程的重要任务。

“十三五”规划的社会保障事业发展目标包括建立更加公平更可持续的社会保障制度和提高社会保险公共服务能力与水平两方面。经过 2016—2017 年的发展，各级社保机构围绕这些目标任务积极工作，已取得显著成效，一些任务已经完成。2018 年、2019 年《政府工作报告》从国家层面对社会保险发展提出了一系列目标任务（见表 1-4）。人力资源社会保障部和国家医疗保障局以此为基础，根据新形势下社会保险发展需要，对目标任务进行了细化扩展。各级社保部门在贯彻落实国家有关部署的同时，结合本地实际积极探索，推动社会保险制度改革、管理服务体系建设和服务模式创新，开展了大量工作，不仅远远超出了《政府工作报告》提出的目标任务范围，有些工作也是“十三五”规划没有提及的，是各级社保部门进入新时代，面临新形势，乘势而上，主动作为，开启社会保险现代化新征程的表现。

表 1-4　2018 年、2019 年《政府工作报告》提出的社会保险目标任务

年份	目标任务
2018	1. 深化养老保险制度改革，建立企业职工基本养老保险基金中央调剂制度
	2. 协调推进医疗价格、人事薪酬、药品流通、医保支付改革，提高医疗卫生服务质量，下大力气解决群众看病就医难题
	3. 坚决打好三大攻坚战，围绕完成年度攻坚任务，明确各方责任，强化政策保障，做实做好工作，中央财政新增扶贫投入及有关转移支付向深度贫困地区倾斜
	4. 提高基本医保和大病保险保障水平，居民基本医保人均财政补助标准再增加 40 元，一半用于大病保险
	5. 扩大跨省异地就医直接结算范围，基层医院和外出农民工等全部纳入
2019	1. 明显降低企业社保缴费负担，务必使企业特别是小微企业社保缴费负担有实质性下降。（1）各地城镇职工基本养老保险单位缴费比例可降至 16%；（2）稳定现行征缴方式，不得采取增加小微企业实际缴费负担的做法，不得自行对历史欠费进行集中清缴；（3）继续执行阶段性降低失业和工伤保险费率政策
	2. 完善社会保障制度和政策。（1）推进多层次养老保障体系建设；（2）加快推进养老保险省级统筹改革，继续提高中央调剂比例、划转部分国有资本充实社保基金；（3）继续提高退休人员基本养老金；（4）保障职工社保待遇不受影响、养老金合理增长并按时足额发放、社保基金可持续、企业与职工同受益；（5）落实退役军人待遇保障，完善退役士兵基本养老、基本医疗保险接续政策；（6）提升残疾预防和康复服务水平
	3. 保障基本医疗卫生服务。（1）继续提高居民基本医保和大病保险保障水平，居民医保人均财政补助标准增加 30 元，一半用于大病保险；（2）降低并统一大病保险起付线，报销比例由 50%提高到 60%；（3）做好常见慢性病防治，把高血压、糖尿病等门诊用药纳入医保报销；（4）深化医保支付方式改革，优化医保支出结构；（5）抓紧落实和完善跨省异地就医直接结算政策，尽快实现异地就医持卡看病、即时结算；（6）扩大长期护理保险制度试点；（7）完善药品集中采购和使用机制
	4. 实施职业技能提升行动，从失业保险基金结余中拿出 1 000 亿元，用于 1 500 万人次以上的职工技能提升和转岗转业培训
	5. 打好精准脱贫攻坚战。（1）重点解决“两不愁三保障”突出问题，加大“三区三州”等深度贫困地区脱贫攻坚力度，加强基础设施建设，落实特殊贫困人口的保障措施；（2）加大城镇困难职工脱困力度

（一）改革完善社会保险制度，健全制度保障功能

建立更加公平更可持续的社会保障制度是“十三五”规划的重要任务。这项任务 2018—2019 年取得了突破性进展。养老保险方面，深入推进机关事业单位养老保险制度改革，出台实施机关事业单位基本养老保险关系和职业

年金转移接续办法、统一个人账户记账利率等政策；修订实施企业年金办法，推动完善多层次养老保险体系；完善职工基本养老保险关系转移接续政策，出台建立城乡居民基本养老保险待遇确定和基础养老金正常调整机制指导意见，建立企业职工基本养老保险基金中央调剂制度。医疗保险方面，完善统一的城乡居民基本医疗保险制度和大病保险制度；完善职工医保门诊保障机制，出台实施深化基本医疗保险支付方式改革指导意见；全面推进生育保险与医疗保险合并实施、长期护理保险制度试点；全面推行医保智能监控，完善医保医疗服务管理政策，健全完善医疗保险扶贫政策；调整基本医疗保险、工伤保险和生育保险药品目录，完善药品价格管理政策，出台国家组织药品集中采购和使用试点扩大区域范围实施意见；完善“互联网+”医疗服务价格和医保支付政策指导意见，完善慢性病和重大疾病等的医疗保险政策等。失业保险方面，推进失业保险省级统筹，出台失业保险支持企业稳定就业岗位政策、失业保险支持技能提升政策和失业保险基金支持脱贫攻坚政策。工伤保险方面，实行工伤保险基金省级统筹和待遇规范调整，全面启动铁路、公路、水运、水利、能源、机场工程按项目参加工伤保险，出台实施工伤预防费使用管理暂行办法。此外，人力资源社会保障部还与国家医疗保障局联合发布了《香港澳门台湾居民在内地（大陆）参加社会保险暂行办法》。

（二）调整部门管理职能，构建社会保险管理体制新格局

2018 年 3 月 17 日，第十三届全国人民代表大会第一次会议批准国务院机构改革方案，决定整合人力资源社会保障部的城镇职工和城镇居民基本医疗保险生育保险职责，国家卫生计生委的新型农村合作医疗职责，国家发展改革委的药品和医疗服务价格管理职责以及民政部的医疗救助职责，组建国家医疗保障局；将各级社会保险经办机构承担的社会保险费征收职责移交给税务部门，自 2019 年 1 月 1 日起社会保险费由税务部门统一征收。国务院有关部门及地方各级政府按照有关要求积极行动，推进医疗保障职能重组和社会保险费征收职责划转。

（三）改革完善基金筹集机制，降低并均衡社会保险负担

为了改变社会保险缴费负担偏重、地区间很不均衡的状况，国家 2018—2019 年打出了改革完善基金筹集机制的组合拳。一是继续降低社会保险费率，切实减轻企业与个人缴费负担，逐步统一各地区企业养老保险费率和失业保险、工伤保险费率；二是改革社会保险费缴费基数确定办法，扩大社会平均

工资统计范围，降低小微企业、个体工商户、灵活就业人员参保缴费门槛；三是建立养老保险基金中央调剂制度，自 2018 年 7 月 1 日起对各省（区、市）企业职工基本养老保险基金实行中央调剂；四是划转部分国有资本充实社保基金，弥补企业职工基本养老保险基金缺口；五是稳步推进基金投资运营，委托投资省份和基金委托规模都进一步扩大。

（四）健全待遇确定与调整机制，稳步提高各险种保障水平

一是在巩固完善企业和机关事业单位退休人员养老金统一调整机制的基础上，兼顾公平与激励，采取定额调整、挂钩调整与适当倾斜相结合的办法，按照上年度退休人员月人均基本养老金 5%左右的总体水平，继续提高企业和机关事业单位退休人员养老金水平；二是建立城乡居民基本养老保险待遇确定和基础养老金正常调整机制，由中央合理确定全国基础养老金最低标准，地方根据当地实际提高基础养老金标准，对 65 岁及以上参保城乡老年居民予以适当倾斜，对长期缴费、超过最低缴费年限的适当加发年限基础养老金；三是在确保基金运行安全的前提下，逐步将失业保险金标准提高到最低工资标准的 90%。

（五）以建设全国统一平台为统领，推动公共服务数字化转型

建立全国统一的社会保险公共服务平台是党的十九大提出的重点任务，人力资源社会保障部和国家医疗保障局认真落实，积极推进。一是开发建立国家社会保险公共服务平台，作为全国统一公共服务平台总门户。出台建立全国统一社会保险公共服务平台指导意见，明确各地经办机构目标任务，对推进全国统一平台建设作出部署。二是全面启动全国统一的医疗保障信息平台建设，计划用两年左右时间，初步建成标准统一、数据汇聚、规范协同的国家医疗保障信息化支撑体系，开通使用全国电子医保凭证。三是推进“一卡通用”建设，启动并快速推进电子社会保障卡签发和应用。四是会同财政部向各地拨付了 2019 年医保能力提升补助资金，并在天津等 16 个省（市）开展了医疗保障信息化建设试点。五是积极推进信息资源服务和数据共享应用，加强信息安全建设与管理。六是积极推进数据向上集中和服务向下延伸。

（六）加强行风建设，打造群众满意的经办服务

人力资源社会保障部和国家医疗保障局积极开展行风建设，打造群众满意的社会保险经办服务。一是加强经办队伍建设，合理配备人员，提升服务能力，规范服务行为，完善保障措施。二是深入推进审批便民化服务，全面

梳理编制审批事项清单和办事指南，清理证明材料，推行经办服务“三不用”，开展证明事项告知承诺制试点。三是深入推进12333发展，促进公共服务便民化。四是加强经办服务信息化标准化建设，大力实施“互联网+人社”2020行动计划，启动人社系统一体化在线服务试点。五是积极推进经办便民化服务，在待遇资格认证、失业登记、社保登记和用工备案办理登记、社会保障卡申领、失业保险金申领、工伤鉴定服务和康复管理服务等方面实行服务便利化。六是组织开展窗口业务技能练兵比武活动，持续开展“人社服务标兵”宣传活动。七是开展专项整改行动，进一步精简证明材料，减少排队时间、压缩办结时限、严格工作纪律、推进设施便民、保障热线畅通。八是加强监督检查，畅通群众投诉及建议渠道，组织开展窗口单位行风建设暗访，建立负面案例警示教育机制，定期通报负面典型案例。

（七）实施兜底扶贫，全面推进打赢脱贫攻坚战三年行动

根据中共中央、国务院《关于打赢脱贫攻坚战三年行动的指导意见》的要求，人力资源社会保障部、国家医疗保障局以及各级社保经办机构，都分别制定了具体的三年行动实施方案，积极推动社保扶贫。一是从“入口”上减轻贫困人员参加社会保险缴费负担，为建档立卡未标注脱贫的贫困人口、低保对象、特困人员等困难群体代缴部分和全部最低标准城乡居民养老保险和医疗保险费，推进贫困人口基本养老保险、基本医疗保险、大病保险应保尽保。二是在“出口”上提高保障水平，包括提高城乡居民基本养老保险基础养老金的最低标准；全面落实基本医保待遇政策，整体提升保障水平，逐步均衡城乡差距，降低农村贫困人口大病保险起付线，提高支付比例，逐步提高并取消封顶线；减轻农村贫困人口目录外个人费用负担；发挥失业保险、工伤保险支持深度贫困地区脱贫攻坚的作用，防范因工伤、失业致贫返贫。三是不断优化经办管理服务，为贫困人口参保缴费、领取待遇、结算医疗费用等提供高效便捷的服务。

（八）开展打击欺诈骗保专项行动，加强社会保险基金监管

全国社保系统全面开展社会保险基金风险防控，组织开展社会保险经办风险管理专项行动省级互查，持续加强社会保险基金监管和监督检查，建立社会保险领域守信联合激励和失信联合惩戒措施清单，开展社会保险基金管理风险防控专项检查，完善政策、经办、信息、监督四位一体的风险防控体系，继续加强年金基金市场监管，规范市场运行。国家医疗保障局自组建以

来，将打击欺诈骗保、维护基金安全作为全系统首要的政治任务，持续保持高压态势，加快构建基金监管长效机制，推动医保基金监管有法可依、依法行政。一是加快基金监管法制建设，研究起草《医疗保障基金使用监督管理条例》。二是着力提升监管能力，积极推进综合监管，加强业务培训；加快推进医保智能监控系统和智能审核系统建设，推进“互联网+视频监控”应用，实现诊疗数据和服务影像同步监管；探索开展就医地与参保地协同联查机制，普遍开展跨省异地就医住院费用直接结算。三是加强社会监督，包括向全社会公布举报电话，畅通举报投诉渠道；会同财政部建立欺诈骗保行为举报奖励制度；建立举报线索交办、督办和反馈机制，确保举报线索件件有回音；主动向媒体公开曝光欺诈骗保典型案件，开展“打击欺诈骗保、维护基金安全”集中宣传月活动；探索建立医疗保障基金社会监督员制度等。四是推进诚信体系建设，开展医保基金监管“两试点一示范”工作，探索建立基金监管信用评价指标体系和定点医药机构动态管理机制，推进行业自律，推进联合惩戒。

（九）完善跨省异地就医即时结算，创新服务方式

一是扩大基本医保跨省异地就医住院费用直接结算范围，将基层医疗机构、外出农民工和外来就业创业人员全部纳入直接结算，加快将所有定点医疗机构接入国家统一结算平台，推动网上直接结算，尽快使异地就医患者在所有定点医院能持卡看病、即时结算，切实便利流动人口和随迁老人。二是针对四类备案人群，推出国家异地就医备案小程序（试运行），正式启动全国统一跨省异地就医备案服务试点。三是推进跨省异地就医门诊费用直接结算区域合作，在长三角4省（市）、西南片区5省（市、区）试行跨省异地就医门诊费用直接结算。

（十）深入推进支付方式改革，开展DRG付费国家试点

一是强化医保基金总额预算管理，建立以按病种付费为主，按人头付费、按服务单元付费等复合型支付方式。二是重点推进按病种、按疾病诊断相关分组（DRG）等支付方式，确定在30个城市开展DRG支付方式改革试点，按照“顶层设计、模拟运行、实际付费”方式分三年有序推进，以期实现制定一组标准、完善一系列政策、建立一套规程、培养一支队伍、打造一批样板的“五个一”目标。三是制定出台DRG支付方式技术标准，发布《国家医疗保障DRG分组与付费技术规范》和《国家医疗保障DRG（CHS-DRG）

分组方案》。

（十一）开展药品价格谈判、目录调整和集中招标采购

一是开展药品价格谈判，国家医疗保障局2018年组织对12家企业的18个品种抗癌药进行医保准入专项谈判，最终决定将阿扎胞苷等17种药品纳入《国家基本医疗保险、工伤保险和生育保险药品目录（2017年版）》乙类范围；2019年组织对119个新增谈判药品和31个续约谈判药品进行准入谈判，最终决定将谈成的70个新增药品和27个续约药品正式纳入药品目录。二是调整药品目录，于2019年8月20日印发新版《国家基本医疗保险、工伤保险和生育保险药品目录》（医保发〔2019〕46号），共收录药品2709个，与2017年版相比，调入药品218个，调出药品154个，净增64个。三是推进以抗癌药为重点的重大疾病药品专项集中采购，出台《国家组织药品集中采购试点方案》及《国家组织药品集中采购和使用试点方案》（国办发〔2019〕2号），并选择北京、天津、上海、重庆4个直辖市和沈阳、大连、厦门、广州、深圳、成都、西安7个城市（简称“4+7”）开展药品集中采购试点。

（十二）增强预防失业促进就业功能，推进经办服务便民化

一是大力推动援企稳岗“护航行动”，激励企业承担稳定就业岗位的社会责任，有效预防失业；开展“与央企同行”政策宣讲活动，“失业保险惠企政策进民企”专项活动，推动失业保险政策“进厂房进工地进矿区”活动等。二是大力开展技能提升“展翅行动”，有力提高职工就业竞争力，从根本上降低失业风险。三是着力防范风险，持续完善失业动态监测，提高监测数据质量，加大对重点地区、重点行业分析力度。四是积极推动服务平台建设和网上申报，变被动受理为主动服务，融入“五险统征”；推进“互联网+”“最多跑一次”为重要特征的经办服务体系建设，最大限度地简化申领手续和证明材料，推进“一窗式”办理和“一站式”服务。

（十三）完善保障功能，推进工伤认定和劳动能力鉴定服务便民化

一是全面贯彻《工伤预防管理暂行办法》，加强尘肺病重点行业工伤保险工作。二是扩大工程建设领域按项目参保范围，加强新开工项目参保管理。三是理顺工伤保险管理服务体制机制，加强工伤保险经办管理队伍建设，确保工伤保险工作的连续性和稳定性。四是推进工伤认定和劳动能力鉴定便民化服务，明确6件实事，推进受理窗口进大厅；全面下放省级人社部门工伤认定和劳动能力初次鉴定事务，加快推进“互联网+认定鉴定”，清理工伤保

险领域证明事项和证明材料。五是持续深化工伤保险普法宣传，明确 10 件实事，开展“工伤保险进央企”主题普法宣传活动，在人力资源社会保障部官方微信公众账号开展 80 集“漫话工伤保险”微动漫展播活动；健全完善“中国工伤保险”微信公众账号信息发布机制，有效提升工伤保险政策法规知晓度。

第二部分

主报告

一、管理体制

2018—2019 年，社会保险管理体制发生了重大变革，主要表现在：在原社会保险管理体系之外，组建独立的医疗保险管理体系；改革社会保险费征收体制，将社保部门承担的社保费征收职责划转给税务部门；全面推进生育保险和职工基本医疗保险合并实施；继续提高社会保险基金统筹层次，建立企业职工基本养老保险基金中央调剂制度，基本养老保险全国统筹迈出实质性步伐，推进工伤保险基金和失业保险基金省级统筹。

（一）改革医疗保险管理体制

2018 年 3 月 17 日，第十三届全国人民代表大会第一次会议批准国务院机构改革方案，决定“将人力资源和社会保障部的城镇职工和城镇居民基本医疗保险、生育保险职责，国家卫生和计划生育委员会的新型农村合作医疗职责，国家发展和改革委员会的药品和医疗服务价格管理职责，民政部的医疗救助职责整合，组建国家医疗保障局，作为国务院直属机构”。2018 年 5 月 31 日，国家医疗保障局举行揭牌仪式。这是党中央为保障人民群众就医需求、减轻医药费用负担、提高健康保障水平作出的重大决策。

国家医疗保障局的主要职责包括：拟订医疗保险、生育保险、医疗救助等医疗保障制度的政策、规划、标准并组织实施，监督管理相关医疗保障基金，完善国家异地就医管理和费用结算平台，组织制定和调整药品、医疗服务价格和收费标准，制定药品和医用耗材招标采购政策并监督实施，监督管理纳入医保范围内的医疗机构相关服务行为和医疗费用等。除西藏和新疆兵团医疗保障局成立于 2019 年之外，其余 30 个省（区、市）都按要求于 2018

年年底前相继成立了医疗保障局。各地（市、州）、县（区、旗）医疗保障局则在2019年相继成立。各级医疗保障局的成立，标志着独立于人力资源和社会保障系统的医疗保险行政管理体系正式建立。

组建医疗保障局不仅是社会保险行政管理体制的一次重大改革，更是推进国家治理体系和治理能力现代化的重要举措。新组建的各级医疗保障局，将健康中国战略中规划的两大健康保障体系——医疗保障体系与药品供应保障体系——的行政管理职能整合到了一起，不仅是为了进一步加强医疗保险管理服务，更加充分地发挥医疗保险帮助参保群众抵御疾病风险的能力，更是为了构建更加有效的健康保障体系，为实现全民健康提供有力支撑。

各级医疗保障局组建以前，企业职工基本医疗保险、生育保险、长期护理保险和绝大多数地区的城乡居民基本医疗保险、大病保险的管理服务都由各级人社部门负责，只有少数地区城乡居民基本医疗保险、大病保险经办服务由卫生部门负责。人社部门管理医疗保险的地区，绝大多数都不同程度地对经办资源进行了整合，许多地区不再单独设置医疗保险经办机构。2016年，全国企业职工养老保险经办机构共有3 240个，医疗保险经办机构只有2 043个，比养老保险经办机构少1 197个，说明全国有1 197个左右的县级以上（含县级）行政区没有设立独立的医疗保险经办机构。天津、广西、海南、重庆、新疆5个省份和新疆兵团各级行政区都没有设立独立的医疗保险经办机构。有21个省份的医疗保险经办机构数少于养老保险经办机构数，还有一些行政区没有单独设立医疗保险经办机构。全国只有山西、黑龙江、上海、湖南、云南5个省份医疗保险经办机构数等于或多于养老保险经办机构数，县级以上行政区基本上都设立了独立的医疗保险经办机构（见表2-1-1）。

各级医疗保障局组建以后，绝大多数地区也对医疗保险经办管理体制进行了相应的改革，将职工与城乡居民基本医疗保险、生育保险、大病保险以及长期护理保险经办管理职能划转给医疗保障局。单独设置城镇职工基本医疗保险、生育保险、城乡居民基本医疗保险、大病保险、长期护理保险经办管理机构的地区，直接将其行政隶属关系由人社部门划归医疗保障局。一些原来已经进行经办资源整合，没有单独设立医疗保险经办机构的地区，重新设立了医疗保险经办机构。有的地区还分别设立了医药集中采购服务中心、医疗保障基金结算中心以及医疗保障基金监督机构。伴随管理职能与机构划转的，还有相关险种的经办管理与服务人员。

表 2-1-1 2016 年各地企业职工养老保险与医疗保险经办机构设置比较

单位：个

省份	机构总数	养老保险	医疗保险	省份	机构总数	养老保险	医疗保险
北京	24	18	6	湖南	662	148	154
天津	25	24	0	广东	221	196	21
河北	471	207	133	广西	111	111	0
山西	557	135	140	海南	36	20	0
内蒙古	212	130	82	重庆	41	41	0
辽宁	230	94	65	四川	552	206	192
吉林	114	60	54	贵州	150	110	20
黑龙江	259	80	90	云南	426	150	153
上海	53	18	18	西藏	22	14	7
江苏	299	144	59	陕西	473	120	106
浙江	137	102	30	甘肃	172	107	39
安徽	296	129	80	青海	96	57	39
福建	345	89	83	宁夏	39	20	19
江西	342	118	106	新疆	103	103	0
山东	495	194	113	新疆兵团	15	15	0
河南	619	176	155	合计	7 937	3 240	2 043
湖北	340	104	79				

医疗保险经办管理职能、机构与管理服务人员的划转，对各级社保部门经办管理服务带来了一定的影响，对工伤保险经办服务的影响尤其大。由于工伤保险与医疗保险在经办服务上有很多相同之处，改革前全国绝大多数统筹地区都没有设立专门的工伤保险经办机构，而是将其经办服务职能与医疗保险整合到了一起，也有一部分地区实行了五险合一或多险合一，将其与养老保险经办机构整合到了一起。以 2016 年为例，全国只有河北、山西、黑龙江、安徽、山东、河南、湖南、云南、西藏、陕西 10 个省份设有工伤保险经办机构，总共仅有 327 个。医疗保险经办管理职能、机构与人员划转以后，许多地区都需要重新组建工伤保险经办服务体系。

（二）改革社会保险费征收体制

党的十九届三中全会作出了关于社会保险费征收体制改革的决定，将企业职工、机关事业单位工作人员以及城乡居民社会保险费征收职责划归税务部门。计划自 2019 年 1 月 1 日起，社会保险费由税务部门统一征收。2018 年

8 月 20 日，国家税务总局、财政部、人力资源社会保障部、国家卫生健康委、国家医疗保障局召开电视电话会，对相关工作进行了动员部署。

实际上，在社会保险费征收体制改革之前，截至 2017 年年底，全国有 24 个省（区、市）的税务部门不同程度地参与了社会保险费征收，征收额已占到全国社会保险费总收入的 43. 3%。但全国各地区的征收体制不尽相同，主要有四种模式：社保经办机构征收、按保险类别由社保经办机构和税务机构分别征收、社保经办机构核定征收数额后由税务机构代征、税务机构全责征收（见表 2-1-2）。

表 2-1-2　　全国各省份、计划单列市社会保险费征管模式

序号	类型	省份、计划单列市
1	社保经办机构征收	北京、上海、天津、山东、四川、广西、江西、山西、吉林、贵州、新疆、西藏、深圳、青岛
2	社保经办机构和税务机构分别征收	河北、湖南、陕西、青海
3	社保核定、税务部门代征	内蒙古、江苏、安徽、福建、湖北、海南、重庆、云南、甘肃、宁夏、大连
4	税务机构全责征收	辽宁、黑龙江、广东、河南、浙江、宁波、厦门

资料来源：范洪敏，梁冬冬. 社保征管体制改革与基本养老保险全国统筹 [J]. 党政干部学刊，2019（8）.

各地区社会保险费征管模式的差异虽然是历史形成的，有其必然性，但这种不统一的状况本身并不合理，也不利于提高各险种统筹层次、统一各地区社会保险政策、均衡地区间的缴费负担、增强社会保险的公平性。征收体制的差异不仅导致不同地区在执行社会保险费征缴政策上存在差异，还使不同地区甚至同一地区不同征收部门之间信息不能共享，制约征缴效率的提高，为企业采取少缴或不缴社会保险费等机会主义行为提供了可能。党中央作出将社会保险费由税务部门统一征收的决定，既是为了克服这些弊端，也是社会保险体系由分散发展转变为统筹发展的必然趋势，有利于社会保险经办部门将职能和职责聚焦到经办服务上。

社会保险费征收体制改革是一项复杂的系统工程，也是一项民生工程，涉及面广，关注度高。不仅涉及各级社保部门向当地税务部门划转征收职责，还涉及各级税务部门构建社会保险费征收体系，包括设立社会保险费征收机构、组建征收队伍、建立信息系统、构建征收体系运行机制等，还涉及对原征收体制下征缴政策及执行差异带来的各种问题的处理，以及对参保单位和个人因各种原因欠缴的社会保险费的处理。这些问题本身就很复杂，特别是历史欠费问题，原因多种多样，如果处理不好，容易引起连锁反应。

一些地方社会保险费征收职责移交税务部门后，税务部门处理历史欠费问题的做法比较简单，不分情况一律追缴企业多年欠缴的社会保险费，给企业经营带来巨大压力，也引起了社会的广泛关注与热议。2018 年 9 月 6 日，国务院召开常务会议，认为目前全国养老金累计结余较多，可以确保按时足额发放，各地征收体制改革工作正处于准备阶段，社保部门和税务部门应着力于做好衔接工作，积极建立数据共享平台，并在改革工作中坚持只变更征收主体、原有政策继续保持不变的基本原则。在社会保险费征收机构改革到位前，各地要一律保持现有征收政策不变，严禁自行对企业历史欠费进行集中清缴。同时，要抓紧研究适当降低社会保险费率，确保总体上不增加企业负担。

为深入贯彻落实国务院常务会议精神，2018 年 9 月 13 日国家税务总局办公厅印发《关于稳妥有序做好社会保险费征管有关工作的通知》（税总办发〔2018〕142 号），对社会保险费征管职责划转中应坚持的政策和工作要求做了规定，包括五个方面：进行社会保险费征管职责划转的各级税务机关，要确保改革任务平稳如期落地；已负责征收社会保险费的各级税务机关，要确保征收政策不变，工作平稳；优化缴费服务，确保营商环境不断改善；加强舆论引导，确保社会预期稳定；加强业务学习，确保正确履职。具体要求见表 2-1-3。

表 2-1-3 《关于稳妥有序做好社会保险费征管有关工作的通知》主要内容

序号	政策措施	工作要求
1	职责划转要确保改革任务平稳如期落地	1. 细化本省税务系统实施方案，逐项分解工作任务，明确责任单位和完成时限，确保 2019 年 1 月 1 日起由税务机关统一征收 2. 主动加强部门间沟通协商与协调配合，做到衔接有序 3. 做好数据分析评估和清洗迁移，按时完成信息系统升级对接和联调测试 4. 遵循弄清接好历史欠费账目、不得自行组织开展清欠工作的原则，稳妥处理好历史欠费问题 5. 建立部门间常态化信息共享和对账机制，为改革提供制度、机制、信息等系列保障

续表

序号	政策措施	工作要求
2	已负责征收税务机关，确保征收政策不变，工作平稳	1. 一律保持现有征收政策不变，确保征管有序，工作平稳 2. 规范执法检查，不得自行组织开展以前年度的欠费清查
3	优化缴费服务，确保营商环境不断改善	1. 完善缴费窗口设置和网上税务局功能，为缴费人提供“实体、网上、掌上、自助”等多样化缴费渠道 2. 统一服务标准，整合税费缴纳流程，简并缴费报送资料，降低缴费成本，最大程度便利缴费人，不断优化营商环境 3. 建立疑难问题及时解答机制，完善 12366 知识库，确保答复咨询及时精准，切实维护缴费人权益
4	加强舆论引导，确保社会预期稳定	争取将征管职责划转及宣传纳入当地机构改革总体方案
5	加强业务学习，确保正确履职	丰富培训方式，提升税务人员履职能力，确保社会保险费各项政策和管理措施有效落地

各地区有关部门按照上述要求，结合本地实际，制定企业职工社会保险费征管职责、居民养老保险和城乡居民医疗保险费征管职责划转至税务部门的实施方案，原则上先暂按现行征收体制继续征收，稳定缴费方式。一方面，做好政策梳理、数据清理、信息系统对接等工作，城乡居民社保费征管职责如期划转；另一方面，妥善处理好企业历史欠费问题，在征收体制改革过程中不再自行对企业历史欠费进行集中清缴，不采取任何增加小微企业实际缴费负担的做法，以免造成企业生产经营困难。同时，合理调整 2019 年社保基金收入预算。各级税务部门秉承“边干边摸索，边摸索边推进”的原则，持续深化税收领域“放管服”改革，不断创新优化服务形式，有序推进社会保险费征管职责划转相关过渡工作。

2019 年 4 月 1 日，《国务院办公厅关于印发降低社会保险费率综合方案的通知》（国办发〔2019〕13 号）明确提出：“企业职工基本养老保险和企业职工其他险种缴费，原则上暂按现行征收体制继续征收，稳定缴费方式，‘成熟一省、移交一省’；机关事业单位社保费和城乡居民社保费征管职责如期划转。”人力资源社会保障部与国家税务总局等部门协作配合，稳步推进社会保险费征收体制改革工作。到 2019 年年底，各地机关事业单位征管职责平稳有序地完成了划转，北京、辽宁、吉林、江苏、福建、江西、湖南、四川、陕西、甘肃等 10 个省份由税务部门核定缴费基数，其他 22 个省份仍由人社部门核定，其中上海市暂时采取资金端划转税务部门的方式过渡。城乡居民社保费征管职责也平稳有序地完成了划转，北京、内蒙古、辽宁、黑龙江、上海、安徽、山东、河南、广东、青海等 10 个省份由人社部门核定缴费档次，其他 22 个省份由税务部门核定，其中北京市暂时采取资金端划转税务部门的方式过渡。企业职工社保费原则上暂按现行征收体制继续征收，缴费方式基本稳定。北京、天津、山西、吉林、上海、江西、山东、湖南、广西、四川、贵州、西藏、新疆及新疆兵团等 14 个省份由人社部门核定征收，其余 18 个省份由税务部门负责征收。其中，辽宁、福建、广东为税务部门全责征收，其他 15 个省份由人社部门核定、税务部门征收。具体情况见表 2-1-4。

表 2-1-4　各地区社会保险费征收机构情况表（截至 2019 年年底）

地区	养老保险			失业保险	工伤保险
	企业职工	机关事业	城乡居民		
	缴费征收	缴费征收	缴费征收	缴费征收	缴费征收
北京	●	○	○	●	●
天津	●	○	○	●	●
河北	○	○	○	○	○
山西	●	○	○	●	●
内蒙古	○	○	○	○	○
辽宁	○	○	○	○	○
吉林	●	○	○	●	●
黑龙江	○	○	○	○	○
上海	●	○	○	●	●
江苏	○	○	○	○	○
浙江	○	○	○	○	○
安徽	○	○	○	○	○
福建	○	○	○	○	○
江西	●	○	○	●	●
山东	●	○	○	●	●
河南	○	○	○	○	○
湖北	○	○	○	○	○
湖南	●	○	○	●	●
广东	○	○	○	○	○
广西	●	○	○	●	●

续表

地区	养老保险			失业保险	工伤保险
	企业职工	机关事业	城乡居民		
	缴费征收	缴费征收	缴费征收	缴费征收	缴费征收
海南	○	○	○	○	○
重庆	○	○	○	○	○
四川	●	○	○	●	●
贵州	●	○	○	●	●
云南	○	○	○	○	○
西藏	●	○	○	●	●
陕西	○	○	○	○	○
甘肃	○	○	○	○	○
青海	○	○	○	○	○
宁夏	○	○	○	○	○
新疆	●	○	○	●	●
新疆兵团	●	○	○	●	●
合计	社保 14	社保 0	社保 0	社保 14	社保 14
	税务 18	税务 32	税务 32	税务 18	税务 18

资料来源：本表由人力资源社会保障部社会保险事业管理中心提供。

注：1. 表中●表示社保或医保部门负责，○表示税务部门负责；

2. 部分省份个别市县征收方式不一致，表中所列为主要征收机构；

3. 上海机关事业单位养老保险、北京城乡居民养老保险采取资金端划转税务方式（由社保部门征收后申报进入国库，再划入财政专户）；

4. 表中的失业保险、工伤保险主要是指企业，部分省份机关事业单位的两险种已由税务部门征收。

（三）生育保险和基本医疗保险合并实施

从2017年开始在河北省邯郸市等12个城市进行了1年左右的生育保险和职工基本医疗保险合并实施试点。全国人大常委会专门授权国务院在河北省邯郸市等12个城市暂时调整社会保险法有关规定，开展两项保险合并实施试点。目的是通过整合两项保险基金及管理资源，强化基金共济能力，提升管理综合效能，降低管理运行成本，建立适应我国经济发展水平、优化保险管理资源、实现两项保险长期稳定可持续发展的制度体系和运行机制。两项保险合并实施也是为了更好地满足全面放开二孩政策以后女职工的生育保障需要。

1 年的试点取得了积极成效，达到了改革要求，社会各方面反映良好。在总结试点经验的基础上，2018 年年底，全国人大常委会审议同意全面推进两项保险的合并实施，并对《社会保险法》进行了修改。国家主席习近平签署了第二十五号主席令，公布《全国人民代表大会常务委员会关于修改〈中华人民共和国社会保险法〉的决定》，修订了与两项保险合并实施相应的第六十四条、第六十六条关于生育保险基金单独建账、核算以及编制预算的规定，为全面推进合并实施奠定了法律基础。

2019 年 3 月 6 日，国务院办公厅印发《关于全面推进生育保险和职工基本医疗保险合并实施的意见》（国办发〔2019〕10 号），明确两项保险合并实施的总体要求是“保留险种、保障待遇、统一管理、降低成本”，并提出了“四统一、两确保”政策措施，即统一参保登记、统一基金征缴和管理、统一医疗服务管理、统一经办和信息服务，确保职工生育期间的生育保障待遇不变、确保制度也就是基金的可持续性，并要求 2019 年年底实现两项保险合并实施。

全面推进两项保险合并实施是中央着眼于建立更加公平、更可持续的社会保障制度体系提出的重要举措，有利于增强制度保障功能，也有利于全面二孩政策实施和提升管理服务效能，关系到人口均衡发展战略和广大妇女权益保障，对适应人口经济社会发展新形势新要求具有重要意义。2019 年 3 月 25 日，国务院新闻办公室举行国务院政策例行吹风会。2019 年 4 月 3 日，国家医疗保障局联合财政部、国家卫生健康委和国家税务总局召开全面推进生育保险和职工基本医疗保险合并实施专项部署视频会，要求各地抓好贯彻落实，确保 2019 年年底前实现两项保险合并实施，实现两项保险参保同步登记、基金合并运行、征缴管理一致、监督管理统一、经办服务一体化，建立适应我国经济发展水平、优化保险管理资源、实现两项保险长期稳定可持续发展的制度体系和运行机制。各省（区、市）和新疆兵团积极推进两项保险合并实施工作，制定出台本地区合并实施意见。截至 2019 年年底，全国 31 个省（区、市）及新疆兵团都公布了两项保险合并实施方案，绝大多数地区要求 2019 年年底前实现两项保险合并实施。北京、上海与西藏要求自 2020 年 1 月 1 日起，实现两项保险合并实施。

国办发〔2019〕10 号文件明确提出：“生育保险基金并入职工基本医疗保险基金，统一征缴，统筹层次一致。”各地区按照这一要求，在推进生育保险与职工基本医疗保险合并实施的同时，也将统一两项保险的统筹层次。也有一些地区在统一职工与城乡居民基本医疗保险制度的基础上，提升基本医疗保险和生育保险基金统筹层次。

江苏省政府办公厅 2019 年 10 月 19 日印发《关于实施基本医疗保险和生育保险市级统筹的意见》（苏政办发〔2019〕79 号），以增强制度公平性和基金抗风险能力为重点，从 2020 年 1 月 1 日起实施基本政策、待遇标准、基金管理、经办管理、定点管理、信息系统“六统一”的基本医疗保险和生育保险市级统筹制度，基金实行设区市统收统支和市级财政专户管理。各县（市、区）的职工医保和生育保险当期基金收入由征缴部门全额及时缴入市级国库，再划转至相关市级财政专户。居民医保市级统筹确有困难的地区，要采取有效措施，积极稳妥推进，确保在 2021 年 12 月 31 日前全面实现“六统一”；个别实现居民医保市级统筹困难较大的地区，由设区市人民政府向省人民政府请示批准后，可延长至 2022 年 12 月 31 日。

海南省 2012 年已经建立了城镇从业人员基本医疗保险和生育保险省级调剂金制度。2019 年又在此基础上，对职工基本医疗保险基金、城乡居民基本医疗保险基金、生育保险基金实行统收统支的省级统筹。2019 年 12 月 31 日，海南省人民政府印发《海南省基本医疗保险基金统收统支管理暂行办法》及其实施方案，对行政区域内城镇从业人员基本医疗保险基金（含生育保险）和城乡居民基本医疗保险基金（统称为基本医疗保险基金）实行统收统支管理，建立“六统一”管理模式，即统一基金收支管理，统一基金预决算管理，统一城镇从业人员、城乡居民医保待遇政策，统一基金收缴、核算、拨付等经办服务，统一责任分担机制，统一集中信息系统。

湖南省虽然已经于 2010 年建立了企业职工基本医疗保险省级调剂金制度，但为了统一职工基本医疗保险、居民基本医疗保险（统称为基本医疗保险）和生育保险统筹层次，湖南省医疗保障局、财政厅、税务局于 2019 年 12 月 31 日印发《关于全面实行基本医疗保险和生育保险市级统筹的实施意见》（湘医保发〔2019〕43 号），从 2020 年 1 月 1 日起，全面实行以政策统一为基础，以基金统收统支为核心，以基金预算管理为约束，以统一信息系统为支撑，以统一经办管理服务为依托，以防控基金运行风险为目标的基本医疗保险（城镇职工基本医疗保险、城乡居民基本医疗保险）和生育保险市级统筹制度。不仅实现了基本医疗保险和生育保险统筹层次的统一，同时也全面提升了生育保险和城乡居民基本医疗保险的统筹层次。

针对地区间因医疗保险政策不同导致待遇水平存在差距、赡养比不同导致各地职工医疗保险基金抗风险能力不平衡、人口流动进一步加剧经济发达地区与欠发达地区之间医疗保险基金负担不平衡等问题，2019 年福建省人民政府办公厅印发《福建省城镇职工医疗保险基金全省统筹调剂实施意见》（闽政办〔2019〕13 号），以全省医疗保障基金市级统筹为基础，按照积极稳妥、分步推进的原则，建立职工医疗保险调剂基金筹集机制，于 2019 年 1 月 1 日起执行。省级调剂金制度建立以后，仅 2019 年第一季度，就按照当期基金收入的 30%集中全省职工医保统筹调剂金 25.63 亿元，其中分配下拨 24.91 亿元，留存全省风险调节金 0.57 亿元，医改激励金 0.15 亿元。全省调剂受益统筹区 7 个，调剂结果与各地市经济发展水平、医保基金收支状况相吻合，初步达到了改革预期效果。

（四）推进企业职工基本养老保险全国统筹

全国统筹是企业职工基本养老保险的既定目标。作为实现全国统筹的第一步，先要实现省级统筹，做到基金省级统收统支。早在 2007 年，劳动保障部、财政部就印发了《关于推进企业职工基本养老保险省级统筹有关问题的通知》（劳社部发〔2007〕3 号）。到 2009 年年底，全国 31 个省（区、市）和新疆兵团均已出台了省级统筹办法，全面建立了省级统筹制度。但由于各地经济社会发展及推进工作力度存在差异，省级统筹工作开展尚不平衡，真正实行“统收统支”的只有北京、天津、上海、重庆、海南、西藏、陕西等 7 个省份，有 22 个省份实行了省级预算管理，其余省份只建立了省级调剂金制度。广东省从 2017 年 7 月 1 日起，将全省企业职工基本养老保险基金省级调剂提升为省级统收统支，由省级统筹管理，在全省范围内统一调度和使用，实行统一核算、分级存放、等比调拨。但在全国多数地区，不仅没有实现基金的省级统收统支，还存在政策不统一、省级统筹管理不规范等问题。

为了进一步完善省级统筹制度，推动实现全国统筹，2017 年 9 月 14 日，人力资源社会保障部、财政部印发《关于进一步完善企业职工基本养老保险省级统筹制度的通知》（人社部发〔2017〕72 号），提出了六方面要求，包括在基本养老保险制度、缴费政策、待遇政策、基金使用、基金预算和经办管理“六统一”基础上，实现省（区、市）基金统收统支，所有地区全覆盖；统一执行费率政策，最迟 2020 年实现全省费率统一；统一单位缴费基数和个人缴费基数核定办法，使用全省在岗职工平均工资；统一待遇调整办法；与工作绩效挂钩统一调度使用基金；统一公共服务。

各地区按照上述要求，积极完善企业职工基本养老保险省级统筹制度。2018 年 12 月 29 日，江苏省印发《关于进一步完善企业职工基本养老保险省级统筹的意见》（苏政发〔2018〕155 号），自 2019 年 1 月 1 日起，在“六统一”的基础上，加大调剂力度，实施分步推进，到 2020 年建立基金省级统收统支、基金缺口分级负担、各级政府责任明晰的企业职工基本养老保险省级统筹制度。2019 年 6 月 6 日，贵州省印发《关于完善企业职工基本养老保险省级统筹制度的通知》（黔府发〔2019〕11 号），自 2019 年 1 月 1 日起，在养老保险政策、基金收支管理、责任分担机制、集中信息系统、经办管理服务、考核奖惩机制等方面实现全省统一。2019 年 6 月 11 日，湖南省印发《关于完善企业职工基本养老保险省级统筹制度的通知》（湘政发〔2019〕11 号），自 2019 年 7 月 1 日起，在全省统一养老保险政策、基金收支管理、责任分担机制、集中信息系统、经办管理服务、考核奖惩机制。同时湖南省还出台了《湖南省完善企业职工基本养老保险省级统筹政策若干规定》《湖南省企业职工基本养老保险责任分担办法》和《湖南省企业职工基本养老保险基金预算管理办法》。2019 年 9 月 30 日，宁夏回族自治区印发《关于推进完善企业职工养老保险省级统筹制度的实施意见》（宁政规发〔2019〕3 号），自 2019 年 10 月 1 日起，实现以养老保险政策全区统一为基础、以基金统收统支为核心、以基金预算管理为约束、以信息系统和经办管理为依托、以基金监督为保障的省级统筹，确保基本养老金按时足额发放，确保人员应保尽保、基金应收尽收。截至 2019 年年底，全国有 13 个省份已实现养老保险基金省级统收统支。此外，山西、广西、山东、安徽、黑龙江、江西等省份按照人社部发〔2017〕72 号文件要求，在 2019 年年底前出台了进一步完善企业职工基本养老保险省级统筹制度的政策文件，计划从 2020 年起实行企业职工基本养老保险基金省级统收统支。

除各地区基金统筹层次偏低之外，阻碍企业职工基本养老保险全国统筹的主要障碍是地区间缴费负担很不均衡，存在畸轻畸重现象。为了改变这种状况，国家从 2015 年起，通过连续阶段性降低企业缴费率，到 2019 年逐步将企业缴费率统一为 16%，消除了均衡各地区企业缴费负担的制度障碍。2018 年 5 月 30 日，国务院印发《关于建立企业职工基本养老保险基金中央调剂制度的通知》（国发〔2018〕18 号），决定自 2018 年 7 月 1 日起，在现行企业职工基本养老保险省级统筹基础上，建立中央调剂基金，对各省份养老保险基金进行适度调剂，确保基本养老金按时足额发放。

中央调剂基金由各省份养老保险基金上解的资金构成，实行以收定支，当年筹集的资金全部拨付地方。上解资金按照各省份职工平均工资的 90%和在职应参保人数作为计算上解额的基数，计算公式为：某省份上解额=（某省份职工平均工资×90%）×某省份在职应参保人数×上解比例。各省份上解比例从 3%起步，2019 年提高到了 3. 5%。中央调剂基金按照离退休人员人均定额拨付，根据人力资源社会保障部和财政部核定的各省份离退休人数确定拨付资金数额。计算公式为：某省份拨付额=核定的某省份离退休人数×全国人均拨付额。其中：全国人均拨付额=筹集的中央调剂基金/核定的全国离退休人数。

通过在统一各地区企业缴费率的基础上实行中央调剂金制度，将各地区的缴费负担建立在了共同的基础之上，不仅实现了缴费负担的全国统一，消除了由于老龄化程度、经济发展水平等负担基础不同造成的利益冲突，也在一定程度上实现了基金的全国统一管理，为实现企业职工基本养老保险全国统筹迈出了实质性步伐。

（五）探索提高其他社会保险统筹层次

1. 推进工伤保险省级统筹

全面实施工伤保险省级统筹是《人力资源和社会保障事业发展“十三五”规划纲要》规定的任务。至 2015 年年底，已有北京、天津、上海、重庆、贵州、海南、河北、甘肃、西藏、宁夏等省份建立了工伤保险省级统筹制度。从 2016 年到 2017 年上半年，又有河南、安徽、广西、山东出台文件，决定实行工伤保险省级统筹，但离“十三五”规划提出的全面实施省级统筹的目标依然较远。

2017 年 6 月 22 日，人力资源社会保障部、财政部印发《关于工伤保险基金省级统筹的指导意见》（人社部发〔2017〕60 号），要求在 2020 年年底全面实现省级统筹，有条件的省（区、市）可以实行基金统收统支管理，不具备条件的省（区、市）也可以在省级建立调剂金。并提出了“五统一”要求，即在省（区、市）内统一工伤保险参保范围和参保对象，统一工伤保险费率政策和缴费标准，统一工伤认定和劳动能力鉴定办法，统一工伤保险待遇支付标准，统一工伤保险经办流程和信息系统。2017 年 11 月 20 日，云南省人力资源社会保障厅、财政厅印发《云南省工伤保险基金省级统筹工作方案》，对实行工伤保险基金省级统筹工作作出部署，计划到 2020 年年底全面实现工伤保险基金省级统筹。2018 年 7 月 23 日，甘肃省公布《甘肃省工伤保险实施办法》（省政府令第 145 号），第十一条规定“工伤保险基金实行省级统筹，建立省级工伤保险调剂金制度。市（州）和省直行业（企业）按上年度缴费收入决算的 10%上解至省级财政专户，全省统一调剂使用。市（州）和省直行业（企业）基金出现缺口时，可申请省级调剂”，自 2018 年 9 月 1 日起施行。2018 年 11 月 9 日，河南省人力资源社会保障厅、财政厅印发《河南省工伤保险省级统筹实施意见》（豫人社〔2018〕44 号），从 2019 年 1 月 1 日起，在全省范围内实现“五统一”，工伤保险基金由省本级、各省辖市和省直管县（市）分别管理，省级建立调剂金制度。

各地人社部门对实行工伤保险省级统筹高度重视，积极组织调研，研究制定实施方案，多数省份的工作已取得积极进展和成效。但也有一些省份思想认识不够到位，工作推进相对缓慢，离 2020 年实现省级统筹的目标还有不小的差距。2019 年 1 月，中央脱贫攻坚专项巡视组明确将“部分地区农民工工伤保险目前只能做到市级统筹”列入整改问题之一。2019 年 9 月 26 日，人力资源社会保障部办公厅印发《关于加快推进工伤保险基金省级统筹工作的通知》（人社厅函〔2019〕164 号），明确指出工伤保险基金实现省级统筹是一项必须完成的硬任务，要求各地提高政治站位，加大工作力度，确保 2020 年年底前全部实现工伤保险基金省级统筹。文件进一步明确了推进工伤保险基金省级统筹的政策要求，核心是工伤保险基金在全省（区、市）范围内统筹调剂使用，基础是统一参保缴费、待遇支付等政策标准和规范工伤认定、劳动能力鉴定、工伤预防、工伤医疗和工伤康复等管理服务，难点是打破原有的管理模式和利益格局，关键是明确各级职责分担、建立激励约束机制。同时，文件要求全面推进工伤保险信息化建设，建成省级集中的社会保险信息系统，为实现省级统筹提供必要支撑。

人力资源社会保障部按照“抓两头、促中间，树标杆、督后进”的思路，通过印发通知、片会调度、实地调研等多种方式，推动工伤保险基金省级统筹工作换挡提速。抓住广东这一参保人数最大的省份，在全国树立省级统筹工作标杆。截至 2019 年 12 月底，已有 19 个省份基本实现省级统筹；其他 13

个省份正在积极推进相关工作，确保 2020 年全部实现省级统筹。

2019 年 2 月 18 日，福建省人力资源社会保障厅、财政厅印发《福建省工伤保险实行省级统筹实施意见》（闽人社文〔2019〕49 号），在全省范围内实行“五统一，一调剂”的工伤保险省级统筹管理体制，2019 年年底前各地区实现本地区工伤保险各项制度与省级统筹制度平稳衔接，各项工作过渡到位，2020 年全省范围内全面实施工伤保险基金省级统筹。2019 年 3 月 22 日，江西省人力资源社会保障厅、财政厅印发《江西省工伤保险基金省级统筹实施方案》，自 2020 年 1 月 1 日起，全省工伤保险基金实行省级统筹调剂、设区市统收统支、设区市和县（市、区）分级经办，全面建立“五统一”工伤保险基金省级统筹制度。山东省 2017 年建立了工伤保险省级调剂金制度，各市已连续三年按规定上解工伤保险省级调剂金，人社和财政部门也根据申请按规定下拨了调剂金，制度运行良好。2019 年 12 月 9 日，山东省人力资源社会保障厅、财政厅、税务局印发《关于山东省工伤保险基金省级统筹的实施意见》（鲁人社发〔2019〕33 号），自 2020 年 1 月 1 日起，实行工伤保险基金省级统筹，健全完善工伤保险基金省级调剂制度，并按照人社部发〔2017〕60 号文件要求在全省范围内实现“五统一”。2019 年 12 月 18 日，山西省人力资源社会保障厅、财政厅、税务局印发《山西省关于实施工伤保险基金省级统筹的通知》（晋人社厅发〔2019〕73 号），要求在 2020 年年底前，在全省范围内实现“五统一”，建立工伤保险基金全省统收统支的省级统筹制度，统一工伤保险基金管理使用。2019 年，青海省人力资源社会保障厅、财政厅、税务局及人行西宁中心支行联合印发《青海省工伤保险省级统筹实施意见》，自 2020 年 1 月 1 日起，按照制度统一、分级管理、职责明晰、强化考核的原则，遵循基础数据和基金向上集中、管理和服务向基层延伸的理念，建立以工伤保险基金统收统支为核心的省级统筹管理体系；取消各市（州）工伤保险基金财政专户，除省级外各地工伤保险基金支出户年末无余额，历年累计结存的工伤保险基金（含储备金）全部纳入省级财政专户管理；工伤保险基金实行省级预算管理；省财政依据省级国库实际收到的工伤保险费，按旬划入工伤保险基金省级财政专户，纳入省级财政专户管理；省人社部门按季度汇总编制全省工伤保险基金用款计划，报省财政部门审核拨付后，逐级下拨。

广东省自 2019 年 7 月 1 日起实行工伤保险基金省级统筹，在全省范围实现“五统一”的基础上，实行工伤保险基金统收统支，并对工伤保险体制机制进行优化升级，开创了工伤保险高质量发展新局面。广东省的主要做法是：（1）把握好“四个原则”。既要实行基金省级统筹，也要维护地方原有利益；既要以全省“一盘棋”谋划制度建设，也要划清各级各部门职权职责边界；既要体现公平，也要维护效率；既要体现激励，也要强化约束。（2）坚持缺口分担和分级管理。按同等比例调拨各地结余基金，划清省与地方的责任边界，明确各级人社、财政、税务和社保经办机构的职责分工。（3）建立目标责任和考核机制。（4）重塑工伤保险经办管理服务体系。实行省级统筹的时间虽然较短，但成效显著。一是提高了基金保障和抗风险能力，最大限度发挥基金共济功能，破解了地区间发展不平衡不充分问题。截至 2019 年年底，基金累计结余 275 亿元，支撑能力较强。二是统一全省政策标准，增强了制度公平性。修订《广东省工伤保险条例》，打造“1+1+6”政策体系，有效解决了政策碎片化问题，均衡缴费成本和待遇水平，促进了公共服务均等化。三是释放了提待降费双重改革红利。19 个市待遇计发基数由“市标准”提高至“省标准”；平均费率降至 0. 17%，为全国最低，给企业减负 35 亿元；伤残待遇“托底线”平均提高 20%，长期待遇平均提高 15%，全省月人均伤残津贴达到 3 901 元。四是解决了公务员工伤保障问题，实现了职业人群工伤保险制度全覆盖。截至 2019 年年底，工伤保险参保人数 3 816 万人，同比增长 6. 2%。五是提升了管理服务效能。优化经办管理，在事项和流程上做减法，在服务和监管上做加法；建立省集中信息系统，实现数据集中、信息共享、实时监控；率先建立两个基金结算工伤认定前医疗费机制，对于医保基金支付工伤认定前的医疗费，认定工伤后，由工伤基金向医保基金结算相关医疗费用，解决“垫资跑腿”难题。

2. 提高失业保险统筹层次

1999 年 1 月 22 日发布实施的《失业保险条例》（国务院令第 258 号）规定：失业保险基金在直辖市和设区的市实行全市统筹；其他地区的统筹层次由省、自治区人民政府规定。省、自治区可以建立失业保险调剂金。各省（区、市）以此为依据，相继出台贯彻实施办法或颁布地方失业保险条例，北京、天津、上海、重庆 4 个直辖市实行全市统筹，其余省份则以地市级统筹为主，也有不少地区实行县级统筹。但许多地区都建立了省级调剂金。1999 年 3 月 23 日，新疆维吾尔自治区印发的《关于贯彻〈失业保险条例〉的通知》（新政发〔1999〕17 号）规定，失业保险基金以州（地、市）为单位

（乌鲁木齐铁路局、新疆石油管理局以局为单位）统筹；实行自治区、州（地、市）两级管理；自治区建立失业保险调剂金，主要用于州（地、市）失业保险基金不敷使用时的调剂和失业保险的宣传、培训等业务费用。2001年10月1日，四川省颁布《四川省失业保险条例》，规定失业保险基金以设区的市为单位统筹，民族自治州可以州或县为单位统筹；依法设立省失业保险调剂金；统筹地区失业保险基金不敷使用时，由省失业保险调剂金调剂和地方财政补贴。2000年9月1日起施行的《辽宁省失业保险条例》规定，省政府建立失业保险调剂金，用于失业保险基金不敷使用和就业困难地区的补助；市统筹地区失业保险基金不敷使用和就业困难需要补助时，由失业保险调剂金调剂和地方财政补贴。

提高失业保险基金统筹层次，特别是推进市级统筹，增强失业保险保障功能，一直是改革完善失业保险制度的重要内容。广西、安徽（2006）、江西（2007）等省份都先后开展了失业保险市级统筹试点。2008年6月11日，广西壮族自治区印发《关于实行失业保险基金市级统筹制度的通知》（桂政发〔2008〕18号），决定从2008年起，在全区范围内实行失业保险基金市级统筹制度，统一筹集、使用基金，统一管理结余基金。2008年5月27日，安徽省劳动保障厅印发《关于失业保险市级统筹有关问题的通知》（劳社秘〔2008〕119号），要求按照统一制度和政策、统一基金使用和管理、统一基金预算决算管理和统一失业保险业务管理流程要求，组织开展失业保险市级统筹工作，到“十一五”末，全面实现失业保险市级统筹。2009年5月8日，《陕西省人民政府关于修改〈陕西省失业保险条例实施办法〉的决定》通过，提出失业保险基金在设区市实行全市统筹，建立失业保险省级调剂金制度；设区市的失业保险基金收不抵支时，应首先使用历年结余，历年结余仍不敷使用时，由省级失业保险调剂金调剂和设区市的财政补贴；省级调剂金和设区市的财政补贴按1∶1的比例分担；省级调剂金不敷使用时，由省财政给予补贴。

虽然直辖市和一些设区的市已实现失业保险基金全市统筹，并取得积极效果，但仍有相当一部分地区实行县级统筹，市级统筹工作进展比较缓慢，统筹层次低，基金规模小，调剂能力弱，一定程度上制约了失业保险制度应有功能的发挥。2010年9月17日，人力资源社会保障部印发《关于进一步提高失业保险统筹层次有关问题的通知》（人社部发〔2010〕63号），要求到

2011 年年底在全国范围内基本实现失业保险市级统筹。尚未实行市级统筹的地区，应结合本地实际，有条件的地区要实现基金市级统收统支，其他地区也要统一基金财务管理制度和使用办法，逐步实现全市范围内统一调度和使用基金。同时，要统一参保范围和参保对象、统一确定失业保险待遇项目及标准方法、统一基金管理和使用、统一失业保险业务经办流程和信息系统，逐步实现业务经办全程信息化。已经实行市级统筹的地区，要认真总结经验，完善统筹办法，进一步发挥市级统筹作用。鼓励有条件的地区，积极探索实施失业保险省级统筹。

按照上述要求，一些省份积极推进失业保险市级统筹工作。2010 年 12 月 1 日，河北省政府办公厅印发《关于推进失业保险市级统筹有关问题的通知》（办字〔2010〕151 号），决定自 2011 年 1 月 1 日起，在全省范围内全部实现失业保险市级统筹。2011 年 9 月 28 日，《海南省人民代表大会常务委员会关于修改〈海南省城镇从业人员失业保险条例〉的决定》，将第十一条“失业保险基金实行市、县统筹，各市、县按当年征缴失业保险费总额的 10% 上交省失业保险机构，供全特区调剂使用”修改为“失业保险实行全省统筹”。

2019 年 9 月 11 日，人力资源社会保障部、财政部、国家税务总局印发《关于失业保险基金省级统筹的指导意见》（人社部发〔2019〕95 号），要求各地力争在 2023 年年底前全面实现省级统筹。已决定实行省级统筹的，要做到“五统一”，即统一参保范围和参保对象、统一费率政策、统一缴费基数核定办法、统一待遇标准确定办法、统一经办流程和信息系统。未实行失业保险基金省级统筹的，要提高到市级统筹。在基金管理上，有条件的省（自治区）可以实行失业保险基金统收统支管理；暂不具备条件的省（自治区），要进一步完善失业保险省级调剂金制度，逐步提高省级调剂金筹集比例，用于调剂解决统筹地区失业保险基金支出缺口，保证各统筹地区各项失业保险待遇按时足额发放。同时提出了四项保障措施：（1）统一政策标准；（2）明确责权划分；（3）加强基金监管，确保不发生基金风险；（4）加强信息系统建设。

3. 探索城乡居民基本养老保险市级统筹

新型农村社会养老保险和城镇居民社会养老保险都是从县级统筹开始的，只有极个别地市将统筹层次提高到地市级，如四川省攀枝花市 2013 年在全省率先实现城乡居民养老保险市级统筹。2014 年，《国务院关于建立统一的城乡居民基本养老保险制度的意见》（国发〔2014〕8 号）虽然要求“各地要在整合城乡居民养老保险制度的基础上，逐步推进城乡居民养老保险基金省级管理”，但涉及财政管理体制，使提升统筹层次问题变得复杂，各地区制度整合基本上都是在原统筹层次上展开的。

近年来，一些地区积极探索提高城乡居民基本养老保险统筹层次。2015年，四川省成都市城乡居民养老保险实现市级统筹。2016年，甘肃省自10月1日起在全国率先实行城乡居民养老保险基金省级统筹管理。2018年10月14日，新疆乌鲁木齐市政府办公厅印发《乌鲁木齐市城乡居民基本养老保险办法》（乌政办〔2018〕253号），自2019年1月1日起实施，乌鲁木齐市11.3万名城乡居民基本养老保险将全部纳入市级统筹。2019年10月9日，江苏省南京市人力资源社会保障局、财政局印发《南京市城乡居民基本养老保险市级统筹实施办法》，自2020年1月1日起在全省率先实现城乡居民基本养老保险市级统筹，在全市范围内实行参保缴费、政策待遇、基金管理、经办服务和信息系统“五统一”。2019年12月31日，广东省人力资源社会保障厅、财政厅、税务局联合印发《广东省城乡居民基本养老保险基金市级管理实施意见》（粤人社发〔2019〕170号），自2020年7月1日起，在全省各地级以上市实施城乡居民基本养老保险基金市级管理，全市以内实行制度标准、基金管理、基金征收、待遇支出、经办管理、信息系统“六统一”的基金管理模式；各市实行统一的城乡居民基本养老保险基金预决算制度，市级统收统支；全市新增城乡居民基本养老保险费征缴收入和各级财政补助资金均纳入市级社会保障财政专户管理，专款专用，单独建账，独立核算；2020年6月30日前各县（市、区）城乡居民基本养老保险结余基金，可授权存放在县级社会保障财政专户，使用权在市。

4. 提高城乡居民基本医疗保险基金统筹层次

新型农村合作医疗制度（简称新农合）建立之初，普遍实行的是县级统筹。城镇居民基本医疗保险制度建立之初，有许多地区实行了地（市）级统筹。如上海市从2011年制度建立之初就实现了区级统筹、市级统一管理。2016年，《国务院关于整合城乡居民基本医疗保险制度的意见》（国发〔2016〕3号）提出，城乡居民基本医疗保险制度原则上实行市（地）级统筹，鼓励有条件的地区实行省级统筹。各地按照这一要求稳步提升城乡居民基本医疗保险统筹层次。但由于地区及城乡经济社会发展与医疗消费水平不同，各地提高统筹层次的工作节奏和进程也存在差异，采取的方式也各有特点。2018 年 10 月 18 日，西藏自治区人民政府办公厅印发《关于进一步做好城乡居民基本医疗保险制度整合工作的通知》（藏政办发〔2019〕64 号），从 2019 年起建立覆盖范围、筹资政策、保障待遇、医保目录、定点管理、基金管理“六统一”的城乡居民基本医疗保险制度，合并城镇居民医保基金和农牧区医疗制度基金，建立城乡居民医保基金；制度整合初期城乡居民医保实行地（市）级统筹，逐步实现自治区级统筹。

2019 年，国家医疗保障局、财政部印发《关于做好 2019 年城乡居民基本医疗保障工作的通知》（医保发〔2019〕30 号），明确要求加大城乡统筹工作力度，做实居民医保地市级统筹，在地市级基金统收统支的基础上，实现政策制度统一、医疗服务协议管理统一、经办服务统一和信息系统统一，提高运行效率和抗风险能力。鼓励有条件的地区探索推进省级统筹，研究建立基金区域调剂平衡机制，增强基金共济能力。各地区按照这一要求，进一步完善地市级统筹，部分地区积极探索建立省级统筹制度。到 2019 年年底，绝大多数地区实现了地市级统筹，但有近一半是调剂金模式，一些尚未实现城乡统筹的地方新农合仍为县级统筹。北京、天津、上海、重庆 4 个直辖市和宁夏、青海等少数省份已经实现省级统筹。

2019 年 5 月 13 日，甘肃省医疗保障局、财政厅、税务局印发《甘肃省城乡居民基本医疗保险市级统筹实施意见》（甘医保发〔2019〕46 号），决定从 2019 年 7 月开始，实施城乡居民基本医疗保险市级统筹，以市州行政区为统筹单位，建立覆盖范围统一、筹资政策统一、保障待遇统一、医保目录统一、定点管理统一、基金管理统一的城乡居民基本医疗保险制度；统筹地区内实行基金收支统一管理，基金全部纳入市州级财政专户，县区不再保留本级医疗保险基金财政专户；市州政府承担参保人员医疗待遇按时足额支付和收支平衡的主体责任；基金收支形成的缺口，按照事权财权和激励约束原则，合理划分市州、县区两级政府的工作责任，建立基金缺口分担机制。2019 年 11 月 18 日，宁夏回族自治区人民政府印发《关于进一步完善城乡居民基本医疗保险自治区级统筹制度的意见》（宁政规发〔2019〕4 号），坚持全区统筹、分级经办、各负其责的原则，全区城乡居民基本医疗保险基金纳入自治区统一管理，实行调剂金制度，自治区为一个统筹地区，五市为五个分统筹地区，各分统筹地区每年 6 月 30 日前按上年度城乡居民统筹基金收入的 7%将基金收入上解作为自治区统筹调剂金，上解调剂金后的剩余基金（含历年结余基金）由自治区委托各分统筹地区管理，在分统筹区域内基金实行统收统支，探索建立自治区级统收统支制度；各分统筹地区经自治区批准动用历年结余基金后仍然出现基金缺口的，启动调剂金制度；基金调剂与分统筹地区年度参保扩面征缴、控制医疗费用增长任务和基金监管等挂钩。

二、经办服务体系

2018—2019 年，各地区适应管理体制变化，根据管理职能职责划转，对组织机构、经办队伍进行调整与重构；继续开展基层服务网络建设，增加服务网点和服务事项，推动服务向基层延伸；进一步推动线上服务体系建设，完善和拓展服务渠道，创新经办服务模式，拓展线上服务事项。社保经办服务体系不断完善，服务方式不断多元化，特别是基层网点和线上服务事项不断丰富，促使公共服务可及性逐步提高，服务效率与均等化水平不断提升。

（一）调整重构经办服务体系

由于医保管理体制与社会保险费征收体制的改革，社保经办机构进入较剧烈的调整与重构时期。随着从中央到地方医疗保障局组建完成，部分医保经办管理职能相应从人社部门划转到医保部门，绝大多数地区对医保经办机构与人员进行了相应的调整或划转。但因各地区原有体制和运行机制的差异，具体调整与重构过程中出现了以下三种模式。

其一，原本单设医保经办机构的，主管部门直接变更为医疗保障局。这种模式主要在原来分险种分别经办的地区，如河北、四川的医保经办机构因原来独成体系，直接划转医保行政部门管理后，名称上也进行了调整，河北将“河北省医疗保险中心”更名为“河北省医疗保险事业管理局”，四川将“四川省医疗保险管理局”更名为“四川省医疗保障事务中心”。

其二，原本“五险合一”统一经办的地区，将医保职能整合后，形成新的医保经办机构，如河南成立“河南省医疗保障服务中心”，广西成立“广西壮族自治区医疗保障事业管理中心”。

其三，少数地区经办机构仍实行“五险”统一经办，但经办机构转而直接隶属于当地政府，同时接受人社行政部门和医保行政部门领导。如海南将原“海南省社会保险事业局”更名为“海南省社会保险服务中心”，加挂“海南省医疗保险服务中心”牌子，由隶属海南省人社厅调整为直属海南省政府，仍为副厅级公益一类事业单位。海南省社会保险服务中心（医疗保险服务中心）作为海南省政府直属的省级社保医保经办机构，业务上分别接受海南省人力资源社会保障厅和海南省医疗保障局的政策指导、管理和监督。市县经办机构的调整与省级保持一致。

除各省级层面的调整外，在省级以下的地区也出现了不同的模式。如江苏省级层面有医保经办机构“江苏省医疗保险基金管理中心”，在地市级层面，南京、无锡、苏州、常州、扬州仍然保留原有的“五险合一”经办模式，而原本独立设置的徐州、南通、连云港、淮安、盐城、镇江、泰州、宿迁仍维持现有模式。

（二）调整组织机构

两年来，各省（区、市）经办机构有增有减，总体保持稳定，除个别省份增减数量较大以外，绝大多数省份增减数量都很小。医保经办机构部分从社保经办机构划出后，数量明显增加。由于医保经办机构目前仍在调整与重构之中，因此，以下的统计数据分析主要以养老、工伤与失业三个险种为主。

1. 经办机构设置的变动与调整情况

影响经办机构变动的原因主要有制度改革、体制改革和一般性调整三个方面因素。制度改革特别是新险种制度的建立是决定经办机构长期变动趋势的主要原因。2018—2019 年经办机构的变动主要是受社会保险管理体制及机构整合两个方面因素的影响，其中影响最大的是医保经办机构的分离。原来“五险合一”地区，因医保经办机构分离，经办机构总量有所增加。如 2016 年北京市医保经办机构只有 6 个，到 2019 年年底增加到了 19 个，包括 11 个新农合机构、7 个区级和 1 个市级医疗保险事务管理中心。江苏省 2016 年有医保经办机构 59 个，到 2019 年年底则增加到了 68 个，包括 1 个省级、8 个市级和 59 个县级经办机构。

随着机关事业单位养老保险制度改革的进一步推进和完善，加大资源整合力度，经办机构数量减少的省份达到 12 个，而且减少的幅度较大；增加仅 3 个。随着城乡居民养老保险制度整合顺利完成，经办机构数量进一步减少，但有 23 个省份保持了稳定不变。

从 2000 年到 2019 年，全国经办机构设置数量经历了两次增加和两次减少。第一次增加是从 2000—2006 年，经办机构由 4 784 个增加到 7 455 个，增加了 2 671 个，年均增加 445. 17 个；紧接着 2007—2008 年经办机构略有减少。第二次增加是 2009—2012 年，从 2008 年的 7 419 个增加到 2012 年的

8 411 个，增加了 992 个，年均增加 248 个，年均增幅较前一时期明显降低；紧接着又连续 3 年减少，分别减少了 48 个、332 个和 116 个；2016—2017 年在连续 3 年减少后又略有增加；在 2018 年医疗保险分设之后，2019 年养老、工伤及失业保险机构又减少了 217 个（见表 2-2-1）。

表 2-2-1　　2000 年以来全国经办机构数量变动情况　　单位：个

年份	2000	2001	2001	2003	2004	2005	2006	2007	2008	2009
机构数	4 784	5 135	6 469	6 805	7 293	7 433	7 455	7 434	7 419	7 448
比上年增减		351	1 334	336	488	140	22	-21	-15	29
年份	2010	2011	2012	2013	2014	2015	2016	2017	2018	2019
机构数	7 653	8 109	8 411	8 363	8 031	7 915	7 937	7 985	5 794	5 577
比上年增减	205	456	302	-48	-332	-116	22	48	—	-217

资料来源：根据人力资源社会保障部社会保险事业管理中心资料整理。

注：2018—2019 年不包括医疗保险经办机构。

截至 2019 年年底，全国县级以上社保经办机构（不含医保）有 5 577 个，其中，省级 40 个，地（市）级 649 个，县（区）级 4 888 个，比上年减少 217 个［地（市）级减少 70 个，县（区）级减少 147 个］。分险种来看，多险合一（含单设企业职工养老保险）经办机构 3 428 个，单设机关事业单位养老保险经办机构 678 个，单设城乡居民养老保险经办机构 988 个，单设失业保险经办机构 116 个（河北、山东、河南 3 省），单设工伤保险经办机构 367 个（见表 2-2-2）。

表 2-2-2　　2019 年各险种经办机构设置情况　　单位：个

险种	机构总数	各层级机构数			占比（%）
		省级	地（市）级	县（区）级	
养老保险	5 094	39	603	4 452	91. 3
企业职工养老保险	3 428	32	454	2 942	61. 5
机关事业单位养老保险	678	4	76	598	12. 2
城乡居民养老保险	988	3	73	912	17. 7
失业保险	116		7	109	2. 1
工伤保险	367	1	39	327	6. 6
合计	5 577	40	649	4 888	100. 0

注：数据截至 2019 年年底，不包括人力资源社会保障部社保中心、央保中心，不含经办失业保险的公共就业服务机构。表内养老保险数为企业职工、机关事业单位和城乡居民养老保险合计数，企业职工养老保险含多险合一。

2019 年，从养老、工伤及失业三个险种（简称“三险”）来看，各地区经办机构的变动差异比较大（见表 2-2-3），与 2018 年相比，只有北京、吉林、海南、重庆、西藏、宁夏 6 个省份经办机构数量保持稳定，其余 26 个省份都有变化。河南、新疆兵团、安徽、山西、甘肃、浙江、广西、福建、贵州 9 个省份经办机构数有所增加，增加数量最多的是河南，有 106 个，新疆兵团增加 79 个，福建、贵州仅增加 1 个。河北、湖北、四川、青海、内蒙古、新疆、广东、云南、上海、天津、江苏、黑龙江、陕西、辽宁、江西、山东、湖南 17 个省份经办机构有所减少，其中湖南、山东、江西减少较多，分别减少 124 个、88 个和 80 个。

表 2-2-3　　2018—2019 年各省（区、市）社会保险经办机构数量及变动情况

单位：个

省份	2018 年	2019 年		省份	2018 年	2019 年	
		数量	比上年增减			数量	比上年增减
北京	18	18	0	湖北	270	269	-1
天津	23	2	-21	湖南	527	403	-124
河北	348	347	-1	广东	199	190	-9
山西	421	454	33	广西	112	116	4
内蒙古	130	128	-2	海南	36	36	0
辽宁	143	84	-59	重庆	41	41	0
吉林	57	57	0	四川	365	364	-1
黑龙江	175	147	-28	贵州	126	127	1
上海	33	17	-16	云南	254	239	-15
江苏	212	189	-23	西藏	11	11	0
浙江	107	121	14	陕西	237	195	-42
安徽	214	250	36	甘肃	107	131	24
福建	261	262	1	青海	55	54	-1
江西	317	237	-80	宁夏	27	27	0
山东	354	266	-88	新疆	107	103	-4
河南	492	598	106	新疆兵团	15	94	79
				合计	5 794	5 577	-217

资料来源：根据人力资源社会保障部社会保险事业管理中心资料整理。

2019 年机构减少的主要是养老保险经办机构，特别是机关事业单位养老保险和城乡居民养老保险经办机构，分别减少了 264 个和 107 个，城镇职工养老保险经办机构则增加了 96 个（见表 2-2-4）。其中北京、吉林、海南、重庆、西藏、宁夏 6 个省份养老保险经办机构数量没有变化。安徽、湖南、山东、湖北、黑龙江、辽宁、陕西、江苏、云南、河北、浙江、四川 12 个省份机关事业单位养老保险经办机构有所减少，特别是安徽、湖南、山东、湖北分别减少 56 个、48 个、45 个、39 个；机关事业单位养老保险经办机构有所增加的是山西、福建与河南。整体而言呈现减少趋势。城乡居民养老保险机构变动幅度不大，有 23 个省份并无变化，湖北、湖南、山东、云南、江西、河北、浙江 7 个省份有所减少，其中减少最多的湖北、湖南分别减少 77 个与 68 个；河南、安徽有所增加，安徽增加了 76 个。职工养老保险经办机构数量有所增加。湖北、新疆兵团、甘肃、浙江、广西、云南、江西、贵州 8 个省份共增加 338 个，其中湖北增加 115 个，新疆兵团增加 79 个；11 个省份减少 146 个，包括青海、内蒙古、新疆、湖南、广东、江苏、山东、上海、天津、河南、辽宁，特别是辽宁、河南与天津分别减少 38 个、25 个与 21 个。

表 2-2-4　　2018—2019 年各险种经办机构设置情况　　单位：个

险种	2018 年	2019 年	
		数量	比上年增减
养老保险	5 369	5 094	-275
企业职工养老保险	3 332	3 428	96
机关事业单位养老保险	942	678	-264
城乡居民养老保险	1 095	988	-107
工伤保险	425	367	-58
失业保险		116	
合计	5 794	5 577	-217

资料来源：根据人力资源社会保障部社会保险事业管理中心资料整理。

注：表内养老保险数为企业职工、机关事业单位和城乡居民养老保险合计数；企业职工养老保险含多险合一。

各地区的工伤保险经办机构数量稳中有降，共有 23 个省份工伤保险经办机构数量保持不变，湖南、河北、山东、黑龙江、陕西、江西 6 个省份有所减少，其中江西减少最多，为 79 个，山西、安徽、河南 3 个省份有所增加，分别为 36 个、16 个和 14 个。

各省（区、市）经办机构设置差异依然比较大。31个省（区、市）加上新疆兵团，平均每个地区机构设置数量为174个，有14个省份经办机构设置数量在平均数以上，其余18个省份机构设置数量都小于平均数。其中经办机构数量最多的河南有598个，最少的天津只有2个。机构设置数量不足100个的有新疆兵团、辽宁、吉林、青海、重庆、海南、宁夏、北京、上海、西藏、天津11个省份。陕西、广东、江苏、黑龙江、甘肃、内蒙古、贵州、浙江、广西、新疆10个省份经办机构都在200个以内；机构数量超过200个不足300个的有湖北、山东、福建、安徽、云南、江西6个省份；机构设置数量超过300个的有河南、山西、湖南、四川、河北5个省份（见表2-2-5）。

表2-2-5　　2019年各地“三险”经办机构设置情况　　单位：个

省份	养老保险				工伤保险	失业保险	合计
	合计	企业职工	机关事业单位	城乡居民			
北京	18	18					18
天津	2	2					2
河北	320	208	25	87	6	21	347
山西	356	136	101	119		98	454
内蒙古	128	128					128
辽宁	84	84					84
吉林	57	57					57
黑龙江	147	80	67				147
上海	17	1		16			17
江苏	189	133	18	38			189
浙江	121	121					121
安徽	231	129	26	76		19	250
福建	262	89	87	86			262
江西	236	119		117		1	237
山东	247	185	21	41	6	13	266
河南	404	155	109	140	104	90	598
湖北	269	269					269
湖南	281	147	87	47		122	403
广东	190	186		4			190

续表

省份	养老保险				工伤保险	失业保险	合计
	合计	企业职工	机关事业单位	城乡居民			
广西	116	116					116
海南	36	20		16			36
重庆	41	41					41
四川	364	207	53	104			364
贵州	127	107		20			127
云南	237	151	9	77		2	239
西藏	10	10				1	11
陕西	195	120	75				195
甘肃	131	131					131
青海	54	54					54
宁夏	27	27					27
新疆	103	103					103
新疆兵团	94	94					94
合计	5 094	3 428	678	988	116	367	5 577

资料来源：人力资源社会保障部社会保险事业管理中心。

2. 经办机构参公管理情况

2018—2019 年，全国参公管理的社保经办机构持续减少。2019 年比 2018 年减少了 319 个，占经办机构的比例比 2018 年降低了 3. 8%。截至 2019 年年末，全国经办机构（不含医保）参照公务员法管理的有 2 528 个，占经办机构总数的 45. 3%。其中，养老保险 2 440 个，工伤保险 68 个，失业保险 20 个，分别占本类经办机构的 47. 9%、18. 5%和 17. 2%。

在省、地（市）和县（区）三级经办机构中，参公比例一直是省级高于地（市）级、地（市）级高于县（区）级。截至 2019 年年末，三级经办机构（不含医保）参公管理数量分别是省级 36 个（含新疆兵团），地（市）级 450 个，县（区）级 2 042 个，分别占本级经办机构数的 90. 0%、69. 3%、41. 8%，都比 2018 年有所降低（见表 2-2-6）。

表 2-2-6　　2018—2019 年“三险”经办机构参公管理情况　　单位：个

年份	合计		省级（含新疆兵团）		地（市）级		县（区）级	
	数量	占比（%）	数量	占比（%）	数量	占比（%）	数量	占比（%）
2018	2 847	49.1	39	97.5	539	75.0	2 269	45.1
2019	2 528	45.3	36	90.0	450	69.3	2 042	41.8

资料来源：根据人力资源社会保障部社会保险事业管理中心资料整理。

全国各地社保经办机构（不含医保）参公管理比例差别很大。天津、海南、重庆、西藏、青海和新疆兵团 6 个省份都达到了 100%；北京、广东、广西、新疆 4 个省份参公管理机构也在 90%以上；河北、上海、安徽、江西、山东、宁夏 6 个省份参公管理机构还不足 10%。按照 45.3%的平均参公率，低于平均数的省份有 12 个，其余 19 个省份参公率都在 50%以上（见表 2-2-7，辽宁暂无数据）。

表 2-2-7　　2019 年各地各险种经办机构（不含医保）参公情况　　单位：个

省份	养老保险				失业保险	工伤保险	合计	占比（%）
		企业职工	机关事业单位	城乡居民				
北京	17	17					17	94.4
天津	2	2					2	100.0
河北	25	24	1				25	7.2
山西	60	34	23	3		6	66	14.5
内蒙古	114	114					114	89.1
辽宁								
吉林	51	51					51	89.5
黑龙江	123	80	43				123	83.7
上海	1	1					1	5.9
江苏	63	57	4	2			63	33.3
浙江	99	99					99	81.8
安徽	25	23	2				25	10.0
福建	63	36	17	10			63	24.0
江西	22	12		10			22	9.3
山东	7	7					7	2.6
河南	160	142	12	6	20	10	190	31.8
湖北	96	96					96	35.7

续表

省份	养老保险				失业保险	工伤保险	合计	占比（%）
		企业职工	机关事业单位	城乡居民				
湖南	171	103	67	1		50	221	54.8
广东	184	184					184	96.8
广西	109	109					109	94.0
海南	36	20		16			36	100.0
重庆	41	41					41	100.0
四川	282	205	43	34			282	77.5
贵州	100	100					100	78.7
云南	156	146		10		1	157	65.7
西藏	10	10				1	11	100.0
陕西	131	120	11				131	67.2
甘肃	95	95					95	72.5
青海	54	54					54	100.0
宁夏	1	1					1	3.7
新疆	102	102					102	99.0
新疆兵团	94	94					94	100.0
合计	2 440	2 125	223	92	20	68	2 528	45.3

资料来源：根据人力资源社会保障部社会保险事业管理中心资料整理。

（三）调整经办队伍

由于医疗保险的分离和机构调整，社保经办队伍总体规模有所增大，编制人员和实有人员都有所增加。其中，2019 年全国“三险”经办机构编制总人数为 131 333 人，比 2018 年总编制数减少 11 008 人，减幅为 7.7%；实有总人数为 141 222 人，比 2018 年实有人数减少 14 956 人，减幅为 9.58%。

1. “三险”经办机构编制人数有所下降

在“三险”经办机构编制人数中，2019 年省级机构 4 619 人，地（市）级 34 449 人，县（区）级 92 265 人，分别占编制总人数的 3.5%、26.2%、70.3%。与 2018 年相比，总编制数减少 11 008 人，减幅为 7.7%。其中，省级增加 591 人，地（市）级减少 4 108 人，县（区）级减少 7 491 人，分别增长 14.7%，减少 10.7%和 7.5%（见表 2-2-8）。

表 2-2-8　2018—2019 年分层级“三险”经办机构编制人数统计表　单位：人

项目		编制人数	省级	地（市）级	县（区）级
2018 年		142 341	4 028	38 557	99 756
2019 年		131 333	4 619	34 449	92 265
2019 年比 2018 年	增加值	-11 008	591	-4 108	-7 491
	增幅（%）	-7.7	14.7	-10.7	-7.5

资料来源：人力资源社会保障部社会保险事业管理中心。

2019 年，“三险”经办机构编制总人数中，养老保险有 126 795 人，工伤保险有 1 618 人，失业保险有 2 920 人，分别占编制总人数的 96.5%、1.2%、2.2%。与 2018 年相比，养老保险减少了 11 267 人，减幅为 8.2%；其中企业职工养老保险、机关事业单位养老保险、城乡居民养老保险分别减少 6 908 人、1 694 人和 2 665 人，减少幅度分别为 6.2%、16.3%和 16.6%。工伤保险减少了 2 661 人，减少幅度为 62.2%（见表 2-2-9）。

表 2-2-9　2018—2019 年“三险”经办机构编制人数统计表　单位：人

险种	2018 年	2019 年	增长值	增幅（%）
养老保险	138 062	126 795	-11 267	-8.2
企业职工养老保险	111 638	104 730	-6 908	-6.2
机关事业单位养老保险	10 370	8 676	-1 694	-16.3
城乡居民养老保险	16 054	13 389	-2 665	-16.6
工伤保险	4 279	1 618	-2 661	-62.2
失业保险		2 920		
合计	142 341	131 333	-11 008	-7.7

资料来源：人力资源社会保障部社会保险事业管理中心。

2. “三险”经办机构实有人数继续减少

“三险”经办机构实有人数中，2019 年省级机构有 4 491 人，地（市）级有 36 844 人，县（区）级有 99 887 人，分别占实有总人数的 3.2%、26.1%、70.7%。与 2018 年相比，实有人数减少 14 956 人，减幅为 9.58%。其中，省级增加 441 人，地（市）级减少 4 493 人，县（区）级减少 10 904 人。女性为 78 602 人，占实有总人数的 55.66%（见表 2-2-10）。

表 2-2-10　　　　2018—2019 年分层级“三险”经办机构实有人数统计表　　　　单位：人

项目		全国	省级	地（市）级	县（区）级
2018 年		156 178	4 050	41 337	110 791
2019 年		141 222	4 491	36 844	99 887
2019 年比 2018 年	增长值	-14 956	441	-4 493	-10 904
	增幅（%）	-9. 58	10. 89	-10. 87	-9. 84

资料来源：人力资源社会保障部社会保险事业管理中心。

“三险”经办机构实有总人数中，多险合一（含企业职工养老保险）经办机构实有 114 539 人，机关事业单位养老保险经办机构实有 9 116 人，城乡居民养老保险经办机构实有 12 892 人，失业保险经办机构实有 1 495 人，工伤保险经办机构实有 3 180 人（见表 2-2-11），分别占实有总人数的 81. 1%、6. 5%、9. 1%、1. 1% 和 2. 3%。与 2018 年相比，养老保险经办机构减少 14 287 人，其中企业职工养老保险、机关事业单位养老保险、城乡居民养老保险分别减少 9 565 人、2 074 人与 2 648 人，减少幅度为 7. 71%、18. 53% 和 17. 04%；工伤保险减少 2 164 人，减少幅度达 40. 49%（见表 2-2-11）。

表 2-2-11　　　　2019 年“三险”经办机构实有人数统计表　　　　单位：人

险种	实有人数	省级	地（市）级	县（区）级	比 2018 年增减	增幅（%）
养老保险	136 547	4 465	36 209	95 873	-14 287	-9. 47
企业职工养老保险	114 539	4 290	33 681	76 568	-9 565	-7. 71
机关事业单位养老保险	9 116	135	1 667	7 314	-2 074	-18. 53
城乡居民养老保险	12 892	40	861	11 991	-2 648	-17. 04
失业保险	1 495		103	1 392		
工伤保险	3 180	26	532	2 622	-2 164	-40. 49
合计	141 222	4 491	36 844	99 887	-14 956	-9. 58

资料来源：人力资源社会保障部社会保险事业管理中心。

3. “三险”经办机构人员结构基本稳定

（1）年龄结构

截至 2019 年年末，全国“三险”经办机构实有人员中，45 岁及以下的有 104 157 人，比上年减少 14 091 人，占实有总人数的 73. 76%（见表 2-2-12）。

从各地看，占比大于平均值的有 18 个省份和新疆兵团，其中，贵州、西藏、青海 3 个省份大于平均值，分别为 82.22%、85.82%、81.55%；小于平均值的有 13 个省份，其中，湖北、海南、宁夏明显小于平均值，分别为 64.85%、66.45%、66.93%。分险种来看，各年龄段人数分布差异并不明显。

表 2-2-12　　2019 年“三险”经办机构分年龄段人员数量　　单位：人

险种	35 岁及以下		36~45 岁		46~55 岁		56 岁及以上	
	人数	占比（%）	人数	占比（%）	人数	占比（%）	人数	占比（%）
养老保险	54 389	39.83	46 386	33.97	30 492	22.33	5 280	3.87
企业职工养老保险	44 643	38.98	38 429	33.55	26 636	23.25	4 831	4.22
机关事业单位养老保险	3 575	39.22	3 383	37.11	1 912	20.97	246	2.7
城乡居民养老保险	6 171	47.87	4 574	35.48	1 944	15.08	203	1.57
失业保险	453	30.3	546	36.52	413	27.63	83	5.55
工伤保险	1 105	34.75	1 278	40.19	721	22.67	76	2.39
合计	55 947	39.62	48 210	34.14	31 626	22.39	5 439	3.85

资料来源：人力资源社会保障部社会保险事业管理中心。

（2）学历结构

截至 2019 年年末，全国“三险”经办机构实有人员中，具有硕士及以上学历的有 5 775 人，具有大学本科学历的有 83 328 人，具有大学专科学历的有 43 209 人，具有高中及以下学历的有 8 910 人，分别占实有总人数的 4.09%、59.00%、30.60%和 6.31%。与 2018 年相比，本科及以上学历人员占比有所提高，大专及其以下学历人员占比在逐年下降（见表 2-2-13、表 2-2-14），表明社会保险经办机构人员的学历层次在逐年提高。

表 2-2-13　　2019 年“三险”经办机构实有人员学历结构分布情况　　单位：人

险种	硕士及以上		大学本科		大学专科		高中及以下	
	人数	占比（%）	人数	占比（%）	人数	占比（%）	人数	占比（%）
养老保险	5 652	4.14	80 989	59.31	41 417	30.33	8 489	6.22
企业职工养老保险	5 114	4.46	68 171	59.52	34 218	29.88	7 036	6.14
机关事业单位养老保险	259	2.84	5 299	58.13	2 936	32.21	622	6.82
城乡居民养老保险	279	2.16	7 519	58.32	4 263	33.07	831	6.45

续表

险种	硕士及以上		大学本科		大学专科		高中及以下	
	人数	占比（%）	人数	占比（%）	人数	占比（%）	人数	占比（%）
失业保险	20	1. 34	636	42. 54	680	45. 48	159	10. 64
工伤保险	103	3. 24	1 703	53. 55	1 112	34. 97	262	8. 24
合计	5 775	4. 09	83 328	59. 00	43 209	30. 60	8 910	6. 31

表 2-2-14　2018—2019 年“三险”经办机构实有人员学历结构分布情况　单位：人

年份	总人数	硕士及以上		大学本科		大学专科		高中及以下	
		人数	占比（%）	人数	占比（%）	人数	占比（%）	人数	占比（%）
2018 年	156 178	5 674	3. 63	90 692	58. 07	48 829	31. 26	10 983	7. 03
2019 年	141 222	5 775	4. 09	83 328	59. 00	43 209	30. 60	8 910	6. 31

资料来源：人力资源社会保障部社会保险事业管理中心。

大学本科及以上学历人员占比大于平均值的有 18 个省份和新疆兵团，其中，天津、吉林、上海 3 个省份明显大于平均值，分别为 91. 63%、85. 47%、88. 87%；小于平均值的有 13 个省份，其中最低的江西、湖北分别为 47. 93%、48. 45%（见表 2-2-15）。

表 2-2-15　2019 年各地“三险”经办机构实有人员学历结构情况　单位：人

省份	实有人数	硕士及以上	大学本科	大学专科	高中及以下	大学本科及以上	
						人数	占比（%）
北京	2 135	362	1 395	344	34	1 757	82. 30
天津	980	97	801	47	35	898	91. 63
河北	7 795	239	4 288	2 667	601	4 527	58. 08
山西	5 917	134	3 139	2 224	420	3 273	55. 32
内蒙古	4 082	191	2 599	1 163	129	2 790	68. 35
辽宁	5 476	291	3 419	1 552	214	3 710	67. 75
吉林	3 675	448	2 693	488	46	3 141	85. 47
黑龙江	4 477	119	2 769	1 414	175	2 888	64. 51
上海	1 797	193	1 404	186	14	1 597	88. 87

续表

省份	实有人数	硕士及以上	大学本科	大学专科	高中及以下	大学本科及以上	
						人数	占比（%）
江苏	5 774	316	3 725	1 403	330	4 041	69.99
浙江	4 097	167	2 846	915	169	3 013	73.54
安徽	3 285	122	1 793	1 139	231	1 915	58.30
福建	3 343	91	2 109	895	248	2 200	65.81
江西	4 970	124	2 258	2 006	582	2 382	47.93
山东	7 259	442	4 785	1 648	384	5 227	72.01
河南	12 017	311	6 629	4 206	871	6 940	57.75
湖北	6 423	210	2 902	2 561	750	3 112	48.45
湖南	7 295	253	3 777	2 665	600	4 030	55.24
广东	10 639	411	6 257	3 304	667	6 668	62.68
广西	7 809	190	3 937	2 824	858	4 127	52.85
海南	986	24	506	375	81	530	53.75
重庆	2 270	115	1 439	581	135	1 554	68.46
四川	8 279	209	4 683	2 875	512	4 892	59.09
贵州	3 639	77	2 416	1 009	137	2 493	68.51
云南	3 800	87	2 713	883	117	2 800	73.68
西藏	141	7	84	33	17	91	64.54
陕西	2 672	137	1 584	799	152	1 721	64.41
甘肃	3 156	88	2 013	897	158	2 101	66.57
青海	1 718	158	884	574	102	1 042	60.65
宁夏	668	44	498	120	6	542	81.14
新疆	2 940	77	1 715	1 030	118	1 792	60.95
新疆兵团	1 708	41	1 268	382	17	1 309	76.64
合计	141 222	5 775	83 328	43 209	8 910	89 103	63.09

资料来源：人力资源社会保障部社会保险事业管理中心。

（3）职称结构

截至 2019 年年末，全国“三险”经办机构实有人员中，具有专业技术职称的有 31 129 人，占实有总人数的 22.04%，总体上依然偏低；其余 110 093 人则没有专业技术职称。有专业技术职称的人员中，具有高级职称的有 3 847 人，占实有总人数的 2.7%；具有中级职称的有 15 108 人，占实有总人数的 10.7%；具有初级职称的有 12 174 人，占实有总人数的 8.6%。从各地区来看，具有专业技术职称人员占比大于平均值的有 16 个省（区、市）和新疆兵团，其中宁夏、山东、河北明显大于平均值，分别为 47.46%、47.14%、43.94%；小于平均值的有 15 个省（区、市），其中天津、重庆、西藏、甘肃、贵州、新疆明显小于平均值，分别为 2.14%、1.63%、2.13%、3.55%、6.02%和 6.05%（见表 2-2-16）。

表 2-2-16　2019 年各地区“三险”经办机构工作人员专业技术职称情况

单位：人

省份	实有人数	职称				有职称人员	
		高级职称	中级职称	初级职称	无职称	人数	占比（%）
北京	2 135	5	88	137	1 905	230	10.77
天津	980	1	7	13	959	21	2.14
河北	7 795	414	1 627	1 384	4 370	3 425	43.94
山西	5 917	92	1 064	727	4 034	1 883	31.82
内蒙古	4 082	157	534	288	3 103	979	23.98
辽宁	5 476	136	816	466	4 058	1 418	25.89
吉林	3 675	126	420	242	2 887	788	21.44
黑龙江	4 477	118	515	363	3 481	996	22.25
上海	1 797	5	243	245	1 304	493	27.43
江苏	5 774	310	980	758	3 726	2 048	35.47
浙江	4 097	42	477	463	3 115	982	23.97
安徽	3 285	33	476	548	2 228	1 057	32.18
福建	3 343	82	633	421	2 207	1 136	33.98
江西	4 970	110	569	464	3 827	1 143	23.00
山东	7 259	771	1 842	809	3 837	3 422	47.14
河南	12 017	217	876	522	10 402	1 615	13.44
湖北	6 423	104	1 015	710	4 594	1 829	28.48
湖南	7 295	182	506	511	6 096	1 199	16.44
广东	10 639	177	380	630	9 452	1 187	11.16
广西	7 809	127	739	988	5 955	1 854	23.74
海南	986	8	44	61	873	113	11.46
重庆	2 270	12	20	5	2 233	37	1.63
四川	8 279	221	287	338	7 433	846	10.22
贵州	3 639	34	66	119	3 420	219	6.02

续表

省份	实有人数	职称				有职称人员	
		高级职称	中级职称	初级职称	无职称	人数	占比（%）
云南	3 800	83	260	233	3 224	576	15.16
西藏	141	2	1	0	138	3	2.13
陕西	2 672	88	44	42	2 498	174	6.51
甘肃	3 156	34	45	33	3 044	112	3.55
青海	1 718	31	125	264	1 298	420	24.45
宁夏	668	68	151	98	351	317	47.46
新疆	2 940	33	61	84	2 762	178	6.05
新疆兵团	1 708	24	197	208	1 279	429	25.12
合计	141 222	3 847	15 108	12 174	110 093	31 129	22.04

资料来源：人力资源社会保障部社会保险事业管理中心。

（4）岗位结构

截至2019年年末，从“三险”经办机构工作人员岗位分布来看，管理人员25 428人，业务人员61 214人，专业技术人员37 603人，其他人员16 977人；分别占实有总人数的18.01%、43.34%、26.63%、12.02%。其中，在专业技术人员中，财务人员16 378人，统计人员5 584人，计算机人员6 729人，稽核人员8 912人。与2018年相比，管理人员减少2 984人，业务人员减少6 241人，专业技术人员减少4 502人，其他人员减少1 229人。减少人员岗位分布与原有的人员结构基本相似，其减少幅度均没有超过0.5%（见表2-2-17）。

表2-2-17　2018—2019年“三险”经办机构工作人员岗位分布情况

单位：人

年份		总人数	管理人员		业务人员		专业技术人员		其他人员	
			人数	占比（%）	人数	占比（%）	人数	占比（%）	人数	占比（%）
2018年		156 178	28 412	18.19	67 455	43.19	42 105	26.96	18 206	11.66
2019年		141 222	25 428	18.01	61 214	43.34	37 603	26.63	16 977	12.02
2019年比2018年增减	人数	-14 956	-2 984	19.95	-6 241	41.73	-4 502	30.10	-1 229	8.22
	占比（%）	-9.58	-10.50	-0.18	-9.25	0.15	-10.69	-0.33	-6.75	0.36

资料来源：人力资源社会保障部社会保险事业管理中心。

注：管理人员包括机构负责人和部门负责人；专业技术人员包括财会、统计、计算机和稽核人员；业务人员包括除专业技术人员以外从事社保经办工作的人员；其他人员包括人事、党务、文秘、工青妇、工勤和岗位不明确的人员。

分险种来看，失业保险管理人员占比最高，为22.07%，业务人员占比较低，仅为20.07%，较高占比的专业技术人员与其他人员占比，分别为40.67%与17.19%。在养老保险中，企业职工养老保险的业务人员占比最高，为46.45%，管理人员与专业技术人员占比都较低，分别为17.50%和24.11%，均低于平均水平；城乡居民养老保险的管理人员与专业技术人员占比较高，而业务人员占比较低。工伤保险的人员岗位分布情况与城乡居民养老保险较为一致（见表2-2-18）。

表2-2-18　　2019年“三险”经办机构工作人员分险种岗位分布情况　　单位：人

险种	管理人员		业务人员		专业技术人员		其他人员	
	人数	占比（%）	人数	占比（%）	人数	占比（%）	人数	占比（%）
养老保险	24 432	17.89	60 006	43.95	35 721	26.16	16 388	12.00
企业职工养老保险	20 050	17.50	53 206	46.45	27 616	24.11	13 667	11.93
机关事业单位养老保险	1 733	19.01	2 982	32.71	3 216	35.28	1 185	13.00
城乡居民养老保险	2 649	20.55	3 818	29.62	4 889	37.92	1 536	11.91
失业保险	330	22.07	300	20.07	608	40.67	257	17.19
工伤保险	666	20.94	908	28.55	1 274	40.06	332	10.44
合计	25 428	18.01	61 214	43.34	37 603	26.63	16 977	12.02

资料来源：人力资源社会保障部社会保险事业管理中心。

（四）深入推进信息化建设

1. 推进统一的社会保险公共服务平台建设

2018年，国务院发布《关于加快推进全国一体化在线政务服务平台建设的指导意见》（国发〔2018〕27号），不仅将国家政务服务平台、国务院各部委政务平台和地区政务平台作为全国一体化在线政务服务平台的三个组成部分，还要求国务院有关部门政务服务平台通过国家政务服务平台与各地区和国务院有关部门政务服务平台互联互通、数据共享、业务协同，各省（区、市）政务服务平台与国家政务服务平台互联互通，依托国家政务服务平台实现跨地区、跨部门、跨层级的政务服务业务协同办理，做到全城通办、就近能办、异地可办，服务效能大幅提升，全面实现全国“一网通办”。同时要求推动政务服务平台和便民服务站点向乡镇（街道）、村（社区）延伸，各地区政务服务平台实现网上政务服务省、市、县、乡镇（街道）、村（社区）

全覆盖。

人力资源社会保障部结合国务院“互联网+政务服务”等任务部署，组织研究全国重点应用系统及基础支撑平台建设方案。一是举办“互联网+人社”和大数据应用培训班，交流各地实践经验，部领导亲临现场部署重点工作，推动落实行动计划。二是认真落实全国统一部署，加快实施“互联网+人社”行动计划，积极推动各项业务通过信息化进行重塑和再造，创造了很多鲜活经验，形成了一批可持续、可推广、可复制的实践方案和发展模式。在广西南宁举办“互联网+人社”现场会，在辽宁大连举办“互联网+人社”培训班，总结推行浙江“最多跑一次”、南宁“一网通办”及海南、青岛等地电子社会保障卡建设经验，推动落实行动计划。三是加快金保二期建设，完成视频会议系统改造、异地就医结算、人社扶贫信息平台等应用系统开发，基本完成人员和社会保障卡基础信息库、业务协同平台、公共服务平台等基础支撑平台开发。

为进一步解决社会保险公共服务平台管理分散、信息系统繁杂、服务标准不统一、业务协同困难、风险防控体系不健全等问题，加快落实党的十九大关于建立全国统一的社会保险公共服务平台的决策部署，提升社会保险公共服务均等化和便捷化水平，人力资源社会保障部发布《关于建立全国统一的社会保险公共服务平台的指导意见》（人社部发〔2019〕103 号），要求以全国一体的社会保险经办服务体系和信息系统为依托，以社会保障卡（以下简称社保卡）为载体，以标准规范为保障，采用窗口服务、网上服务、移动服务、电话服务、自助服务等多种方式，实现全国社会保险信息系统和数据互联互通，推动跨地区、跨部门、跨层级社会保险公共服务事项的统一经办、业务协同和信息共享，及时与国家政务服务平台对接，实现“一号申请、一窗受理、一网通办、一卡通用”，为参保单位和人员提供全网式、全流程、无差别的方便快捷服务。要求在 2019 年年底前完成总体规划，编制社会保险公共服务事项目录清单和办事指南，逐步统一服务形象、服务事项、服务流程和服务标准，推进电子证照、电子文书、电子印章等在社会保险领域的应用。国家社会保险公共服务平台初步具备信息查询、转移接续、自助认证等功能，实现与国家政务服务平台、各地区信息平台对接。

2019 年 8 月 19 日，国家社会保险公共服务平台上线试运行。经过近一个月调试，于 9 月 15 日正式上线。该平台先行提供社保年度参保信息查询、待遇资格认证、养老金测算、社保关系转移查询、异地就医查询、境外免缴申请、社保卡和电子社保卡状态查询等8类18项全国性跨地区服务。最受关注的是社保年度参保信息查询以及养老金测算两项业务。这极大地提升了包括贫困地区在内的全国社保经办水平，标志着面向参保人提供全国性、跨地区的“一网通办”社保公共服务国家社会保险公共服务平台初步建成。2019年9月15日“掌上12333”App同步开通，截至2019年年底，已提供9类22项全国“一网通办”社保服务，总访问量超过5 000万人次。全国12333电话服务全年来电总量约1.48亿次，其中接听总量约1.2亿次，综合接通率为81%，人工服务实现了地市级全覆盖。

云南省2019年社会保险公共服务平台建设取得新进展，基本理顺养老保险、工伤保险参保管理关系，形成社会保险服务事项清单和办事指南，全面实现了养老保险、工伤保险数据省级大集中，为社会保险公共服务平台建设奠定了坚实基础。在人力资源社会保障部社会保险公共服务平台指导意见下发后，云南省制定了实施意见以及贯彻落实国家社保公共服务事项清单和办事指南的措施。社保网上大厅于2019年9月正式上线，涉及单位、建设项目和个人的21项业务上线运行，其中社保关系转移接续、个人权益查询等业务已接入国家社会保险公共服务平台。在省政务服务平台的“一部手机办事通”“一网通办”社保相关业务也陆续上线运行。

2018—2019年，广东省全面推行线上线下服务一体化，大力推行“一窗通办”“全程网办”“在线预约”等业务办理模式，121项社保服务事项进驻“粤省事”。以2019年政务服务事项标准化专项工作为抓手，推进业务流程再造和标准化，编制全省社会保险公共服务事项89项统筹清单及省本级59项实施清单，首次实现线上线下服务流程、标准、规范、材料、时限“五统一”，进一步推进了服务事项清单化、指南规范化；以全省一体化在线政务服务平台服务能力提升工作为依托，推进“互联网+政务服务”，制定省本级网办业务建设方案及59项业务网办工作台账。截至2019年12月，省政府确定的全流程网办事项已全部正式上线，事项网上可办率升至96.6%，办理深度总体情况是Ⅰ级2项，Ⅱ级9项，Ⅲ级17项，Ⅳ级31项。

为了更好地促进公共服务平台建设，上海市对现有社保系统进行改造，建设“社保3.0”系统，进一步改革创新优化公共服务。“社保3.0”以公共服务系统为载体，包括线上互联网服务和线下柜面经办服务。“社保3.0”以业务管理系统为核心，实现基础信息同源管理，业务审核操作流程驱动，计划调度提前设置，免值守运行；业务与财务数据、待遇资格认证信息、稽核管理内容关联推送，风险管控全程监控，绩效考核系统自动生成。“社保3.0”以公共支撑系统为保障，通过平台集约化多功能管理，实现业务经办信息共享、电子档案调阅，操作轨迹留痕可溯，在线帮助及时指导，风险预警及时提醒等。为实现上述公共服务系统和业务管理系统的智能化管理，配备门户集成的公共支撑系统。

2. 建立国家医疗保障服务平台

2018 年 7 月 24 日，国家医疗保障局网信领导小组召开医疗保障信息化工作启动会，提出扎实推进医疗保障信息化和标准化工作，努力开创医疗保障信息化工作新局面，更好地发挥信息化在医保工作中的支撑和引领作用。2019 年 1 月全国医疗保障工作会议确定了六大年度重点任务，其中之一就是夯实医保基础工作，推进标准化和信息化建设，作为提升经办服务水平、做好异地就医直接结算、提升医保法治化水平的基础和支撑。2019 年，国家医疗保障局先后印发了《关于医疗保障信息化工作的指导意见》（医保发〔2019〕1 号）、《关于开展医疗保障信息化建设试点工作的通知》（医保发〔2019〕22 号）和《关于医疗保障标准化工作指导意见的通知》（医保发〔2019〕39 号），指导全国开展医疗保障信息化和标准化建设工作。

2019 年 3 月下旬，国家医疗保障局发出信息平台建设公开招投标公告，包括业务应用软件项目、基础云平台建设和集成采购项目、总集成和相关服务采购项目、工程监理服务采购项目、工程机房及通信基础设施采购项目五大部分。截至 2019 年 6 月，医疗保障信息平台建设工程项目公开招标采购工作已基本完成，顺利进入实质性实施阶段。2019 年 6 月 27 日，经过十个月从无到有的准备，“医保业务编码标准动态维护”在国家医疗保障局的官方网站窗口上线试运行，标志着国家医疗保障信息平台正式落地，15 项信息业务编码标准之中的“疾病诊断和手术操作”“药品”“医疗服务项目”和“医用耗材”4 项医疗保障信息业务编码率先上线。

国家医疗保障局成立后，以原有异地就医直接结算工作为基础，在全国跨省异地就医结算系统上建立起国家医疗保障服务平台，完善异地就医政策，优化异地就医服务，扩大就医覆盖范围，实现国家平台终端迁移，指导地方将跨省异地就医人员统一纳入就医地医保协议管理和智能监控范围，减少管理漏洞。目前国家医疗保障信息平台提供参保缴费、信息查询、待遇申请、业务经办等多种实用功能服务和医保电子凭证、移动就诊购药、医疗保障处方下载、异地就医、转移接续等多项服务。

截至 2019 年年底，职工医保参保人员异地就医 4 372 万人次，异地就医费用 1 339 亿元。其中住院费用 1 197 亿元，占职工医保参保人员住院费用的 16. 7%；次均住院费用 18 328 元。居民医保参保人员异地就医 5 418 万人次，异地就医费用 3 022 亿元。其中住院费用 2 900 亿元，占居民医保参保人员住院费用的 24. 1%；次均住院费用 14 887 元。截至 2019 年年底，跨省异地就医直接结算定点医疗机构数量为 27 608 家，国家平台有效备案人数 539 万人。基层医疗机构覆盖范围持续扩大，二级及以下定点医疗机构 24 720 家。全年跨省异地就医直接结算 272 万人次，医疗费用 648. 2 亿元，基金支付 383. 2 亿元，日均直接结算 7 452 人次，次均住院费用 2. 4 万元，次均基金支付 1. 4 万元。2019 年 12 月 19 日，国家医疗保障局推出国家异地就医备案小程序，正式启动全国统一跨省异地就医备案服务试点工作。截至 2019 年 12 月 31 日，已有 133 人通过国家异地就医备案小程序成功完成异地就医备案。

3. 社会保障卡创新与发展

2014 年，人力资源社会保障部印发《关于加快推进社会保障卡应用的意见》（人社部发〔2014〕52 号）和《社会保障卡发行管理流程》，列出了 102 项社会保障卡应用目录，明确了社保卡跨区域、跨业务办理，开放其他公共服务领域集成应用，基本实现全国一卡通目标。2015 年对 PSAM 卡（终端安全控制模块）的技术和销售加强了规范，保证了社保卡密钥载体和芯片产品的规范性和安全性。2018—2019 年，以国家社会保险公共服务平台和 App 为依托，电子社保卡加速推广。电子社保卡是社保卡线上应用的有效电子凭证，与实体社保卡一一对应、唯一映射、全国统一、全国通用，具有身份凭证、信息记录、自助查询、医保结算、缴费及待遇领取、金融支付等功能。

2018 年 4 月 22 日，在福州举行的首届数字中国建设成果展览会上，人力资源社会保障部签发首张全国统一的电子社保卡，标志着社保卡线上线下全面打通，一个社保卡多元化服务生态圈开始形成。青岛、福州、成都等地按照人力资源社会保障部统一部署，先期开展电子社保卡试点工作。截至 2018 年年末，全国 31 个省份和新疆兵团均已发行全国统一的社会保障卡，覆盖所有地区。全国社保卡持卡人数达到 12. 27 亿人，社保卡普及率达到 88%。全国大部分地市全面开通 102 项社保卡应用。截至 2019 年年末，全国社保卡持卡人数达到 13.05 亿人，覆盖所有地市和 93.2%人口。全国统一的电子社保卡已经在所有地市共 297 个渠道开通申领服务，累计签发 9 092.5 万张，支持展码亮证、授权登录、亲情服务、就医购药及各项就业、社保线上服务，形成社保卡线上线下“一卡通”服务体系。

4. 开通使用全国医保电子凭证

2019 年 11 月 24 日，全国医保电子凭证在山东省济南市举行发布会。医保电子凭证是基于医保基础信息库为全体参保人员生成医保身份识别电子介质，是全国基本医疗保险参保人在国家医疗保障信息平台上的唯一标识。凭借这个电子凭证，参保人可以实现医保查询、参保缴费、就诊购药、办理异地就医、医保关系转移等所有医保相关业务。与传统的“看病要带医保卡”相比，具有四个方面优势。一是方便快捷。医保电子凭证不依托实体卡，参保人可通过国家医保 App，或者通过微信、支付宝等经由国家医疗保障局认证授权的第三方渠道激活使用，十分方便。二是应用丰富。医保电子凭证广泛应用于医保查询、参保登记、报销支付等医保各业务场景，一张电子凭证可以办理所有医保业务。三是全国通用。医保电子凭证由国家医疗保障信息平台统一生成，标准全国统一，跨区域互认，参保人可以凭电子凭证在全国办理有关医保业务，可以说是“一码在手，医保无忧”。四是安全可靠。医保电子凭证通过实名和实人认证，采用国产加密算法，数据加密传输，动态二维码展示，确保了个人信息和医保基金使用安全。

为方便参保人使用医保电子凭证，国家医疗保障局开发了相应的国家医保服务平台 App。医保电子凭证的开通使用，标志着参保人将拥有一人一码的医保电子身份凭证，医保业务办理和支付更加方便快捷。

5. 信息资源服务和数据共享应用

2018—2019 年，人社部门在人力资源社会保障监测指挥平台、数据管理平台建设及开展大数据应用等方面取得显著成效，为养老保险全国统筹、社保基金风险防控、全民参保、清理挂证等提供数据支持。一是完成联网监测系统功能改造和实施工作，推进数据上传。截至 2019 年年底，养老保险、医疗保险、失业保险、工伤保险、生育保险联网监测数据上报量分别达到 9.25 亿、5.93 亿、2.21 亿、2.42 亿和 1.41 亿人次。二是推进部级全民参保库上报。截至 2019 年年底，各省累计上报 13.7 亿人员基础信息、33.9 亿条参保信息。三是开展数据综合分析和比对核查服务。利用联网监测、人口库等数据，2019 年全年累计为人力资源社会保障部、地方人社部门、其他政府部门提供比对核查服务 80 余次，涉及数据 10 亿余条。四是完成数据共享交换平台建设。2019 年，人社系统平台 17 个共享接口被其他部门调用 93.5 万次，申请并对接教育、公安、民政、卫健、扶贫办 5 部门 13 个共享接口，人力资源社会保障各司局调用累计近 1 000 万次，支持告知承诺制、扶贫、优化营商环境等重点工作。五是印发《人力资源社会保障行业跨层级信息共享访问流程（试行）》（人社厅发〔2019〕163 号），将涉及人社、教育、公安、民政、卫健、扶贫办、移民等 24 个接口开放给行业，推进人社部门各层级以及人社部门与其他部门信息共享和业务协同。

6. 信息安全建设与管理

2018 年重点加快提升网络安全防护能力。根据应用需求，人力资源社会保障部与国家信息中心、国家税务总局等部门实现网络联通。在人力资源社会保障部的指导和协助下，各省份完成业务专网 DNS 系统建设。组织国家异地就医结算系统灾备切换演练。制订实施计划，组织各地推动落实互联网协议第六版（IPV6）规模部署工作。按照国务院办公厅等部门有关要求，完成部本级电子邮件系统迁移工作，组织政府网站域名规范化工作，推动实施安全可控工作。进一步完善电子认证体系，完成部级电子认证系统国产化改造，支持第三代社保卡个人证书发放，17 个省份完成系统建设。完成电子签章标准编制工作。组织 18 个地方人社部门举办网络攻防演练活动，举办首届以“人社个人信息保护”为主题的人社网络安全宣传周活动。进一步加强信息安全漏洞监测和通报，发现漏洞 173 个，督促部属单位和地方人社部门处置漏洞 164 次。

2019 年重点加强网络安全。一是完成创新应用系统试点项目并启动全面实施。二是完成电子政务内网项目主体建设。三是完成部省业务专网改造，提升网络承载能力。四是指导各地开展电子政务外网建设。五是举办首次全人社系统网络攻防演练活动，检验了全系统网络安全事件应对能力，提高了全系统安全防护和应急响应处理能力。六是印发《关于全面开展人力资源社会保障电子认证体系建设和应用的通知》（人社厅发〔2019〕78 号），推进电子认证体系建设。七是印发《人力资源社会保障数据安全管理规范（试行）》（人社厅发〔2019〕37 号），保障数据安全。

（五）积极推动服务向下延伸

2018—2019 年，人社部门抓重点、补短板、强弱项，持续推进硬件设施建设，进一步加强基层社会保险公共服务平台建设，将重要服务事项的办理进一步下沉到基层，积极满足人民群众方便办事的便捷性要求。

2019 年，人力资源社会保障部印发《关于加强贫困地区基层就业和社会保障公共服务平台建设有关工作的通知》，进一步补齐贫困地区基层就业和社会保障公共服务设施短板，增强基层公共服务能力，提升基本公共服务标准化、信息化、便民化水平，更好地为群众提供优质便捷高效的基本公共服务。

广州市南沙区针对管辖范围广、参保对象分散、社保中心人员少、区内公交不便等情况，为提升区内社保经办服务水平，推行事权下放和服务前移，在全广州市范围内率先将 123 项社保业务下沉到 9 个镇（街），下沉比例达到 80%，各项下沉业务均由镇（街）劳动保障中心经办和复核，现场即可办结。随着南沙区“一窗受理、集成服务”的政务服务改革发展，从 2017 年 11 月起，各镇（街）劳动保障中心社保服务窗口均进驻镇（街）政务服务大厅。区社保中心保留了 31 项数据复杂、风险较高、专业性强的社保业务经办权限。这 31 项业务由各镇（街）受理，镇（街）与区社保中心内部流转完成审批后，再由各镇（街）派件，变群众来回跑为内部协同办，将业务延伸至村（居）农场，构建起“区、镇（街）、村（居）三级社保经办服务体系”，实现了“便民、高效、快捷”的目标。

为进一步优化社保经办服务格局，2018 年广州市南沙区与广州农村商业银行南沙分行合作再拓展 44 个社保银行服务网点，委托 44 个农村商业银行网点办理查询打印非敏感信息修改等基础业务 31 项。每个银行社保服务网点均设置社保经办窗口 1 个。截至 2019 年年底，南沙区共有社保经办服务网点 226 个，形成了“政企联动、四层辐射、立体多维、便民快捷”的社保经办服务体系，打造了 10 分钟社保经办服务圈，为参保对象提供家门口式贴心社保服务。226 个经办服务网点均使用同一个业务系统，适用同一套业务标准，业务上接受区社保中心的指导和监督，实现了简单社保业务在村（居）农场、银行网点办理，复杂业务到镇（街）办理。个人社保业务更实现了全区通收通办，提高了社保经办服务的可及性、便捷性和均等化程度，群众办事更方便快捷。

在医疗保险经办服务领域，机构改革前，基层医保服务通过基层社保公共服务平台延伸至镇、村，改革后医保部门许多地区仅仅建到县一级，镇、村职能尚未作进一步明确，医保服务延伸到基层受到一定程度的影响。但也有部分省市围绕服务效能提升，将医保服务事项向镇、村和基层医疗机构及定点医药机构延伸。如浙江省在医保经办服务和医疗卫生服务领域“最多跑一次”改革不断深化，实现医保就医结算部分事项在基层医疗机构“就近办”，将部分医保就医结算事项延伸至基层医疗机构办理。嘉善县将慢性病备案、异地转诊等备案权限延伸到医疗机构，实现参保人直接在医院备案，数据直接推送到医保窗口，无须再到医保窗口办理，简化了备案申请流程。同时，以三级经办平台为抓手，以罗星街道为试点，分步推进医保业务向镇、村延伸。截至2019年上半年，延伸到镇（街道）的事项共有20项，延伸到村（社区）的事项共有9项，到2019年10月完成医保经办业务全部事项下沉基层。所有业务中，业务量大、涉及面广的主要有基本医疗保险关系转移接续、转外就医备案、异地就医备案、家庭共济备案、职工医保零星报销等。

（六）积极推进数据向上集中

随着数据进一步向省级集中，经办服务方式更加多元化，逐步构建起业务财务一体化、线上线下一体化的经办服务体系，促使服务效能不断提升。

广东省在2018—2019年间，扎实推进网厅业务一体化，形成了网上预约、网上申报、网上审批、网上咨询、网上投诉、自助终端服务、短信告知推送等多元化全天候互动式服务，打破了时间空间限制，使广大群众“不进社保门，能办社保事”。

1. 做好服务事项标准化梳理和集约化改造提升工作

2018年在原有网上服务平台基础上，做好政务服务事项“十统一”标准化梳理和政务服务平台集约化改造提升。一是根据依法依规、标准规范、服务便民、大力精简的要求，编制全省社会保险公共服务事项指导目录共66项。二是编制省本级公共服务事项实施清单。重新梳理和优化省本级事项办事指南、业务表格，实现少填表格数据项55项，少交材料52份。按照“成熟一批、录入一批”的原则录入省政府标准化梳理系统共22项服务事项。三是在全省做好21项社保高频公共服务事项标准化梳理工作。四是通过集约化改造提升政务服务平台，网上办事大厅公共服务统一纳入省人力资源社会保障厅窗口对外提供服务。

2. 全面推进省本级事项网上建设，做好系统更新过渡

2019 年完成大集中环境下社保网上经办服务流程设计，明确设计思路和流程目录，形成单位即办无需回执、单位申报需回执、网上预约、个人申报需回执、个人即办无需回执五类流程和预约、预受理、受理、办结四类业务功能。明确大集中环境下社保网上大厅的用户体系管理，即按要求与人社网上大厅保持一致，落实原省本级社会保险公共服务系统单位账号的过渡方法。对照实施目录，全面推进省本级事项网上建设，开发和上线省本级事项网上服务功能，并在工作中不断解决各类共性制约因素。

3. 落实政务服务事项标准化梳理专项工作，提出《网办业务建设方案》

以 2019 年政务服务事项标准化专项工作为抓手，推进业务流程再造和标准化，编制全省社会保险公共服务事项 89 项统筹清单及省本级 59 项实施清单，首次实现线上线下服务流程、标准、规范、材料、时限“五统一”，进一步推进了服务事项清单化、指南规范化。结合省本级示范性窗口建设工作，提出《网办业务建设方案》，明确网办建设工作目标和任务，对网办业务平台入口、网上注册、登录、身份认证方式、网办事项目录、告知承诺制的实施范围、网办指标、经办部门、服务事项网办流程、所需服务工具和支撑手段、服务事项业务需求、测试上线流程进行一一确定。建立网办建设保障措施，设立网办统筹组，明确组内职责，并确定网办每一事项专责人员，按照网办指标要求压实工作责任。

2019 年以来，广西全面推进社会保险公共服务平台建设，加快实现全区社保业务经办信息系统省级集中，实行统一规划标准、统一运营管理，促进全区社会保险服务能力显著提高。截至 2019 年 11 月，广西 15 个统筹地区已有 11 个上线运行全区统一的社保业务信息系统，以“一门式”经办服务模式，实现了业务财务、电子档案、线上线下、智能监管、运维监管五个一体化，惠及 3 000 多万参保人员。

上海市社会保险公共服务平台按照加快健全社会保障管理体制和经办服务体系的总体要求，坚持创新、协调、绿色、开放、共享发展理念，依托信息化技术，深入推进“互联网+社保服务”的电子化应用发展。平台以服务对象为中心，通过网站、手机 App、自助查询机、微信公众号等技术手段，为单位和个人提供就近服务、贴身服务，实现用户身边的“智慧人社”。在“四位一体”社保格局基础上，上海市从提升服务对象的获得感和满意度着手，

了解服务对象的所想、所需、所求，在经办模式和技术条件允许的情况下，不断通过技术升级和服务优化，进一步推进公共服务平台建设，在服务内容、服务渠道、服务效果等方面都获得了一定的成效。

（七）扎实推进行风建设

近年来，党中央、国务院对深化“放管服”改革、推进审批服务便民化作出了一系列决策部署。社保系统围绕全面深化“放管服”改革，以加强系统行风建设为发力点，正行风、树新风，大力开展“清事项、减材料、压时限”工作，编制出台系统政务服务事项清单，大力精减证明材料，积极推行“互联网+人社”“互联网+医保”改革，相继推出了“马上办、网上办、就近办、一次办”等一系列惠民便民服务举措，经办服务质量和效能得到持续提升，人民群众的满意度逐年稳步提高。

1. 梳理服务事项清单，减证便民，让群众办事更快捷

2018 年 7 月 3 日，人力资源社会保障部召开系统行风建设电视电话会议，对全面推进人社系统行风建设工作进行动员部署。要求深入贯彻中央关于集中整治形式主义官僚主义部署要求，着力解决中央脱贫攻坚专项巡视、国务院大督查、调研暗访、群众反映的系统行风建设存在的证明材料多、排队时间久、办结时限长、工作纪律差、设施不便民、热线不好打等六个方面问题进行专项整改。2019 年 3 月，人力资源社会保障部办公厅发布《关于开展人社系统行风建设有关问题专项整改工作的通知》（人社厅发〔2019〕49 号），从精减证明材料、减少排队时间、压缩办结时限、严格工作纪律、推进设施便民、保障热线畅通等六个方面开展专项整改，各省市纷纷出台相关政策文件，积极开展与行风建设有关问题的整改工作。

清理证明事项是减证便民、优化服务的重要举措。人社部门持续深入开展减证便民行动，结合群众反应比较集中的问题，分 3 批次取消了 125 项证明材料，简化办事流程，让群众和企业少跑腿、让部门和数据多跑路。按照职权法定原则，取消没有设定依据的审批服务事项，出台了业务全口径、辐射全系统、涵盖人社领域的 42 个主项、178 个子项行政审批和公共服务事项清单。30 个省份制定公布本地区事项清单和办事指南，为企业和群众办事创业提供清晰引导，使群众办理业务更加便捷快速。社保经办等 18 个事项开展证明事项告知承诺制试点，基本实现就业失业登记、社保登记、劳动合同备案“三口合一”。压缩办事时限，推行当场办结、限时办结等服务方式，大力

压缩社保卡办卡时限，将企业申请实行特殊工时等审批时限减半。规范服务规程，发布4项国家标准和23项行业标准，制定人社领域基本公共服务标准化建设实施方案，梳理人社领域基本公共服务标准清单，修订人力资源和社会保障标准体系。

云南省开展了“解民忧转作风”三年专项行动计划，各级经办机构成立了专项行动领导小组和具体工作小组，梳理了云南省社会保险精减材料清单（39项）和堵点问题清单（21项），建立了周调度、季调度制度。全省已全面取消社保待遇资格集中认证方式，省本级已全部取消省级社保经办业务中的39项证明材料，有效解决了群众办事百项堵点清单涉及的7个社保堵点问题。

山东省精减各种办事材料，精减申请材料30%以上，压缩办理时限20%以上，1个工作日内完成的事项占公布事项的56%，省级人社服务事项网上可办率达80%以上。建立清单制度，公布省本级“一次办好”事项清单189项，基本形成全省统一的权力事项、就业和社保服务事项指导目录。打造就业失业登记、社保登记和劳动合同备案“三口合一”办理的新机制，实现了一表申请、一口办理。

北京市通过精简事项、完善清单，精减材料、信息共享，政务服务基本实现“一网通办”，“放管服”改革成效显著。精简已纳入市级政务服务（公共服务）清单的52项事项，精简比例达70%。保留的22项事项中，21项已实现网上可办。区级政务服务事项方面，西城区、海淀区等8个区已实现网上可办不低于80%。大力推行综合柜员制，推动人社对外服务事项实现“一窗”分类受理，市级事项受理比例已达到50%以上。全市人社系统政务服务事项市、区两级进驻综合性大厅，进驻率均超过70%。市级在原有489项所需材料基础上，减少195项，减少40%。6个区实现了提供材料减少30%的任务目标。市、区两级人社部门均已实现办理量大的10个高频事项“最多跑一次”。内部多个业务系统间实现信息共享。与20多个单位、部门开展信息共享，通过信息共享减少申请材料。

浙江省主动顺应“最多跑一次”改革趋势，秉持开放、平等、协作、服务、高效、责任等理念，积极应对挑战，强化行风建设，力争打造“审批事项最简、办事效率最高、服务环境最优、参保对象获得感最强”社保，发挥了改革的综合撬动效应，真正实现减材料、减环节、减时间，让数据多跑路、让群众少跑腿或不跑腿，做到一网办、移动办、一证办和就近办的社保服务事项“四办”，促进了“简化办”“掌上办”，提升了“最多跑一次”“一窗受理”“异地办理”等改革举措的实现率和参保对象办事满意率，真正将社保大厅“搬”到了身边，切实打通了服务群众“最后一公里”。推行“长三角社保事项一网通办”，打通沪、苏、浙、皖社保事项跨省异地通办；全省社保服务事项统一归口政务服务网，统一的社保公共服务平台已经成型。

2. 信息化应用提速，让服务更加高效智能

人力资源社会保障部编制金保工程信息标准 32 项，国家社会保险公共服务平台上线运行，完成人社政务服务平台部省对接，并在部分省份开展试点应用。人力资源社会保障部与公安、财政、税务、教育、民政、司法、扶贫、交通等部门实现数据交换共享，印发《人力资源社会保障行业跨层级信息共享访问流程（试行）》，推进人社行业内信息共享和业务协同。

陕西省社会保障局扎实开展行风建设，持续推进业务优化、信息共享和技术创新，做到企业群众办事线上一网通办、线下只进一扇门、现场办理最多跑一次。积极拓展服务渠道，完善线上服务标准。2018 年 4 月推出养老保险 App，形成了以新版业务经办信息系统为主、手机 App 和参保单位网上服务平台为辅的“一主两翼”社保公共服务体系。绝大多数业务可在 App 上完成。截至 2019 年 3 月，养老保险 App 累计下载超过 1 200 万人次，2018 年全省城镇职工养老保险退休人员通过手机“刷脸”认证达 150 多万人，全省综合认证率达 97%。

3. 抓督促整改，破解突出问题

2019 年以来，人力资源社会保障部瞄准热点、难点、痛点抓督促整改，着力破解群众反映强烈的突出问题。畅通举报渠道，在部官网、12333 电话服务中专门设立行风建设投诉举报专区，及时受理、核处群众反映问题。一些地方建立了特约行风监督员制度，及时收集处理群众反映的问题。聚焦精减证明材料、减少排队时间、压缩办结时限、严格工作纪律、优化服务设施、畅通服务热线六个方面，开展专项提升行动，着力解决系统行风建设存在的问题。各地各单位采用群众提、自己找、上级点、互相帮、集体议等多种方式，全面深入查找本地存在的突出问题及其具体表现，从严从实整改。人力资源社会保障部对窗口单位开展“四不两直”调研暗访，基本实现省份全覆盖，对发现的问题逐条督促地方整改。各地各单位采取厅局长走流程方式，细化问题表现，形成问题台账和整改措施台账，逐项明确整改时间、具体措

施，实行销号式管理，确保整改到位，形成长效机制。

4. 抓队伍建设，窗口服务提质增效

练兵比武强技能，人社服务树新风。2019 年，人力资源社会保障部结合“不忘初心、牢记使命”主题教育，聚焦直接服务群众的所有窗口单位及工作人员，在全系统广泛开展业务技能练兵比武。系统上下全员练兵，实现部、省、市、县、街道（乡镇）、社区（村）六级窗口全覆盖，前后台人员全覆盖，编制内外人员全覆盖。立足于打造业务技能精兵，各地层层发动、广泛动员，紧扣群众需求、改革需要和岗位实际，坚持干什么就练什么、比什么，推动线下学习培训与线上学习答题相结合，寓练兵于日常工作。在各地广泛练兵比武的基础上，人力资源社会保障部在浙江省宁波市先后举办了全国人社系统窗口单位业务技能练兵比武活动省际邀请赛和全国赛。两次比赛充分展现了人社系统干部职工昂扬向上、奋发有为的风采，全面呈现了练兵比武“比拼实力、展示实景、体现实效”的特点，集中体现了行风建设的阶段性成果。

2019 年，人力资源社会保障部开展“人社服务标兵”主题宣传活动，集中宣传报道 100 名“人社服务标兵”，组织 51 场次巡回宣讲，实现省份全覆盖。宣讲活动中，标兵们用真实的经历、真切的话语、真诚的情感打动了听众，营造了学习先进、宣传先进、争当先进的浓厚氛围，为人社系统干部队伍建设注入了新的活力。2019 年年底，人力资源社会保障部试点开展“人社服务标兵”和练兵比武活动全国赛获奖选手代表深入基层人社部门宣讲活动和基层窗口服务示范指导活动，首批赴吉林四平、山东烟台、四川宜宾三地开展活动。宣讲团进政务大厅、下基层站点、到创业基地，实地参观、顶岗服务、交流互动。

针对窗口单位经办队伍存在的力量薄弱、能力不足、队伍不稳、保障不健全等问题，人力资源社会保障部、财政部印发《关于进一步加强人力资源社会保障窗口单位经办队伍建设的意见》（人社部发〔2019〕3 号），在合理配置工作人员、提升服务能力、规范服务行为、完善保障措施等方面发力，提升人社公共服务能力。各地加强对窗口单位经办队伍建设的组织领导，层层压实责任，注重典型示范，强化服务监督，合理安排经费，做实做细各项工作，进一步夯实了行风建设基础。

云南省印发了开展进一步加强社会保险经办窗口作风建设专项行动的实

施方案，在全省社保系统开展窗口作风大检查、大整改。组织对普洱、西双版纳、红河、文山四个州市窗口作风建设情况进行了明察暗访，通报了窗口作风建设明察暗访情况，积极加强窗口作风建设。

5. 加强医疗保障系统行风建设成效明显

国家医疗保障局为贯彻落实党中央、国务院的决策部署，按照中央纪委、国家监委在“不忘初心、牢记使命”主题教育中专项整治漠视侵害群众利益问题的有关要求，开展好医疗保障领域行风问题专项整治，着力解决社会反映强烈的医疗保障系统行风问题，通过提供优质、便捷、高效的医疗保障服务，不断增强人民群众的获得感、幸福感、安全感，于 2019 年 9 月 5 日印发《关于加强医疗保障系统行风建设的通知》（医保发〔2019〕50 号），决定在全国范围进一步加强系统行风建设。要求深入开展行风教育，全面梳理清理政务服务事项，减少证明材料和手续，优化规范医疗保障服务流程，积极创新政务服务方式，全力打造优质服务窗口，加快实施“好差评”制度。随后，各省（区、市）纷纷出台加强医疗保障系统行风建设工作方案，全面梳理医疗保障政务服务事项清单，精减证明材料，规范办事流程，简化办事程序，压缩办事时间，加快制定标准化工作规程，探索实施“好差评”制度，让群众办事更加透明高效、舒心顺心。

2019 年 9 月 24 日，辽宁省医疗保障局印发《加强医疗保障系统行风建设工作方案》（辽医保发〔2019〕14 号），从深入开展行风教育、全面梳理清理政务服务事项、减少证明材料和手续、优化规范医疗保障服务流程等七个方面推动医疗保障工作理念、制度作风全方位深层次变革，打造忠诚担当、服务为民、作风优良、清正廉洁的医疗保障工作队伍。同时印发《辽宁省医疗保障局关于进一步加强医疗保障窗口单位行风建设的意见》《辽宁省医疗保障局政务服务“好差评”工作方案》《关于印发容缺受理制度的通知》等制度文件，进一步简化办事程序，优化服务流程，提高窗口服务质量。

天津市医疗保障基金管理中心坚持把群众满意作为一切工作的最高目标，制定了《创建星级经办服务窗口活动的实施方案》，成立了领导小组和专项工作组，明确评定标准、创建方式和职责分工。星级经办服务窗口创建工作正在有序推进，各区医保分中心按照创建要求，精准定位百姓需求，不断创新经办服务手段，千方百计为参保对象提供灵活多样、卓有成效的服务方式，得到了参保群众的肯定。河东分中心为办事群众提供免费复印服务，增设了共享便民手机充电设备，配置了应急药品、血压计、体温计等急救设施。宁河分中心优化资源配置，单独设立了便民综合服务窗口，提供专业医疗保障咨询、电话预约、金医保 App 网上经办指导等服务，提高了办事效率；向服务对象发放经办满意度调查问卷，主动征求意见建议，明确努力方向。宝坻分中心开通“宝坻医保”微信公众号，内容涵盖政策讲解、经办流程介绍、待遇支付标准、常用表格下载；开通全国定点医疗机构、社保机构联系电话、三目信息等查询功能，方便参保群众查询使用。塘沽分中心编制员工手册，涵盖岗位职责、中心规范等内容，确保经办管理更加标准化、规范化、精细化，为参保群众提供更加优质、满意的服务。

三、养老保险服务管理

2018—2019 年，进一步推进多层次养老保险体系建设，加强第二支柱建设，推进机关事业单位养老保险改革，提高退休人员基本养老金水平，逐步建立城乡居民养老保险待遇确定与正常调整机制，加大养老扶贫的力度，促使养老保险管理服务向更深层次发展。

（一）推进多层次养老保险体系建设

通过调整缴费档次、费率和基础养老金水平继续完善第一支柱建设，做好企业年金方案备案工作的第二支柱建设，第三支柱建设方面主要是对个人养老金相关政策进行了深入的研究论证。总体上看，仍以第一支柱为主。

1. 完善第一支柱建设

第一支柱的城镇职工养老保险已经对城镇职工养老生活形成了实质性的支持。而同属养老保险第一支柱中的城乡居民养老保险存在基础养老金偏低、个人缴费意愿不高、缴费档次选择偏低等问题，相关改革推进一直较为缓慢。从 2018 年开始，一些地区修订了城乡居民养老保险实施方案，增加了缴费档次，提高了个人缴费上限，逐步健全城乡居民养老保险缴费机制，与居民收入、物价水平等挂钩。

2. 继续加强第二支柱建设

（1）改进完善企业年金制度

2017 年 12 月 18 日，人力资源社会保障部、财政部联合颁布《企业年金办法》，从 2018 年 2 月起实施，明确企业年金是企业及其职工在依法参加基本养老保险的基础上自主建立的补充养老保险制度。这表明，只要参加了企业职工基本养老保险的用人单位及其职工，建立企业年金制度都参照本办法执行；也只有参加了企业职工基本养老保险的用人单位及其职工，建立企业年金制度才能参照本办法执行。

与2004年出台的《企业年金试行办法》相比，《企业年金办法》主要有以下八个方面的变化：一是弱化了企业年金的自愿性质，鼓励引导符合条件的企业建立企业年金；二是下调了筹资规模上限，企业缴费不超过年度工资总额的8%（《企业年金试行办法》为8.33%），企业和职工缴费之和不超过年度工资总额的12%（《企业年金试行办法》为16.67%）；三是对企业缴费分配差距作出限制，企业当期缴费分配至职工个人账户的最高额不得超过平均额的5倍；四是增加了企业年金方案变更、终止，以及中止和恢复缴费的内容；五是明确了职工企业年金个人账户中，企业缴费及其投资收益的归属规则；六是适当放宽了待遇领取条件，职工完全丧失劳动能力的，可以领取企业年金；七是完善了待遇领取方式，职工达到领取条件后，可以按月、分次或者一次性领取企业年金，也可以购买商业养老保险产品；八是扩大了适用范围，不仅适用于城镇各类企业，参加企业职工基本养老保险的其他用人单位及其职工都可以建立企业年金。

各省（区、市）相继出台相关的企业年金政策。例如，北京市人力资源社会保障局、科委、财政局等多部门联合制定《关于促进本市企业年金集合计划发展的若干措施》（京人社养发〔2019〕150号），鼓励企业与职工集体协商制定企业年金方案，并提交职工（代表）大会讨论通过后，加入由企业年金基金管理机构设立的集合计划。

截至2019年年底，全国建立企业年金的用人单位9.6万个，参加职工2 548万人，积累基金1.8万亿元。同时，结合“放管服”和行风建设要求，精简企业年金备案手续程序，明确中央企业方案备案不需再提供基本养老保险缴费证明。

（2）积极推进职业年金制度建设

2015年4月6日，国务院办公厅印发《机关事业单位职业年金办法》，规定从2014年10月1日起实施机关事业单位工作人员职业年金制度，标志着职业年金制度实现了真正的“有法可依”，从制度上解决了机关事业单位和城镇企业退休金“双轨制”问题，实现了养老保险体系的“多层次”，是中国社会保障发展史上具有里程碑意义的事件。2017年1月，人力资源社会保障部发布《机关事业单位基本养老保险关系和职业年金转移接续经办规程（暂行）》，意味着职业年金基金将实际步入投资运作阶段。2018 年 4 月，人力资源社会保障部、财政部办公厅联合发布《关于规范职业年金基金管理运营有关问题的通知》（人社厅发〔2018〕32 号），针对各地职业年金准备过程中存在的地方办法的合规性和业务流程的规范性等问题提出了严格要求。

部分省份依据国家出台的相关制度，结合本地条件，渐次出台了职业年金相关管理制度，如 2018 年 2 月山东出台《山东省职业年金管理及投资运营实施办法》等。各地出台的职业年金经办细则对基金归集、经办规程、转移接续、基金监督、评选委员会人数构成、计划设置、资金分配、受托投管能否兼任等问题等进一步细化。截至 2018 年年底，已有河北、山东、海南、福建等 12 个省份颁布了职业年金基金管理实施方案或办法。就评选委员会人员构成来看，以 7 人（新疆、上海）、9 人（山西、宁夏、辽宁、河南）、11 人模式（河北、山东、西藏、福建、天津）较为集中。在计划设置方面，多计划统一收益率已成为各地共识。除基金规模较小的地区（海南省 6 个）以外，大多数省份都确定计划数为 7 至 8 个（新疆、山东：8 个；河南：8+3 个；辽宁：9+3 个；福建：10 个，上海：7+4 个；安徽：8+2 个）。

3. 逐步开展第三支柱建设

随着老龄化社会的来临以及经济社会变化，第三支柱中的商业养老保险在社会保障体系中的地位和作用越来越重要。而目前我国商业养老保险在整个老年保障体系中所发挥的作用还非常有限。我国出台了一系列政策推动商业养老保险发展，但是一直没有出台具体的操作政策措施。

2018 年 4 月 2 日，财政部、税务总局、人力资源社会保障部、银保监会、证监会联合印发《关于开展个人税收递延型商业养老保险试点的通知》（财税〔2018〕22 号），决定自 2018 年 5 月 1 日起，在上海市、福建省（含厦门市）和苏州工业园区实施个人税收递延型商业养老保险试点，试点期限暂定一年。对个人通过个人商业养老资金账户购买符合规定的商业养老保险产品的支出，允许在一定标准内税前扣除，扣除限额按照当月工资薪金、连续性劳务报酬收入（或应纳税所得额）的 6% 和 1 000 元/月孰低办法确定（或不超过 12 000 元/年）；计入个人商业养老资金账户的投资收益，暂不征收个人所得税；个人领取商业养老金时再征收个人所得税，对 25% 的部分予以免税，其余 75% 部分按 10% 的比例税率计算个人所得税。这是我国第一次出台发展养老保险第三支柱政策文件和试点探索。但实施效果尚不明显，推广面不大。截至 2018 年年底，税收递延型养老保险累计实现保费收入仅 7 160 万元，承保件数 3. 9 万件。参保人主要集中在月收入 1. 7 万~3. 7 万元的人群，且超七成参保人主要集中在上海。

2019 年 6 月，人力资源社会保障部和财政部会同相关部门研究制定养老保险第三支柱政策文件，进展顺利。拟考虑采取账户制，并建立统一的信息管理服务平台，符合规定的银行理财、商业养老保险、基金等金融产品都可以成为养老保险第三支柱的产品，通过市场长期投资运营，实现个人养老金的保值增值。

（二）推进机关事业单位养老保险制度改革

自 2015 年《国务院关于机关事业单位工作人员养老保险制度改革的决定》（国发〔2015〕2 号）颁布实施以来，人力资源社会保障部积极推动机关事业单位养老保险制度改革政策落地和平稳实施，指导各地做好待遇平稳衔接和按新办法计发落地工作。完善并规范在京中央国家机关事业单位参保有关问题，对员额制法官、检察官等特殊群体的养老保险、中央单位属地参保等问题进行了重点研究。截至 2019 年年底，机关事业单位参保人数 5 583 万人，其中退休人员 1 914 万人。

针对“中人”待遇确定这一难点问题，各省根据人力资源社会保障部关于按新办法计发退休“中人”待遇的要求出台相关政策。河北省人力资源社会保障厅、财政厅印发《关于做好机关事业单位退休“中人”基本养老保险待遇发放工作的通知》（冀人社字〔2019〕397 号），对退休“中人”新办法养老保险待遇计发统一部署，经过前期退休“中人”新办法待遇核算和整体评估，2014 年 10 月至 2017 年 12 月完成了新办法待遇计算的退休“中人”，已经基本具备新办法基本养老保险待遇发放条件，从 2020 年 2 月起，将陆续开展退休“中人”新办法计算的养老保险待遇发放工作。

广东省顺利完成了机关事业单位养老保险实施准备期清算工作。涉及 4. 5 万家单位共 285 万人，清算应收应支资金超过 2 000 亿元。大力推进中央省属单位属地参保，完成了广东省政府 2019 年当期全部实账和个人缴费补缴目标。截至 2019 年年底，全省共归集 769 亿元。明确全省职业年金基金归集对账规则和流程，并根据实账积累和个人缴费补缴政策变化开发相关系统功能、调整业务流程，加强指导、及时反馈，顺利实现全省归集。截至 2019 年 12

月底，全省归集至省级归集账户 755 亿元。

云南省根据国家统一部署和要求，按照“先易后难、先启动后规范、先入轨后清理”的工作思路，坚持“稳字当头、以上率下”原则，不断完善政策制度，健全经办服务体系，细化工作措施，规范经办管理服务，平稳有序推进机关事业单位养老保险制度改革工作。完成了参保登记和基金征缴工作准备期的资金清算、“中人”待遇计发工作，加快推进中央驻滇单位经办工作，加大欠费清欠力度。

（三）提高退休人员基本养老金水平

调整退休人员基本养老金是提高保障和改善民生水平的重要措施。2018—2019 年，对城镇职工基本养老保险和城乡居民基本养老保险均进行了调整。

2018 年 3 月 5 日，人力资源社会保障部、财政部发布《关于 2018 年调整退休人员基本养老金的通知》（人社部发〔2018〕18 号），从 2018 年 1 月 1 日起，为 2017 年年底前已按规定办理退休手续并按月领取基本养老金的企业和机关事业单位退休人员提高基本养老金水平，总体调整水平为 2017 年退休人员月人均基本养老金的 5%左右。这是自 2005 年以来连续第十四年调整企业退休人员基本养老金，也是自 2016 年以来连续第三年同步提高企业和机关事业单位退休人员养老金水平，有 1.14 亿名退休人员受益。

此次调整退休人员基本养老金，继续采取定额调整、挂钩调整与适当倾斜相结合的办法，兼顾公平与激励，合理确定定额调整、挂钩调整与适当倾斜三部分比重，实现企业和机关事业单位退休人员调整办法基本统一。定额调整体现公平原则；挂钩调整体现“长缴多得”“多缴多得”的激励机制，可与退休人员本人缴费年限（或工作年限）、基本养老金水平等因素挂钩；对高龄退休人员、艰苦边远地区退休人员可适当提高调整水平，并继续确保企业退休军转干部基本养老金不低于当地企业退休人员平均水平。调整基本养老金所需资金，参加企业职工基本养老保险的从企业基本养老保险基金中列支，参加机关事业单位工作人员基本养老保险的从机关事业单位基本养老保险基金中列支。对中西部地区、老工业基地、新疆生产建设兵团和在京中央国家机关及所属事业单位，中央财政予以适当补助。未参加职工基本养老保险的，调整所需资金由原渠道解决。

截至 2018 年 6 月底，北京、上海、青海、河北①、江西、湖北、宁夏②、吉林、山西③等多个省份已公布养老金调整方案及发放日期。2018 年 6 月 29 日，北京市人力资源社会保障局发布北京 2018 年六项社会保障待遇标准集中调整方案，主要内容如下。(1) 定额普涨，每名退休人员每月增加 45 元养老金。(2) 与缴费年限挂钩，缴费年限满 10 年及以上的退休人员，缴费年限每满 1 年，每月增加 3 元；缴费年限不满 10 年的（不含建设征地农转工退休人员），每人每月增加 30 元；缴费年限不满 15 年的建设征地农转工退休人员，每人每月增加 45 元。(3) 与养老金水平挂钩。通过采取低者高调、高者低调的方式，保障待遇水平偏低的人员能够适当多增加基本养老金。按 2017 年年底前的月基本养老金划分三档：5 270 元（含）以上的每人每月增加 40 元；3 770 元（含）至 5 270 元的每人每月增加 50 元；3 770 元以下每人每月增加 60 元。这是北京市 1994 年建立企业退休人员基本养老金调整制度以来，第 26 次连续增加企业退休人员养老金。全市 248 万名企业退休人员参加此次调整，补发款于 2018 年 7 月 15 日发放到位。④

2019 年 3 月 13 日，人力资源社会保障部、财政部发布《关于 2019 年调整退休人员基本养老金的通知》（人社部发〔2019〕24 号），从 2019 年 1 月 1 日起，为 2018 年 12 月 31 日前已按规定办理退休手续并按月领取基本养老金的企业和机关事业单位退休人员提高基本养老金水平，总体调整水平为 2018 年退休人员月人均基本养老金的 5%左右。这是国家自 2005 年以来连续第十五年调整企业退休人员基本养老金，也是继 2016 年以来连续第四年同步提高企业和机关事业单位退休人员养老金水平。

山西、新疆、陕西、安徽、青海等多个省份先后发布调整方案，结合当地实际对退休人员养老金水平进行了调整。山西省从 2019 年 1 月 1 日起，对 2018 年 12 月 31 日前企业和机关事业单位已按规定办理退休（职）手续并按月领取基本养老金的退休人员，调整基本养老金，月人均增加基本养老金 174 元，增幅 5%左右，惠及全省 261.3 万名退休人员。⑤ 新疆维吾尔自治区人力

① 《就业稳中向好，劳动者更有奔头（经济形势年中看）》，人民日报，2018 年 7 月 16 日。

② 《江西、湖北、宁夏三地调整退休人员基本养老金》，人力资源社会保障部网站，2018 年 7 月 6 日。

③ 《吉林、山西两地调整退休人员基本养老金》，人力资源社会保障部网站，2018 年 7 月 10 日。

④ 《北京调整 2018 年六项社会保障待遇标准》，北京日报，2018 年 7 月 2 日。

⑤ 《山西：退休人员基本养老金月人均增加 174 元》，中国政府网，2019 年 7 月 1 日。

资源社会保障厅、财政厅2019年6月25日联合印发《关于2019年自治区调整退休人员基本养老金有关问题的通知》，为2018年年底前已按规定办理退休手续并按月领取基本养老金的企业和机关事业单位退休人员提高基本养老金水平，总体调整水平为2018年退休人员月人均基本养老金的5%左右。调整时间从2019年1月1日起执行，1—6月调整额予以补发。此次调整预计全区共有102.65万名企业退休人员、40.03万机关事业单位退休人员受益。① 2019年7月15日，青海省从2019年1月1日起，再次为青海省企业和机关事业单位退休人员调整基本养老金，调整后月人均增加213元，调整幅度为5.14%，全省有45万名退休人员受益。②

（四）建立城乡居民养老保险待遇确定与正常调整机制

自2014年在全国建立统一的城乡居民基本养老保险制度以来，在保障城乡老年居民基本生活、调节收入分配、促进社会和谐稳定等方面发挥了积极作用。但也存在保障水平较低、待遇确定和正常调整机制尚不健全、缴费激励约束机制不强等问题。

2018年3月26日，人力资源社会保障部、财政部发布《关于建立城乡居民基本养老保险待遇确定和基础养老金正常调整机制的指导意见》（人社部发〔2018〕21号），要求各地区建立激励约束有效、筹资权责清晰、保障水平适度的城乡居民基本养老保险待遇确定和基础养老金正常调整机制，推动城乡居民基本养老保险待遇水平随经济发展而逐步提高，确保参保居民共享经济社会发展成果，促进城乡居民基本养老保险制度健康发展，不断增强参保居民的获得感、幸福感、安全感。

人社部发〔2018〕21号文件的发布，标志着我国城乡居民基本养老保险待遇确定和养老金调整逐步走向机制化、健全化。各地结合当地实际积极探索，先后出台了相关政策。北京、吉林、内蒙古、宁夏、山西、河南、甘肃、河北、陕西、重庆等多个省份均已出台文件，建立城乡居民基本养老保险待遇确定和基础养老金正常调整机制。截至2019年年底，有23个省份及新疆兵团出台了政策文件，10个省份提高了基础养老金水平。③

---

① 《新疆：提高退休人员基本养老金》，新华网，2019年7月3日。

② 《青海：上调退休人员基本养老金》，中国政府网，2019年7月18日。

③ 《稳中求进　民生工作谱新篇——二〇一九年人社工作年终盘点》，中国劳动保障报，2019年12月26日。

1. 明确待遇确定与调整办法

基础养老金由中央政府确定的基础养老金最低标准、地方政府提高的基础养老金和加发的年限基础养老金三部分构成。其中，中央根据全国城乡居民人均可支配收入和财力状况等因素，合理确定全国基础养老金最低标准，一方面考虑城乡居民老年保障需求，另一方面考虑财政负担能力。各地积极响应号召，根据当地实际提高基础养老金标准，大部分省份表示对65岁及以上参保城乡老年居民予以适当倾斜。广东、广西、河南、甘肃、浙江、河北、湖南、安徽、山西出台文件，明确提出向65岁以上老年居民倾斜；新疆、西藏、云南、贵州、辽宁、河北、江西、黑龙江、吉林等省份规定分年龄段每人每月加发基础发养老金，多倾向于65~69岁、70~79岁、80岁以上三个年龄段，加发从1元到20元不等的金额。其中，西藏规定从60岁开始就提高待遇，60~69岁每月加发10元，70岁以上每月加发20元；上海的调整办法为基础养老金每人每月增加90元；北京每人每月增加95元，65岁以上每人再加10元；海南没有向65岁以上人员倾斜的规定，但对地方基础养老金的计算方法做了详细规定（地方基础养老金=90元+本人各年度缴费指数之和×上年度全省农村居民人均可支配收入×计发系数）。

2. 形成待遇正常调整机制

（1）多缴多得，提高最低缴费标准，增加个人账户储存额，提高养老保险待遇

除宁夏、重庆、湖南、云南、贵州最低缴费档次仍为100元外，大部分省份都上调了最低缴费档次，由100元提高到200元，甚至更高，上海最低缴费档次为500元，天津为600元，北京为1 000元。增加了更高档次的缴费，河北最高缴费档次为8 000元，北京最高为9 000元。缴费档次划分差别也比较大，从最低的宁夏6档，比较低的河北7档、辽宁7档，到比较高的西藏、广西、安徽的15档次不等。海南规定最低为200元，最高为灵活就业人员参加职工保险的年最低缴费，参保者可以选择两者之间100的整数倍作为缴费基数。北京的缴费档次选择规定为，在最低档次1 000元至最高档次9 000元之间任意选择标准进行缴费。

（2）长缴多得的奖励机制

建立长缴多得奖励机制，参保人员缴费年限达到15年以上的，每增加一年缴费，每月增加一定数额的基础养老金，作为奖励。其中21个省份作出了

明确规定，对超出15年缴费年限的给予奖励。奖励金额比较低的河北、山西、湖南、吉林等省份规定，每超出1年，参保者每月加发1元的基础养老金。青海加发数额最大，规定超出年限每人每月加发基础养老金10元。重庆还规定独生子女家庭享受养老保险待遇的老人，可以每人每月加发10元作为奖励。海南规定参保人死亡当月按国家基础养老金最低标准12倍的数额发放丧葬补助金；死亡后遗体火化的，丧葬补助金发放标准提高至36倍。西藏丧葬补助金的标准为18个月基础养老金。云南规定参保人在缴费或待遇领取期间死亡的，州市、县财政给予12个月全省最低基础养老金标准的一次性丧葬补助金。

（3）建立缴费补贴调整机制

各地建立城乡居民基本养老保险缴费补贴动态调整机制，根据经济发展、个人缴费标准和财力状况，合理调整缴费补贴水平，对选择较高档次缴费的人员可适当增加缴费补贴，引导城乡居民选择高档次标准缴费。缴费补贴与个人缴费档次标准调整应协调考虑，合理调整，建立“多缴多补”的机制，形成有效的缴费激励。同时，鼓励集体经济组织提高缴费补助，鼓励其他社会组织、公益慈善组织、个人为参保人缴费加大资助。增加个人账户储存额。

新疆、山东、内蒙古、陕西、青海等大部分省份都按缴费档次提高了补贴标准，补贴标准从新疆的最低缴费档次补贴5元，到上海的最高缴费档次补贴675元不等；重庆补贴额度为30~60元，跨度最小；广西、安徽等省份分段补贴，如规定2 000元以上的补贴200元；云南、贵州等省份按缴费档次的金额百分比补贴，贵州按照缴费金额的10%计算，云南缴费档次2 000元以上的补贴按缴费金额的6.5%计算。

关于补贴资金的来源，一些省份作出了明确规定。陕西省的缴费补贴由省和市各承担50%。江西省规定西部政策延伸县由省、县（市、区）财政按8∶2负担，其他县（市、区）由省、县（市、区）财政按6∶4负担。山西省规定参保人员当年没有缴费而之后再进行补缴的，补缴部分不享受政府的缴费补贴。

陕西、江西、内蒙古、山西、浙江、福建等大部分省份的实施意见对特殊群体的缴费补贴做了规定，比较集中的做法是低保人员、特困人员以及重度残疾人等缴费困难群体暂保留每人每年100元的最低缴费档次和政府给予每人每年30元的缴费补贴政策，原政府代缴费标准不变。其中内蒙古的做法是特困人员由政府按100元标准代缴养老保险费，重度残疾人由政府按200

元标准代缴养老保险费。江西省规定低保对象由财政代缴100元/月，其余贫困人员由县（市、区）财政为其代缴最低标准的养老保险每人每年100元，缴费补贴标准为30元。

（4）建立基础养老金正常调整机制

地方基础养老金调整依据、标准确定方法和决策机制，参照全国基础养老金最低标准调整确定。当地人社部门会同财政部门，统筹考虑本地区城乡居民收入增长、物价变动和职工基本养老保险等其他社会保障标准调整情况，适时提出地方基础养老金调整方案，报请同级党委和政府确定。地方基础养老金为提高基础养老金和年限养老金，应根据其功能目标，结合本地实际确定调整幅度，并在实践中逐步形成科学的调整幅度计算办法，所需资金列入地方公共财政预算。

陕西、安徽、重庆、黑龙江、甘肃、浙江等大部分省份没有给出明确的基础养老金调整方案，只表明统筹考虑全省经济发展、城乡居民人均可支配收入增长、物价变动和职工养老保险等其他社会保障标准调整情况，适时提出全省城乡居民基础养老金调整方案。山东提出每五年调整一次基础养老金；辽宁规定三年调整一次基础养老金；宁夏从2019年起，每年调增基础养老金5元，所需资金由自治区财政承担。有一些省份直接规定了城乡居民基础养老金的金额，上海规定基础养老金标准（含中央确定的基础养老金最低标准）由每人每月1 010元调整为每人每月1 100元；北京规定每人每月800元；吉林和湖南规定每人每月103元。

（5）实现个人账户基金保值增值

人社部发〔2018〕21号文件要求各地按照《国务院关于印发基本养老保险基金投资管理办法的通知》（国发〔2015〕48号）规定，开展城乡居民基本养老保险基金委托投资，实现基金保值增值，提高个人账户养老金水平和基金支付能力。关于基金的保值增值问题，没有省份作出具体规定。大部分省份都明确要积极开展城乡居民基本养老保险基金委托投资，实现基金保值增值，提高个人账户养老金水平和基金支付能力。

各省份根据当地实际，加强组织领导，完善机制建设，强化部门协同，搞好政策宣传。提高基础养老金标准，进一步健全参保缴费激励机制，积极引导参保居民选择更高缴费档次，增加个人账户积累，逐步提高养老保障水平，促进城乡居民基本养老保险制度可持续发展。

（五）加大养老保险扶贫力度

2017 年 8 月 1 日，人力资源社会保障部、财政部、国务院扶贫办印发《关于切实做好社会保险扶贫工作的意见》（人社部发〔2017〕59 号），明确提出为建档立卡未标注脱贫的贫困人口、低保对象、特困人员等困难群体，由地方政府为其代缴城乡居民养老保险费，并在提高最低缴费档次时，对其保留现行最低缴费档次。全国社保系统认真贯彻文件精神，加大养老保险扶贫力度，推动加快实现贫困人员城乡居民基本养老保险应保尽保。

2018 年 3 月 28 日，《关于建立城乡居民基本养老保险待遇确定和基础养老金正常调整机制的指导意见》提出，应进一步发挥城乡居民基本养老保险减贫防贫作用，不断增强参保居民的获得感、幸福感、安全感。2018 年 11 月 12 日，人力资源社会保障部办公厅印发《关于加快实现贫困人员城乡居民基本养老保险应保尽保的通知》（人社厅发〔2018〕111 号）提出，在脱贫攻坚期内，将年满 60 周岁、未领取基本养老保险待遇的贫困人员纳入城乡居民基本养老保险制度，并按月发放待遇，确保所有贫困老人都可以享受养老保险待遇。

1. 贫困人员数据应核尽核

建立数据定期共享机制，加强数据支撑。签订《人力资源社会保障部、国务院扶贫办社保扶贫信息共享合作协议》，2019 年 5 月、8 月和 12 月先后交换了 8 150 万、8 025 万、7 958 万建档立卡贫困户和贫困人员信息；将建档立卡贫困人员基础数据下发至五级社保经办机构，供地方核实确认，推进精准扩面。如福建城乡居保中心，通过信息系统筛选 12. 19 万未参保贫困人员名单，将人员明细下发至县，进一步核实基数，在此基础上组织好未参保人员专项扩面行动。

2019 年 2 月，人力资源社会保障部办公厅印发《关于利用人社扶贫信息平台做好社会保险数据核实报送工作的通知》（人社厅发〔2019〕29 号），将国务院扶贫办提供的建档立卡贫困人口数据，与部联网监测和全民参保数据库进行数据比对，对疑似未参保人员数据进行标识后下发各省，指导各地利用人社扶贫信息平台，精准定位社保扶贫工作对象和参保扩面重点人员，通过当地系统核验、实地走访等方式推动贫困人员精细化管理，建立上下协同的数据核实报送机制，形成全国社会保险贫困人员基础信息库，为贫困人口参保扩面、社会保险精准扶贫提供技术支撑。

按照扶贫成效要经得起检验的要求，为减少人为干预、减轻基层负担，确保核验工作的科学性、核验结果的有效性，研究制定应保尽保数据核验方案。利用部级全民参保登记库和联网监测库数据，创新核验方式，采取网上数据验证为主、随机实地抽检为辅的方式，对各地建档立卡贫困人员参加基本养老保险情况开展核验。全年共比对核实近 1.58 亿人次，核实完成率 100%。

2. 贫困老人养老金应发尽发

2018 年 5 月，人力资源社会保障部、财政部印发《关于 2018 年提高全国城乡居民基本养老保险基础养老金最低标准的通知》（人社部规〔2018〕3 号），决定从 2018 年 1 月 1 日起，将全国城乡居民养老保险基础养老金最低标准提高至每人每月 88 元。2018 年有 14 个省份出台了关于建立城乡居民基本养老保险待遇确定和基础养老金正常调整机制的具体实施办法，有 22 个省份在中央提高城乡居民基础养老金最低标准的基础上进一步提高省级基础养老金标准。全国 60 岁以上享受城乡居民养老保险待遇的贫困老年居民超过 2 189 万人，实际享受代缴保费的贫困人员超过 2 727 万人，同比分别增长 30%和 79.9%，城乡居民养老保险使 4 900 多万贫困人员直接受益。到 2018 年 11 月，全国城乡居民养老保险参保人数达到 52 149 万人，比 2017 年底增加 894 万人（贫困人员参保是重要因素），其中领取养老金人数达到 15 812 万人，全国城乡居民养老保险月人均养老金达到 148 元。

3. 贫困人员养老保险应保尽保

针对部分贫困人员缴不起费和部分 60 周岁以上老人没有养老金的情况，先后印发《人力资源社会保障部、财政部、国务院扶贫办关于切实做好社会保险扶贫工作的意见》（人社部发〔2017〕59 号）、《人力资源社会保障部办公厅关于加快实现贫困人员城乡居民基本养老保险应保尽保的通知》（人社厅发〔2018〕111 号），规定由地方政府为建档立卡未标注脱贫的贫困人口、低保对象、特困人员等困难群体代缴部分或全部最低标准城乡居民养老保险费；将脱贫攻坚期内，年满 60 周岁、未领取国家规定的基本养老保险待遇的贫困人员，纳入城乡居民养老保险制度，按月发放养老金。到 2018 年 12 月底，核实属于年满 60 周岁、未领取基本养老保险待遇人员 246 万人，落实待遇 221.8 万人。

人力资源社会保障部、国家医疗保障局印发《关于全面实施全民参保计划的指导意见》（人社部发〔2018〕76 号），全面实施全民参保计划。完善工程建设项目参保率通报制度，将全部工程建设项目新开工率纳入人社事业发展计划指标。河北省深入乡村摸清底数，做到数据来源、核实过程、信息录入、代缴结果“四个精准”，及时向当地财政申请补助资金，确保“覆盖人员一人不落、优惠政策一项不少、代缴金额一分不差”；甘肃省制定印发《甘肃省城乡居民基本养老保险脱贫退出核查验收方案》（甘人社明电〔2018〕162号），确保实现贫困人口城乡居民养老保险全覆盖；四川省开展扶贫代缴百日攻坚行动和重点目标管理月调度、周通报制度，推动建档立卡贫困人员城乡居民养老保险参保登记、代缴保费、享受待遇“三个100%”。

4. 不断提升经办服务水平

加强行风建设，提升经办服务水平。按照“解民忧、转作风”专项行动要求，对照社保经办服务20个堵点问题和可以取消的19类35项办事材料，进一步优化流程，简化手续；积极推进跨部门社保扶贫数据共享和信息比对，加快推进“互联网+社保”，努力实现群众办事异地业务“不用跑”、无谓证明材料“不用交”、表格信息“不用填”，切实提高社保经办服务质量和效率。

完善信息系统，加强数据支撑。按照人社扶贫开发数据信息平台建设的统一部署，加快推进社保扶贫数据信息比对、分发、反馈及统计分析等功能建设，推动各地贫困人员参保登记、政府代缴、待遇发放等信息部省市互联互通。

加大支持力度，加强基层平台建设。举办深度贫困地区社保经办人员培训班，对“三区三州”深度贫困地区119名经办人员进行了培训。陕西省在下达城乡居保工作补助经费时加大贫困县区倾斜力度，向全省56个贫困县分配资金达1 080万元，以加强公共服务平台建设，助推贫困地区脱贫攻坚工作开展。

5. 制定专项工作方案推动实施

2019年2月14日，人力资源社会保障部农保司及社保中心、信息中心负责人专门研究解决部分建档立卡贫困人员没有参加基本养老保险问题，制定推动建档立卡贫困人口基本养老保险应保尽保专项工作方案。2月19日，召开社保扶贫专项组会议，审议通过《社保扶贫专项组脱贫攻坚专项巡视整改工作方案》《社保扶贫专项组脱贫攻坚专项巡视整改台账》《推动建档立卡贫困人口基本养老保险应保尽保专项工作方案》，研究决定将人力资源社会保障部法规司、基金监管局、央保中心、科研院纳入社保扶贫专项组，充实专项组力量。2 月 26 日、27 日，在云南省昆明市召开全国社会保险扶贫推进会和全国社保局长会，对做好社会保险扶贫巡视整改工作，特别是建档立卡贫困人口基本养老保险应保尽保工作进行动员部署。人力资源社会保障部农保司作为社保扶贫专项组牵头单位，按照部党组要求，成立社保扶贫工作专班与专项组合署办公，全司处以上干部为专班成员，全体同志共同参与；社保中心成立新的扶贫工作领导小组，下设应保尽保、方便快捷、数据、定点扶贫 4 个专项组，全员参与，全力以赴推进巡视整改工作；信息中心开发运用人社扶贫信息平台，定期与国务院扶贫办进行数据交换和信息比对，为指导各地建档立卡贫困人员参保提供精准支持。

6. 养老保险扶贫取得突出成效

2018—2019 年，全国 60 岁以上享受城乡居民养老保险待遇的贫困老年居民分别达到 2 189 万和 2 885. 5 万人，实际享受代缴保费的贫困人员达到 2 727 万、3 808 万人。截至 2019 年 12 月 31 日，全国 5 978 万符合条件的建档立卡贫困人员参加基本养老保险，参保率达到 99. 99%，基本实现贫困人员基本养老保险应保尽保。共为 2 529 万建档立卡贫困人口、1 279 万低保对象、特困人员等贫困群体代缴城乡居民养老保险费 42 亿元，为 2 885 万贫困老人发放养老保险待遇，6 693 万贫困人员从中受益。未参加基本养老保险贫困人员降至 1 414 人。

四、医疗保险管理服务

2018—2019 年，全国医疗保障系统坚持以人民为中心的发展思想，坚持稳中求进工作总基调，扎实推进各项改革，稳步推进城乡居民基本医疗保险制度整合，医保支付方式改革继续深化，医保基金监管不断加强，推动医疗保障领域各项制度完善、政策到位，全力以赴抓好医保扶贫，确保完成扶贫攻坚目标，医疗保险管理服务工作成绩突出。

（一）深入推进支付方式改革

1. 积极探索医保费用支付方式改革

医疗费用控制是医疗保险制度实施中面临的普遍难题。我国自实施城镇职工基本医疗保险起，各地就逐步开始探索各种形式的医保费用支付方式改革。上海、浙江、江苏、安徽、福建、湖南、重庆、四川、陕西、青海、宁夏 11 个综合医改试点省份，积极发挥示范带动作用，大力推进支付方式改革，明确深化医疗保险支付方式改革的路径与方向，积极推行按病种、按人头、总额预付等复合型付费方式。在按病种支付基础上，积极开展疾病诊断相关分组付费试点，探索建立结余留用、合理超支分担的激励约束机制，提高医疗机构自我管理积极性，进一步增强医疗保险对医疗行为的激励约束作用。

2018 年 1 月 6 日，江苏省政府办公厅发布《关于进一步深化基本医疗保险支付方式改革的实施意见》（苏政办发〔2018〕6 号），提出全面推行总额控制下多元复合式医保支付方式，重点推行住院、门诊大病按病种付费，完善按人头、按床日等多种付费方式。到 2018 年，各设区市按病种付费数达到 150 种以上；扩大病种分值付费统筹区的数量，在镇江、常州等市开展按病种分值付费推广试点；在无锡等市探索开展按疾病诊断相关分组（DRGs）付费试点。到 2020 年，医保支付方式改革覆盖所有医疗机构及医疗服务，全省范围内普遍实施适应不同疾病、不同服务特点、激励与约束并重的多元复合式医保支付方式，按病种付费数不少于 200 种，按项目付费占比明显下降。

2019 年 7 月 10 日，浙江省医疗保障局、卫生健康委、财政厅、人力资源社会保障厅、药监局联合印发《关于推进全省县域医共体基本医疗保险支付方式改革的意见》（浙医保联发〔2019〕12 号），在全省范围内全面推行总额预算管理；对住院医疗服务，主要按疾病诊断相关分组点数法付费；对长期、慢性病住院医疗服务，逐步推行按床日付费；对门诊医疗服务，探索结合家庭医生签约服务，实行按人头付费。要求 2019 年总额预算管理全面实施，制定全省统一的有浙江特色按疾病诊断相关分组（DRGs）及其付费点数计算办法。2020 年医共体支付方式改革全面实施，总额预算管理下的多元复合式支付体系基本形成。2021 年，医保基金预算更加合理、分类方法更加科学、协同保障更加有力、资源配置更加有效的医保支付体系全面建成。

经过多年改革探索，各地普遍制定了与不同医疗服务形式相适应的医保支付方式改革政策，不断完善与公立医院改革等医改措施相配套的管理措施，总额预算管理下的多元复合式付费框架基本形成，部分地区还积极探索 DRG 付费工作，改革成效逐步显现。95.6% 的统筹地区开展医保付费总额控制，建立了合理的控制指标体系、完善的考核评价体系和动态调整机制；11.5% 的统筹地区探索了总额控制点数法；18% 的统筹地区针对医联体等新型医疗服务形式完善了总额控制管理措施；79.9% 的统筹地区对诊疗方案和出入院标准比较明确、诊疗技术比较成熟的疾病重点推行按病种付费；25 个统筹地区在部分医疗机构对部分医疗服务实施 DRG 付费。

2. 推进按病种收费，进一步扩大病种范围

自 2017 年国家发展改革委、国家卫生计生委、人力资源社会保障部印发《关于推进按病种收费工作的通知》（发改价格〔2017〕68 号）以来，各地区陆续出台相关实施意见和措施，深入推进按病种收费工作，取得了较好成效。2018—2019 年，部分地区进一步推进按病种收费工作，病种数量进一步扩大。

2018 年 2 月，人力资源社会保障部印发《关于发布医疗保险按病种付费病种推荐目录的通知》，要求高度重视推进按病种付费工作，因地制宜确定医保付费病种，合理制定医保付费病种支付标准，扎实做好费用结算工作等。医疗保险按病种付费病种推荐目录共包括 130 种疾病（包括处理方式），要求各地确定不少于 100 个病种开展按病种付费。

2016 年，浙江省人力资源社会保障厅印发《关于开展基本医疗保险按病种支付方式改革试点的通知》（浙人社发〔2016〕97 号），开始进行按病种支付方式改革试点。2019 年，又决定开展基本医疗保险丙型肝炎（抗病毒治疗）门诊医疗费用按病种支付，限定为采用丙肝直接抗病毒（DAA）药品为主的丙肝门诊治疗方案。全省基本医疗保险参保人员，经定点医院确诊为丙肝患者后，从统筹区丙肝按病种支付定点医疗机构中选择一家实行定点就医，纳入丙肝按病种支付范围。

2018 年，山东省政府办公厅印发《认真贯彻落实〈关于进一步深化基本医疗保险支付方式改革的指导意见〉的通知》（鲁政办字〔2018〕49 号）。2019 年 9 月 30 日，山东省医疗保障局印发《关于进一步推进基本医疗保险按病种付费工作的通知》（鲁医保发〔2019〕80 号），要求进一步扩大按病种付费的病种数量和定点医疗机构实施范围，切实提高按病种付费落地执行效果。2019 年年底前，各市实施不少于 150 个病种，二级及以上公立医疗机构都要选取一定数量的病种实行按病种付费。鼓励有条件的市积极探索开展按病种分值付费、按疾病诊断相关分组（DRG）付费等医保支付方式。各地市普遍出台进一步推进实施意见。如临沂市医疗保障局联合市卫生健康委、银保监分局于 2019 年 12 月 6 日印发《关于进一步推进基本医疗保险按病种收付费工作的通知》，新增 153 个病种项目，总项目达到 309 种。2019 年 12 月 27 日，山东省医疗保障局、卫生健康委联合发布《关于重新公布驻济省（部）

属公立医疗机构按病种收费有关问题的通知》，明确了具体病种和实施范围，驻济省（部）属公立医疗机构实施按病种收费病种共105个，其中西医病种100个，中医优势病种5个。凡主诊断、主操作符合实施按病种收费的患者，均应纳入按病种收费范围。

2019年6月27日，山西省医疗保障局、卫生健康委联合印发《关于将省级医保定点医院日间手术治疗费用纳入按病种付费管理的通知》（晋医保发〔2019〕45号），将省级医保定点医院298种日间手术治疗病种费用纳入按病种付费管理范围。职工医保按照参保患者统筹地区支付政策执行，城乡居民医保按照三级甲等（省级）定点医院60%的支付比例执行，不设起付线。

3. 深入推进DRG支付方式改革，努力实现“五个一”目标

2019年5月21日，国家医疗保障局、财政部、国家卫生健康委、国家中医药局联合印发《按疾病诊断相关分组付费国家试点城市名单》（医保发〔2019〕34号），确定在30个城市开展疾病诊断相关分组付费（DRGs）试点，按照“顶层设计、模拟测试、实际付费”的总思路，分三年有序推进：2019年起开展DRG付费国家试点，2020年模拟运行，2021年启动实际付费。通过试点实现“五个一”目标，即制定一组标准、完善一系列政策、建立一套规程、培养一支队伍、打造一批样板。

2019年10月16日，国家医疗保障局印发《疾病诊断相关分组（DRG）付费国家试点技术规范和分组方案》（医保办发〔2019〕36号），正式公布了《国家医疗保障DRG分组与付费技术规范》和《国家医疗保障DRG（CHS-DRG）分组方案》两个技术标准。12月17日，国家医疗保障局DRG付费国家试点技术指导组在北京启动DRG分组临床论证工作会议，正式拉开了CHS-DRG分组方案临床论证、细分完善的序幕，将有力推动CHS-DRG细分组在医疗和医保领域内同时聚焦在某一诊断和治疗过程，实现医保、临床、患者三者利益关系和核心价值趋同，也充分体现了医保工作对医学规律和临床实践的充分尊重，展现了新时代医疗、医保、医药“三医联动”的新风貌。

浙江省2017年9月确定在金华市开展按“病组点数法”付费改革试点。2018年1月启动全市其他7个统筹区143家住院医疗机构的推广工作，2018年7月全市全面实施医保“病组点数法”付费改革，实现全市住院医疗机构全覆盖。金华市也成为全国第一个全市全部住院病例都纳入DRGs支付的地区。在总结金华市已经运行3年的DRGs病组点数法试点经验的基础上，2019

年 11 月 12 日，浙江省医疗保障局、财政厅、卫生健康委联合印发《浙江省基本医疗保险住院费用 DRGs 点数付费暂行办法》（医保联发〔2019〕21号），提出基本医疗保险定点医疗机构开展的住院医疗服务实施在总额预算管理下的按疾病诊断相关分组（DRGs）结合点数付费。

攀枝花市自 2019 年 5 月被确定为四川省唯一按疾病诊断相关分组（DRG）付费国家试点城市以来，积极稳妥推进 DRG 付费改革，结合实际情况，多措并举推进试点工作。一是调整病组分组方案。为提高病组分组的精准性和科学性，保证基金分配的精确性和公平性，在原分组方案基础上，以 2018 年全年基本医疗保险市内 214 157 份普通住院病例数据为样本，根据各定点医疗机构临床专家意见建议，经三轮模拟分组、征求修改意见，最终由病组分组委员会专家讨论形成调整方案，新增 66 个 DRGs 组，删减 8 个 DRGs 组，修改 12 组 DRGs 病组组名，病组总组数由 626 个扩展到 684 个，进一步完善了具有本地特点的病组分组方案。二是完善智能审核规则。为保障医保基金合理支出和参保人员待遇不下降，在智能审核系统中，研发完善了适用于按疾病诊断相关分组（DRG）付费的 6 条智能审核规则，增加了 DRGs 套高结算、分解住院、不合理入院、不合理转院、住院天数异常、住院费用异常的审核，配合原有的 26 条费用明细审核规则，进一步加强了医疗服务的合规性、合理性审核。三是建立综合评价体系。为确保 DRG 付费可持续运行，避免并遏制可能存在的负面影响，积极探索建立适应 DRG 付费的监管体系，确定监管指标和监管重点环节，建立包括综合指标、病组分组、审核结果、医疗质量、医疗过程和患者满意度评价在内的综合评价体系，涉及 139 个评价指标。截至 2019 年年底，初步启用综合指标、病组分组评价，涉及评价指标 19 个。2019 年 1 月至 9 月，全市城镇职工医保市内住院统筹基金支出同比下降 4.5%，城乡居民医保市内住院统筹基金支出同比仅增长 3.8%。

2019 年 11 月 6 日，安徽省医疗保障局印发《安徽省基本医疗保险按病种分组付费指导方案（试行）》（皖医保发〔2019〕37 号），全面推行基本医保以按病种分组付费为主的支付方式，公布了首批 422 个病种及支付方式。从 2020 年 1 月 1 日起，城乡居民医保参保群众在省属 18 家医院就医时，将有统一的支付标准。各市医疗保障局根据公布的病种，结合当地实际，确定本辖区内医疗机构病种医保支付标准和支付比例。

（二）开展药品目录调整与价格谈判

1. 调整医疗保险药品目录

2019 年 4 月 17 日，国家医疗保障局公布《2019 年国家医保药品目录调整工作方案》，明确药品目录调整涉及西药、中成药、中药饮片三个方面，具体包括药品调入和药品调出两项内容。调入的西药和中成药应当是 2018 年 12 月 31 日（含）以前经国家药监局注册上市的药品。优先考虑国家基本药物、癌症及罕见病等重大疾病治疗用药、慢性病用药、儿童用药、急救抢救用药等。调入分为常规准入和谈判准入两种方式，在满足有效性、安全性等前提下，价格（费用）与药品目录内现有品种相当或较低的，可以通过常规方式纳入目录；价格较高或对医保基金影响较大的专利独家药品应当通过谈判方式准入（独家药品的认定时间以遴选投票日的前一天为准）。中药饮片采用准入法管理，国家层面调整的对象仅限按国家药品标准炮制的中药饮片。药品目录内原有药品，如已被国家药品监管部门禁止生产、销售和使用的，应予调出；经专家评审认为存在其他不符合医保用药要求和条件的，按程序调出。2019 年 8 月 20 日，国家医疗保障局、人力资源社会保障部印发《国家基本医疗保险、工伤保险和生育保险药品目录》（医保发〔2019〕46 号）。

目录调整开展了四个方面的工作。一是开展医保用药摸底调查。在全国 31 个省份随机抽取产生了近 5 000 名不同医学专业背景的医学专家，对 2018 年 12 月 31 日前经国家药监局批准上市的全部 1. 6 万余个药品品种提出意见和建议，将有广泛共识的药品纳入评选药品范围。二是进行专家评审。在全国范围内遴选近 400 名知名专家，涵盖临床医学、药学、药物经济学和医保管理等领域，根据医保用药摸底调查结果，对所有药品逐一开展多轮论证，初步确定调入和调出备选名单。三是组织遴选专家投票。在全国 24 个省份随机抽取产生了 3 000 余名医学专家，分专业对备选名单进行遴选投票。四是确定常规准入目录药品名单和拟谈判药品名单。根据遴选专家投票结果，确定调入谈判以及调出的药品名单，并组织咨询专家对部分需要加强管理的药品进行论证，确定支付限定和甲乙类分类，形成常规准入药品名单和拟谈判药品名单。

常规准入药品方面，本次发布的常规准入部分共 2 643 个药品，包括西药 1 322 个，中成药 1 321 个（含民族药 93 个）。中药饮片采用准入法管理，共纳入 892 个。常规准入药品中西药基本平衡。甲类药品数量适当增加，目录中收载甲类药品 640 个，较 2017 年增加了 46 个，其中西药 398 个，中成药 242 个。药品目录调整常规准入部分共新增了 148 个品种，其中西药 47 个，中成药 101 个，新增药品覆盖了要优先考虑的国家基本药物、癌症及罕见病等重大疾病治疗用药、慢性病药品和儿童用药，其中通过常规准入新增重大疾病治疗用药 5 个，糖尿病等慢性病用药 36 个，儿童用药 38 个。绝大部分国家基本药物通过了常规准入或者被纳入拟谈判药品的名单，并将 74 个基本药物由乙类调整为甲类，特别是癌症、罕见病用药列入了拟谈判的名单。

拟谈判药品方面，对于临床价值高，但价格昂贵，或者对基金影响比较大的专利独家品种，根据专家评审和投票遴选的结果，初步确定将 128 个药品纳入拟谈判准入范围，包括 109 个西药和 19 个中成药。这些药品的治疗领域，主要涉及癌症、罕见病等重特大疾病，以及丙肝、乙肝、高血压、糖尿病等慢性病。其中许多产品都是经国家药监局批准的新药，也包括国内重大创新药品。在征求企业谈判的意向后，最终确定谈判药品名单。

调出药品方面，主要是被国家药监局取消文号的药品，以及临床价值不高、滥用明显、有更好替代的药品，共调出 150 个品种。除了被国家药监部门撤销文号的药品外，总共调出 79 个品种。

2. 17 种抗癌药价格谈判

为落实好国家抗癌药税收政策调整工作部署，切实降低患者用药负担，国家医疗保障局加快推进抗癌药医保准入专项谈判工作，组织来自全国 20 个省份的 70 余名专家通过评审、遴选投票等环节，并经书面征求企业谈判意愿，确认 12 家企业的 18 个品种纳入本次抗癌药医保准入专项谈判范围，并于 2018 年 8 月 17 日发出《关于发布 2018 年抗癌药医保准入专项谈判药品范围的通告》。最终谈判成功 17 个品种，其中 2017 年以后在国内上市的品种有 11 个。新药上市后进入医保速度加快，体现出相关部门的作为及药政改革成效。

2018 年 9 月 30 日，国家医疗保障局印发《关于将 17 种抗癌药纳入国家基本医疗保险、工伤保险和生育保险药品目录乙类范围的通知》（医保发〔2018〕17 号），将阿扎胞苷等 17 种药品纳入《国家基本医疗保险、工伤保险和生育保险药品目录（2017 年版）》乙类范围，并确定了医保支付标准。要求各省（区、市）医疗保险主管部门不得将谈判药品调出目录，也不得调整限定支付范围。各省（区、市）药品集中采购机构要在 2018 年 10 月底前，将谈判药品按支付标准在省级药品集中采购平台上公开挂网。医保经办部门要及时更新信息系统，确保11月底前开始执行。11月21日，国家医疗保障局办公室、人力资源社会保障部办公厅、国家卫生健康委办公厅印发《关于做好17种国家医保谈判抗癌药执行落实工作的通知》（医保办发〔2018〕20号），要求各省（区、市）药品集中采购部门按照医保发〔2018〕17号文件要求，在规定时限内将谈判药品按医保支付标准在省级药品集中采购平台上公开挂网。医疗机构要根据临床需求及时采购并合理使用。各统筹地区医保经办机构要抓紧调整信息系统，制定谈判药品结算管理办法，确保11月底前按规定支付谈判药品费用。各地应严格执行医保发〔2018〕17号文件确定的支付标准和限定支付范围，不得以任何形式与相关药品企业进行再次谈判。

17种国家谈判抗癌药自执行新的谈判价格以来，截至2018年12月底，在全国医疗机构和药店总采购量约184万粒（片/支），采购总金额达5.62亿元，与谈判前的价格相比节省费用9.18亿元，累计报销人次数为4.46万人次，报销金额2.56亿元。

3. 开展药品目录准入价格谈判

根据《2019年国家医保药品目录调整工作方案》，国家医疗保障局制定了《2019年医保药品目录谈判准入工作方案》，明确了详细的谈判工作流程。鉴于6个丙肝用药普遍疗效显著、治疗效果相当且价格昂贵（疗程费用多超过5万元），依靠药物经济学测算和常规准入谈判难以引导企业将价格降至合理范围，创造性引入了竞争性谈判的方式，明确仅允许2个全疗程费用最低的药品进入目录，且承诺2年内不再纳入新的同类药品，引导企业充分竞争。通过竞争性谈判，企业报价大幅下降，达到了预期目标。

2019年11月22日，国家医疗保障局、人力资源社会保障部印发《关于将2019年谈判药品纳入〈国家基本医疗保险、工伤保险和生育保险药品目录〉乙类范围的通知》（医保发〔2019〕65号），正式公布了谈判药品准入结果。本次谈判共涉及150个药品，包括119个新增谈判药品和31个续约谈判药品。119个新增谈判药品谈成70个，价格平均下降60.7%。三种丙肝治疗用药降幅平均在85%以上，肿瘤、糖尿病等治疗用药降幅平均在65%左右。31个续约药品谈成27个，价格平均下降26.4%。经过本轮调整，2019年《国家基本医疗保险、工伤保险和生育保险药品目录》共收录药品2 709个，与2017年版相比，调入药品218个，调出药品154个，净增64个。此次谈判准入的药品均纳入 2019 年版《国家基本医疗保险、工伤保险和生育保险药品目录》乙类药品部分，各省（区、市）不得将谈判药品调出目录或调整限定支付范围，统一执行谈判确定的支付标准，医保基金和参保人员按照支付标准支付药品费用。各统筹地区按规定确定谈判药品的具体基金支付比例。

这是我国建立医保制度以来规模最大的一次药品价格谈判，取得了多方面成效。一是医保目录药品结构明显优化，保障能力显著提升。将一批认可度高、新上市且临床价值高的药品调入目录，癌症、罕见病、慢性疾病用药以及儿童用药保障能力得到显著提升。二是药品费用显著降低。通过发挥医保部门“战略购买者”作用，以量换价推动药费大幅下降，多个全球知名的“贵族药”开出了“平民价”，进口药品基本给出了全球最低价。保守估计，通过谈判降价和医保报销，总体上患者个人负担将降至原来的 20%以下，个别药品降至 5%以下。三是突出了鼓励创新的导向。12 个国产重大创新药品谈成了 8 个。这次谈判成功的药品绝大多数都是近年来上市的新药，其中很多是 2018 年新上市的。这些新上市的药品被迅速纳入目录，释放出支持创新的明确信号。四是在探索符合中国实际的医疗保险药品目录调整方式方面取得了进展。为有利于引导企业大幅降价，积极探索通过引入竞争性谈判、发挥药物经济学评价作用等方式，大幅提升了谈判的科学性、规范性、有效性。

2019 年 12 月 16 日，国家医疗保障局、国家卫生健康委印发《关于做好 2019 年国家医保谈判药品落地工作的通知》（医保发〔2019〕73 号），要求各省级医保部门要优化流程、加快进度，组织企业及时提交相关资料，按照《关于将 2019 年谈判药品纳入〈国家基本医疗保险、工伤保险和生育保险药品目录〉乙类范围的通知》规定的时限，将 97 个谈判药品在省级药品集中采购平台上直接挂网。及时组织医疗机构和药品生产企业签订协议，医疗机构根据协议规范采购。各统筹地区医保经办机构要根据新版目录调入、调出药品情况加快调整更新医保信息系统，制定结算管理办法，保证新版目录及时落地。提升精细化管理能力和水平，在确定定点医疗机构年度总额控制指标时，要综合考虑新版目录药品增减、结构调整以及定点医疗机构特点等因素，合理测算基金支付额度，保障医疗机构和患者基本用药需求。

（三）探索药品集中招标采购新模式

1. 推进开展抗癌药省级专项集中采购

2018 年 7 月 17 日，国家医疗保障局、国家卫生健康委印发《关于开展抗癌药省级专项集中采购工作的通知》（医保发〔2018〕4号），要求实施以抗癌药为重点的重大疾病药品专项集中采购。通过集中带量采购，降低用药价格，在降税基础上进一步实现降价效应，满足群众用药需求。2018年8月底前，各省份出台抗癌药省级专项集中采购实施方案；2018年9月底前，全面启动专项采购工作；2018年年底前，专项集中采购工作完成，挂网、采购、使用监测和终端售价等全部到位。

2. 开展国家组织药品集中采购试点

经中央全面深化改革委员会第五次会议审议通过，2019年1月1日，国务院办公厅印发《国家组织药品集中采购试点方案》（国办发〔2019〕2号），对国家组织药品集中采购和使用试点进行部署。国家组织药品集中采购总体改革思路是“国家组织、联盟采购、平台操作”。“国家组织”就是通过政府组织解决招采中政府部门的协同，消除体制障碍和做好政策衔接；“联盟招采”就是按照依法依规原则，由公立医疗机构这个采购主体，形成地区之间的联盟，通过联合采购办公室进行公立医疗机构的药品招采；“平台操作”就是将主要工作委托上海市医药集中招标采购事务管理所的阳光平台进行操作。在招采机制方面设定了一个严格的规程，提出“带量采购”“招采合一，保证使用”“确保质量，保障供应”“必须保证回款，降低效益成本”四个方面的基本要求。在总结评估试点工作的基础上，逐步扩大集中采购的覆盖范围，引导社会形成长期稳定预期。通过这次招采，同步推进三医联动，把完善国家试点招采作为三医联动的重要环节，撬动医保、医药以及公立医疗机构等相关领域改革，探索试点城市医保支付标准跟招采价格的协同，通过机制转换促进医疗机构改革，压实医疗机构责任，积极推动医保、医疗、医药、工信等主管部门严格按照试点职责分工，各司其职、协同推进，确保改革试点效果的平稳实现。

试点方案选择北京、天津、上海、重庆、沈阳、大连、厦门、广州、深圳、成都、西安等11个城市（简称“4+7”，即4个直辖市+7个城市）开展试点工作。2018年11月15日，经国家医疗保障局同意，《4+7城市药品集中采购文件》于上海阳光医药采购网正式发布，该文件确定了31个采购品种和约定采购量。试点地区委派代表组成联合采购办公室作为工作机构，代表试点地区公立医疗机构实施集中采购。日常工作和具体实施由上海市医药集中招标采购事务管理所承担。采购方案涉及的31个品种，约定采购量由各试点地区上报确定，各试点地区统一执行集中采购结果。明确申报企业资格，申报企业须承诺申报品种的全年产销能力达到本次采购数量要求，申报品种属于采购品种目录范围，且需要满足以下要求之一：原研药及国家药品监督管理局发布的仿制药质量和疗效一致性评价参比制剂，通过国家药品监督管理局仿制药质量和疗效一致性评价的仿制药品；根据《国家食品药品监督管理总局关于发布化学药品注册分类改革工作方案的公告》（2016 年第 51 号），按化学药品新注册分类批准的仿制药品。2018 年 12 月 17 日，联合采购办公室公布中选结果。31 个试点通用名药品有 25 个集中采购拟中选，成功率 81%。与试点城市 2017 年同种药品最低采购价相比，拟中选价平均降幅达到 52%，最高降幅达到 96%。截至 2019 年年底，25 个中选药品“4+7”试点地区平均采购执行进度为 183%，中选药品占通用名药品采购量的 78%。

3. 初步形成国家组织药品集中采购模式

2019 年 4 月 18 日，国家医疗保障局局长胡静林与上海市副市长宗明签署《共同完善医药招采机制推进平台建设备忘录》，双方将进一步发挥国家组织开展药品集中采购和使用试点的示范效应，为药品采购体制改革提供可借鉴、可推广的经验。2019 年 5 月，国务院办公厅印发《深化医药卫生体制改革 2019 年重点工作任务》，要求制定以药品集中采购和使用为突破口，进一步深化医改的政策文件，扎实推进国家组织药品集中采购和使用试点。

2019 年 9 月 1 日，上海阳光医药采购网发布《联盟地区药品集中采购文件》，在国家组织药品集中采购和使用试点城市及已跟进落实省份执行集中采购结果的基础上，国家组织相关地区形成联盟，依法合规开展跨区域联盟药品集中带量采购。联盟地区包括山西、内蒙古、辽宁等 25 个省份。至此，在前期 4+7 的基础上，加上主动跟进的河北和福建，全国 34 个省级行政区域，除港澳台地区外，均已纳入集中采购范围。第二批国家组织药品集采选择了 33 个品种，覆盖糖尿病、高血压、抗肿瘤和罕见病等治疗领域，涉及 100 多家医药生产企业。根据各联盟地区报送的数据，此次采购量基数为 124 亿片（袋/支），各品种的约定采购量为采购量基数的 50%~80%，根据中选企业数量确定。2019 年 9 月 30 日，联合采购办公室公布联盟地区药品集中采购中选结果。本次集采的 33 个品种中 32 个采购成功，共 100 个产品中选，122 家企业参加，产生拟中选企业 77 家。与联盟地区 2018 年最低采购价相比，拟中选价平均降幅 53%。本次集采平均降价幅度达到 53%，最高降幅达到 93%。

2019 年 9 月 25 日，国家医疗保障局等部门联合印发《关于国家组织药品集中采购和使用试点扩大区域范围的实施意见》（医保发〔2019〕56 号），要求按照国家组织、联盟采购、平台操作的总体思路，由国家拟定基本政策、范围和要求，组织试点城市之外相关地区以省为单位形成联盟，委托联合采购办公室，开展跨区域联盟集中带量采购。

2019 年 11 月 26 日，国家医疗保障局印发《关于做好当前药品价格管理工作的意见》（医保发〔2019〕67 号），要求以现行药品价格政策为基础，坚持市场在资源配置中起决定性作用，更好发挥政府作用，围绕新时代医疗保障制度总体发展方向，持续健全以市场为主导的药品价格形成机制。依托省级药品招标采购机构，推进建设区域性、全国性药品联盟采购机制，统一编码、标准和功能规范，推进信息互联互通、资源共享、政策联动。深化"放管服"改革，在尊重市场规律、尊重经营者自主定价权的基础上，综合运用监测预警、函询约谈、提醒告诫、成本调查、信用评价、信息披露等手段，建立健全药品价格常态化监管机制，促进经营者加强价格自律。按照"保障药品供应优先、满足临床需要优先"的原则，采取鼓励短缺药品供应、防范短缺药品恶意涨价和非短缺药品"搭车涨价"的价格招采政策，做好短缺药品保供稳价工作。

（四）完善跨省市异地就医即时结算

2018—2019 年，全国跨省异地就医直接结算工作稳步推进，跨省异地就医定点医疗机构数量和备案人数持续增长，结算人次和资金结算规模不断扩大。国家异地就医备案小程序开发上线，国家平台统一备案服务试点工作稳妥有序推进，跨省异地就医直接结算工作取得新发展。

1. 跨省异地就医住院费用直接结算取得显著进展

（1）异地就医住院费用直接结算规模快速增长

截至 2018 年 12 月底，跨省异地就医定点医疗机构数量达到 15 411 家，二级及以下定点医疗机构 12 803 家。累计实现跨省异地就医直接结算 152.6 万人次，医疗费用 368.0 亿元，基金支付 216.5 亿元，基金支付比例 58.8%。2018 年全年，跨省异地就医直接结算 131.8 万人次，是 2017 年的 6.3 倍；医疗费用 319.4 亿元，是 2017 年的 6.6 倍；基金支付 188.5 亿元，是 2017 年的 6.7 倍，基金支付比例 59.0%；日均直接结算 3 612 人次；次均住院费用 2.4 万元，次均基金支付 1.4 万元。

截至2019年12月底，跨省异地就医直接结算医疗机构达到27 608家，二级及以下定点医疗机构24 720家，分别比2018年增加12 197家、11 917家；累计结算人次424.6万，医疗费用1 016.2亿元，基金支付599.7亿元，基金支付比例59.0%。2019年全年跨省异地就医直接结算272.0万人次，医疗费用648.2亿元，基金支付383.2亿元，均比2018年增长1倍，基金支付比例59.1%。2019年12月16日达到单日结算峰值，为15 210人次，当日发生医疗费用3.9亿元，基金支付2.4亿元。

截至2019年12月31日，广东省内异地就医上线医疗机构1 484家，累计直接结算315.02万人次，涉及医疗费用721.79亿元；跨省异地就医上线医疗机构1 487家，作为就医地，直接结算56.60万人次，医疗费用125.12亿元。

（2）异地就医住院费用结算范围持续扩大

2018年8月22日，国务院常务会议决定扩大基本医保跨省异地就医住院费用直接结算范围，便利群众就近就医。将外出农民工和外来就业创业人员全部纳入跨省异地就医住院费用直接结算范围；将跨省异地就医直接结算定点医疗机构重点放在基层，年底前确保每个县级行政区至少有1家；加快将所有定点医疗机构接入国家统一结算平台，推动网上直接结算。2018年8月24日，国家医疗保障局副局长李滔出席国务院例行政策吹风会，通报了有关跨省异地就医住院费用直接结算有关情况。提出通过“三个一批”措施将外出务工和双创人员纳入直接结算，加快定点医疗机构覆盖的范围，规范就医秩序，落实分级诊疗要求，加快国家统一结算平台建设，加快推进统一城乡居民保障制度。

（3）全力破解跨省异地就医住院费用直接结算难题

2018年8月27日，国家医疗保障局召开党组会议，针对国务院第二十四督查组发现的贵州新农合省内异地就医报销政策不落实问题，提出要认真落实深化“放管服”改革要求，督促各地医疗保障部门改进工作作风，进一步优化完善制度流程，切实抓紧抓好异地就医费用结算这一重要的民心工程，努力增强广大群众的获得感。2019年5月20日，国家医疗保障局、财政部印发《关于切实做好2019年跨省异地就医住院费用直接结算工作的通知》（医保发〔2019〕33号），要求抓紧落实和完善跨省异地就医直接结算政策，尽快使异地就医患者在所有定点医院能持卡看病、即时结算，切实便利流动人口和随迁老人。2019 年 5 月 27 日，国家医疗保障局召开 2019 年全国异地就医直接结算工作调度会，通报全国跨省异地就医直接结算政策落实情况，安排部署 2019 年跨省异地就医直接结算工作。要求各地围绕 2019 年政府工作报告中下达的异地就医工作目标任务，充分认识跨省异地就医直接结算工作的重要意义，切实提高政治站位，将其作为重大民生工程抓实抓好。抓紧落实和完善跨省异地就医直接结算政策，坚持目标导向、问题导向，及时回应、妥善解决群众反映的各种现实问题，确保年度目标任务完成。

2. 跨省异地就医门诊费用直接结算试点稳妥推进

2018—2019 年，针对跨省异地就医链条长、范围广，尤其是跨省就医“跑腿”报销难、“垫支”负担重等问题，促进医保数据、流程、财务、管理和服务等多方面的统一规范，在全国范围内启动异地就医门诊费用直接结算区域试点。2018 年 9 月 28 日，长三角地区三省一市在全国率先启动异地就医门诊费用直接结算区域试点，逐步实现医保结算“一卡通”。截至 2018 年 11 月 24 日，长三角地区门诊直接结算总量累计达 49 万人次，涉及医疗总费用 1.08 亿元。异地门诊结算已覆盖长三角地区全部 41 个城市，联网医疗机构达到 3 974 家。2019 年 4 月 18 日，由上海、江苏、浙江、安徽组成的长三角地区跨省异地就医门诊费用直接结算工作推进会召开，在总结 2018 年试点的基础上，扩大门诊费用直接结算范围。截至 2019 年 12 月底，长三角地区全部 41 个城市已经实现跨省异地就医门诊费用直接结算全覆盖，联网定点医疗机构已达 5 173 家，其中上海市设有门诊的医疗机构已全部联网。长三角地区累计结算 64.6 万人次，涉及医疗总费用 14 262.2 万元。

2019 年 12 月 23 日上午，西南片区（云南、贵州、四川、重庆、西藏）跨省门诊费用直接结算签约暨启动仪式在四川成都举行。《西南片区跨省门诊费用直接结算合作框架协议》的签署和西南片区跨省门诊费用直接结算系统上线运行，标志着西南片区跨省门诊费用直接结算正式开展。截至 2019 年年底，联网医药机构达 116 家，累计结算 275 人次，涉及医疗总费用 5.7 万元，医保基金支付 5.5 万元。2019 年 6 月 22 日，京津冀医疗保障协同发展合作协议签署仪式在天津举行，积极推进异地就医住院和门诊医疗费用直接结算。先后将北京 15 家、天津 3 家优质医疗机构纳入河北省医保定点，实现了与省内就医同标准、同待遇，使河北省参保群众无障碍地享受到了更多的京津优质医疗资源和更高水平的医疗服务。截至 2019 年年底，京津冀地区已经完成门诊异地结算管理政策和经办规程的制定，通过国家医疗保障局信息化平台率先实现跨省异地就医门诊医疗费直接结算。2019 年 12 月，天津泰达心血管病医院和南开医院已开通试运行，并根据试运行情况逐步扩大直接结算医院范围。

3. 推进异地就医备案服务便捷化

到 2018 年年底，国家平台备案 354 万人，新增 115 万人。2019 年国家平台有效备案人数 539. 3 万人，较 2018 年新增 186 万人。2019 年 12 月 19 日，国家医疗保障局推出国家异地就医备案小程序，正式启动全国统一跨省异地就医备案服务试点工作。截至 12 月 31 日，有 133 人通过国家异地就医备案小程序成功完成异地就医备案，20 个试点统筹地区已陆续开展线上备案服务。

2019 年 7 月，河北省医疗保障局印发通知，要求在全省统一异地就医备案管理，取消暂住证、工作证、转诊转院等一系列不必要的证明材料和手续，只需要凭着社保卡、身份证办理备案。同时，自主开发建立了“河北省异地就医备案平台”，统一全省异地就医备案管理，取消一切不必要的证明材料，实现凭身份证就可在网上直接备案，率先在全国实现了“零跑腿、不见面”的异地就医备案服务。

（五）全力以赴抓好医保扶贫

为认真贯彻落实习近平总书记关于脱贫攻坚的重要指示精神和《中共中央、国务院关于打赢脱贫攻坚战三年行动的指导意见》，扎实做好 2018—2020 年医疗保障扶贫工作，国家医疗保障局进一步加大对医保扶贫的财政补助力度，助力医保扶贫工作取得积极成效，为完成决战决胜脱贫攻坚目标奠定了坚实基础。

1. 国家层面全力推动医保扶贫工作

2018 年 7 月，国家医疗保障局成立扶贫工作领导小组，负责研究医疗保障扶贫工作总体部署，制定医疗保障扶贫重大政策，协调解决重点难点问题，指导督促局属各单位、各地医疗保障部门扎实开展扶贫工作，做好局机关定点扶贫工作等。

为控制和消除贫困群众因病致贫返贫的现象，2018 年 9 月 30 日，国家医疗保障局、财政部、国务院扶贫办联合印发《医疗保障扶贫三年行动实施方案（2018—2020 年）》（医保发〔2018〕18 号），针对建档立卡的贫困人口、特困人员等农村贫困人口医疗保障，明确医保精准扶贫 6 个目标、5 大举措，并对各地医保扶贫政策进行规范，消除贫困问题产生的医疗诱因。重点聚焦“三区三州”等深度贫困地区和因病致贫返贫等特殊贫困人口，立足当前、着眼长远，精准施策、综合保障，实现参保缴费有资助、待遇支付有倾斜、基本保障有边界、管理服务更高效、就医结算更便捷，充分发挥基本医保、大病保险、医疗救助各项制度作用，切实提高农村贫困人口医疗保障受益水平，为实现2020年我国现行标准下农村贫困人口脱贫提供坚强保障。

2018年10月25日，国家医疗保障局召开全国医疗保障脱贫攻坚三年行动专项部署视频会，要求各地紧紧围绕医疗保障扶贫工作目标，扎实抓好参保缴费、待遇支付、保障标准、管理服务、就医结算等重点举措的贯彻落实；严格按照医疗保障扶贫三年行动安排，加强组织领导，强化使命担当，既尽力而为，又量力而行，牢牢坚守保基本、可持续的底线要求，坚决攻克因病致贫、因病返贫难题，确保到2020年，农村贫困人口全部纳入基本医保、大病保险、医疗救助范围，医疗保障受益水平明显提高，基本医疗保障更加有力。

2019年7月11日，国家卫生健康委会同国家医疗保障局、国务院扶贫办在京召开2019年全国健康扶贫工作电视电话会议，充分肯定健康扶贫取得的重要进展和积极成效，要求深入学习贯彻习近平总书记关于扶贫工作的重要论述和解决“两不愁三保障”突出问题座谈会精神，准确把握当前健康扶贫工作面临的形势，聚焦贫困人口基本医疗有保障存在的突出问题，坚持目标标准，将县医院能力建设、“县乡一体、乡村一体”机制建设、乡村医疗卫生机构标准化建设作为主攻方向，将贫困人口全部纳入基本医疗保险、大病保险、医疗救助制度覆盖范围，确保贫困人口看病有地方、有医生、有医保制度保障。完善门诊保障机制，增强贫困大病患者保障能力，积极治理过度保障。完善贫困人口制度化分类救治和健康危险因素防控长效机制，推动健康扶贫关口前移。卫生健康、医保等部门要结合“不忘初心、牢记使命”主题教育，强化投入保障、督导考核、作风建设，加强宣传总结，将健康扶贫工作融入健康中国战略，与乡村振兴战略有机衔接。

2019年9月29日，国家医疗保障局会同财政部、国家卫生健康委、国务院扶贫办联合印发《关于坚决完成医疗保障脱贫攻坚硬任务的指导意见》（医保发〔2019〕57号），明确了医疗保障脱贫攻坚硬任务，进一步压实医保扶贫政治责任。根据中央部署要求，明确将“建立健全基本医疗保障制度，确保贫困人口全部纳入三项制度保障范围”作为医保脱贫攻坚硬任务和基本标准，要求各地医保部门切实履行主体责任，增强政治担当，狠抓实效。既要实现贫困人口应保尽保，严格按既定标准保证待遇落实到位，又要尽力而为、量力而行，确保基金安全，妥善治理过度保障，确保脱贫攻坚目标任务如期完成。

坚持目标导向和问题导向，明确提出确保完成医疗保障脱贫攻坚硬任务的政策措施。一是聚焦应保尽保。明确底线任务，要求通过加强部门间信息比对，摸清贫困人口底数，核准参保状态，完善精准到人的参保台账管理，确保“不落一人、不漏一户”。二是聚焦政策落实到位。全面落实《医疗保障扶贫三年行动实施方案（2018—2020年）》和《关于做好2019年城乡居民基本医疗保障工作的通知》要求，抓好基本医保、大病保险、医疗救助政策落实，加强三重制度综合保障，梯次减轻贫困患者费用负担。同步做好药品目录调整、药品集中采购和使用试点扩面等工作，促进各项政策更好惠及贫困患者。三是聚焦妥善治理过度保障。坚持基本制度、基本政策和基本标准，理清医保扶贫领域过度保障问题，从长期保障人民群众利益的角度，指导地方做好分类整治。四是聚焦基金平稳运行。持续加强医保基金监管，重点治理小病大治、过度医疗、套取骗取医保基金等问题，引导医疗机构和医务人员合理施治，切实确保人民群众“救命钱”用在刀刃上。

从2018年起，中央财政连续两年共增加80亿元医疗救助补助资金，进一步支持深度贫困地区提高农村贫困人口医疗保障水平。2018年，“三区三州”因病致贫人口较上年减少16.3万人，其他深度贫困地区因病致贫人口较上年减少109.3万人。截至2018年年底，农村建档立卡贫困人口统计参保率达99.8%，基本实现应保尽保；基本医保、大病保险、医疗救助三重制度综合保障、梯次减负，贫困人口住院费用实际报销比例近80%；全国因病致贫贫困人口从2014年的2 595.9万人下降到514.6万人。2019年中央财政投入医疗救助补助资金245亿元，安排40亿元补助资金专项用于支持深度贫困地区提高贫困人口医疗保障水平。截至2019年年底，农村建档立卡贫困人口参保率达到99.9%以上，医保扶贫综合保障政策惠及贫困人口近2亿人次，帮助418万因病致贫人口精准脱贫。

2. 各地区推进医保扶贫工作特色实践

（1）黑龙江省形成扶贫工作“十有”格局

黑龙江省扎实深入推进医保精准扶贫全覆盖，推动形成了省市县三级医保部门上下联动、横向贯通的扶贫工作“十有”格局，即有政策保障机制，有专门机构和人员，有贫困人口医保动态监测系统，有贫困人口患病就医台账，有实时参保衔接机制，有一站式结算窗口，有全方位政策宣传战略，有医保基金预付机制，有常态化问题查摆整改机制，有慢性病保障机制。

制定合理的倾斜政策。黑龙江省医疗保障局先后制定了《关于持续深入做好医疗保障扶贫工作的通知》（黑医保发〔2019〕7号）、《关于进一步规范医疗保障扶贫政策的通知》（黑医保发〔2019〕24号）和《关于做好2019年城乡居民基本医疗保障工作的通知》，解决了医保扶贫政策碎片化的问题。通过多重保障、政策叠加，使贫困人口政策范围内合规医疗费用个人自付比例降到10%以下，极大地减轻和缓解了贫困人口看病就医负担。

落实好参保资助政策，确保“一个都不能少”。注重“三重保障线”之间的政策衔接，聚焦建档立卡贫困人口，以全额或定额资助方式，将所有已脱贫未脱贫的建档立卡人员全部纳入了城乡居民基本医疗保险参保范围，实现了建档立卡贫困人口参保全覆盖、无死角，全部纳入医保扶贫政策体系内。与扶贫部门建立和完善贫困人口动态调整期间贫困人口信息变化情况共享和对比机制，先后3次进行动态贫困人口参保数据比对，核实动态参保情况，及时参保。

采取“盯人”战术，推行网格化帮扶机制。组织全省医疗保障系统建立完备的网格化帮扶机制，全员参与，组建医保扶贫帮扶责任人队伍，制作医保工作联系卡，包干到户、服务到人。对全省剩余贫困人口建立贫困人口动态调整台账，靶向管理、精准服务。落实医保基金预付费机制。通过调研、调度、印发文件等方式推动各县市严格落实医保基金预付费机制，缓解各定点医疗机构垫付资金压力，支持“先诊疗、后付费”政策落实。各县市医保部门已向定点医疗机构预付医保基金7亿多元。

聚焦问题整改，守住政策落实“生命线”。印发《黑龙江省解决医疗保障扶贫工作突出问题整改实施方案》，在参保、门诊慢性病保障、数据校验上报、宣传等方面，要求各市地医保部门开展自查暗访，狠抓医疗保障扶贫领域突出问题整改，全面夯实“基本医疗有保障”工作基础；对全省医疗保障扶贫任务较重的24个县，开展医疗保障扶贫“飞行评估+深度体验”活动，从参保、政策落实、服务水平、群众满意度等环节入手，制定评估标准，查问题、找差距、抓落实。

建立扶贫动态监测系统，实现扶贫工作的精准与高效率。2019 年 12 月 5 日，黑龙江省医疗保障局研发的扶贫动态监测系统上线运行，该系统嵌入了扶贫工作台账、医疗台账、帮扶台账，实现了省、市、县、乡、村 5 级主要扶贫数据全覆盖，做到了对贫困人口、致贫原因、致贫病种、门诊就医、医疗费用、医保帮扶人的 6 个精准掌握。

（2）福建省完善扶贫政策成效明显

2018 年 12 月，福建省医疗保障局会同有关部门制定了《福建省医疗保障扶贫三年行动实施方案（2018—2020 年）》，深度聚焦农村建档立卡贫困人口，努力实现参保缴费有资助、待遇支付有倾斜、基本保障有边界、管理服务更高效、就医结算更便捷，充分发挥基本医保、大病保险、医疗救助、医疗叠加保险各项制度作用，切实提高建档立卡贫困人口医疗保障水平，有效缓解因病致贫、因病返贫问题，为实现 2020 年福建省现行标准下贫困人口如期脱贫提供坚强医疗保障。

实行全额资助参保，实现应保尽保。对民政、扶贫、卫生健康、残联等相关部门认定的第一、二类医疗救助对象特别是建档立卡贫困人口参加城乡居民医保的个人缴费部分，通过医疗救助途径给予全额资助，确保贫困人口参保率达到 100%，牢牢把住防止因病致贫返贫第一道“关口”。2019 年，城乡医疗救助资金资助参加城乡居民医保 95. 58 万人次，救助金额 2. 13 亿元。其中，为 62. 42 万名建档立卡贫困人口参加城乡居民医保的个人缴费部分提供全额资助，资助金额达 1. 38 亿元。

实施大病保险向贫困人口倾斜政策。2019 年 7 月出台《关于做好 2019 年城乡居民基本医疗保险工作的通知》，将新增城乡居民医保人均财政补助标准 30 元的一半，用于提高大病保险保费，提高大病保险保障能力；降低并统一大病保险起付线，按上一年度居民人均可支配收入的 50%确定；大病保险政策范围内报销比例提高到不低于 60%；加大大病保险对贫困人口的支付倾斜力度，贫困人口起付线再降低 50%，支付比例再提高 5 个百分点，全面取消建档立卡贫困人口大病保险封顶线，进一步减轻大病患者、困难群众医疗负担。

完善精准扶贫医疗叠加保险政策。2017 年 6 月，福建省制定出台精准扶贫医疗叠加保险政策，对农村建档立卡贫困人口实施精准救助，执行时间从

2017 年 7 月 1 日至 2020 年 12 月 31 日。2019 年 5 月 31 日，福建省政府办公厅印发《关于进一步完善精准扶贫医疗叠加保险政策的通知》，自 2019 年 5 月 1 日起，从四个方面完善政策措施，加大救助力度。一是提高报销比例上限，从原来的省市两级医疗机构就医叠加报销后上限 50%、70%分别提高到 70%、80%。二是将原来集中救治的 13 种大病名称统一整合成 9 种，再新增 22 种疾病，补助病种增加（整合）至 31 种。三是年终根据专项资金结余情况，对年度医疗费用个人负担 5 000 ~ 50 000 元的保障对象实行精准分档补助。四是继续对保障对象参加家庭医生签约服务的个人缴费实行全额补助。完善后的叠加保险政策已全面得到贯彻落实。

自实施医疗保障扶贫工作以来，建档立卡贫困人员医疗费用报销比例大幅提高，就医负担明显降低，有效缓解了因病返贫。根据对实施精准扶贫叠加保险制度一年以来的评估，共减少 5 622 人因病返贫。政策进一步完善前的 2017 年 7 月 1 日至 2019 年 4 月 30 日，共有 106 853 人享受医疗叠加保险补助，累计补助金额 7 141 万元，报销比例从 74. 63%提高到 83. 16%。其中，重特大疾病住院救助 3 856 人，叠加保险补助 3 910 万元，实际报销比例从 84. 37%提高到 97. 44%。政策进一步完善后的 2019 年 5—8 月，共有 40 233 人享受医疗叠加保险补助，补助金额 2 030 万元，报销比例从 78. 28%提高到 88. 35%。其中，重特大疾病住院救助 9 060 人，叠加保险补助 1 317 万元，实际报销比例从 83. 03%提高到 97. 65%。

五、失业保险管理服务

2018—2019 年，全国失业保险系统着眼维护就业局势总体稳定和改善保障民生水平，积极构建失业保险保生活、防失业、促就业三位一体功能，突出抓好脱贫攻坚、参保扩面、提高待遇、降低费率、援企稳岗、技能提升、风险防控、行风建设等工作，各项工作取得新进展。

（一）多措并举预防失业

2018—2019 年，为进一步落实减轻企业负担，预防失业，促进就业，对实施失业保险总费率 1%的地区，延长阶段性降低失业保险费率的期限至 2020 年 4 月 30 日。继续贯彻国务院关于支持化解过剩产能有关文件的要求。

1. 持续扩大援企稳岗“护航行动”

2019 年 3 月 11 日，人力资源社会保障部、财政部、国家发展改革委、工业和信息化部印发《关于失业保险支持企业稳定就业岗位的通知》（人社部发〔2019〕23号），要求加大稳岗支持力度，对不裁员或少裁员参保企业，可返还其上年度实际缴纳失业保险费的50%。2019年1月1日至12月31日，对面临暂时性生产经营困难且恢复有望、坚持不裁员少裁员的参保企业，返还标准可按6个月当地月人均失业保险金和参保职工人数确定，或按6个月企业及其职工应缴纳社会保险费50%的标准确定。人力资源社会保障部通过重点督促、典型示范、集中观摩等举措，指导各地加快工作进度。2019年全国共向114.8万户企业发放稳岗返还551.7亿元，惠及职工7 289.5万人，其中向23.4万户经营困难且恢复有望企业发放331.9亿元，惠及职工721.7万人。

稳岗补贴政策已经成为经济发展新常态下失业保险助力企业脱困发展、稳定就业局势的有效政策。实施5年多来，各级人社部门主动作为，普遍出台稳岗补贴政策实施细则、组织援企稳岗宣讲活动和补贴发放仪式等。浙江省高度重视失业保险援企稳岗政策贯彻实施，突出“快、准、广、强、稳”。快即快落地，台州市3月底就完成返还12.89亿元，绝大部分地区很快就落实对困难企业的稳岗返还；准即准发力，聚焦受经贸摩擦影响出现暂时性生产经营困难的企业和困难工业企业精准发力，稳定就业、助力转型成效明显；广即广覆盖，全省享受返还企业18.97万家，惠及职工361.62万人，占全省参保企业和企业职工总数的21%和28%；强即强力度，返还力度之大创浙江省失业保险历史新高，占全省基金累计结余的1/3，73个统筹地区中达到40%、50%以上的分别为23个和9个，盘活了资金，送惠于企十分给力；稳即稳预期，加强风险防范，实时监测返还进度、基金运行和社会舆情，全力推进失业保险费应返尽返，平稳发放。截至2019年7月12日，浙江省对困难企业稳岗返还失业保险费118.93亿元。2019年上半年，浙江省城镇登记失业率为2.56%，同比下降0.07个百分点；城镇新增就业64.01万人，同比增长1.91%。其中，绍兴市坚持高效、精准和规范原则，克服时间紧、任务重、资金额大、涉及面广等问题，高标准完成了全市困难企业稳岗返还；2019年全市累计为16 868家符合条件企业发放社保返还款12.74亿元，涉及员工43.62万人，发放速度、返还比例均走在全省前列。

2. 持续完善失业动态监测工作，着力防范风险

为了进一步提高监测数据质量，人力资源社会保障部加大对重点地区、重点行业失业动态检测分析力度。截至2018年12月末，全国31个省（区、

市）和新疆兵团的336个城市共52 726家企业已纳入监测范围。同时，增加了对东部用工大省的重点分析，为各级政府研判就业形势和宏观决策提供参考。人力资源社会保障部在指导各地做好失业动态监测月报的基础上，从2018年5月份开始，选择30个重点城市开展失业动态监测旬报工作，深入掌握中美贸易摩擦对就业失业形势的影响，为研究制定失业调控政策提供数据支撑。

2019年，面对国内外风险挑战明显上升的复杂局面，人力资源社会保障部进一步完善失业动态监测工作，以对经济和就业影响大的省份为重点，增强主动性和有效性，提高对规模性、区域性失业风险的监测和防控能力。充分发挥全国约5.2万户监测企业、2 700万个岗位监测数据的作用，进一步加强对重点地区和重点行业的岗位变化分析；运用失业风险监测值和警戒线数据指标，提高研判岗位变化趋势和失业风险的准确性和科学性；开展失业预警试点，积累经验、完善措施，增强调控失业和防范失业风险的能力。

各地区积极加强失业动态监测体系建设，增强监测分析能力。2018年12月11日，陕西省在西安市举办全省失业动态监测暨失业防控业务培训班，全省12个市（区）人力资源社会保障局失业动态监测工作负责人、经办人员、企业监测联络员和行业单位人力资源部门负责人共84人参加了培训。截至2019年，甘肃省兰州市共有477户企业纳入失业动态监测范围，其中292户企业确定为国家监测样本，覆盖了国有、私营及外资等各类企业，涉及制造、建筑、电力等18个行业，监测职工人数达34.64万人，全市失业动态监测网络已基本形成。

（二）加大促进就业力度

提高参保对象职业技能，增强就业竞争力，降低失业风险，是失业保险制度充分发挥防止失业功能的有效途径。2018年人力资源社会保障部办公厅印发《关于实施失业保险支持技能提升“展翅行动”的通知》（人社厅发〔2018〕36号），决定在全国实施失业保险支持技能提升“展翅行动”，要求各地人社部门要全面落实政策、摸清基础数据、广泛宣传动员、优化服务流程、加强基金监管、夯实实名系统。放宽技术技能提升补贴申领条件，自2019年1月1日至2020年12月31日，现行技能提升补贴政策申领条件由企业在职职工累计缴纳失业保险费36个月及以上，放宽至累计缴纳失业保险费12个月及以上。参保职工当年取得职业资格证书或职业技能等级证书，并且证书信息可在人力资源社会保障部职业技能鉴定中心、人事考试中心等全国联网查询系统上查询到，可在取证之日起 12 个月内到本人失业保险参保地经办机构申领技术技能提升补贴，补贴标准和审核发放办法由各地按现行技能提升补贴政策根据本地实际制定。2019 年，从全国 832 个失业保险基金账户中筹措资金 1 138.6 亿元，为大规模开展职业培训提供资金支撑，共向 126.1 人万次参保职工发放技能提升补贴 20 亿元，提高了就业质量，增强了就业稳定性。

安徽省合肥市 2017 年就出台了失业保险技能提升补贴政策，规定依法参保累计缴纳失业保险费 36 个月（含 36 个月）以上，自 2017 年 1 月 1 日起取得初级（五级）、中级（四级）、高级（三级）职业资格证书或技能等级证书的企业职工，均可申请技能提升补贴，补贴标准分别为 1 000 元、1 500 元、2 000 元。为了克服合肥市社会保障服务中心窗口受理该业务时间与职工上班时间重合、职工大多数对业务和申请条件手续不清楚等问题，合肥市失业保险管理中心深入 35 家大中型企业，受理业务 2 500 多人次，接待职工咨询 5 500 多人，发放业务宣传材料 4 000 多份。截至 2018 年 8 月底，合肥市对全市参保职工发放补贴 7 553 人次，共计金额 845 万元。截至 2019 年 6 月底，河南省累计支出技能提升补贴 5 939.24 万元，惠及职工 34 863 人。人均领取技能提升补贴 1 703.59 元。其中，支付参保贫困职工技能提升补贴 198.21 万元，惠及职工 1 238 人。浙江省规定技能提升补贴标准由各统筹地区人社部门和财政部门根据当地失业保险基金运行情况、具体职业（工种）培训和技能鉴定补贴标准等因素综合确定，并适时调整。职工取得初级（五级）、中级（四级）、高级（三级）职业资格证书或职业技能等级证书，补贴标准一般不超过 1 000 元、1 500 元、2 000 元。取得本地区紧缺急需职业（工种）目录职业资格证书或职业技能等级证书，补贴标准可在此基础上上浮，上浮比例不超过 50%。对于基金支付能力相对较弱的统筹地区，当年失业保险基金收不抵支的，先由当地基金历年结余支付，不足部分由省级失业保险调剂金调剂和当地财政按规定补贴，确保每个地区符合条件的职工都能享受到政策。

（三）稳步提高保障水平

2017 年《关于调整失业保险金标准的指导意见》印发后，人力资源社会保障部指导各地区在确保基金运行安全的前提下，逐步将失业保险金标准提高到最低工资标准的 90%。2018 年，全国有 23 个省（区、市）上调失业保险金标准，其中安徽、广东、陕西、甘肃、青海以及“三区三州”深度贫困地区已经将失业保险金标准提高到最低工资标准的90%。全国共有452.3万失业人员领取不同期限的失业保险金，人均月领取1 266.2元，比上年平均水平增加155元，增长13.9%。共为领取失业保险金人员缴纳基本医疗保险费92.1亿元，人均月缴纳347元。全国260.3万人领取价格临时补贴1.3亿元，人均月领取47.4元。2019年，失业保障水平继续稳步提高，待遇调整与经济社会发展基本同步，按规定为失业人员发放失业保险金，为符合条件的失业农民工发放一次性生活补助，为领取失业保险金人员代缴医疗保险费，及时启动失业保障与物价联动上涨机制，发放价格临时补贴。2019年全国失业保险金月人均1 393元，同比增长10%。

山西省自2018年5月1日起，失业保险金标准计发比例调整为当地最低工资标准的80%。失业保险基金实行市级统筹统一调剂使用的市，统筹区域内城镇失业人员失业保险金标准低于市政府所在地标准的，按市政府所在地标准执行。调整后山西省失业保险金平均发放水平达到1 320元，比调整前增加225元，增幅为21%。2018年，河南省从兜牢民生底线、助力企业发展、稳定就业岗位、提升员工技能素质、助推脱贫攻坚等方面入手，连续推出惠企惠民新政策新措施，出台《关于调整河南省失业保险金标准的通知》（豫人社办〔2018〕108号），自2018年10月1日起提高全省失业保险金标准，由2017年每人每月1 376元、1 256元、1 136元调整为每人每月1 520元、1 360元、1 200元，平均同比增加104元，增长8.3%，切实提高了失业人员基本生活水平，分享到了经济社会改革发展的成果。2018年，湖南省将失业保险金标准提高到最低工资标准的85%，月人均失业保险金水平达1 145元。2018年累计发放失业职工失业保险待遇和农民合同制工人一次性生活补助9.7亿元，受益人群13.02万人。

（四）推动管理服务水平提升

2018—2019年，失业保险管理服务以行风建设为抓手，全面推进“互联网+人社”，助推失业保险服务提档升级。开展失业保险经办机构情况调查，全面摸清各地失业保险各项业务的具体经办机构层级分布、网上经办等情况，开展经办工作调研和窗口单位明察暗访，督导各地简化手续、优化流程，不断提升经办服务能力和质量，指导各地积极推动服务平台建设和网上申报，变被动受理为主动服务，融入“五险统征”，推进以“互联网+”“最多跑一次”为重要特征的经办服务体系建设，最大限度地精简申领手续和证明材料，推进“一窗式”办理和“一站式”服务。

1. 失业保险金实现网上申领

为了落实“放管服”改革，按照“正行风、树新风，打造群众满意的人社服务”要求，把加强系统行风建设作为释放政策活力的重要抓手，在“清、减、压”上持续发力，推进失业保险经办“网路”变“主路”，“马上办、就近办、一次办”水平进一步提升。2018 年，江西全省和山东、广西等 8 个省份部分城市实现失业保险金网上申领。2019 年，人力资源社会保障部印发文件要求失业保险金申领减少证明材料、增加服务供给、推进网上申领失业保险金。全系统共同努力，全国已全面取消领金人员按月到现场签到，省会城市和计划单列市基本实现了失业保险金网上申领。

2019 年，上海市紧扣“为民排忧解难”目标，瞄准多年来失业人员申领失业保险金过程中存在的办理地点受限、办理过程冗长等痼疾，积极推进失业保险金申领业务“全市通办”，实现了失业人员通过手机 App 申领失业保险金，给广大市民带来了实实在在的便利。具体做法包括：对原有业务经办流程全面梳理，按照“让数据多跑路、让群众少跑腿”的原则，为业务从区级经办机构下沉至街镇经办机构设计了简化而统一的新经办流程；稳步开展业务培训与工作指导，为街镇经办机构工作人员编写简明易懂、形式多样的申领失业保险金业务操作指南，并督促各区加强对街镇的政策与业务指导，强化复核机制；与市政府“全市通办”牵头部门市民政局密切沟通协作，顺利完成将申领失业保险金作为“全市通办”新增业务，纳入全市各街镇社区事务受理服务中心办理事项；精准对接民政部门“全市通办”门户系统数据接口，对原有失业保险金申领信息系统顺利进行全面升级。2019 年 8 月 2 日，全市社区事务受理服务中心正式新增“失业人员申领失业保险金”事项，实现“全市通办”，迈出了失业保险金申领标准化、规范化、便捷化的一大步。与此同时，积极推进通过“上海人社”手机 App 办理失业保险金申领和失业保险待遇个人银行账号登记业务，不跑窗口、不见面审核、申请材料减至零材料，实现了网上身份认证、业务申请、受理、审核、反馈以及办理进度和结果查询。截至 2019 年 8 月底，上海全市社区事务受理服务中心使用新增失业人员申领失业保险金“全市通办”受理系统，已为 6 466 名失业人员办理了失业保险金申领业务。手机 App 失业保险金申领功能 6 月底上线，到 8 月底，已有 4 364 人在线申领失业保险金。

2018 年 10 月，广东省深圳市通过系统重构建立的社保新信息系统上线，主要功能有失业保险金待遇管理（失业金申领、停领、重核、撤销、补发、追回等）、失业人员死亡待遇管理、失业人员信息变更管理（个人信息变更、离职原因信息变更）、失业保险基本医疗保险二档管理、失业待遇台账管理、失业保险浮动费率管理、企业稳岗补贴管理等，较好地满足了失业保险业务经办需求。用人单位在办理参保缴费人员增减申报时，将本单位人员名单、终止或者解除劳动关系证明材料中记载的失业时间、失业原因（停保原因）等准确录入信息系统。社保部门通过系统读取公共就业服务机构的失业登记信息开展失业金申领工作。严格按照政策规定和要求设置相关规则，与其他待遇（养老、工伤）模块进行比对和校验，并通过与深圳市有关部门共享数据和信息比对，提高工作效率和监管力度，如发现失业人员有法定停领情形的，系统自动停发其失业保险待遇。

福建省福州市不断建立和完善失业保险待遇等各项业务的网络化受理审核机制，提供便捷、高效的经办服务。特别是根据人社部发〔2019〕18 号文件精神，结合全国首批电子社保卡试点城市实际情况，依托手机 App（榕 e 社保卡）加快推行失业保险金申领网络化，实现全城通办，进一步打造群众满意的失业保险服务模式。符合失业保险金申领条件的失业人员可自行通过福州“榕 e 社保卡”App 验证身份（包括刷脸识别是否本人操作），注册登录后进入失业保险待遇申领模块，按照提示逐步操作，通过线上申领失业保险金。在开通网络申领渠道的同时，减少纸质证明材料，凡能通过信息网络验证获取的失业原因、是否办理失业登记等信息内容，不再要求失业人员提供，失业人员只要符合条件，刷脸就可以办理失业保险待遇申领。同时执行承诺限时办结制度，对失业人员在线提交的材料在 3 个工作日内完成受理、审核、反馈。从 2019 年 6 月 1 日上线试运行以来，网络渠道受理业务量呈现大幅增长，8 月受理业务 161 件，环比增长 159.7%。

2. 稳岗补贴实现全程网办

2018 年，北京、上海、安徽、重庆的参保企业申请稳岗补贴实现了全程网办。2019 年，失业保险稳岗返还网上经办继续加速，120 个地级以上城市实现稳岗返还“不见面”审批，11 个省份和 13 个省份的部分地市实现技能提升补贴全程网办，提高了政策享受便利度，群众和企业满意度不断提升。

河南省郑州市失业保险稳岗返还全程网上办理，实现了企业零跑腿。申报流程为：企业在郑州市社会保险信息系统进行填报→经办机构初审→市人社局失业保险处复审→市人社局官网公示→印发文件→经办机构资金拨付。整个业务流程依托郑州市社会保险信息系统进行数据审核计算，企业无须提供任何纸质资料，真正实现了零跑腿、零资料、网上办、马上办，从申报到资金拨付不超过15个工作日。该审核系统自2018年10月运行以来，依托社会保险信息系统自动计算生成数据，能够确保数据真实可靠，有效杜绝了人工审核的差错和违规审核，堵塞了基金安全漏洞。系统还可以对企业进行信用查询，确保信用黑名单企业不能通过审核。

3. 技能提升补贴实现网上经办

2018年，超过半数省份的参保职工用手机足不出户领取技能提升补贴，大大提高了政策享受便利度，群众和企业满意度不断提升。山东省2018年印发《关于失业保险支持参保职工提升职业技能有关问题的通知》，要求各市按照规定经办程序及统一要求，依托现有信息系统，实现技能提升补贴业务网上经办管理服务。省人力资源社会保障厅在山东省公共就业人才服务信息系统互联网服务平台中开发技能提升补贴申报功能模块，实现外网申请、内网审核。通过省就业人才系统办理失业保险金发放的市，可以继续使用该系统办理补贴相关业务；使用其他系统办理失业保险金发放的市，要对发放系统进行升级改造，增加技能提升补贴功能，实现与省就业人才系统对接，确保在系统内经办补贴相关业务。各级经办机构要将技能提升补贴办理情况反馈至省就业人才系统，申请人可通过互联网查询相关情况；有条件的可通过微信、短信等方式告知申请人技能提升补贴业务办理情况。加快整合落实补贴政策涉及的数据资源，实现职业资格证书联网查询系统数据、参保系统数据、国家职业（技能等级）资格证书目录清单及社会保障卡系统数据的信息共享，为技能提升补贴申请、审核、公示、发放及监督提供数据支持。8月底前，人社部门完成系统开发，实现网上经办。未实现网上经办前，各级经办机构要在服务大厅人工办理职工申请业务，并在实现网上经办后，及时将职工相关信息录入系统。

（五）助力脱贫攻坚成效明显

为贯彻落实党中央、国务院关于打赢脱贫攻坚战的决策部署，聚焦“三区三州”及其他深度贫困县，充分发挥失业保险功能，支持精准扶贫、精准脱贫，2018 年 6 月 29 日，人力资源社会保障部会同财政部印发《关于使用失业保险基金支持脱贫攻坚的通知》（人社部发〔2018〕35 号），针对“三区三州”等深度贫困地区，提出将失业保险金标准进一步上调至最低工资标准的 90%，将稳岗补贴标准由上年度实际缴纳失业保险费总额的 50%提高到 60%，将技能提升补贴申领条件由累计参保缴费满三年放宽至满一年，允许吸纳建档立卡贫困人员就业并签订劳动合同的事业单位享受稳岗补贴政策和技能提升补贴政策，实现了失业保险政策在精准脱贫方面的突破。2018 年 7 月，人力资源社会保障部失业保险司印发《关于加强失业保险领域脱贫攻坚工作的通知》，强调在立足失业保险制度保生活、防失业、促就业功能，发挥失业保险扶困扶危政策优势之上，全力支持精准扶贫、精准脱贫，要求各地人力资源社会保障厅把脱贫攻坚摆上失业保险工作重要位置，在工作摆布上从“参与攻坚”向“主动攻坚”切实转变，在努力方向上从“落实政策”向“创新政策”积极转变，切实打牢真扶贫、扶真贫、真脱贫的思想基础，增强做好工作的责任感和紧迫感，把失业保险脱贫攻坚抓细抓实、抓硬抓到位。截至 2018 年 12 月，23 个有深度贫困地区的省份已全部出齐实施办法，四项政策不同程度得到落实。“三区三州”有 129.4 万人参加失业保险，2.1 万名失业人员领取失业保险金 1.1 亿元，2 535 户企业享受稳岗补贴 9 624 万元，1 935 人次享受技能提升补贴 344.5 万元。到 2019 年，“三区三州”失业保险金标准全部达到最低工资标准的 90%。深度贫困地区累计向失业人员发放失业保险金并代缴医疗保险费超过 1.6 亿元，向 5 191 户企业发放稳岗返还 1.3 亿元，向 2 779 人次参保职工发放技能提升补贴 471 万元。事业单位吸纳建档立卡贫困户工作在多个省份取得突破。

六、工伤保险管理服务

2018—2019 年，除了前文“管理体制”中推进工伤保险基金省级统筹工作以外，工伤保险管理服务的其他重点工作是：推进参保扩面工作；推进工伤认定鉴定便民工作；提升工伤保险保障水平；开展工伤预防工作；推进工伤康复管理服务工作。

（一）不断扩大工伤保险覆盖面

1. 积极推动交通运输行业及工程建设项目参加工伤保险

2018 年 1 月 2 日，人力资源社会保障部发布《关于铁路、公路、水运、水利、能源、机场工程建设项目参加工伤保险工作的通知》（人社部发〔2018〕3号），要求加大力度，将在各类工程建设项目中流动就业的农民工纳入工伤保险，尤其是推进铁路、公路、水运、水利、能源、机场工程建设项目参加工伤保险工作。

2018—2019年，各地陆续出台政策文件，就本地交通运输行业工程建设项目参保办法、办理流程、保障服务等落实具体制度安排，积极推动铁路、公路、水运、水利、能源、机场工程建设项目参加工伤保险工作。广东省于2018年12月28日发布《关于做好铁路、公路、水运、水利、能源、机场工程建设项目参加工伤保险工作的通知》（粤人社规〔2018〕15号）；江西省于2018年6月26日发布《关于铁路、公路、水运、水利、能源、机场工程建设项目参加工伤保险工作的通知》（赣人社字〔2018〕176号）；天津市于2018年7月2日发布《关于铁路、公路、水运、水利、能源、机场工程建设项目参加工伤保险工作的实施意见》（津人社局发〔2018〕40号）。表2-6-1为广东省示例。

表2-6-1　　广东省交通运输行业工程建设项目参保做法

项目	具体做法
参保范围	各类铁路、公路、水运、水利、能源、机场建设工程的新建、扩建、改建和拆除等有关施工项目
参保办法	建筑施工企业相对固定的职工，按用人单位参加工伤保险；不能按用人单位参加工伤保险的职工，按工程建设项目（标段）优先参加工伤保险；由施工项目总承包单位或项目标段合同承建单位为所承建工程建设项目（标段），向项目（标段）所在地税务部门办理工程建设项目（标段）工伤保险参保缴费手续；跨市工程建设项目（标段），原则上向工程项目部所在地税务部门办理相关参保缴费手续
参保措施	按照“谁审批，谁负责”原则，施工承包单位在办理相关手续、进场施工前，向行业主管部门或监管部门提交该项目（标段）参加工伤保险缴费凭证，作为保证工程安全施工的具体措施之一
保费计算	以建设项目或项目标段为单位参保的，按照施工承包合同总价一定比例计算缴纳工伤保险费。工伤保险缴费比例原则上按照人工成本占施工承包合同总价的比例乘以“土木工程建筑业”工伤保险行业基准费率测算确定

2. 深入开展尘肺病重点行业工伤保险扩面行动

2019年12月12日，人力资源社会保障部和国家卫生健康委发布《关于做好尘肺病重点行业工伤保险有关工作的通知》（人社部发〔2019〕125号），要求自2020年开始，依据卫生健康系统粉尘危害基础数据库信息，在煤矿、非煤矿山、冶金、建材等尘肺病重点行业开展为期三年的工伤保险扩面专项行动，原则上做到应保尽保。

各地人社部门按照人力资源社会保障部文件的要求，积极组织，研究制定并贯彻落实措施。山东省于2019年12月31日发布《关于转发人社部发〔2019〕125号文件做好尘肺病重点行业工伤保险有关工作的通知》（鲁人社发〔2019〕41号）。在实践方面，河南省于2019年10月23日发布的《关于印发河南省尘肺病防治攻坚行动实施方案的通知》（豫卫职健〔2019〕11号）具有较好的操作性。按照属地管理原则，开展粉尘危害专项调查，建立粉尘危害基础数据库；集中开展煤矿、非煤矿山、冶金等重点行业粉尘危害专项治理；对已经开展过粉尘危害专项治理的陶瓷生产、耐火材料制造、石棉开采、石材加工、石英砂加工、玉石加工、宝石加工等行业领域，通过组织“回头看”，巩固提高治理成效；对不具备安全生产条件或不满足环保要求的矿山、水泥、冶金、陶瓷、石材加工等用人单位，坚决依法责令停产整顿，对整治无望的提请地方政府依法予以关闭。将《职业病分类和目录》中的13种尘肺病全部纳入重点职业病监测内容；加强尘肺病主动监测，开展呼吸类疾病就诊患者尘肺病筛查试点；对所有诊断为尘肺病的患者建立完善档案，实现一人一档。

3. 持续推动机关及参公单位工作人员参加工伤保险

2018—2019年，各地人社部门依据《工伤保险条例》继续推进机关及参照公务员法管理的事业单位工作人员参加工伤保险。河北省自2018年1月1日起将机关和参照公务员法管理的事业单位、社会团体等单位工作人员纳入工伤保险制度实施范围。甘肃省从2018年9月1日起将机关事业单位全部纳入工伤保险保障范围。广东省于2019年3月18日发布《公务员和参照公务员法管理单位工作人员纳入工伤保险制度统筹管理的通知》，要求结合实际制定本地区公务员和参照公务员法管理单位工作人员纳入工伤保险制度统筹管理的实施办法，在2019年6月1日前确定实施时间，在省本级参加工伤保险的用人单位自2019年4月1日起执行。

各地工伤保险参保扩面工作各有特色与侧重点。广东省以工伤保险省级统筹为契机，推进工伤保险扩面工作。广东省制定工伤保险“五个目录”标准，统一全省16项办事指南、49张业务用表、16项政务服务事项清单。在全国率先统一四类服务协议文本。2019 年广东省工伤保险参保人数达 3 816 万人，同比增加 223 万人，增长 6.2%，超额完成人力资源社会保障部下达的年度计划。参保工程建设项目 2.9 万户，新开工建设项目工伤参保率 99.09%。2019 年工伤保险基金累计结余 274.8 亿元，累计可支付月数 51 个月，基金支撑能力比较强。云南省以建设项目全覆盖带动人员全覆盖，全面实施"同舟计划"二期，在巩固建筑业按项目参保成果的基础上，将"先参保、后开工"机制扩展到交通、铁路、水利等其他领域建设项目。2018 年年末，工伤保险参保人数达到 403.3 万人，完成年度目标任务的 104.75%，比上年增加 19.63 万人。2019 年年末，工伤保险参保人数达到 439 万人，完成年度目标任务的 108.27%，比上年底增加 36 万人，参保净增数持续扩大。贵州省 2019 年针对新业态从业人员采取精准施策、逐步分类分层次解决的办法，出台了加快推进小微企业和有雇工的个体工商户优先参加工伤保险的政策，首先解决有劳动关系的从业人员。在具体经办上，贵州省及时印发有关小微企业参保经办业务通知，明确各类企业季节性用工可优先参保，参保登记时填写申报优先办理承诺书，填报企业类型、上年营业收入、用工情况、资产总额等，待企业经营状况恢复后再逐步完善其他险种。2019 年至今，贵州省有 3 051 户小微企业和个体工商户优先参加工伤保险，涉及七类风险行业，参保人数较同期增长 76 万多人，达到预期效果。

（二）推进工伤认定和劳动能力鉴定便民化服务

2018 年 10 月 17 日，人力资源社会保障部办公厅发布《关于推进工伤认定和劳动能力鉴定便民化服务工作的通知》（人社厅发〔2018〕104 号），要求全面下放省级人社部门工伤认定和劳动能力初次鉴定事项，全面推进工伤认定和劳动能力鉴定受理事项进驻大厅，切实清理取消重复提交的证明和材料，切实提高工伤认定和劳动能力鉴定效率，积极探索异地工伤认定和劳动能力鉴定委托合作，积极推进"互联网+认定鉴定"。

2018—2019 年，各地针对工伤认定和劳动能力初次鉴定事项、简化取消证明材料以及事项进驻大厅等推出了多项举措。海南省人力资源社会保障厅 2018 年 11 月 21 日发布《关于做好工伤认定和劳动能力鉴定便民化服务工作的通知》；天津市人力资源社会保障局 2018 年 12 月 24 日发布《关于推进工伤认定和劳动能力鉴定便民化服务工作有关问题的通知》（津人社办发〔2018〕376 号）；山东省人力资源社会保障厅 2018 年 12 月 17 日发布《关于进一步做好工伤认定和劳动能力鉴定工作的通知》（鲁人社字〔2018〕433号）。表2-6-2为天津市示例。

表2-6-2　天津市2019年工伤认定和劳动能力鉴定便民化服务工作

项目	具体做法
事项下放	自2019年1月1日起，原由市人力资源社会保障局办理的工伤认定事项、老工伤纳入统筹审核事项，以及原由市劳动能力鉴定委员会办理的劳动能力鉴定事项（伤残等级再次鉴定除外）全部下放，由区人力资源社会保障局和区劳动能力鉴定委员会办理
减证便民	凡没有国家法律法规规章依据的证明和材料，一律取消；通过内部信息共享能够获得，或已在上一个环节提交的，不再要求用人单位和工伤职工重复提交
事项进驻大厅	自2019年1月1日起，工伤认定和劳动能力鉴定受理事项全部进驻各区行政服务大厅或人力资源社会保障局服务大厅，实现“一窗受理”
认定鉴定效率	工伤认定申请材料齐全、符合受理条件的，受理时限由15日压缩为5个工作日；事实清楚、权利义务明确、适用工伤认定简易程序的，认定时限由15日压缩为5个工作日

在劳动能力远程鉴定方面，2019年，山东省青岛市通过系统开发、流程再造、硬件配备和机制创新，开发了远程视频鉴定系统，打造出全国首家集智能管理、信息运行、监督检查、风险防控、鉴定服务“五位一体”的智能化劳动能力鉴定服务平台。将青岛人社官微、“青岛AI人社”微信公众号服务平台与青岛社保智能化劳动能力鉴定平台连接，实现了鉴定职工远程人脸识别签到，信息实时上传，鉴定全程录像并留存，专家组可视频对话问诊、查体，确定被鉴定人员身份，核对其伤（病）情及当前状态，并在现场鉴定系统中录入鉴定信息，实现了鉴定结论“现场定、一次定”。在工伤费用结算方面，云南省于2016年就在省本级率先推行工伤保险医疗费用联网结算模式，工伤保险协议机构联网上传、结算工伤医疗费用。为进一步加快推进工伤保险信息化建设步伐，2019年9月，云南省制定下发了《全省社保经办系统全面推进工伤保险协议机构联网结算工作实施方案》，结合州市情况分两批推进联网结算工作。截至2019年12月底，广东省省内、跨省异地就医分别上线医疗机构1 484家、1 487家，2019年省内累计直接结算121万人次、268亿元，跨省累计直接结算39万人次、85亿元。

（三）持续提升工伤保险保障水平

2017年7月28日，人力资源社会保障部发布《关于工伤保险待遇调整和确定机制的指导意见》（人社部发〔2017〕58 号），要求工伤保险待遇调整和确定要与经济发展水平相适应，综合考虑职工工资增长、居民消费价格指数变化、工伤保险基金支付能力、相关社会保障待遇调整情况等因素，兼顾不同地区待遇差别，按照基金省级统筹要求，适度、稳步提升，实现待遇平衡。原则上每两年至少调整一次。同时提出了一至四级伤残津贴和供养亲属抚恤金调整公式，对生活护理费、住院伙食补助费及一次性伤残补助金、一次性工亡补助金、丧葬补助金等也作出了相应规定。

各地在人社部发〔2017〕58 号文件指导下进行了工伤保险待遇调整和确定机制的探索。2018 年，23 个省（区、市）按照要求开展了待遇调整工作，对一至四级伤残津贴和供养亲属抚恤金均作了调整。生活护理费和一次性工亡补助金也是工伤保险待遇调整的工作重点，多地结合工伤保险省级统筹的推进，将生活护理费和一次性工亡补助金计算依据调整为全省（市）社会平均工资，如陕西、江苏、河北、天津等。新疆在调整伤残津贴、生活护理费、供养亲属抚恤金三项待遇的同时，增加了调整职工住院治疗工伤伙食补助费以及到统筹地区以外就医期间的交通、住宿补助费标准内容，扩大了受益人群。

各地主要采取定额调整加倾斜调整的办法，在对不同级伤残津贴采取等额提高或比例提高方式的同时设定既定标准，定额调整后未达到既定待遇标准人员，按既定待遇发放。如广东省根据定额调整后的一级至四级工伤伤残人员，若其伤残津贴仍低于 3 369 元/月，则按照 3 369 元/月的标准予以发放。2019 年代表性地区工伤保险待遇调整情况见表 2-6-3。

表 2-6-3　　代表性地区工伤保险待遇调整情况

地区	待遇调整
广东	（1）伤残津贴。1~4 级分别为 3 690 元、3 530 元、3 369 元、3 209 元；5~6 级由用人单位调整发放，调整加发的工伤保险长期待遇所需资金按照《广东省工伤保险条例》有关规定予以支付 （2）供养亲属抚恤金。供养亲属抚恤金定额加发 132 元，对于经定额加发后仍低于 2019 年所在市城镇居民最低生活保障标准的，按最低生活保障标准额发放 （3）生活护理费。2019 年 1 月 1 日至 6 月 30 日，1~4 级按照 2018 年城镇非私营单位在岗职工月平均工资 60%、50%、40%、30%的标准调整发放。7 月 1 日至 12 月 31 日，高于全省城镇非私营单位在岗职工月平均工资的广州市、深圳市及省本级继续按照本市（省本级）标准调整发放（广州市及省本级计发基数为 9 320 元、深圳市计发基数为 9 309 元）；其他市 1~4 级生活自理障碍人员分别按照 2018 年全省城镇非私营单位在岗职工月平均工资 60%、50%、40%、30%调整发放，即 4 491. 60 元/月、3 743 元/月、2 994. 40 元/月、2 245. 80 元/月

续表

地区	待遇调整
陕西	（1）伤残津贴。1~4级伤残职工每人每月分别增加149元、140元、132元、124元；5~6级分别增加116元和99元 （2）供养亲属抚恤金。在目前待遇标准的基础上月人均调整增加48元 （3）生活护理费。生活完全不能自理的每月增加到3 124.71元；生活大部分不能自理的每月2 499.77元；生活部分不能自理的每月1 874.83元
吉林	（1）伤残津贴。1~6级伤残人员每月分别增加228元、218元、208元、198元、188元、168元 （2）供养亲属抚恤金。配偶每月增加120元，其他供养亲属每人每月增加109元；孤寡老人或者孤儿在上述标准基础上每人每月再增加11元 （3）生活护理费。生活完全不能自理的每月增加296元，生活大部分不能自理的每月增加237元，生活部分不能自理的每月增加178元 （4）按月领取伤残补助金的确定。1~10级分别为200元、190元、180元、170元、130元、120元、90元、80元、70元、60元
天津	（1）伤残津贴。1~4级分别增加210元、200元、190元、180元。调整后1~4级伤残津贴每月低于3 690元、3 530元、3 369元、3 209元的，由工伤保险基金予以补齐 （2）供养亲属抚恤金。配偶每人每月增加70元，最低发放标准1561元；其他供养亲属每人每月增加52元，最低发放标准1 169元 （3）生活护理费。1~4级每人每月分别增加补贴60元、50元、40元、30元；调整后1~4级退休工伤人员补贴与养老金之和每月低于3 690元、3 530元、3 369元、3 209元的，由工伤保险基金予以补齐

通过待遇调整，各地工伤待遇水平稳步提升。广东省19个市待遇计发基数由“市标准”提高至“省标准”，伤残待遇“托底线”平均提高20%，长期待遇平均提高15%，2019年调整后全省月人均伤残津贴、生活护理费、供养亲属抚恤金分别为3 866元、2 880元、1560元，切实增强了工伤伤残职工和权益人的获得感。2018年，东莞市享受工伤保险待遇共24 028人（含往年人员），一次性伤残补助金平均2.37万元、一次性工亡补助金人均标准为72.79万元，伤残津贴月均2 584.92元，生活护理费月均1 797.32元，供养亲属抚恤金月均1 217.51元，工伤保险基金先行支付待遇128人，费用578.01万元。2019年，东莞市享受工伤保险待遇共25 014人（含往年人员），其中，享受1~4级伤残待遇954人，享受5~10级伤残待遇19 088人。享受伤残津贴10 366人次，享受生活护理费3 933人次，供养亲属52 984人次。一次性伤残补助金平均2.92万元、一次性工亡补助金人均标准为78.50万元，伤残津贴月均3 018.10元，生活护理费月均1 948.68元，供养亲属抚恤金月均1 304.62元，工伤保险基金先行支付待遇116人，费用706万元。

（四）积极开展工伤预防

2018—2019 年，各地人社部门按照《工伤预防费使用管理暂行办法》（人社部规〔2017〕13 号）要求开展工伤预防工作。办法规定，在保证工伤保险待遇支付能力和储备金留存的前提下，工伤预防费的使用原则上不得超过统筹地区上年度工伤保险基金征缴收入的 3%。因工伤预防工作需要，经省级人社部门和财政部门同意，可以适当提高工伤预防费的使用比例；工伤预防费使用实行预算管理。

广西壮族自治区于 2018 年 7 月 27 日印发《工伤预防费使用管理实施办法》（桂人社规〔2018〕17 号）；河南省于 2019 年 7 月 12 日印发《工伤预防费使用管理暂行办法》（豫人社规〔2019〕3 号）；江苏省于 2018 年 6 月 27 日转发《工伤预防费使用管理暂行办法》（苏人社发〔2018〕165 号）。表 2-6-4 为江苏省 2019 年工伤预防做法示例。

表 2-6-4　　江苏省 2019 年工伤预防做法

项目	做法
第三方参与	鼓励社会第三方服务机构参与工伤预防工作。第三方服务机构要求具备相关能力与经验，且不能作为该项目的评估机构。存在服务机构资料弄虚作假、服务违法、质量不高的，三年内不得从事工伤预防项目；存在欺诈行为的，按法规严肃处理
档案管理	工伤预防项目实施单位建立档案管理制度，实现可查询、可追溯全过程痕迹管理
专家评审	工伤预防专家参与预防，按照“谁评审、谁负责”原则对评审评估意见签名确认

自 1990 年 2 月开始，广东省东莞市就通过建立工伤保险行业基准费率制度、安全生产奖励机制、工伤保险浮动费率机制推进工伤保险预防工作。当前东莞市工伤预防工作已经建立了完善工伤预防费率调控制度（行业基准费率制度、浮动费率机制）、工伤预防项目管理制度、工伤预防绩效评估及培训专家库管理等制度。近年来，东莞市工伤事故发生率整体呈下降趋势。2019 年，全市因工死亡 351 人，工伤退休死亡 9 人，全市工伤预防费总支出 937 万元。其中，工伤预防宣传费支出 495 万元，工伤预防培训费支出 442 万元。江苏省苏州市根据近年来工伤事故和职业病高发的行业、企业、工种、岗位等情况，将冶金机械、设备安装、电子加工、纺织服装、塑胶模具、建筑施工等行业确定为 2018 年工伤预防的重点领域，将建筑、制造、电子、仓储、物流等行业确定为 2019 年工伤预防的重点领域。苏州市历来重视有针对性的

工伤预防宣传工作，相城区于2018年8月9日启动工伤预防培训改善项目，从事故多发、伤残等级较多的企业中选定10家用人单位参加工伤预防培训改善项目，介绍了工伤预防培训改善项目的工作开展流程，号召企业认真排查隐患、落实整改建议、确保预防效果。吴中区于2019年于4月11日启动工伤预防培训改善项目，2019年计划开展项目的15家企业安全生产负责人员参加。与2018年相比，吴中区开展项目的10家企业工伤事故发生量同比降低44%，对10家企业的工伤保险基金支出同比降低了45%，取得了良好的社会效应和经济效应。

（五）加强工伤康复管理服务

2018—2019年，各地依据人社部门工伤康复相关政策开展工伤康复工作，也有部分地市依据2018年以前工伤康复文件开展工作。西藏自治区人力资源社会保障厅于2018年7月5日发布《西藏自治区工伤康复管理办法》；上海市人力资源社会保障局于2019年11月印发《上海市工伤保险辅助器具配置管理实施办法》（沪人社规〔2019〕36号）；甘肃省人力资源社会保障厅于2017年11月印发《甘肃省工伤康复管理办法》（甘人社通〔2017〕469号）。

各地人社部门按照“医疗与康复并重、先康复治疗后鉴定补偿”的原则，针对工伤康复对象工伤康复期间享受工伤医疗和停工留薪待遇、生活护理费用以及所需辅助器具费用来源等方面开展工伤康复管理工作。江苏省镇江市通过探索建立工伤康复体系推动工伤康复工作健康可持续发展，实现了帮助工伤职工尽快恢复劳动能力和生活自理能力、减轻用人单位和工伤保险基金支出负担的双重效果。建立部门联席会议制度，成立了由工伤行政部门、经办机构、劳动能力鉴定机构、协议康复机构等组成的市工伤康复工作协调小组，通过送工伤康复政策进园区、进企业、进机关、进单位、进乡村、进社区、进中介、进工地的“八进”活动，面对面向用人单位和劳动者宣传工伤康复法规政策。广东省东莞市将工伤康复协议机构费用结算方式调整为“项目和日平均定额相结合”。2018年1—12月，东莞市完成工伤康复854人次，全年工伤康复核付天数88 161天，记账费用5 902.14万元，工伤保险基金支付工伤康复费用5 515.07万元。

除此之外，对各地市调研发现，2018年医保与社保机构分设与职责划转对工伤保险经办产生较大影响。之前，大多数省市都是工伤保险与医疗保险合作经办，共通经办人员、经办流程和指定医疗康复机构。医保分设后部分经办人员分离，指定康复医疗机构也需要进行新的安排和规划，这对工伤保险经办产生了较大程度的影响。

七、社会保险关系管理

2018—2019 年，各地在查漏补缺，推动特殊群体参保，巩固制度全覆盖成果，统一规范个人账户记账利率，适应流动性，便利社会保险关系转移接续等方面取得显著进展。

（一）完善社会保险参保登记政策

2018 年 11 月 23 日，为贯彻党的十九大关于“全面实施全民参保计划”的工作要求，人力资源社会保障部和国家医疗保障局联合发布《关于全面实施全民参保计划的指导意见》（人社部发〔2018〕76 号），强调到 2020 年年底基本实现社会保险法定人员全覆盖的全民参保计划总体目标，并对各险种 2018—2019 年年度任务进行分解，养老保险每年新增参保 2 000 万人左右，失业保险每年平均新增参保 1 000 万人以上，基本医疗保险在基本实现全覆盖的基础上重点解决重复参保问题，新开工工程建设项目工伤保险参保率保持在 90%以上。同时提出了五项措施：一是完善落实参保缴费政策，探索将非本地户籍灵活就业人员纳入参保范围，完善并落实城乡居民基本养老保险补缴政策，落实贫困人口参保支持政策、阶段性缴费及提高待遇水平政策，鼓励困难企业稳岗，积极引导在城镇稳定就业农民工参加职工社会保险，引导城乡居民提升缴费档次等；二是创新经办服务模式，支持未建立稳定劳动关系的新业态就业人员参保和代缴保费新模式，提升公共服务能力，延伸服务载体，打通社保经办服务“最后一公里”，加快实现社保卡“一卡通”便捷服务以及加快实现各险种转移接续业务网上办理等；三是加强宣传引导，既要聚焦农民工、灵活就业人员、新业态从业人员、城乡居民等重点群体进行针对性宣传，又要结合全民参保登记入户调查、“春风行动”、12333 全国统一咨询日等活动，利用法定假日、就业季、农民工返城返乡等关键节点开展宣传；四是以中小企业和新入职人员试用期参保工作为重点，加大监察执法力度，进一步加强社会保险信用体系建设，将拒不整改单位列入黑名单，并向社会公布；五是建立参保数据动态管理和分析应用机制，实现动态化管理服务。

2019 年，人力资源社会保障部发布《关于开展 2019 年全民参保登记计划扩面专项行动的通知》（人社险中心函〔2019〕29号），要求按照分类施策、创新引领和协同共享原则，结合工作实际，开展参保登记“回头看”、宣传服务送上门、参保缴费不用跑等专项行动。

（二）推进参保登记管理服务探索创新

1. 探索实践概况

2018—2019年，各地在中央统一部署下，参保登记工作重点是巩固前期成果，力求已参保群众不流失或少流失；理顺机制体制，抓好智慧社保建设，推进管理服务工作从“有没有”向“好不好”转变，让群众有更高满意度、更多获得感。主要工作创新包括以下几个方面：巩固全民参保登记成果，推动成果转化；精准定位，精准施策，分类推进灵活就业和新兴业态从业人员等参保意愿低、易断保群体参保扩面工作；继续做好军转干部、退役军人、“三支一扶”大学生社会保险管理工作；推动农民工工伤保险参保登记；全面推进机关事业单位养老保险试点参保登记；推进失地农民、超龄居民参保登记工作；推进建卡贫困人口全覆盖和缴费补助；贯彻“放管服”改革，推进智慧社会保险参保扩面。

2018—2019年，各地社保和医保经办机构按照《关于全面实施全民参保计划的指导意见》要求，以巩固登记成果、推动成果转化为工作主线，进一步强化数据集中管理，健全跨部门信息共享和动态更新机制，通过“回头看”进行多次信息对比和入户调查，以大数据分析未参保人员“不愿交”“交不起”“交不了”的原因，支撑精准扩面和精细服务（见表2-7-1）。

表2-7-1　2018—2019年各地社会保险参保登记相关政策或案例概览

文件或案例	相关内容	目标或对象
江苏《2018年全省城乡居民基本养老保险经办服务工作安排》（苏人社函〔2018〕60号）	采取城乡居民基本养老保险和医疗保险集中征缴并同步享受相关待遇的方式，巩固“两个全覆盖”成果	巩固全民参保登记计划成果
广西全面实施全民参保计划	强化数据集中管理，积极推动全民参保计划数据应用转化，助力精确管理	
广东、江苏等2019年开展全民参保登记“回头看”	以参保登记“回头看”、宣传服务“送上门”、参保缴费“不用跑”等为主要内容的参保扩面专项活动	

续表

文件或案例	相关内容	目标或对象
上海延长《关于本市灵活就业人员参加本市城镇职工基本养老、医疗保险若干问题的通知》有效期	延长有效期至 2023 年 4 月 30 日	小微企业、灵活就业和新兴业态从业人员参保
天津《关于做好就业失业登记、社会保险登记、劳动合同备案统一登记工作的通知》（津人社办发〔2018〕392 号）	就业失业登记、社会保险登记、劳动合同备案统一登记（“三口合一”登记）	
安徽、江苏、青海等推动农民工参加工伤保险	推进铁路、公路、水运、水利、能源、机场工程建设项目参加工伤保险	农民工参保
辽宁葫芦岛《关于自主择业的军队转业干部以灵活就业人员身份参加城镇企业职工养老保险问题的通知》（葫人社发〔2019〕27 号）	自主择业的军队转业干部以灵活就业人员身份参加城镇企业职工基本养老保险条件、管辖和流程	军人社会保险接收服务
辽宁朝阳建立“三加强一服务”机制，维护军人养老保险权益	将退役军人的基本养老保险转移接续和账户做实作为工作重点	
甘肃《甘肃省工伤保险实施办法》（甘肃省人民政府令第 145 号）	将公务员和参公人员纳入工伤保险	公务员、事业单位工作人员社保关系管理
河南《从事生产经营活动事业单位改革人员安置和社会保障问题的有关意见》（豫人社〔2018〕34 号）	明确转企改制人员社会保险衔接和参保登记方法	
重庆《关于原机关事业单位养老保险试点有关问题的处理意见》（渝人社发〔2019〕39 号）	历史遗留问题处理	
云南《关于改革完善被征地农民基本养老保障的指导意见》（云政办发〔2019〕1 号）	明确保障方式和补助标准、参保补缴费方式等	失地农民
重庆《关于将超龄人员纳入城乡居民基本养老保险参保范围有关工作的通知》（渝人社发〔2019〕9 号）	年满 60 周岁及以上、未参加国家规定基本养老保险居民参保补缴方法	社保扶贫，特殊群体参保
全国各地社保、医保经办机构	建档贫困人口全覆盖、费用代缴	社保扶贫
全国各地社保、医保经办机构	互联网+社保、智慧医保线上登记	“放管服”改革

资料来源：根据人力资源社会保障部、国家医疗保障局网站资料整理。

2. 参保登记服务探索创新成效

2018—2019 年，社会保险覆盖面持续扩大，参保人数大幅度增加。2018 年，五项社会保险参保人数达到 292 703 万人。其中，基本养老保险参保人数达 94 293 万人，比上年增加 2 745 万人；基本医疗保险、失业保险、工伤保险、生育保险参保人数分别达到 134 459 万人、19 643 万人、23 874 万人和 20 434 万人，分别比上一年增加 16 778 万人、859 万人、1 150 万人和 1 134 万人。

由于全民参保登记已经基本实现制度全覆盖，扩面空间缩小，难度增加，但在上一年高覆盖率的基础上，2019 年五险参保人数合计仍增加 6 896 万人，达到 299 599 万人。其中，基本养老保险、基本医疗保险、生育保险增加人数分别为 2 461 万人、948 万人、983 万人，失业保险和工伤保险增加人数分别为 900 万人和 1 604 万人（见表 2-7-2）。

表 2-7-2　2016—2019 年全国五项社会保险参保人数　单位：万人

年份	基本养老保险	基本医疗保险	失业保险	工伤保险	生育保险	合计
2016	88 777	74 392	18 089	21 889	18 451	221 598
2017	91 548	117 681	18 784	22 724	19 300	270 037
2018	94 293	134 459	19 643	23 874	20 434	292 703
2019	96 754	135 407	20 543	25 478	21 417	299 599

资料来源：各年度人力资源和社会保障事业发展统计公报、全国医疗保障事业发展统计公报。

2018—2019 年，城镇职工社会保险新增参保总人数和增长幅度都较前两年有所提高。除职工基本养老保险增速较前两年略有下降外，其余四险增速都较前两年有所提高。2018 年城镇职工基本养老保险参保人数 41 902 万人，比上一年增加 1 609 万人，增长 3. 99%；基本医疗保险参保人数 31 681 万人，比上一年增加 1 358 万人，增长 4. 48%。2019 年城镇职工基本养老保险参保人数 43 488 万人，比上一年增加 1 586 万人，增长 3. 79%；基本医疗保险参保人数 32 925 万人，比上一年增加 1 244 万人，增长 3. 93%；失业、工伤、生育保险没有对应的居民制度，因此城镇职工参保人数和全国参保人数一致（见表2-7-3）。

表 2-7-3　　2016—2019 年全国城镇职工五险参保人数与增长情况　　单位：万人

年份	基本养老保险	基本医疗保险	失业保险	工伤保险	生育保险	合计
2016 年	37 930	29 532	18 089	21 889	18 451	125 891
2017 年	40 293	30 323	18 784	22 724	19 300	131 424
2018 年	41 902	31 681	19 643	23 874	20 434	137 534
2019 年	43 488	32 925	20 543	25 478	21 417	143 851
2016 年增加	2 569	638	763	457	680	5 107
2017 年增加	2 364	791	695	834	849	5 533
2018 年增加	1 609	1 358	859	1 150	1 134	6 110
2019 年增加	1 586	1 244	900	1 604	983	6 317
2016 年增长（%）	7.27	2.21	4.4	2.13	3.83	4.23
2017 年增长（%）	6.23	2.68	3.84	3.81	4.6	4.4
2018 年增长（%）	3.99	4.48	4.57	5.06	5.88	4.65
2019 年增长（%）	3.79	3.93	4.58	6.72	4.81	4.59

资料来源：各年度人力资源和社会保障事业发展统计公报、全国医疗保障事业发展统计公报。

2018—2019 年，城乡居民基本养老保险延续了前两年参保人数继续增加的趋势，但增速降低。2018 年和 2019 年，城乡居民基本养老保险参保人数分别为 52 392 万人和 53 266 万人，分别比上一年增加 1 137 万人和 874 万人，增长 2.22%和 1.67%。2018 年，城乡居民医疗保险参保人数有新旧两个口径，旧口径不包括未整合的新农合参保人数。按旧统计口径，2018 年城乡居民医疗保险参保人数为 89 736 万人，较上一年增加 2 377 万人，增长 2.72%。由于 2018 年城镇居民基本医疗保险和新农合合并实施加快，在新统计口径下参保人数为 102 791 万人，较上一年增加 13 055 万人，增长 17.67%。2019 年，城乡居民医疗保险人数为 102 483 万人，较上一年减少 308 万人，负增长 0.3%（见图 2-7-1）。

2018—2019 年，人力资源社会保障部继续推进将城镇稳定就业的农民工纳入职工社会保险覆盖范围工作，不断完善新业态灵活就业农民工参加社会保险的政策措施。各地鼓励和支持农民工参加城镇职工社会保险，包括：依法将与用人单位建立稳定劳动关系的农民工纳入城镇职工基本养老保险和基本医疗保险范围，并按规定办理社会保险关系转移接续；针对进城灵活就业农民工，鼓励其参加城镇灵活就业人员职工基本养老保险和基本医疗保险，推动农民工与城镇职工平等参加失业保险、生育保险并平等享受相应待遇；

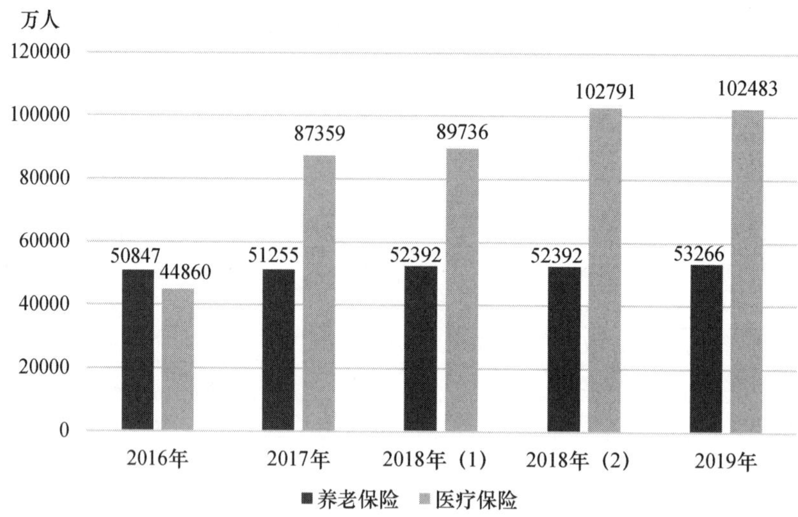

图 2-7-1　2016—2019 年城乡居民生活保险参保人数

注：2016 年、2017 年和 2018 年（1）不包括未整合的新农合参保人数，2018 年（2）和 2019 年包含未整合的新农合参保人数。

资料来源：各年度人力资源和社会保障事业发展统计公报、全国医疗保障事业发展统计公报。

继续实施推动建筑业等行业按项目参加工伤保险的“同舟计划”。上述措施取得显著成效。截至 2018 年年底，农民工参加城镇职工基本养老保险、失业保险、工伤保险的人数分别达到 6 221 万人、4 853 万人、8 085 万人。人力资源社会保障部积极推进建设工程按项目参加工伤保险工作，全国新开工项目参保率达到 99. 03%，在建项目参保率达到 99. 15%。2019 年，参加工伤保险的农民工为 8 616 万人，较上一年增加 530 万人。

2018—2019 年，各地社保经办机构按照《关于机关事业单位工作人员养老保险制度改革的决定》（国发〔2015〕2 号）和《在京中央国家机关事业单位工作人员养老保险制度改革实施办法》（人社部发〔2015〕112 号）提出的“一个统一、五个同步”基本思路，加快推进机关事业单位工作人员养老保险参保工作。截至 2018 年年底，全国机关事业单位基本养老保险参保人数 5 419 万人，其中，中央机关 56 万人。截至 2019 年年底，全国机关事业单位基本养老保险参保人数 5 583 万人，比上年增加 164 万人，增长 3. 03%，其中，中央机关 59 万人，比上年增加 4 万人，增长 6. 44%。

3. 充分应用全民登记成果，精准扩面征缴典型

全民参保基础数据库应用为精准参保扩面提供了支持，各地都较好地完

成了计划目标。截至 2018 年年底，广西全区参加基本养老保险、基本医疗保险、失业保险、工伤保险和生育保险人数分别为 2 715.49 万人、5 136.69 万人、323.52 万人、412.60 万人和 366.20 万人，分别完成全年计划的 104.28%、106.79%、105.04%、106.07%和 110.97%。[①] 贵州省人力资源与社会保障执行通报显示，截至 2019 年年底，全省城镇职工基本养老保险参保人数 677.50 万人，完成全年计划的 102.1%。其中，执行企业制度在职职工 415.62 万人，完成全年计划的 102.6%；执行机关事业制度在职职工 106.10 万人，完成全年计划的 101.1%；失业保险参保人数 276.07 万人，完成全年计划的 104.2%；工伤保险参保人数 408.51 万人，完成全年计划的 113.5%；城乡居民基本养老保险参保人数 1 855.76 万人，完成全年计划的 102.5%；新开工工程建设项目工伤保险参保率为 99.70%。[②] 河南省采取多项措施巩固全民参保登记成果、推动成果转化。一是以养老、医疗保险为重点实施精准扩面，进一步扩大社会保险覆盖面。2018 年，实现 154.3 万名未参保人员参保年度扩面目标。二是采取比对、补充、修正、更新等有效手段对全民参保登记数据处理，修正了 445 万人次不全不准参保登记信息，处理了 450 万人次重复参保缴费信息，核实查处了 5.22 万名重复领取基本养老金人员，确保数据唯一性和准确度。三是在全省范围内广泛开展以“全民参保”为主题的宣传活动，进一步增强广大群众参保意识。四是开发全民参保登记库相关系统接口，实现与内外相关部门数据交换，稳步推进全民参保基础数据动态管理。

4. 改革登记政策，改进经办方式

2016 年，国务院办公厅发布《关于加快推进“五证合一、一照一码”登记制度改革的通知》（国办发〔2016〕53 号），国家工商总局等五部门发布《关于贯彻落实〈国务院办公厅关于加快推进“五证合一”登记制度改革的通知〉的通知》（工商企注字〔2016〕150 号），人力资源社会保障部办公厅发布《关于做好企业“五证合一”社会保险登记工作的通知》（人社厅发〔2016〕130 号）。从 2016 年 10 月 1 日起，在工商部门登记的企业和农民专业合作社按照“五证合一、一照一码”登记制度进行社会保险登记证管理。2019 年 4 月 30 日，为了推进“多证合一、一照一码”登记制度改革，根据国

① http://www.gxnews.com.cn/staticpages/20180117/newgx5a5f54ce-16851389.shtml.

② http://rsj.guiyang.gov.cn/zfxxgk/fdzdgklm/zfxxgkjhgh/jhghgh/202005/t20200508_60367458.html.

务院办公厅通知要求，人力资源社会保障部印发《关于废止〈社会保险登记管理暂行办法〉的决定》（人社部令第 39 号）。至此，国家机关、事业单位、社会团体等也纳入“五证合一、一照一码”登记制度管理。这为运用“互联网+”技术，融合窗口受理、网上申报及移动终端办理等多种方式，一体化提供无差别公共服务的经办模式提供了依据，“自助办、网上办、掌上办”和“一门式”等探索在全国范围全面开展。

（三）社会保险权益记录

统一规范职工个人账户记账利率，推出居民个人账户记账利率。社会保险权益记录的重要内容是基本养老保险个人账户本金和利率。2017 年 4 月，人力资源社会保障部、财政部印发《统一和规范职工养老保险个人账户记账利率办法》（人社部发〔2017〕31 号），提出坚持制度公平性、增强制度激励作用、保证合理待遇水平、坚持制度可持续发展、体现精算平衡等基本原则，统一机关事业单位和企业职工基本养老保险个人账户记账利率。记账利率应主要考虑职工工资增长和基金平衡状况等因素研究确定，并通过合理的系数进行调整。记账利率不得低于银行定期存款利率，每年由国家统一公布。2018—2019 年，城镇职工养老保险个人账户记账利率分别为 8. 29%和 7. 61%。2018 年银行定期存款利率一年定期年利率为 1. 75%，三年定期年利率为 2. 75%；一些银行理财产品平均收益率为 4%左右。这意味着同等本金的情况下，养老保险个人账户利息收益是一年定期存入银行利息收益的 4. 73 倍，是购买银行理财产品所得收益的 2. 03 倍，体现了政策的缴费激励性。

2018 年，人力资源社会保障部、财政部发布《关于加快推进城乡居民基本养老保险基金委托投资工作的通知》（人社部发〔2018〕47 号），各地按照通知要求，积极开展基金委托投资，实现保值增值，提升了个人账户养老金水平和基金支付能力。2019 年，多个省份公布了城乡居民个人账户记账利率，但差异很大。浙江年利率为 3. 79%；广西按月利率 0. 187 5% 计算，折合年利率为 2. 25%；黑龙江计息年利率仅为 1. 50%。

（四）社会保险关系转移接续

1. 社会保险关系转移接续概况

近年来，为妥善解决参保人员养老保险转移接续问题，国家出台了一系列政策，已基本建立了跨地区、跨制度转移接续机制。2017 年，人力资源社会保障部、财政部印发《关于机关事业单位基本养老保险关系和职业年金转移接续有关问题的通知》（人社部规〔2017〕1号），明确了参保人员在机关事业单位养老保险制度内流动、在机关事业单位与企业之间流动时养老保险关系转移接续的相关政策。为适应信息化发展需要，提升转移接续工作经办效率，国家社会保险公共服务平台（http://si.12333.gov.cn）已经上线试运行，以社会保障卡为载体的“一卡通”服务管理模式正在加速推广。

人力资源社会保障部于2010年建设了部级社会保险关系转移系统，支持全国范围内社会保险关系转移接续电子化业务模式的开展，实现转移信息线上处理和交换。各级社保机构按照要求陆续接入部转移系统，并通过转移系统办理转移接续业务。截至2019年6月，除西藏全区正在进行转移系统联调测试外，其余省份已全部接入部转移系统，通过系统线上办理转移业务的省份逐步增多，各地养老保险关系转移接续工作平稳推进。截至2018年年底，全年全国城镇企业职工养老保险关系跨省转移约270.39万人次，转移资金806.42亿元；办理城乡养老保险制度衔接约19.81万人次，转移资金10.74亿元；退役军人养老保险关系转移约39.23万人次，转移资金165.14亿元。2018年通过部转移系统发起企业职工养老保险转移联系函78万笔，转出方回复信息表45万笔，回复率约为60%；军人保险关系转移上传业务321万笔，合计下载201万笔，下载率约为63%，通过转移系统办理转移接续业务的比例持续提升。截至2019年年底，全年全国城镇职工养老保险关系跨省转移299.9万人次，转移资金总计985.5亿元；办理城乡养老保险制度衔接14.2万人次，转移资金合计8.9亿元；退役军人养老保险关系转移33万人次，转移资金175.6亿元。

2. 转移接续工作取得新进展

转移接续政策的陆续出台，促进了养老保险体制、机制和经办流程的规范和完善，维护了参保人员的养老保险权益，但由于各地区之间做法差异较大、自行出台一次性补缴政策等，实际工作中还存在接续不畅通、手续烦琐、用时较长等问题。人力资源社会保障部根据国务院“放管服”改革精神和人社系统行风建设相关要求，进一步研究优化养老保险转移接续办理流程，精减办理转移接续过程中不必要的证明材料和表单。推动相关信息由社保经办机构之间、社保经办机构与相关部门联系获取，避免参保人员“多地跑、跑多次”。

各地社保经办机构在政策框架内，持续推进养老保险关系转移接续经办的便捷化服务。2018年3月，湖北省对部分县（市、区）因对养老保险转移接续政策特别是涉及非户籍地建立临时账户人员政策理解不一致而在执行中出现的问题进行了规范。2019 年 7 月，对省内城镇企业职工基本养老保险关系转移接续进行了优化。一是简化了政策，明确参保人员在全省范围内流动就业的，只转移基本养老保险关系，不再转移基金。二是压缩了办理时限，将办理转移时限从 45 个工作日压缩为 15 个工作日。此外，参保人员在全省范围内机关事业单位之间流动的，只转移基本养老保险关系，不转移基金。从 2019 年 8 月 1 日起，甘肃省兰州市所有社保经办机构统一取消企业职工基本养老保险关系市内跨经办机构转移手续，取消后，参保人员到新就业单位参保时养老保险关系转移由社保经办机构通过兰州市社会保险管理信息系统直接调转的方式办理。

2018 年，长三角区域一体化发展上升为国家战略。江苏省按照这一国家战略要求，着重在服务力量、服务渠道、服务平台三个方面狠下功夫，最大限度地提升服务，方便群众。设置专岗增强服务力量，普遍实现了“三专”：专门窗口、专线电话、专人服务。南京、无锡、徐州、苏州、南通、镇江多地还进一步创新管理机制，在经办机构内部增设独立的转移接续职能科室，牵头协调处理转移接续工作中遇到的各种问题。2019 年 12 月，无锡市、泰州市社保中心依托国家社会保险公共服务平台及人力资源社会保障部转移接续平台开通了网上申请服务，成为全国第一批、省内首批可提供此服务的城市，参保人员可以通过国家社会保险公共服务平台、“掌上 12333” App、支付宝等途径提出申请，足不出户即可办理企业职工基本养老保险关系转入申请、查询转移申请审核结果、查询转移进度等业务。

2019 年 10 月，人力资源社会保障部发布《关于职工基本养老保险关系转移接续有关问题的补充通知》（人社厅发〔2019〕94 号），进一步规范了参保人员跨省转移一次性补缴承诺政策和承诺书内容，规定省内转移需要提供的相关文书必须事前形成，明确因地方自行出台一次性缴纳养老保险费政策或因无法提供有关材料造成无法转移的缴费年限和资金，转出地应自收到转入地联系函 10 个工作日内书面告知参保人员，并配合一次性缴纳养老保险费发生地妥善解决后续问题。

八、社会保险费征收与收入管理

2018—2019 年，我国进一步完善社会保险基金预决算管理制度，配合医疗保险与生育保险合并实施的推进，将基本医疗保险基金与生育保险基金预算合并编制；持续降低城镇职工社会保险费率，调整社会保险缴费基数；进一步健全城乡居民参保缴费激励机制，积极引导参保居民选择更高档次缴费；社会保险基金收入呈增长态势。

（一）社会保险基金预决算管理

我国各省（区、市）自2010年开始依据国务院颁布的《关于试行社会保险基金预算的意见》（国发〔2010〕2号）和《社会保险法》的规定，对包括城镇五项社会保险、城乡居民基本养老保险和医疗保险在内的社会保险基金统一编制社会保险预算，按照社会保险险种分别建账，分账核算，执行国家统一的会计制度。2017年人力资源社会保障部开始在河北省邯郸市、山西省晋中市等12个城市进行生育保险和职工基本医疗保险合并实施试点，2018年国家医疗保障局组建，社会保险基金按险种分别编制的规定已不能适应管理体制的变化。2018年12月，全国人大常委会通过关于修改《社会保险法》的决定，《社会保险法》第六十六条中"社会保险基金预算按照社会保险项目分别编制"修改为"除基本医疗保险基金与生育保险基金预算合并编制外，其他社会保险基金预算按照社会保险项目分别编制"，为生育保险和职工基本医疗保险合并实施提供了充分法律依据。

（二）社会保险费征收管理

1. 城镇职工社会保险费征收与管理

（1）持续降低社会保险费率

为减轻企业负担，促进就业稳定，我国自2015年开始持续阶段性降低社会保险费率，涉及企业职工基本养老保险、失业保险和工伤保险。2018—2019年，为进一步降低企业用工成本，增强企业发展活力，继续实施阶段性降低社会保险费率政策。

2018年4月20日，《人力资源社会保障部、财政部关于继续阶段性降低社会保险费率的通知》（人社部发〔2018〕25号）印发，自2018年5月1日起，企业职工基本养老保险单位缴费比例超过19%的省（区、市），以及按照《人力资源社会保障、财政部关于阶段性降低社会保险费率的通知》（人社部发〔2016〕36号）规定单位缴费比例降至19%的省（区、市），基金累计结余可支付月数（截至2017年年底，下同）高于9个月的，可阶段性执行19%的单位缴费比例至2019年4月30日。自2018年5月1日起，按照《人力资源社会保障部、财政部关于阶段性降低失业保险费率的通知》（人社部发〔2017〕14号）

实施失业保险总费率 1%的省（区、市），延长阶段性降低费率的期限至 2019 年 4 月 30 日。自 2018 年 5 月 1 日起，在保持八类费率总体稳定的基础上，工伤保险基金累计结余可支付月数在 18（含）至 23 个月的统筹地区，可以现行费率为基础下调 20%；累计结余可支付月数在 24 个月（含）以上的统筹地区，可以现行费率为基础下调 50%。降低费率的期限暂执行至 2019 年 4 月 30 日。下调费率期间，统筹地区工伤保险基金累计结余达到合理支付月数范围的，停止下调。

2015 年至 2019 年 4 月 30 日阶段性降费率政策执行期满，共减轻企业社保缴费负担近 5 000 亿元。各地失业、工伤及生育保险费率有了显著下降，企业缴费负担逐步降低。但企业缴费负担最重的城镇职工基本养老保险费率降幅不大，单位缴费比例仅从 20%降至 19%，且各地的养老保险单位缴费比例差异显著，如上海、辽宁（除大连外）、吉林、黑龙江等省份是 20%，天津、河南、云南、贵州等大多数省份为 19%，山东和福建是 18%；广东、浙江两省仅为 13%~14%，福建厦门仅为 12%，远低于全国平均水平。这既不利于企业公平竞争，对推进城镇企业职工基本养老保险基金省级统筹乃至全国统筹也十分不利。进一步降低与统一城镇企业职工基本养老保险单位缴费比例成为企业和社会共同关注的焦点。

随着我国经济发展出现了一系列新形势新情况，为进一步减轻企业负担和营造更加公平的市场竞争环境，习近平总书记 2018 年 11 月在民营企业座谈会上强调，要根据实际情况，降低社保缴费名义费率，稳定缴费方式，确保企业社保缴费实际负担有实质性下降，在 12 月召开的中央经济工作会议上进一步部署实施更大规模的减税降费。李克强总理多次作出重要指示批示，并在《政府工作报告》中明确提出各地可将养老保险单位缴费比例降低至 16%。人力资源社会保障部会同财政部、国家税务总局、国家医疗保障局等部门对降低社会保险费进行了认真研究和测算。2019 年 4 月 1 日，国务院办公厅正式发布《降低社会保险费率综合方案》（国办发〔2019〕13 号），自 2019 年 5 月 1 日起，降低城镇职工基本养老保险（包括企业和机关事业单位基本养老保险，以下简称养老保险）单位缴费比例。各省（区、市）及新疆生产建设兵团养老保险单位缴费比例高于 16%的，可降至 16%；低于 16%的，要研究提出过渡办法。2019 年 4 月 28 日，人力资源社会保障部等多部门联合发布《关于贯彻落实〈降低社会保险费率综合方案〉的通知》（人社部发〔2019〕35 号），要求各地准确把握《降低社会保险费率综合方案》的有关政策，对降低养老保险单位缴费比例作了进一步规定。省内单位缴费比例不统一的，高于16%的地市可降至16%；低于16%的，要研究提出过渡办法。目前暂不调整单位缴费比例的地区，要按照公平统一的原则，研究提出过渡方案。

截至2019年5月，除广东、浙江两省外，其余30个省份（含新疆兵团）已将城镇企业职工基本养老保险单位缴费比例统一降至16%。浙江省人力资源社会保障厅会同省财政厅、省税务局联合印发《关于降低社会保险费率有关问题的通知》，明确自2019年5月1日起，全省机关事业单位基本养老保险单位缴费比例降至16%。不过，浙江省企业基本养老保险缴费比例如何调整尚未明确。广东省已经制定过渡方案并报人力资源社会保障部备案。事实上，2017年广东省就发布了《关于进一步统一全省企业职工基本养老保险单位缴费比例的通知》（粤人社规〔2017〕8号），从2017年7月1日开始对企业职工基本养老保险实行省级统筹，执行全省统一费率费基，用人单位缴费比例全省统一为14%，有效期暂定三年，并要求高于14%的下调至14%，低于14%的三年内过渡至14%。2019年4月30日，按照《降低社会保险费率综合方案》的要求，广东省人力资源社会保障厅、财政厅、税务局联合发布《广东省城镇职工基本养老保险单位缴费比例过渡方案》，要求逐步提高企业职工养老保险单位缴费比例，单位缴费比例为13%的市，2020年年底前将单位缴费比例调整为14%，今后再根据国家统一部署，将单位缴费比例逐步过渡到全国统一标准。2019年广东省江门市单位缴费比例暂不上调，仍按13%执行。根据这个标准，2019年1—3月，江门市已累计为全市用人单位节约养老保险费成本约8 400万元。①

在失业和工伤保险方面，自2019年5月1日起，实施失业保险总费率1%的省份，延长阶段性降低失业保险费率的期限至2020年4月30日。自2019年5月1日起，延长阶段性降低工伤保险费率的期限至2020年4月30日。工伤保险基金累计结余可支付月数在18～23个月的统筹地区，可以现行费率为基础下调20%；累计结余可支付月数在24个月以上的统筹地区，可以现行费率为基础下调50%。截至2019年5月，31个省份及新疆兵团都已明确延续阶段性降低失业保险费率政策；符合条件的26个省份明确继续阶段性降低工伤保险费率。

2019年《降低社会保险费率综合方案》实施以后，企业和社会反响热烈，取得了良好的政策效果。一是切实减轻了企业负担，降低了用工成本，

① 《江门市养老保险单位缴费比例为13%，短期内不会上调》，江门日报，2019年5月13日。

增强了企业活力。人力资源社会保障部数据显示①，截至 2019 年 9 月底，社保降费共为企业减免 2 725 亿元，预计全年超过 3 800 亿元。二是有利于扩面征缴，提高参保缴费率。2019 年前 10 个月，辽宁全省新增在职参保人员 54.7 万人，缴费率 80.5%，较上年同期增加 5.4 个百分点。参保人数增加带来基金收入相应增加，形成了企业发展和社会保险制度加快完善的良性循环。三是有利于降低赡养率，维持社会保险基金收支平衡。2019 年以来，新疆职工养老保险参保人数大幅增加，赡养率从 2.8∶1 提高到 3∶1。在执行大幅降费政策后，养老保险基金当期收支仍保持净增长，累计结余稳步增加。

《降低社会保险费率综合方案》要求各地将机关事业单位基本养老保险单位缴费比例由 20%降至 16%，这是我国首次降低机关事业单位的缴费比例。更重要的是，城镇职工基本养老保险单位缴费比例降至 16%不是阶段性政策，而是长期性制度安排，政策力度大，普惠性强，减负效果明显，彰显了中央减轻企业社保缴费负担的鲜明态度和坚定决心。

（2）社会保险缴费基数调整

社会保险缴费基数是用人单位及其职工缴纳社会保险费的依据。根据《国务院关于建立统一的企业职工养老保险制度的决定》（国发〔1997〕26 号）、《国务院关于完善企业职工基本养老保险制度的决定》（国发〔2005〕38 号）等规定及《社会保险法》的释义，我国城镇职工基本养老保险缴费基数是本人工资，一般以上一年度本人月平均工资为个人缴费工资基数，企业则按职工工资总额的一定比例缴纳基本养老保险费；职工月平均工资低于当地职工平均工资 60%的，按 60%计算缴费工资基数；超过当地职工平均工资 300%的部分不记入缴费工资基数。医疗、失业、工伤、生育保险的缴费基数与养老保险基本一致。

社会保险缴费基数的这一规定存在以下几个问题。

1）统计口径不合理。尽管职工按本人上一年度月平均工资作为个人缴费基数，若个人工资低于当地职工平均工资的 60%，则要按社会平均工资 60%缴费。由于统计口径的原因，各地对当地职工平均工资的规定虽然各不相同，超过 90%以上的省（区、市）是以城镇非私营单位在岗职工平均工资作为当地职工平均工资，明显拉高了当地的社会平均工资，进而拉高了缴费基数下限。对收入较低的职工尤其是私营单位职工，可能会产生缴费基数下限高于

① 《3 800 亿元社保降费给企业添动力》，经济日报，2019 年 12 月 16 日。

本人实际工资的情况，加重其缴费负担，削弱了这一群体的参保积极性。

2）企业缴费基数不统一。各省（区、市）对职工工资总额的理解各不相同，主要有两种做法。一是将职工实际工资加总作为职工工资总额，这一做法简单易操作，但由于缴费基数上下限的存在，可能造成企业缴费基数和职工个人缴费基数总额不一致，甚至相差较大。对于职工平均工资低于当地缴费基数下限的低薪酬企业和行业、劳动力密集企业和行业来说，无疑会加重企业缴费负担和劳动力成本，容易导致企业采用瞒报漏报参保人数等方法逃避社会保险缴费，既不利于社会保险的扩面征缴，又损害了职工的社会保险权益。二是将职工实际缴费工资加总作为职工工资总额。这一做法比较科学，企业缴费基数和职工个人缴费基数总额相同，但企业仍然可以通过瞒报人数、低报职工工资等手段降低缴费基数，不仅难以避免企业逃避社会保险缴费的可能性，还会造成职工缴费基数下降，进而影响社会保险基金的收入水平和规模。据 2018 年《中国企业社保白皮书》，企业参保在及时性、险种覆盖面上遵守程度较好，但是社保缴费基数完全合规的企业仅占 27%，73%的企业没有按照规定缴费，其中 31.7%的企业按照最低标准缴费。

3）无单位缴费人员缴费基数差异大。按照 2005 年《国务院关于完善企业职工基本养老保险制度的决定》规定，城镇个体工商户和灵活就业人员参加基本养老保险的缴费基数为当地上一年度在岗职工平均工资，缴费比例为 20%，其中 8%记入个人账户。由于个体工商户和灵活就业人员没有用人单位为其承担缴费责任，为降低其缴费压力，提高其参保积极性，在实际执行中，各地对个体工商户和灵活就业人员的缴费基数尤其是上下限作出了不同的规定，一般低于企业职工的缴费基数。北京市在 2019 年降费综合方案出台之前，对灵活就业人员的缴费基数设定了社平工资的 40%、60%和 100%三个档次；青岛市 2018 年灵活就业人员缴费基数也设定了三个档次，分别为社平工资的 60%、80%和 100%。较低的缴费基数虽然有利于灵活就业人员参加城镇职工基本养老保险，但会造成个人账户积累少、预期养老金收益低于城镇退休职工，对养老保险基金的收支平衡也会在一定程度上造成负面影响。

为了解决以上问题，2019 年《降低社会保险费率综合方案》调整了就业人员平均工资计算口径，以各省城镇非私营单位就业人员平均工资和城镇私营单位就业人员平均工资加权计算的全口径城镇单位就业人员平均工资，核定社保个人缴费基数上下限，合理降低部分参保人员和企业社保缴费基数。同时，完善个体工商户和灵活就业人员缴费基数政策，个体工商户和灵活就业人员参加企业职工基本养老保险，可以在本省全口径城镇单位就业人员平均工资的60%~300%之间选择适当的缴费基数，缴费基数下限标准低于60%的要逐步提高至60%。

除天津、浙江、青岛等少数地区已经先期使用全口径城镇单位就业人员平均工资外，各省份都结合实际对缴费基数进行了政策调整，具体方案2019年4月底全部出台，5月1日落地实施。陕西等6个省份追溯至2019年1月1日起开始实行新的缴费基数政策，辽宁、江苏、湖北3个省份实施时间为2019年7月1日，大部分省份包括北京、江苏、河南、山西、湖北、四川、福建等实施时间为2019年5月1日。

北京市自2019年7月起，将个体工商户、灵活就业人员参加城镇职工基本养老保险缴费基数下限标准由40%调整为46%，2020年7月缴费下限标准调整为52%，2021年7月缴费下限标准调整为60%。自2019年7月起，个体工商户和灵活就业人员参加企业职工基本养老保险，可以在企业职工养老保险缴费下限和上限之间选择适当的缴费基数缴费。失业保险缴费基数同步调整。青岛市自2019年1月起将个体工商户和灵活就业人员的缴费基数区间调整为山东省全口径职工平均工资的60%~300%。为给参保人员提供更加便捷的操作方式，青岛市采取两种申报方式并行的办法。第一种是个体工商户和灵活就业人员依据个人收入，在山东省全口径职工平均工资的60%~300%之间自行选择缴费基数；第二种是在山东省全口径职工平均工资的60%、80%、100%、200%、300%五档中任选一档作为缴费基数。

缴费基数的调整降低了参保缴费门槛，提高了企业和个人的参保缴费积极性，为社保制度可持续发展增添了动能。陕西省截至2019年8月底，企业职工基本养老保险参保人数达到828.75万人，较上年末增加17.72万人。虽然企业缴费数额下降了，但养老保险收入与上年同期大体持平。大连市社会保险缴费基数社会平均工资标准从原来的7 299元降低到4 801元，大大降低了企业和个人缴费负担。宁夏通过调整缴费基数可为近56万名低缴费城镇职工减负12亿元。青海省2019年养老保险月缴费基数下限由原来的4 269元调整到3 410元，降低859元；上限由原来的21 345元调整到17 049元，降低4 296元。据测算，全年可减轻参保人员负担3.76亿元，惠及参保人员299 113人。2019年青海省养老保险参保人数达到413.7万人，比上年增加22.22万人。

2. 城乡居民社会保险费征收

城乡居民基本养老保险一般采取分档定额缴费模式，选择缴费档次与待遇挂钩，多缴多得。2014 年 2 月 21 日国务院印发的《关于建立统一的城乡居民基本养老保险制度的意见》（国发〔2014〕8 号），从 100 元至 2 000 元共设置了 12 个缴费档次。城乡居民医疗保险则采取定额缴费模式。2018 年 1 月 23 日，为解决保障水平较低、待遇确定和正常调整机制尚未健全、缴费激励约束机制不强等问题，人力资源社会保障部、财政部印发《关于建立城乡居民基本养老保险待遇确定和基础养老金正常调整机制的指导意见》（人社部发〔2018〕21 号），要求各地要根据城乡居民收入增长情况，合理确定和调整城乡居民基本养老保险缴费档次标准，最高缴费档次标准原则上不超过当地灵活就业人员参加职工基本养老保险的年缴费额。对重度残疾人等缴费困难群体，可保留现行最低缴费档次标准。同时要求各地建立城乡居民基本养老保险缴费补贴动态调整机制，根据经济发展、个人缴费标准提高和财力状况，合理调整缴费补贴水平，对选择较高档次缴费的人员可适当增加缴费补贴，引导城乡居民选择高档次标准缴费。鼓励集体经济组织提高缴费补助，鼓励其他社会组织、公益慈善组织、个人为参保人缴费加大资助。2018 年 5 月 10 日，人力资源社会保障部和财政部又联合发布《关于 2018 年提高全国城乡居民基本养老保险基础养老金最低标准的通知》（人社部规〔2018〕3 号），要求各地进一步健全参保缴费激励机制，积极引导参保居民选择更高档次缴费，增加个人账户积累，逐步提高养老保障水平，促进城乡居民基本养老保险制度可持续发展。

2018—2019 年，城乡居民基本养老保险人均缴费和征缴收入有了明显变化。2018 年，城乡居民基本养老保险人均缴费 297 元，比上年增加 15 元，增长 5.3%；征缴收入 8 565 347 万元，比上年增加 479 285 万元，增长 5.9%。2019 年，人均缴费进一步提高到 351 元，比上年增加 54 元，增长 18.2%；征缴收入 9 777 885 万元，比上年增加 1 212 538 万元，增长 14.2%。

2018—2019 年，城乡居民基本医疗保险的征缴和财政补贴力度进一步加大。2018 年，城乡居民基本医疗保险人均筹资 693 元，比上年增加 88 元，增长 14.5%；人均财政补助 497 元，比上年增加 58 元，增长 13.2%。2019 年，城乡居民基本医疗保险人均筹资 781 元，比上年增加 88 元，增长 12.7%；人均财政补助 546 元，比上年增加 49 元，增长 9.9%。

（三）社会保险基金收入管理

1. 社会保险基金收入总量及增长情况

2018 年，五项社会保险基金收入合计 79 254 亿元，比上年增加 12 100 亿元，增长 18.0%（见表 2-8-1）。其中，基本养老保险基金总收入 55 005 亿元，占基金总收入的 69.4%，比上年增长 8 391 亿元，增长率为 18.0%；基本医疗保险基金总收入 21 384 亿元，占基金总收入的 27.0%，比上年增长 3 452 亿元，增长率为 19.3%；生育保险基金收入 781 亿元，占基金总收入的 1%，比上年增长 139 亿元，增长率为 21.7%；失业保险基金收入 1 171 亿元，占基金总收入的 1.5%，比上年增长 58 亿元，增长率为 5.2%；工伤保险基金收入 913 亿元，占基金总收入的 1.2%，比上年增长 59 亿元，增长率为 6.9%。

2019 年，五项社会保险基金收入合计 83 550 亿元，比上年增加 4 296 亿元，增长 5.4%（见表 2-8-1）。其中，基本养老保险基金总收入 57 026 亿元，占基金总收入的 68.3%，比上年增长 2 021 亿元，增长率为 3.7%；基本医疗保险基金（含生育保险）总收入 24 421 亿元，占基金总收入的 29.2%，比上年增长 2 256 亿元，增长率为 14.2%①；失业保险基金收入 1 284 亿元，占基金总收入的 1.5%，比上年增长 113 亿元，增长率为 9.7%；工伤保险基金收入 819 亿元，约占基金总收入的 1%，比上年减少 94 亿元，减少 10.3%。

表 2-8-1　社会保险基金历年分险种收入情况　单位：亿元

年份		2015	2016	2017	2018	2019
基本养老保险	收入	32 195	37 991	46 614	55 005	57 026
	增长率	16.6%	18.0%	22.7%	18.0%	3.7%
基本医疗保险	收入	11 193	13 084	17 932	21 384	24 421 *
	增长率	15.5%	16.9%	37.0%	19.3%	14.2%
失业保险	收入	1 368	1 229	1 113	1 171	1 284
	增长率	-0.9%	-10.2%	-9.5%	5.2%	9.7%
工伤保险	收入	754	737	854	913	819
	增长率	8.6%	-2.3%	15.9%	6.9%	-10.3%
生育保险	收入	502	522	642	781	—
	增长率	12.5%	4.0%	23.1%	21.7%	—
合计	收入	46 012	53 563	67 154	79 254	83 550
	增长率	15.5%	16.4%	25.4%	18.0%	5.4%

资料来源：人力资源社会保障部社会保险事业管理中心。

注：＊2019 年基本医疗保险基金收入含生育保险。

① 数据来源为 2019 年全国医疗保障事业发展统计公报。因 2019 年基本医疗保险和生育保险合并实施，故比上年增长数 2 256 亿元和增长率 14.2%为 2019 年基金收入 24 421 亿元减去 2018 年基本医疗保险基金和生育保险基金收入得出，增长率亦同。

总体来看，2018—2019 年社会保险基金总收入呈增长态势，但增幅明显下降（见图 2-8-1 和图 2-8-2）。尤其是 2019 年，除失业保险基金增幅大于上年以外，基本养老保险仅增长 3.7%，工伤保险基金收入出现负增长，降幅在 10%左右，医疗保险虽然增幅不小，但考虑到 2019 年医保基金包含生育保险基金这一因素，增长幅度较往年还是有明显下降（见图 2-8-2）。这与我国 2019 年出台《降低社会保险费率综合方案》后大幅降低养老保险和工伤保险费率密切相关。

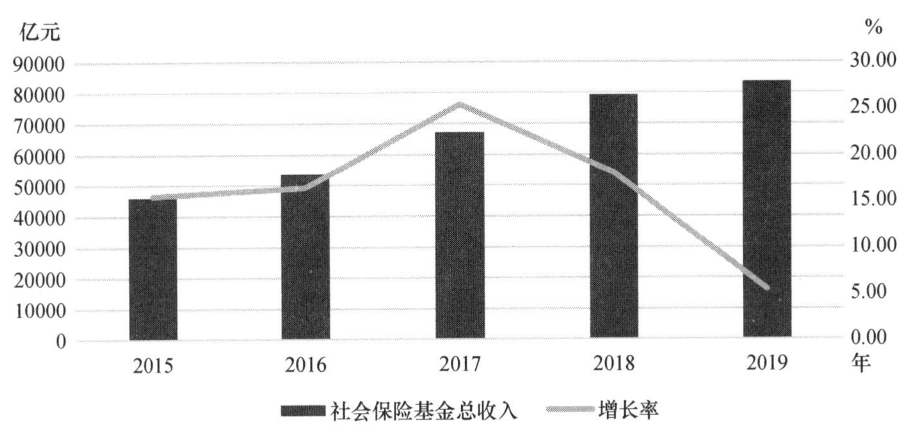

图 2-8-1　我国历年社会保险基金总收入及增长率变化趋势

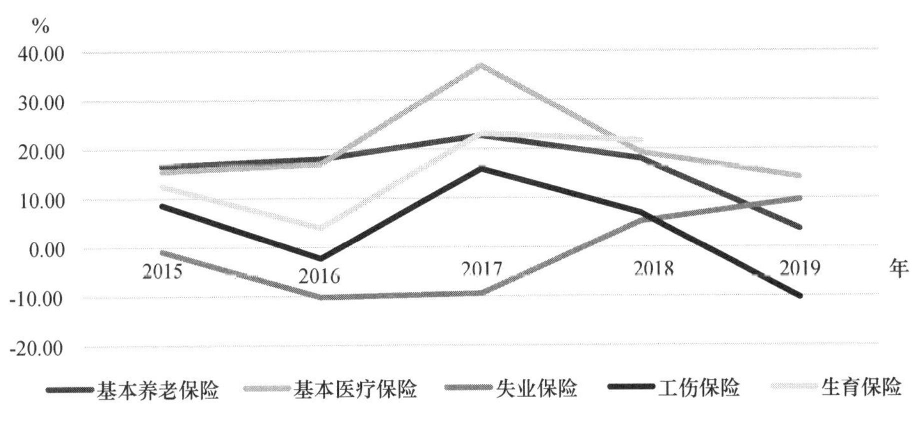

图 2-8-2　我国历年五险基金收入增长率变化趋势

2018 年社会保险基金总收入排名首位的是广东，总收入 6 780.4 亿元，占全国社会保险基金总收入的 8.7%。江苏紧随其后，社会保险基金总收入 6 029.4 亿元，占总收入的 7.7%。除广东和江苏以外，总收入超过 4 000 亿元的还有 5 个省份，分别是山东、浙江、四川、上海、北京，7 个省份基金总收入 35 163. 6 亿元，占总收入的 44. 9%。河北、河南、湖南、辽宁 4 个省份基金总收入超过 3 000 亿元；甘肃、海南、宁夏、青海和西藏社会保险基金收入不足 1 000 亿元，5 个省份社会保险基金收入总计 2 363. 2 亿元，占总收入的 3. 0%。从各地区不同险种收入的分布情况来看，排名靠前的省份基本上都是广东、江苏、浙江、山东、四川、北京、上海等，其中广东在养老、医疗、失业和生育四个险种为收入最高省份，失业和生育保险基金收入均占全国收入 10%以上；江苏的工伤保险收入居全国首位，占全国工伤保险基金总收入的 8. 7%。这一态势与 GDP 总量区域分布大体相当，与不同地区劳动力分布和经济发达程度密切相关（见表 2-8-2 和图 2-8-3）。

表 2-8-2　　2018 年分地区社会保险基金收入　　单位：亿元

地区	基本养老保险		基本医疗保险		失业保险	工伤保险	生育保险	合计
	城镇职工	城乡居民	城镇职工	城乡居民				
总计	50 928. 3	3 837. 7	13 538	7 846. 5	1 171. 4	912. 7	781. 1	78 234. 6
北京	2 553. 9	55. 9	1 209	111. 7	104. 7	40. 2	76. 1	4 075. 4
天津	1 120. 3	61	308. 1	59. 7	27	14. 3	12. 1	1 590. 4
河北	2 125. 7	194. 8	416. 9	421. 7	32. 5	54. 2	22. 8	3 245. 8
山西	1 223. 4	87. 5	246. 5	181. 9	26. 6	38. 4	11. 5	1 804. 3
内蒙古	1 094. 6	59. 1	215. 6	125. 1	21. 2	14. 6	10. 6	1 530. 2
辽宁	2 343. 6	71. 7	492. 6	166. 7	37. 9	38. 1	18. 9	3 150. 6
吉林	1 055. 4	41. 6	175. 5	129. 3	19. 1	13	8. 6	1 433. 9
黑龙江	1 630. 2	53. 1	308. 3	152. 9	18	24. 9	7. 5	2 187. 4
上海	2 808. 9	75. 3	1 119. 3	80. 2	96. 8	31. 7	88. 9	4 212. 2
江苏	3 923. 2	348. 6	1 141. 4	435. 3	100	80. 9	78. 1	6 029. 4
浙江	3 011. 8	176. 6	1 011. 2	402. 5	81. 6	66. 4	62. 1	4 750. 1
安徽	2 005. 6	215. 6	309. 5	355	28. 8	24	12. 3	2 938. 5
福建	886. 4	103. 6	325	213	22. 8	20. 2	17. 1	1 571
江西	1 169. 8	110. 5	214. 2	302. 6	13. 5	24. 6	9. 4	1 835. 2
山东	2 728. 1	437. 5	873. 4	658	74. 1	64. 1	64. 1	4 835. 2
河南	1 901. 8	265. 8	414. 2	582. 8	36. 3	29. 7	24. 7	3 230. 6
湖北	1 941. 7	182. 4	429	325	31. 2	26. 7	17. 6	2 936
湖南	2 129. 2	175. 8	364	408. 4	24. 8	55. 9	16. 2	3 158. 1
广东	4 571. 3	215. 8	1 345. 6	452. 9	121. 9	72. 9	103. 7	6 780. 4
广西	1 248. 9	105. 6	234. 3	345. 7	23. 3	16	13. 4	1 973. 8
海南	326. 1	35. 4	78. 9	45. 1	7. 1	3. 4	4. 3	496

续表

地区	基本养老保险		基本医疗保险		失业保险	工伤保险	生育保险	合计
	城镇职工	城乡居民	城镇职工	城乡居民				
重庆	1 202. 3	77. 4	288. 7	228. 1	19. 6	21. 5	—	1 837. 6
四川	2 884. 2	246. 5	667. 4	536. 6	104. 3	41. 9	32. 2	4 480. 9
贵州	799. 3	70. 2	185. 8	215. 5	15. 5	16	12. 1	1 302. 3
云南	878	104. 7	289. 3	285. 5	17. 7	17. 5	14	1 592. 7
西藏	110. 5	8. 4	37. 6	23. 1	2. 6	1. 9	2. 2	184. 1
陕西	1 173. 3	115. 5	290. 3	225. 5	22. 8	21. 8	10. 3	1 849. 2
甘肃	552. 6	73. 5	125. 9	148. 1	10. 7	12. 3	8. 9	923. 1
青海	217. 7	17. 5	72. 9	40. 6	4. 4	4. 8	2. 5	357. 9
宁夏	268. 8	15. 3	63. 9	43	5. 5	5. 6	5. 2	402. 1
新疆	1 041. 7	35. 5	283. 7	145	19. 1	15. 2	13. 7	1 540. 2

数据来源：国家统计局。

注：因重庆市是生育保险与基本医疗保险合并实施首批试点城市，2018 年生育保险基金并入医疗保险基金，故生育保险基金数据缺失。

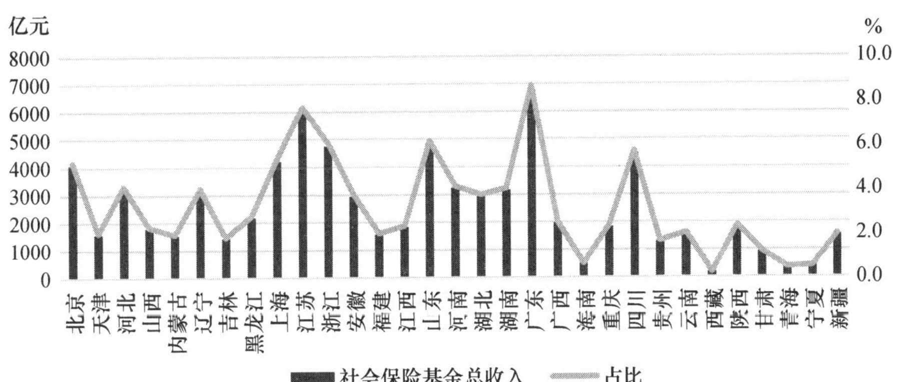

图 2-8-3　2018 年分地区社会保险基金总收入及占比情况

2019 年，三项社会保险基金总收入居全国首位的是广东，总收入 6 087 亿元，占全国总收入的 10. 3%。江苏紧随其后，三项社会保险基金总收入 4 303 亿元，占总收入的 7. 3%。浙江、山东、四川、上海 4 个省份三项社会保险基金总收入超过 3 000 亿元。北京、河北、湖北、辽宁、河南、湖南等省份基金总收入超过 2 000 亿元。排名前八的省份三项社会保险基金总收入 29 128 亿元，占全国总收入的 49. 3%。从各地区不同险种收入的分布情况来看，排名靠前的基本上都是广东、江苏、浙江、山东、四川、北京、上海等省份，其中广东在养老和失业两个险种上为收入最高省份，其养老和失业保险基金收入分别占全国收入的 10.3%和 12.3%；江苏的工伤保险收入居全国首位，占全国工伤保险基金总收入的 8.8%（见表 2-8-3 和图 2-8-4）。

表 2-8-3　　2019 年分地区社会保险基金收入　　单位：亿元

地区	基本养老保险		失业保险	工伤保险	合计
	城镇职工	城乡居民			
总计	52 919	4 107	1 284	819	59 129
北京	2 761	68	102	45	2 976
天津	1 021	61	25	13	1 120
河北	2 437	223	34	56	2 750
山西	1 232	96	24	38	1 390
内蒙古	1 061	64	20	12	1 157
辽宁	2 486	78	43	40	2 647
吉林	1 143	47	19	12	1 221
黑龙江	1 785	65	21	27	1 898
上海	2 934	76	105	34	3 149
江苏	3 759	357	115	72	4 303
浙江	3 040	176	88	59	3 363
安徽	1 515	225	38	18	1 796
福建	932	120	25	20	1 097
江西	1 047	108	14	19	1 188
山东	2 785	436	82	57	3 360
河南	2 053	284	42	26	2 405
湖北	2 418	198	37	15	2 668
湖南	1 768	188	25	46	2 027
广东	5 593	284	158	52	6 087
广西	1 129	124	24	10	1 287
海南	325	38	8	3	374
重庆	1 238	83	24	25	1 370
四川	2 755	247	99	39	3 140
贵州	726	71	18	15	830
云南	951	108	21	13	1 093
西藏	139	9	3	2	153
陕西	1 254	122	26	18	1 420

续表

地区	基本养老保险		失业保险	工伤保险	合计
	城镇职工	城乡居民			
甘肃	598	75	13	10	696
青海	301	19	4	4	328
宁夏	269	15	6	5	295
新疆	838	40	19	12	909
新疆兵团	299	1	3	3	306
人行	45				45
农发行	18				18
央保中心	263				263
中央调剂金	1				1

数据来源：人力资源社会保障部社会保险事业管理中心。

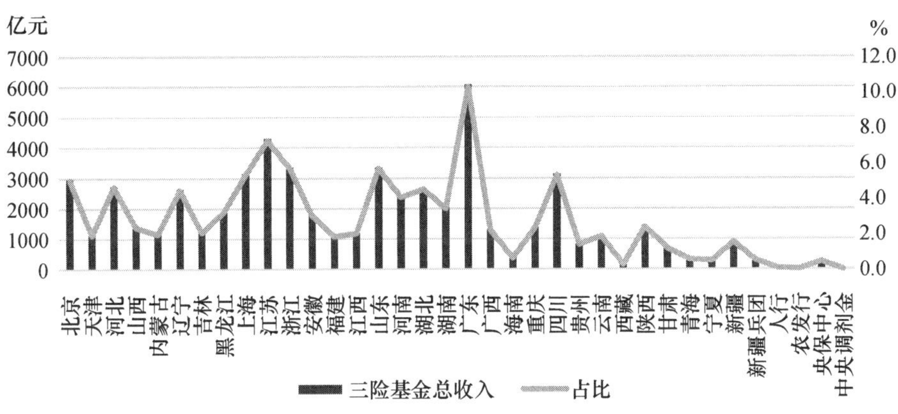

图 2-8-4　2019 年分地区三项社会保险基金总收入及占比情况

2. 分险种社会保险基金收入

（1）基本养老保险基金收入

1）城镇职工基本养老保险基金收入。2018 年，城镇职工基本养老保险基金总收入 51 168 亿元，比上年增加 7 858 亿元，增长 18. 1%。2019 年，城镇职工基本养老保险基金总收入 52 919 亿元，比上年增加 1 751 亿元，增长 3. 4%。2019 年，中央财政安排企业职工基本养老保险补助资金 5 285 亿元，同比增长 9. 4%。[①] 2015—2019 年城镇职工基本养老保险收入及增长率趋势见图 2-8-5。

① 《人力资源社会保障部、财政部、税务总局、国家医疗保障局有关负责人就〈降低社会保险费率综合方案〉答记者问》，国家医疗保障局网站，2019 年 4 月 9 日。

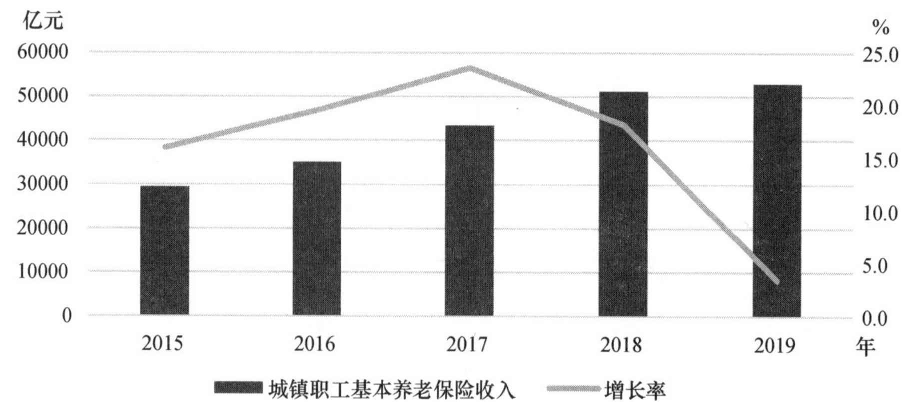

图 2-8-5　2015—2019 年城镇职工基本养老保险收入及增长率趋势

为了解决地区间基金“贫富不均”，均衡地区间企业职工基本养老保险基金负担不均衡问题，实现基本养老保险制度可持续发展，2018 年 6 月 13 日，国务院发布《关于建立企业职工基本养老保险基金中央调剂制度的通知》（国发〔2018〕18 号），自 2018 年 7 月 1 日起建立养老保险基金中央调剂制度，作为实现养老保险全国统筹的第一步。中央调剂基金由各省份养老保险基金上解资金构成。按照各省份职工平均工资的 90%和在职应参保人数作为计算上解额的基数，上解比例从 3%起步，逐步提高。各省份职工平均工资为统计部门提供的城镇非私营单位和私营单位就业人员加权平均工资。在职应参保人数暂以在职参保人数和国家统计局公布的企业就业人数二者的平均值为基数核定，将来条件成熟时，以覆盖常住人口的全民参保计划数据为基础确定在职应参保人数。2018 年中央调剂比例为 3%，2019 年提高到 3.5%。2019 年全年中央调剂基金总规模 6 300 亿元，22 个省份受益 1 512 亿元。

建立养老保险基金中央调剂制度，通过中央调剂基金筹集、基金拨付、基金管理等多种渠道和手段，有利于增强企业职工基本养老保险基金的互济功能和抗风险能力，缓解或逐步解决部分困难地区特别是退休人员赡养比较高地区企业职工基本养老保险基金当期征缴收不抵支的问题，有利于促进全国企业职工基本养老保险制度可持续发展。

2）城乡居民基本养老保险基金收入。2018 年城乡居民基本养老保险基金收入 3 838 亿元，比上年增加 534 亿元，增长 16.2%。其中，财政补助收入 2 775.74 亿元，占城乡居民基本养老保险基金收入的 72.3%；征缴收入 856.53 亿元，占总收入的 22.3%，比上年增加 47.93 亿元，增长 5.9%。

2019 年城乡居民基本养老保险基金收入 4 107 亿元，比上年增加 269 亿元，增长 7.0%。其中，财政补助收入为 2 974.24 亿元，占城乡居民基本养老保险基金收入的 72.4%，比上年增加 198.5 亿元，增长 7.2%；征缴收入 977.79 亿元，占总收入的 23.8%，比上年增加 121.25 亿元，增长 14.1%。2015—2019 年城乡居民基本养老保险收入及增长率趋势见图 2-8-6。

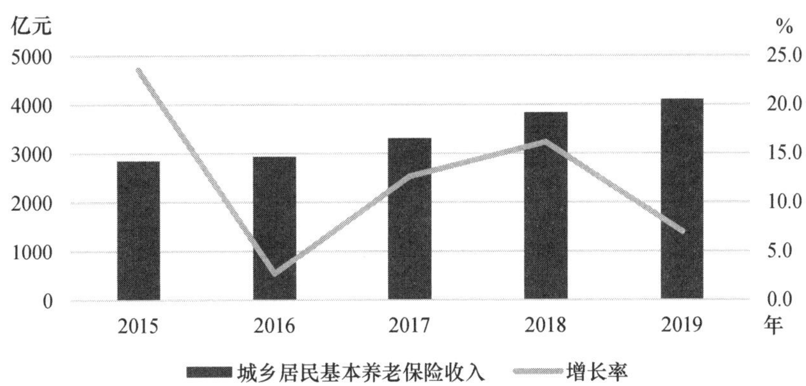

图 2-8-6 2015—2019 年城乡居民基本养老保险收入及增长率趋势

（2）基本医疗保险与生育保险基金收入

2018 年，全国基本医疗保险基金总收入 21 384 亿元，比上年增长 19.3%，占当年 GDP 比重约为 2.4%。其中，职工基本医疗保险基金总收入 13 538 亿元，比上年增加 1 265 亿元，增长 10.3%；城乡居民基本医疗保险基金收入 6 971 亿元，比上年增加 1 317 亿元，增长 23.3%。职工基本医疗保险基金中，征缴收入为 12 935 亿元，征缴率为 99.4%，占基金收入的 95.5%，占比高于上年 2.7 个百分点。职工基本医疗保险统筹基金收入 8 241 亿元，占基金收入的 61%，比上年增长 7.8%；个人账户收入 5 297 亿元，占基金收入的 39%，比上年增长 14.3%。居民基本医疗保险基金人均筹资 693 元，比上年增加 88 元，增长 14.5%；人均财政补助 497 元，比上年增加 58 元，增长 13.2%。

2019 年，全国基本医疗保险基金（含生育保险）总收入 24 421 亿元，比上年增长 10.2%，占当年 GDP 比重约为 2.5%。其中，职工基本医疗基金（含生育保险）收入 15 845 亿元，比上年增加 1 532 亿元，增长 10.7%；居民基本医疗基金收入 8 575 亿元，增长 9.3%。职工基本医疗保险统筹基金（含生育保险）收入 10 005 亿元，占基金收入的 63%，比上年增长 10.9%；个人账户收入 5 840 亿元，占基金收入的 37%，比上年增长 10.3%。居民基本医疗保险人均筹资 781 元，比上年增加 88 元，增长 12. 7%；人均财政补助 546 元，比上年增加 49 元，增长 9. 9%。2015—2019 年基本医疗保险基金收入及增长率趋势见图 2-8-7。

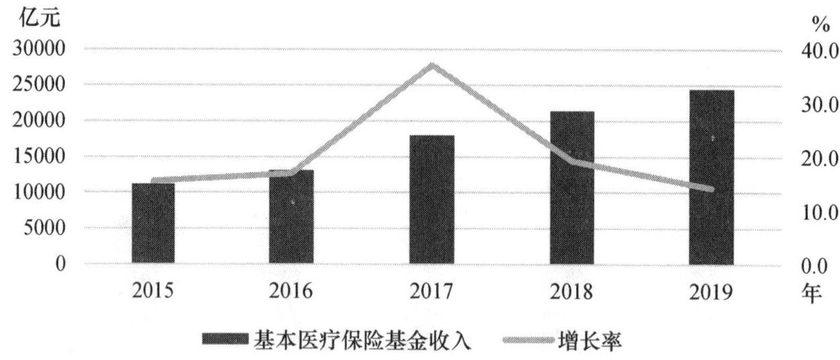

图 2-8-7　2015—2019 年基本医疗保险基金收入及增长率趋势

2018 年，生育保险基金收入 781. 1 亿元，比上年增加 139. 1 亿元，增长 21. 6%（见图 2-8-8）。由于 2019 年全面实现城镇职工基本医疗保险与生育保险合并实施，故 2019 年生育保险基金收入并入城镇职工基本医疗保险基金，不再单列。

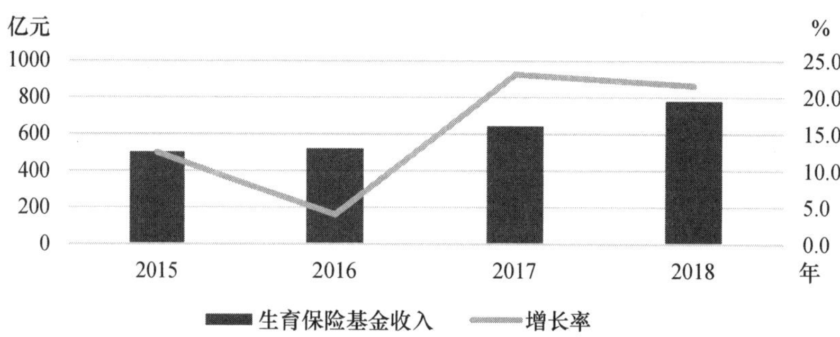

图 2-8-8　2015—2018 年生育保险基金收入及增长率趋势

（3）失业保险基金收入

2018 年，失业保险基金收入 1 171 亿元，比上年增加 58 亿元，增长 5. 2%。2019 年，失业保险基金收入 1 284 亿元，比上年增加 113 亿元，增长 9. 6%（见图 2-8-9）。

（4）工伤保险基金收入

2018 年，工伤保险基金总收入 913 亿元，比上年增加 59 亿元，增长 6. 9%。2019 年，工伤保险基金总收入 819 亿元，比上年减少 94 亿元，减少

10.3%（见图 2-8-10）。

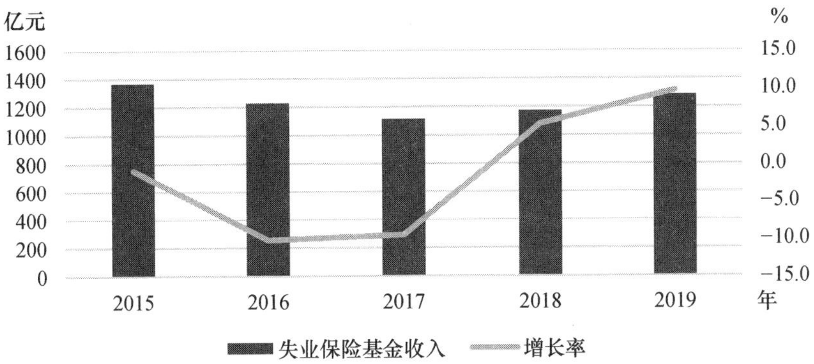

图 2-8-9　2015—2019 年失业保险基金收入及增长率趋势

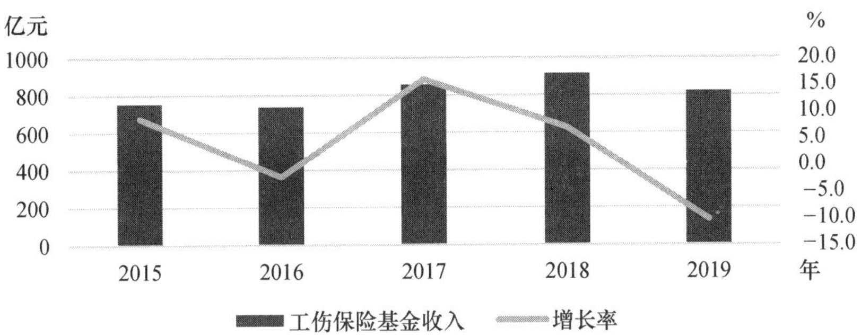

图 2-8-10　2015—2019 年工伤保险基金收入及增长率趋势

九、待遇支付与支出管理

2018—2019 年，我国全面取消社会保险待遇资格集中认证，发布养老保险待遇审核服务规范，社会保险待遇领取人数不断增加，待遇水平稳步提高，基金支出稳定增长。

（一）社会保险待遇审核支付

社会保险待遇审核支付是经办机构的核心业务，包括享受待遇资格审核、待遇项目与标准核定以及待遇支付与发放等。不同险种待遇审核支付内容和方式有一定差异。

1. 基本养老保险待遇审核支付

基本养老保险待遇审核支付包括退休待遇审核、丧葬费用及供养亲属待遇核定、待遇停发等业务。2018—2019 年，基本养老保险待遇审核支付发生了重大变化。

（1）全面取消社会保险待遇资格集中认证，社保服务更加人性化

在养老保险待遇审核支付各项业务中，资格认证是第一道门槛，也是有效防范欺诈、冒领养老金行为发生，从制度上保障基金安全、维护全体参保人员合法权益的重要措施，包括首次领取资格认证和后续年度审核。长期以来，采取的都是在指定时段，由待遇领取人员备齐材料到社保经办窗口办理认证的集中认证方式，给广大退休人员尤其是高龄及患病退休人员带来了诸多不便，社会反映强烈。

为深入贯彻落实习近平总书记以人民为中心发展思想，落实国务院“放管服”改革精神和“互联网+政务服务”要求，提升社保服务便捷化和人性化水平，2018 年 5 月 31 日，人力资源社会保障部办公厅发布《关于全面取消领取社会保险待遇资格集中认证的通知》（人社厅发〔2018〕54 号），要求各地全面取消集中认证，构建以信息比对为主，退休人员社会化服务与远程认证服务相结合的认证服务新模式，“寓认证于无形”，尽可能让群众不用跑就完成认证工作。一是全面开展信息比对认证服务。充分运用全民参保、异地就医、联网监测等数据资源，按月开展数据比对，有条件的可开展实时比对。大力推进“互联网+人社”2020 行动计划，积极探索与公安、民政、卫生健康、交通、旅游等部门开展业务协作，实现与人口管理、殡葬、就医、乘坐飞机高铁等实名验证场景的信息共享，提升共享的实时性。通过加强大数据分析和应用，核实参保人员领取社会保险待遇资格，不得再要求参保人在规定时段到指定地点进行集中认证。二是以服务方式精准开展认证信息核实。对于信息比对不能确认待遇领取资格、疑似冒领的人员，原则上要结合全民参保计划和退休人员社会化服务等工作开展认证信息核实。通过街道社区劳动保障工作平台寓认证于服务之中，与健康体检、文娱活动、走访慰问等结合起来，对行动不便者提供上门服务，对领取失业保险金人员还可采取上门提供职业指导、职业培训等方式进行认证，让认证对象切实感受到改进服务带来的便捷。三是积极推行异地居住人员远程自助认证。大力推广基于互联网的生物特征识别认证、手机 App 远程认证等服务方式，使服务对象就地即可完成认证，不得要求异地居住参保人返回参保地认证。对在国外（境外）居住人员，暂继续按照外交部、财政部、人力资源社会保障部《关于在境外居住人员领取养老金资格审核表有关问题的通知》（外领函〔2015〕660 号）办理，积极协商有关部门，尽快改为通过互联网视频认证。

云南省从 2018 年 7 月起，全面取消领取社保待遇资格集中认证，开发手

机 App 人脸识别功能，待遇领取人员使用手机 App 实现自助认证。2018 年年底在丽江市进行自助认证试点。到 2019 年 3 月，丽江市下辖 1 区 4 县 2.2 万名享受城镇职工养老保险退休待遇和工伤保险长期待遇领取人员开展手机自助认证，认证率达 91%。针对试点过程中存在的问题，进一步完善功能，推进“一部手机办事通”App 领取社保待遇资格自助确认业务开发，逐步形成了领取社保待遇资格自助确认、街道社区社会化管理服务认证、信息比对认证相结合的待遇领取资格认证新模式。

湖南省 14 个市州通过“痕迹管理”实现“寓认证于无形”。利用退休人员看病、办理各种证件、参加社区活动、坐飞机和火车等各种社会活动留下的信息记录，进行数据分析，建立了网上自行认证、经办机构认证、社区认证、银行认证、单位认证、手机自行认证等多渠道认证系统，退休人员可按照自己的认证周期，选择自己方便的认证方式进行认证。

山西省通过与交通、公安、民政等部门开展业务协作，利用全民参保等资源进行数据分析比对，确认领取待遇人员的健在情况；与公安、银行和医院联网，获取领取待遇人员住院、康复出院等实名场景验证信息，通过数据分析比对自动完成当期资格认证。贵州省与公安、民政、卫生等部门进行数据交换，通过信息比对进行认证，把资格认证工作真正融入百姓生活。

湖州市全面取消社保待遇领取资格集中认证，利用大数据互联网探索创新待遇认证服务新模式，大力推进多元化认证，实现待遇领取资格认证“不用跑”“就近跑”。通过与公安、民政、卫生健康、法院等部门业务协作，实现与人口管理、殡葬、就医等验证场景信息共享，以定期查询比对进行主动认证服务，可完成对市区 32 万人的认证。仅有 4%的退休人员（主要是异地居住及户籍不在湖州人员）采用以下三种方式，由本人进行资格认证。一是通过湖州智慧社保手机 App 进行人脸识别对居住在异地人员进行非现场认证；二是利用银行网点为需要认证的退休人员就近认证，共在市区、乡镇（街道）、行政村（社区）开通认证网点 608 个，吴兴区农商银行认证网点 16 个，极大地方便了群众；三是对行动不便人员提供主动上门认证。

（2）发布养老保险待遇审核服务规范，待遇核定走向标准化

2019 年 6 月 4 日，国家市场监管总局、国家标准化管理委员会发布《养老保险待遇审核服务规范第 1 部分：企业职工基本养老保险》和《城乡居民基本养老保险待遇支付服务规范》，前者对基本养老金核定，丧葬补助金、抚

恤金核定，个人账户储存额一次性支付核定，病残津贴核定和养老保险待遇变更进行了规范，自 2019 年 6 月 4 日开始实行。后者对城乡居民基本养老保险的待遇核定、待遇支付、待遇暂停、待遇续发、待遇调整、待遇终止及资格认证等方面做了详细规定。两个规范的发布实施，有助于规范和统一养老保险待遇审核服务，提高服务的标准化水平。

（3）城镇职工基本养老保险待遇审核支付情况

截至 2018 年年末，全国享受城镇职工基本养老保险待遇的离退休人员达 11 798 万人，比上年增加 772 万人，增长 7.0%。截至 2019 年年末，全国享受城镇职工基本养老保险待遇的离退休人员达 12 310 万人，比上年增加 513 万人①，增长 4.3%。2017—2019 年城镇职工养老金待遇情况见表 2-9-1。

表 2-9-1　　2017—2019 年城镇职工养老金待遇情况

项目	2017 年	2018 年	2019 年
参保离退休人数（万人）	11 026	11 798	12 310
离退休人员增长数（万人）	922	772	513
离退休人员增长率（%）	9.1	7.0	4.3

数据来源：2017、2018、2019 年度人力资源和社会保障事业发展统计公报。

（4）城乡居民基本养老保险待遇审核支付情况

2018 年，全国城乡居民基本养老保险待遇领取人数为 15 898 万人，较上年增加 300 万人，增长 1.9%；基金支出 2 906 亿元，较上年增加 534 亿元，增长 22.5%；年人均待遇为 1 800 元，较上年增加 279.3 元，增长 18.4%。2019 年，全国城乡居民基本养老保险待遇领取人数为 16 032 万人，较上年增加 134 万人，增长 0.8%；基金支出 3 114 亿元，较上年增加 208 亿元，增长 7.2%。年人均待遇为 1 920 元，较上年增加 120 元，增长 6.7%。2017—2019 年全国城乡居民养老保险主要数据见表 2-9-2。

表 2-9-2　　2017—2019 年全国城乡居民养老保险主要数据

项目	2017 年	2018 年	2019 年
参保总人数（万人）	51 255	52 392	53 266
待遇领取人数（万人）	15 598	15 898	16 032
基金支出（亿元）	2 372	2 906	3 114
平均待遇水平（元/年）	1 520.7	1 800	1 920

数据来源：2017、2018、2019 年度人力资源和社会保障事业发展统计公报。

① 513 万人数据出自 2019 年度人力资源和社会保障事业发展统计公报，与计算数据有误差。

2. 基本医疗保险待遇审核支付

基本医疗保险待遇审核较为复杂，费用类别较多，按就诊方式可分为普通门急诊、门诊慢特病及住院待遇；按支付方式可分为统筹基金支付和个人账户支付；按费用类别可分为药品费、检查治疗费、服务设施费等。2018—2019 年，人力资源社会保障部、国家医疗保障局采取多个举措，在保障基本医疗保险基金安全和收支平衡的基础上，努力提高城镇职工和城乡居民的医疗保险待遇，享受待遇人次和医疗费用支出均有所增长。

（1）城镇职工基本医疗保险待遇审核支付情况

——享受待遇人次情况。2018 年参加职工医保人员享受待遇 19. 8 亿人次，比上年增长 9. 0%。其中，普通门急诊 17. 1 亿人次，比上年增长 8. 8%；门诊慢特病 2. 1 亿人次，比上年增长 12. 7%；住院 0. 6 亿人次，比上年增长 6. 7%。2019 年参加职工医保人员享受待遇 21. 2 亿人次，比上年增长 7. 3%。其中，普通门急诊 18. 1 亿人次，比上年增长 5. 8%；门诊慢特病 2. 6 亿人次，比上年增长 19. 4%；住院 0. 6 亿人次，比上年增长 6. 8%。

2018 年，人均就诊 6. 2 次，比上年增加 0. 3 次；住院率 18. 3%，比上年提高 0. 4 个百分点。其中，在职职工住院率为 9. 7%，比上年提高 0. 2 个百分点；退休人员住院率为 42. 1%，比上年提高 0. 9 个百分点。2019 年，人均就诊 6. 4 次，比上年增加 0. 2 次；住院率 18. 7%，比上年提高 0. 4 个百分点。其中，在职职工住院率为 10. 1%，比上年提高 0. 4 个百分点；退休人员住院率为 42. 5%，比上年提高 0. 4 个百分点。2015—2019 年城镇职工基本医疗保险享受待遇人次和人均就诊次数情况见图 2-9-1。

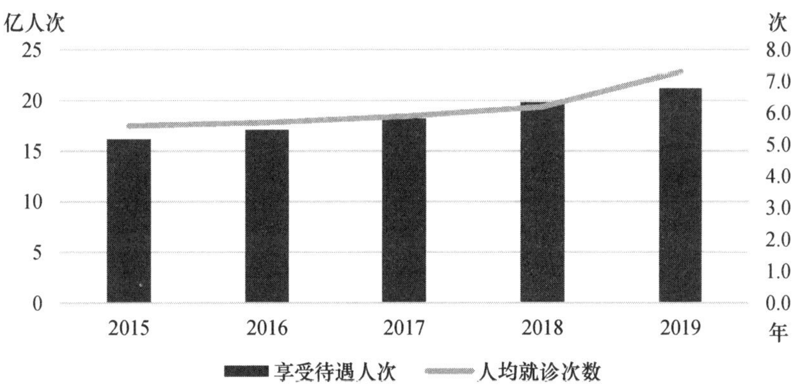

图 2-9-1　2015—2019 年城镇职工基本医疗保险享受待遇人次和人均就诊次数情况

2018 年，三级、二级、一级及以下医疗机构住院人次分别为 3 084 万人次、1 829 万人次、724 万人次，分别比上年增长 9.7%、3.8%和 1.9%，分别占当年住院总人次的 54.7%、32.5%、12.8%。三级、二级、一级及以下医疗机构普通门急诊待遇人次分别为 33.3%、22.5%和 44.2%，较上年占比分别提高 1.8 个百分点、降低 1.1 个百分点、降低 0.7 个百分点。三级、二级、一级及以下医疗机构门诊慢特病待遇人次分别为 47.6%、27.1%、25.3%，较上年占比分别提高 0.2 个百分点、降低 0.5 个百分点、提高 0.3 个百分点。①

——医保基金支付比例情况。2018 年，职工医保政策范围内住院费用基金支付 81.6%，与上年基本持平，其中，统筹基金支付 79.7%，比上年提高 0.4 个百分点；实际住院费用基金支付 71.8%，其中统筹基金支付 70.1%，比上年提高 0.2 个百分点；个人负担 28.2%。二级及以下医疗机构政策范围内住院费用基金支付 84.0%，与上年持平，高出三级医疗机构 3.5 个百分点。2019 年，职工医保政策范围内住院费用基金支付 85.8%，实际住院费用基金支付 75.6%，个人负担 24.4%。二级、一级以下医疗机构政策范围内住院费用基金支付分别为 87.2%、89.3%，分别高于三级医疗机构 2.2、4.3 个百分点。2015—2019 年城镇职工住院费用基金支付比例情况见图 2-9-2。

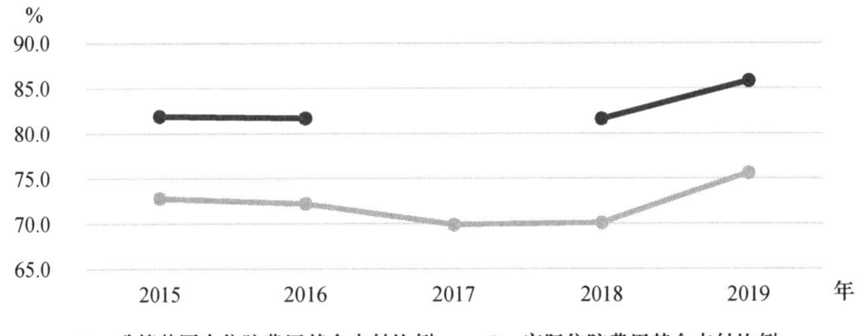

图 2-9-2　2015—2019 年城镇职工住院费用基金支付比例情况

注：2017 年政策范围内住院费用基金支付比例数据缺失。

——医疗费用增长情况。2018 年，职工医保参保人员医疗总费用 12 140 亿元，比上年增长 26.9%，其中，医疗机构发生费用 10 495 亿元，个人账户在药店支出费用 1 645 亿元。医疗机构发生费用中，退休人员医疗费用 6 256

① 2019 年全国基本医疗保障事业发展统计公报未公布相关数据，故仅分析 2018 年情况。

亿元，比上年增长 8.9%；在职职工医疗费用 4 239 亿元，比上年增长 10.8%；人均医疗费用 3 313 元，比上年增长 5.0%。普通门急诊、门诊大病、住院医疗费用分别为 3 123 亿元、1 068 亿元、6 303 亿元，分别占医疗机构发生费用的 29.8%、10.2%、60.1%，费用分别比上年增长 10.6%、14.5% 和 8.4%，增幅分别比上年提高 0.5、4.0 和-0.2 个百分点。住院费用中，药品费、检查治疗费、服务设施费、其他费用分别为 2 183 亿元、3 252 亿元、755 亿元、114 亿元，分别占住院费用的 34.6%、51.6%、12.0%、1.8%。药品费占住院费用比例较上年降低 3.1 个百分点，检查治疗费占比较上年提高 3.0 个百分点，服务设施费和其他费用占比较上年提高 0.1 个百分点。住院费用结构的变化与我国医疗保障制度的改革密切相关。药品费的下降则与多个因素有关：抗癌药医保准入专项谈判降低了进口抗癌药税负；药品集中采购和使用试点（4+7 试点）通过跨区域联盟集中带量采购降低了药品价格；改革通过完善价格形成机制、规范医疗服务行为等举措降低了医用耗材的虚高价格，控制了不合理使用。药品费下降不仅减轻了人民群众的医疗费用负担，还进一步优化了医疗费用支付结构，有利于医保基金安全和制度的可持续发展。

2018 年，全国职工医保次均住院费用 11 181 元，比上年增长 1.6%。其中，个人支付 3 153 元，比上年增长 2.4%。在三级、二级、一级及以下医疗机构的住院费用分别为 4 363 亿元、1 533 亿元、408 亿元，分别比上年增长 10.2%、4.8%、4.3%，分别占住院费用的 69.2%、24.3%、6.5%，分别比上年提高 1.1、-0.9 和-0.2 个百分点。2019 年，全国职工医保次均住院费用 11 888 元，比上年增长 6.3%。2015—2019 年城镇职工基本医疗保险次均住院费用和住院率情况见图 2-9-3。

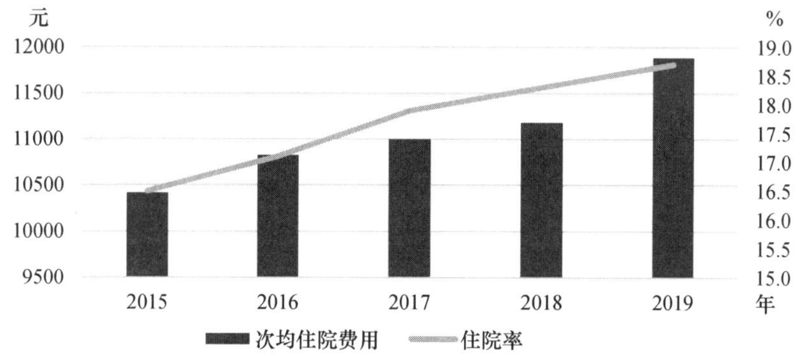

图 2-9-3　2015—2019 年城镇职工基本医疗保险次均住院费用和住院率情况

——异地就医情况。2018—2019 年，国家医疗保障局通过推出国家异地就医备案小程序、稳步扩大跨省定点医院覆盖范围等举措，职工异地就医更加便捷，异地就医人次和费用增长较大，增强了人民群众的获得感。2018 年，职工医保参保人员异地就医 3 656 万人次，异地就医费用 1 085 亿元。其中，住院费用 971 亿元，占总住院费用的 15. 4%；次均住院费用 17 670 元，是职工医保次均住院费用的 1. 6 倍。2019 年，职工医保参保人员异地就医 4 372 万人次，异地就医费用 1 339 亿元。其中，住院费用 1 197 亿元，占总住院费用的 16. 7%；次均住院费用 18 328 元。

（2）城镇（城乡）居民基本医疗保险

——享受待遇人次情况。2018 年，居民医保参加人员共享受待遇 16. 2 亿人次，比上年增长 8. 4%。人均享受门诊待遇 1. 7 次，与上年基本持平。2019 年，居民医保参加人员共享受待遇 21. 7 亿人次，比上年增长 34. 0%。人均享受门诊待遇 1. 95 次，比上年增加 0. 25 次。2015—2019 年城镇（城乡）居民基本医疗保险享受待遇总人次情况见图 2-9-4。

图 2-9-4　2015—2019 年城镇（城乡）居民基本医疗保险享受待遇总人次情况

——医保基金支付比例情况。2018 年，居民医保政策范围内住院费用基金支付比例为 65. 6%；实际住院费用基金支付比例为 56. 1%，比上年提高 0. 1 个百分点；个人负担比例为 43. 9%，比上年降低 0. 1 个百分点。按医疗机构等级分，政策范围内住院费用基金支付比例分别为：三级 59. 3%、二级 69. 1%、一级及以下 76. 2%。其中，二级及以下医疗机构政策范围内基金支付比例为 71. 0%，比三级医疗机构支付比例高出 11. 7 个百分点。2019 年，居民医保政策范围内住院费用基金支付比例为 68. 8%，比上年提高 3. 2 个百分点；实际住院费用基金支付比例为59.7%，比上年提高3.6个百分点；个人负担比例为40.3%，比上年降低3.6个百分点。按医疗机构等级分，政策范围内住院费用基金支付比例分别为三级63.6%、二级72.1%、一级及以下77.5%。其中，二级及以下医疗机构政策范围内基金支付比例为73.5%，比三级医疗机构支付比例高出9.9个百分点。2015—2019年城镇（城乡）居民住院费用基金支付比例情况见图2-9-5。

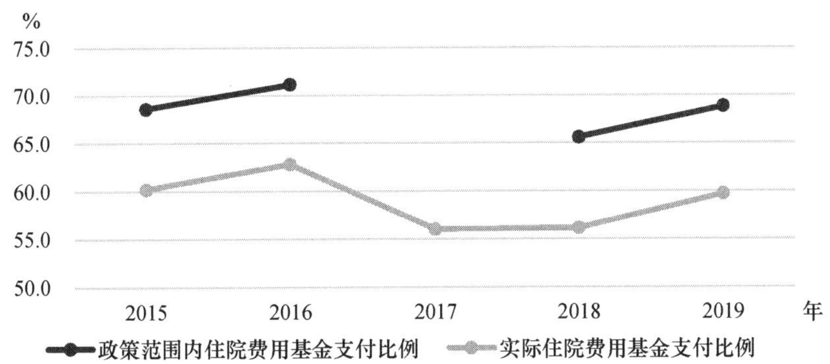

图2-9-5　2015—2019年城镇（城乡）居民住院费用基金支付比例情况

注：2017年政策范围内住院费用基金支付比例数据缺失。

——医疗费用增长情况。2018年，居民医保医疗费用10 613亿元，比上年增长20.5%；人均医疗费用1 183元，比上年增长17.2%。居民医保参保人员住院率为15.2%，比上年提高1.1个百分点；次均住院天数9.3天，与上年持平；次均住院费用6 577元，比上年增长7.8%。其中，在三级、二级、一级及以下医疗机构的次均住院费用分别为11 369元、5 877元、3 145元，分别比上年增长11.3%、6.1%、0.9%。2019年，居民医保医疗费用14 406亿元，比上年增长35.7%；人均医疗费用1 406元，比上年增长18.9%。居民医保参保人员住院率为16.6%，比上年提高1.4个百分点；次均住院天数9.2天，比上年降低0.1天；次均住院费用7 049元，比上年增长7.2%。其中，在三级、二级、一级及以下医疗机构的次均住院费用分别为12 350元、6 076元、3 281元，分别比上年增长8.6%、3.4%、4.3%。2015—2019年城镇（城乡）居民基本医疗保险次均住院费用和住院率情况见图2-9-6。

居民医保医疗费用的增长与2018—2019年居民医保制度的不断完善和医疗待遇保障水平不断提高密切相关。2018年7月6日，国家医疗保障局等四部门联合发布《关于做好2018年城乡居民基本医疗保险工作的通知》（医保

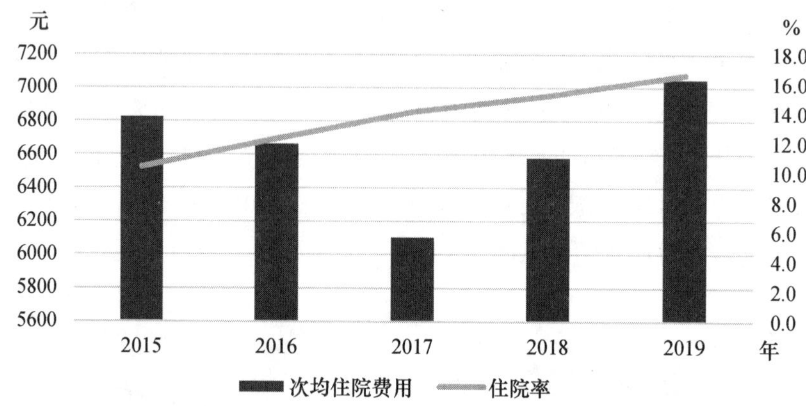

图 2-9-6　2015—2019 年城镇（城乡）居民基本医疗保险次均住院费用和住院率情况

发〔2018〕2 号），要求各地要全面推进和完善城乡居民医保门诊统筹，通过互助共济增强门诊保障能力。尚未实行门诊保障的地区，要加快推进建立门诊统筹。实行个人（家庭）账户的，要逐步向门诊统筹平稳过渡。2019 年 4 月 26 日，国家医疗保障局、财政部发布《关于做好 2019 年城乡居民基本医疗保障工作的通知》（医保发〔2019〕30 号），要求稳步提升待遇保障水平。新增筹资主要用于提高两方面待遇保障水平。一方面，要确保基本医保待遇保障到位。一是巩固提高政策范围内住院费用报销比例。二是建立健全城乡居民医保门诊费用统筹及支付机制，把高血压、糖尿病等门诊用药纳入医保报销。另一方面，提高大病保险保障功能。一是降低并统一起付线，原则上按上一年度居民人均可支配收入的 50%确定，低于该比例的，可不作调整。二是政策范围内报销比例由 50%提高至 60%。三是对贫困人口加大支付倾斜力度，在起付线降低 50%、支付比例提高 5 个百分点基础上，全面取消封顶线。2019 年 9 月 16 日，为进一步减轻城乡居民高血压、糖尿病患者医疗费用负担，国家医疗保障局等四部门发布《关于完善城乡居民高血压糖尿病门诊用药保障机制的指导意见》（医保发〔2019〕54 号），要求各地以二级及以下定点基层医疗机构为依托，对“两病”参保患者门诊发生的降血压、降血糖药品费用由统筹基金支付，政策范围内支付比例要达到 50%以上。

——异地就医情况。2018 年，居民医保参保人员异地就医 2 876 万人次，异地就医费用 1 965 亿元。其中，住院费用 1 906 亿元，占总住院费用的 21.2%；次均住院费用 14 016 元，是居民医保次均住院费用的 2.1 倍。2019

年，居民医保参保人员异地就医 5 418 万人次，异地就医费用 3 022 亿元。其中，住院费用 2 900 亿元，占总住院费用的 24.1%；次均住院费用 14 887 元。

3. 失业保险待遇审核支付

（1）专项行动扩大基金支付范围

失业保险基金支出范围除了失业保险金、领取失业保险金期间的医疗补助金、丧葬补助及抚恤金以外，还包括领取失业保险金期间接受职业培训、职业介绍的补贴。失业保险制度建立早期，失业保险基金主要用于支付失业保险金，保障失业人员的基本生活。从 2006 年开始，劳动保障部以及后来的人力资源社会保障部在东部 7 省（市）开展扩大失业保险基金支出范围试点，职业培训补贴、职业介绍补贴、职业技能鉴定补贴、社会保险补贴、岗位补贴、小额贷款担保基金和小额贷款担保贴息等项目均可以从失业保险基金支出。2014 年，人力资源社会保障部、财政部、国家发展改革委、工业和信息化部发布《关于失业保险支持企业稳定岗位有关问题的通知》（人社部发〔2014〕76 号），明确对采取有效措施不裁员、少裁员，稳定就业岗位的企业，由失业保险基金给予稳定岗位补贴。2017 年，人力资源社会保障部实施失业保险援企稳岗“护航行动”，推动各地全面、规范实施失业保险支持企业稳定岗位政策，实现“两个全覆盖”，即符合条件的统筹地区政策全覆盖，符合申领条件的企业主体全覆盖，为企业脱困发展、减少失业、稳定就业护航。自 2006 年开始，失业保险在促进就业方面累计支出 1 200 亿元，确保各项促就业政策得到落实。①

2018—2019 年，人力资源社会保障部开展援企稳岗“护航行动”和支持技能提升“展翅行动”，在继续推行失业保险稳岗政策的同时，推动各地深入实施失业保险支持技能提升补贴政策。对不裁员或少裁员的参保企业、面临暂时性生产经营困难且恢复有望、坚持不裁员或少裁员的参保企业，按一定比例返还实际缴纳失业保险费。同时，放宽了技术技能提升补贴申领条件。这些措施虽然扩大了失业保险基金的支付范围，推动失业保险基金支出持续增长，但也为预防失业、促进就业发挥了重要作用，促进就业形势向好发展，为企业发展增添了助力。

（2）失业保险审核支付情况

2018 年年末，全国领取失业保险金人数为 223 万人，比上年末增加 3 万人。

---

① 《关于失业保险条例修订情况的说明》，人力资源社会保障部网站，2017 年 11 月 10 日。

全年共为 452 万名失业人员发放了不同期限的失业保险金，比上年减少 6 万人。月人均 1 266 元，比上年增长 13.9%。全年共为领取失业保险金人员代缴基本医疗保险费 92 亿元，比上年增长 8.2%。全年发放稳岗补贴惠及职工 6 445 万人，发放技能提升补贴惠及职工 60 万人。全年失业保险基金支出 915 亿元。

2019 年年末，全国参加失业保险人数为 20 543 万人，比上年年末增加 899 万人。2019 年年末，全国领取失业保险金人数为 228 万人，比上年末增加 5 万人。全年共为 461 万名失业人员发放了不同期限的失业保险金，比上年增加 9 万人。月人均 1 393 元，比上年增长 10.0%。全年共为领取失业保险金人员代缴基本医疗保险费 98 亿元，比上年增长 6.5%。全年发放稳岗补贴惠及职工 7 290 万人，发放技能提升补贴惠及职工 122 万人。全年失业保险基金支出 1 333 亿元。2017—2019 年全国失业保险主要数据见表 2-9-3。

表 2-9-3　　2017—2019 年全国失业保险主要数据

项目	2017 年	2018 年	2019 年
参保人数（万人）	18 784	19 643	20 543
年末失业保险金领取人数（万人）	220	223	228
基金支出（亿元）	894	915	1 333
月人均领取水平（元）	1 111	1 266	1 393

资料来源：2017—2019 年度人力资源和社会保障事业发展统计公报。

4. 工伤保险待遇审核支付

2018 年认定（视同）工伤 110 万人，评定伤残等级 56.9 万人，共有 199 万人次享受工伤保险待遇，工伤保险基金支出 742 亿元。2019 年认定（视同）工伤 113.3 万人，评定伤残等级 60.7 万人，共有 194 万人次享受工伤保险待遇，工伤保险基金支出 817 亿元。2017—2019 年全国工伤保险主要数据见表 2-9-4。

表 2-9-4　　2017—2019 年全国工伤保险主要数据

项目	2017 年	2018 年	2019 年
参保人数（万人）	22 724	23 874	25 478
基金支出（亿元）	662	742	817
认定（视同）工伤人数（万人）	104	110	113.3
评定伤残等级人数（万人）	52.9	56.9	60.7
享受工伤保险待遇人数（万人）	193	199	194

资料来源：2017—2019 年度人力资源和社会保障事业发展统计公报。

5. 生育保险待遇审核支付

2018 年，全国参加生育保险 20 434 万人，比上年增长 5.9%。享受各项生育保险待遇 1088.6 万人次，基金支出 762.4 亿元，比上年增长 2.5%。2019 年，全国参加生育保险 21 417 万人，比上年增长 4.8%。享受各项生育保险待遇 1 136.4 万人次，比上年增加 47.8 万人次，增长 4.4%。人均生育待遇支出为 20 311 元。2017—2019 年全国生育保险主要数据见表 2-9-5。

表 2-9-5　　2017—2019 年全国生育保险主要数据

项目	2017 年	2018 年	2019 年
参保人数（万人）	19 300	20 434	21 417
享受生育保险待遇人数（万人次）	1 113	1 088.6	1 136.4
基金支出（亿元）	744	762.4	—
人均生育待遇水平（元/人）	—	—	20 311

（二）社会保险基金支出管理

1. 社会保险基金总支出

2018 年，全国各项社会保险基金支出总额达 67 791.4 亿元，比上年增加 10 646.4 亿元，增长 18.6%。2019 年，全国各项社会保险基金支出总额达 75 346 亿元，比上年增加 7 554.6 亿元，增长 11.1%。2015—2019 年社会保险基金支出增长情况见表 2-9-6，我国历年社会保险基金总支出、增长率变化趋势见图 2-9-7。

表 2-9-6　　2015—2019 年社会保险基金支出增长情况　　单位：亿元

项目		2015 年	2016 年	2017 年	2018 年	2019 年
基本养老保险	支出	27 930	34 004	40 424	47 550	52 342
	增长率（%）	19.7	21.8	18.9	17.6	10.1
基本医疗保险	支出	9 313	10 767	14 422	17 822	20 854
	增长率（%）	14.5	15.6	33.9	23.6	12.2
失业保险	支出	736	976	894	915	1 333
	增长率（%）	19.7	32.6	-8.4	2.3	45.7
工伤保险	支出	599	610	662	742	817
	增长率（%）	7.0	1.9	8.5	12.1	10.1
生育保险	支出	411	531	744	762.4	
	增长率（%）	11.7	29.0	40.1	2.5	
合计	支出	38 989	46 888	57 145	67 791.4	75 346
	增长率（%）	18.1	20.3	21.9	18.6	11.1

数据来源：2018、2019 年数据来源于人力资源和社会保障事业发展统计公报和全国医疗保障事业发展统计公报。

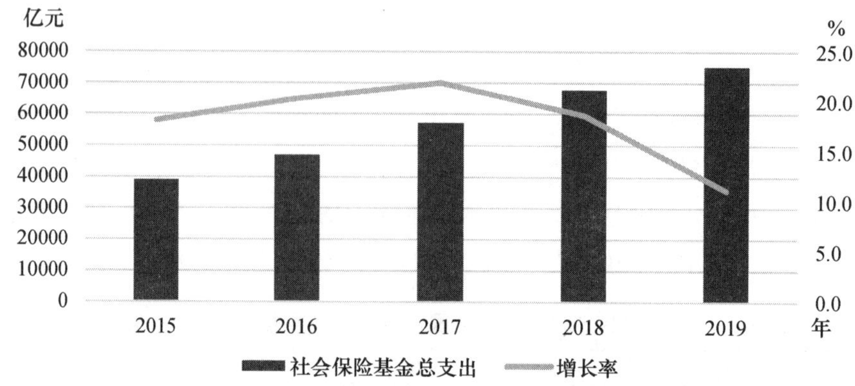

图 2-9-7 我国历年社会保险基金总支出、增长率变化趋势

2018 年，各险种基金支出保持增长态势，增长幅度有所差异。基本养老保险基金（含城乡居民基本养老保险）支出 47 550 亿元，比上年增加 7 126 亿元，增长 17.6%；基本医疗保险基金（含城乡居民基本医疗保险）支出 17 822 亿元，比上年增加 3 400 亿元，增长 23.6%，在各险种中增幅最大；失业保险基金支出 915 亿元，比上年增加 21 亿元，增长 2.3%；工伤保险基金支出 742 亿元，比上年增加 80 亿元，增长 12.1%；生育保险基金支出 762.4 亿元，比上年增加 18.4 亿元，增长 2.5%。2019 年，基本养老保险基金（含城乡居民社会养老保险）支出 52 342 亿元，比上年增加 4 792 亿元，增长 10.1%；基本医疗保险基金（含生育保险）支出 20 854 亿元，增长 12.2%；失业保险基金支出 1 333 亿元，比上年增加 418 亿元，增长 45.7%，创 2001 年以来新高，这与加大稳岗补贴和技能提升补贴发放力度有关；工伤保险基金支出 817 亿元，比上年增加 75 亿元，增长 10.1%。我国历年五险基金支出增长率趋势见图 2-9-8。

2018 年，江苏社保基金总支出位列全国首位，达 5 222.1 亿元。浙江、广东、山东 3 个省份社会保险基金总支出超过 4 000 亿元；四川、上海、辽宁、河南 4 个省份社会保险基金总支出超过 3 000 亿元。排名前八的省份社会保险基金总支出达 32 344.8 亿元，占全国总支出的 47.9%。甘肃、海南、宁夏、青海和西藏 5 个省份社会保险基金总支出不足 1 000 亿元，5 个省份支出合计仅 2 032.1 亿元，占全国总支出的 3.0%。基金支出的地区分布与我国的劳动力地区分布和区域经济发展状况密切相关。2018 年我国分地区社会保险基金总支出和各险种支出情况见表 2-9-7 和图 2-9-9。

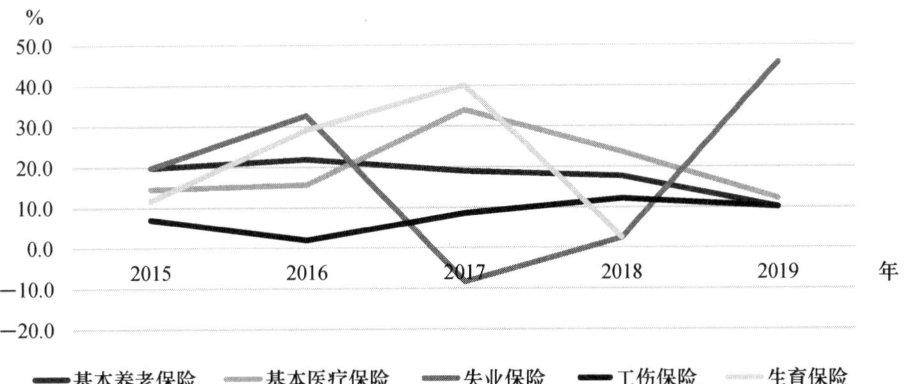

图 2-9-8　我国历年五险基金支出增长率趋势

表 2-9-7　　2018 年我国分地区社会保险基金支出情况　　单位：亿元

地区	基本养老保险		基本医疗保险		工伤保险	失业保险	生育保险	合计
	城镇职工	城乡居民	城镇职工	城乡居民				
总计	44 443. 8	2 905. 6	10 706. 5	7 115. 7	742. 2	915. 5	762. 3	67 591. 6
北京	1 519. 2	47. 3	974. 7	103	36. 5	72. 2	82. 6	2 835. 5
天津	1 059. 9	41. 3	277. 9	42. 5	11. 7	36. 2	18	1 487. 5
河北	2 020. 3	146. 5	334. 1	405. 4	44. 5	20. 2	21. 4	2 992. 4
山西	1 138. 6	60. 8	211. 8	181. 8	38. 7	11. 8	10	1 653. 5
内蒙古	1 073. 8	53. 7	175. 9	125. 7	11. 4	9. 9	8. 3	1 458. 7
辽宁	2 714. 7	67. 5	460	154. 1	32. 7	35. 5	15. 3	3 479. 8
吉林	940. 3	34. 1	148. 5	114. 2	11. 6	11	7. 4	1 267. 1
黑龙江	1 793. 1	42. 3	268. 6	126. 4	26. 1	14. 1	5. 4	2 276
上海	2 584. 1	70. 4	809. 5	84. 7	34. 6	123. 4	64. 9	3 771. 6
江苏	3 401	276. 7	911. 1	388	66. 9	102. 1	76. 3	5 222. 1
浙江	2 870. 5	171. 5	786. 5	371. 3	55. 8	59. 1	69. 6	4 384. 3
安徽	1 732. 7	139. 3	229. 2	333. 6	20. 6	22. 9	11. 5	2 489. 8
福建	724. 6	82	249. 4	205. 7	18. 6	16. 4	19. 3	1 316
江西	1 004	65. 9	154. 9	272. 8	15. 7	4	9. 5	1 526. 8
山东	2 617. 1	274. 2	720. 2	533. 5	47. 8	64. 5	58. 6	4 315. 9
河南	1 816	193. 6	352. 6	601. 2	25. 5	20. 7	24. 1	3 033. 7
湖北	1 996. 1	125. 3	365. 1	303. 1	17. 4	21. 2	18. 4	2 846. 6
湖南	1 610. 2	135. 6	274	381. 8	35. 2	14. 7	14. 7	2 466. 2
广东	2 450. 6	201. 9	997. 6	443. 1	60. 1	73. 1	113. 7	4 340. 1

续表

地区	基本养老保险		基本医疗保险		工伤保险	失业保险	生育保险	合计
	城镇职工	城乡居民	城镇职工	城乡居民				
广西	1 126.8	85.3	171.9	249.1	6.9	16.3	14.4	1 670.7
海南	267.8	18.1	52	35.5	1.7	5.6	5.2	385.9
重庆	1 093	61.6	271	173.2	20	15	—	1 633.8
四川	2 532.1	200.3	486.9	439.2	30.2	80.8	27.8	3 797.3
贵州	636.6	56.3	133.9	214.9	14.7	10.7	10.1	1 077.2
云南	690.4	74.5	219.1	258.4	13.2	11.1	14.6	1 281.3
西藏	94.7	5.2	19.1	18.7	0.8	0.3	1.8	140.6
陕西	1 045.4	86.1	207.2	230.6	14.4	14.2	10.4	1 608.3
甘肃	508.2	45.4	107.5	150.9	8.1	5.7	6.9	832.7
青海	221.7	11.3	52.5	29.3	2.8	3.6	2.7	323.9
宁夏	240.1	10.2	48	38.1	4.7	3	4.9	349
新疆	920.2	21.4	235.8	105.9	13.3	16.2	14.5	1 327.3

注：因重庆市是生育保险与基本医疗保险合并实施首批试点城市，2018 年生育保险基金并入医疗保险基金，故生育保险基金数据缺失。

数据来源：国家统计局。

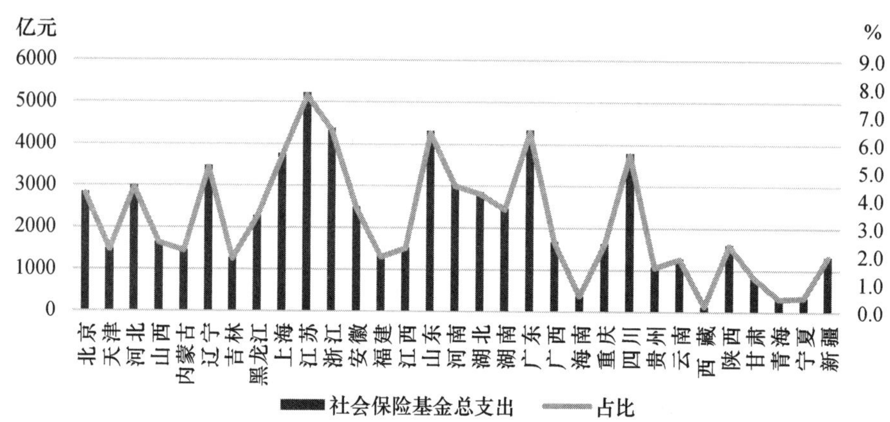

图 2-9-9　2018 年我国分地区社会保险基金总支出及占比情况

从各险种支出分布情况看，排名靠前的基本上是江苏、广东、浙江、北京、山东、四川、上海等省份。江苏的养老和工伤保险基金支出继续排在全国首位，分别为 3 677.7 亿元和 66.9 亿元，占全国总支出的 7.8%和 9.0%。养老保险基金收入占首位的广东，基金支出仅排第七位，为 2 652.5 亿元，与其 4 787.1 的养老保险基金收入相差 2 000 亿元以上。上海失业保险基金支出位列全国首位，支出 123.4 亿元，占全国总支出的 13.5%；排名第二的江苏失业保险基金支出 102.1 亿元，占总支出的 11.2%。广东基本医疗保险和生育保险基金支出排全国首位，分别为 1 440.7 亿元和 113.7 亿元，占全国总支出的 8.1%和 14.9%。

广东三险基金总支出 4 190 亿元，占全国总支出的 7.7%，位列全国首位。江苏紧随其后，三险基金总支出 3 878 亿元，占全国总支出的 7.1%。浙江、山东、四川、辽宁、上海等省份三险基金总支出超过 3 000 亿元；河北、湖北、河南、黑龙江 4 个省份社会保险基金总支出超过 2 000 亿元。排名前八的省份社会保险基金总支出达 26 807.5 亿元，占全国总支出的 49.2%。2019 年我国分地区社会保险（三险）基金总支出和各险种支出情况见表 2-9-8 和图 2-9-10。

表 2-9-8　2019 年我国分地区社会保险（三险）基金支出情况　单位：亿元

地区	基本养老保险		失业保险	工伤保险	合计
	城镇职工	城乡居民			
总计	49 228	3 114	1 333	817	54 492
北京	1 698	58	93	39	1 888
天津	1 001	45	34	12	1 092
河北	2 426	153	25	49	2 653
山西	1 169	64	14	42	1 289
内蒙古	1 201	56	12	12	1 281
辽宁	2 950	71	37	34	3 092
吉林	1 264	37	16	14	1 331
黑龙江	2 095	46	24	26	2 191
上海	2 780	77	127	37	3 021
江苏	3 382	306	116	74	3 878
浙江	3 138	179	187	63	3 567
安徽	1 299	141	51	23	1 514
福建	782	90	20	21	913
江西	1 084	74	7	16	1 181
山东	2 873	296	78	54	3 301
河南	1 931	204	48	26	2 209
湖北	2 264	130	26	18	2 438
湖南	1 620	136	16	40	1 812

续表

地区	基本养老保险		失业保险	工伤保险	合计
	城镇职工	城乡居民			
广东	3 761	250	113	66	4 190
广西	1 080	92	21	8	1 201
海南	280	19	7	2	308
重庆	1 192	62	57	20	1 331
四川	2 764	204	103	34	3 105
贵州	613	60	12	18	703
云南	765	76	13	17	871
西藏	107	6	1	1	115
陕西	1 187	88	42	17	1 334
甘肃	599	48	8	9	664
青海	323	12	5	3	343
宁夏	267	11	5	5	288
新疆	733	23	12	13	781
新疆兵团	308	0. 4	4	2	314. 4
人行	51				51
农发行	15				15
央保中心	224				224

数据来源：人力资源社会保障部社会保险事业管理中心。

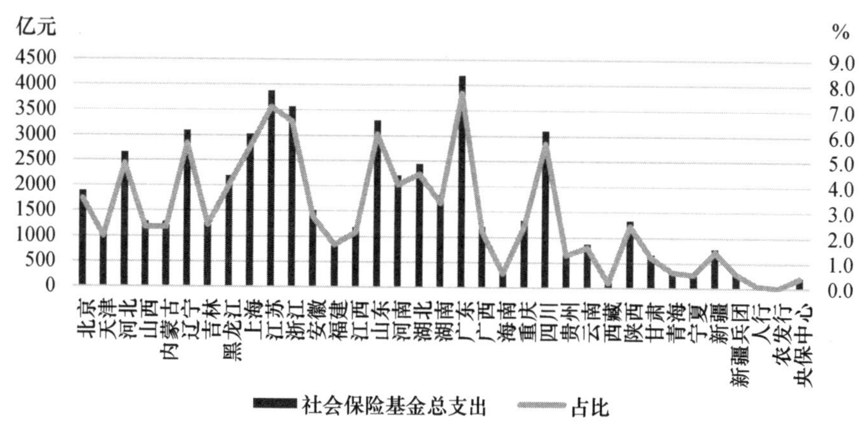

图 2-9-10　2019 年我国分地区社会保险（三险）基金总支出及占比情况

从各险种支出的分布情况来看，排名靠前的基本上是江苏、广东、浙江、北京、山东、四川、上海等省份。2019 年基本养老保险、失业保险和工伤保险基金支出排全国首位的省份分别是广东、浙江和江苏，其养老、失业和工伤基金支出分别为 4 011 亿元、187 亿元和 74 亿元，分别占全国总支出的 7.7%、14.0%和 9.1%。与 2018 年相比，广东养老保险基金支出增加了近 1 359 亿元，且增加部分主要是城镇职工基本养老保险基金支出。这主要是由于 2019 年人力资源社会保障部加大了中央调剂金筹集力度，广东上解资金增多。

2. 社会保险基金分险种支出

（1）基本养老保险基金支出

1）城镇职工基本养老保险基金支出。2018 年，城镇职工基本养老保险基金总支出 44 645 亿元，比上年增加 6 593 亿元，增长 17.3%。2019 年，城镇职工养老保险基金总支出 49 228 亿元，比上年增加 4 763 亿元，增长 10.3%。城镇职工基本养老保险基金支出及增长率趋势见图 2-9-11。

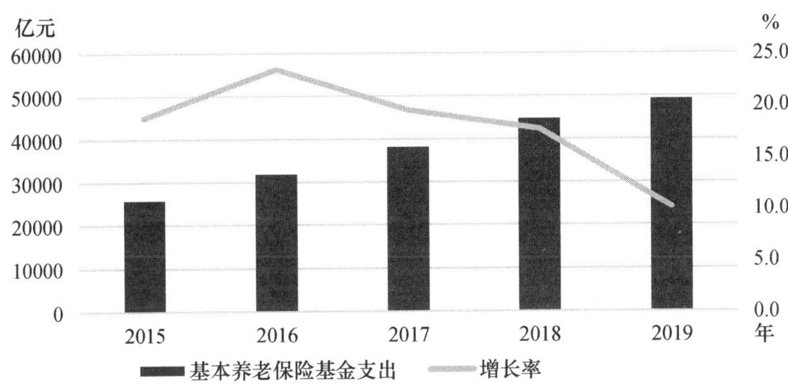

图 2-9-11　2015—2019 年城镇职工基本养老保险基金支出及增长率趋势

2）城乡居民基本养老保险基金支出。2018 年，城乡居民基本养老保险基金支出增长幅度较大，主要是各省份按照人社部发〔2018〕21 号文件要求，迅速调整城乡居民基础养老金水平。全年城乡居民基本养老保险基金支出 2 906 亿元，比上年增加 534 亿元，增长 22.8%。2019 年，城乡居民基本养老保险基金支出 3114 亿元，比上年增加 208 亿元，增长 7.2%。2015—2019 年城乡居民基本养老保险基金支出及增长率趋势见图 2-9-12。

（2）基本医疗保险基金支出

1）城镇职工基本医疗保险与生育保险基金支出。2018 年，城镇职工基本医疗保险基金支出 10 706 亿元。其中，统筹基金支出 6 494 亿元，占总支出

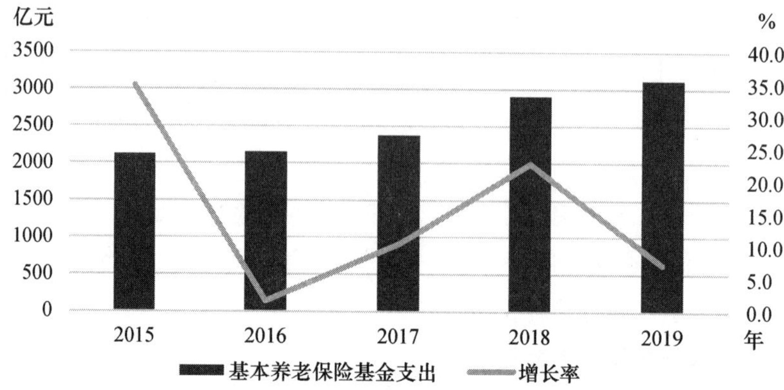

图 2-9-12　2015—2019 年城乡居民基本养老保险基金支出及增长率趋势

的 60.7%，比上年增加 732 亿元，增长 12.7%。个人账户支出 4 212 亿元，占总支出的 39.3%，比上年增加 508 亿元，增长 13.7%。生育保险基金总支出 762.4 亿元，比上年增加 18.4 亿元，增长 2.5%。2015—2018 年城镇职工生育保险基金支出及增长率趋势见图 2-9-13。

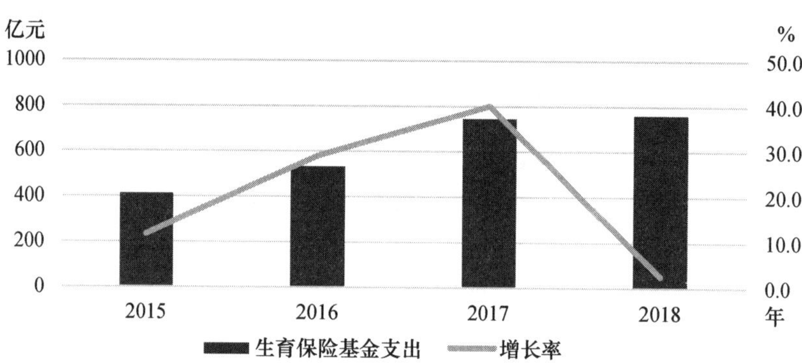

图 2-9-13　2015—2018 年城镇职工生育保险基金支出及增长率趋势

2019 年，城镇职工基本医疗保险基金（含生育保险）支出 12 663 亿元，比上年增长 10.4%。其中，统筹基金支出 7 939 亿元，增长 9.4%。个人账户支出 4 724 亿元，比上年增长 12.2%。2015—2019 年城镇职工医疗保险统筹基金支出及增长率趋势见图 2-9-14。

2）城乡居民基本医疗保险基金支出。2018 年，城乡居民基本医疗保险基金支出 6 277 亿元，比上年增加 1 323 亿元，增长 26.7%。2019 年，城乡居民基本医疗保险基金支出 8 191 亿元，比上年增加 699 亿元，增长 15.1%。2015—2019 年城乡居民基本医疗保险基金支出及增长率趋势见图 2-9-15。

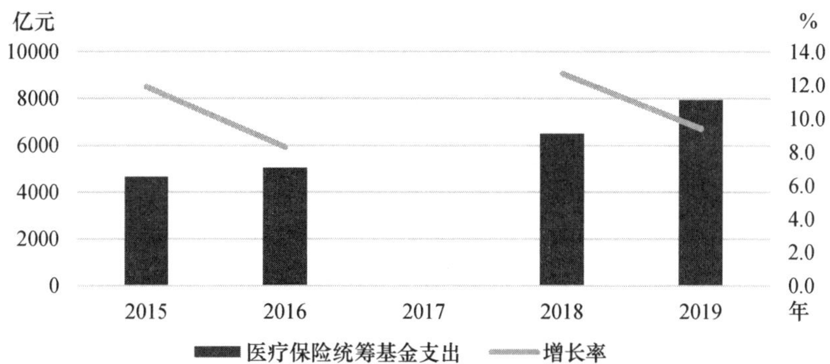

图 2-9-14　2015—2019 年城镇职工医疗保险统筹基金支出及增长率趋势

注：缺少 2017 年数据。

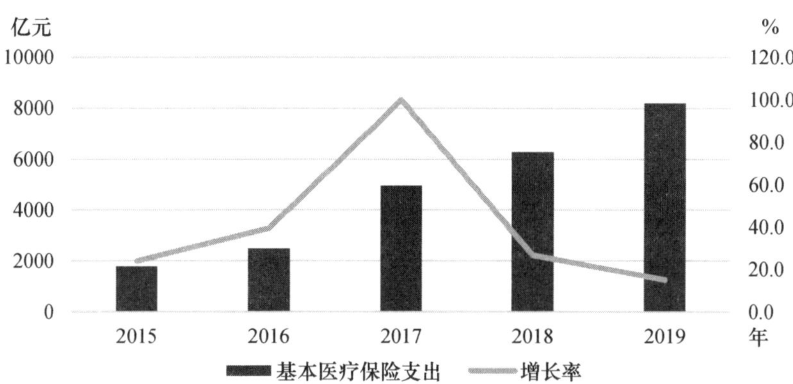

图 2-9-15　2015—2019 城乡居民基本医疗保险基金支出及增长率趋势

（3）工伤保险基金支出

2018 年，全国工伤保险基金支出 742 亿元，比上年增加 80 亿元，增长 12.1%。2019 年工伤保险基金支出 817 亿元，比上年增加 75 亿元，增长 10.1%。2015—2019 年工伤保险基金支出及增长率趋势见图 2-9-16。

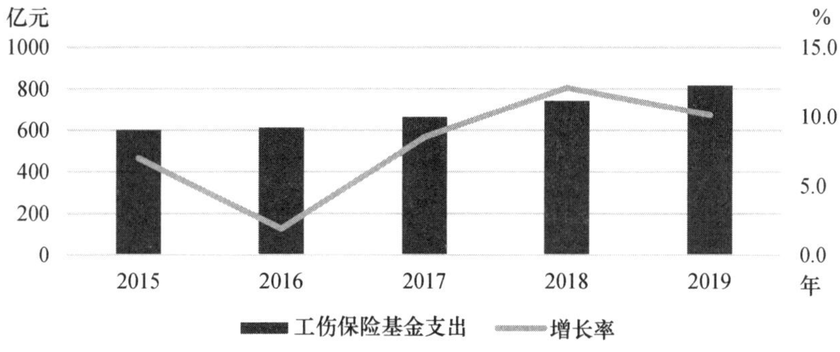

图 2-9-16　2015—2019 年工伤保险基金支出及增长率趋势

（4）失业保险基金支出

2018 年，全国失业保险基金支出 915 亿元，比上年增加 21 亿元，增长 2. 3%。2019 年，全国失业保险基金支出 1 333 亿元，比上年增加 418 亿元，增长 45. 7%。2015—2019 年失业保险基金支出及增长率趋势见图 2-9-17。

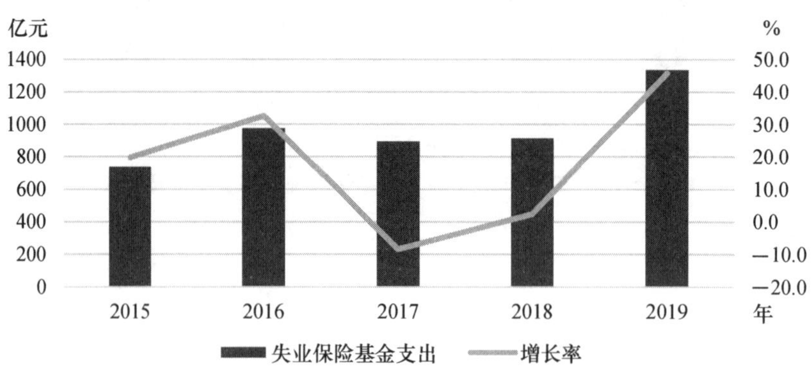

图 2-9-17　2015—2019 年失业保险基金支出及增长率趋势

十、基金结余管理运营

2018—2019 年，随着各险种缴费率和缴费基数下调、待遇水平上调及统筹层次提升，特别是统筹区内社会保险基金统收统支和基金调剂，降低企业和个人缴费负担的同时扩大了覆盖范围，增强了基金共济功能，提升了社会保险基金使用效率，对社会保险基金结余产生了多方面影响。

（一）社会保险基金结余

2019 年年底，全国基本养老保险（含城乡居民养老保险）、基本医疗保险（含城乡居民医疗保险）、工伤保险、失业保险及生育保险基金总收入 83 326 亿元，比上年增加 5. 6%，总支出 75 230 亿元，比上年增加 11. 4%。当年基金结余 8 096 亿元，比上年减少 28. 9%。

2015—2019 年社会保险基金累计结余基本保持增长态势，但各险种增速差异较大（见表 2-10-1）。其中，医疗保险增长较快，居民医疗保险和职工医疗保险年增速分别为 37. 9% 和 16. 4%。居民养老、工伤保险基金累计结余年均增速均超过 10%。

（二）社会保险基金结余地区分布

目前可获得的有关地区分布方面的明细数据主要为 2018 年数据，2019 年

表 2-10-1　　　　2015—2019 年社会保险基金累计结余　　　　单位：亿元

险种	2015 年	2016 年	2017 年	2018 年	2019 年	年均增长率（%）
职工养老	35 345	38 580	43 885	50 901	54 623	9.1
居民养老	4 592	5 385	6 318	7 250	8 249	13.3
职工医保	10 997	12 972	15 854	18 605.38	21 850.29	16.4
居民医保	1 546	1 993	3 535	4 332.94	5 061.82	37.9
工伤	1 076	1 172	1 337	1 785	1 783	11.0
失业	5 083	5 333	5 552	5 817	4 625	-1.5
生育	684	676	564	574	619	-1.6
合计	59 532	66 350	77 045	89 266	96 811	10.4

资料来源：养老保险、工伤保险和失业保险数据来自人力资源社会保障部发布的 2015—2019 年度人力资源和社会保障事业发展统计公报，医疗保险数据来自国家医疗保障局 2018 年度和 2019 年度医疗保障事业发展统计快报。

可获得的数据主要为总量数据，因此以下分析以 2018 年数据为主。

1. 城镇职工基本养老保险基金结余地区分布

2018—2019 年，核定社会保险缴费基数的社会平均工资由各省份城镇非私营单位就业人员平均工资调整为全口径城镇单位就业人员平均工资，城镇职工养老保险单位缴费率确定为 16%，高于 16%的 29 个省份及机关事业单位基本养老保险单位缴费比例全部降至 16%，各省社会保险基金尤其是基本养老保险基金结余有所下降，部分省份更有可能出现收不抵支情况。2018 年建立的中央调剂金制度通过增强企业职工基本养老保险基金的互济功能和抗风险能力，在一定程度上防范和化解了部分地区企业职工基本养老保险基金收支风险，有效降低了地区间分布不均衡问题，为部分困难地区特别是退休人员赡养费用比较高地区的养老保险降费减负提供了空间。同时基本养老保险委托投资为基金保值增值提供了保障，进一步提升了基本养老保险基金支付能力，使养老保险基金结余得以稳定增长。

2018 年各地区中央调剂金上解比例为 3%，按离退休人均定额拨付，在中央调剂金调整前，辽宁、黑龙江、湖北、青海 4 个省份年度结余为负，4 个省份基金收支赤字合计 592 亿元，经过中央调剂金调整后，仍存在赤字 344 亿元。年度结余排名前五位的省份为广东、北京、江苏、湖南和四川，5 个省份年度结余总额为 4 549 亿元，相当于该年职工养老保险基金结余总额的 70%，广东、北京和江苏 3 个省份净上解中央调剂金 422 亿元，可弥补 4 个赤字省份 71%的年度结余亏空（见表 2-10-2）。

表 2-10-2　2018 年城镇职工基本养老保险基金结余地区分布　单位：亿元

地区	累计结余	年度结余	中央调剂金缴拨差额	调整后年度结余	地区	累计结余	年度结余	中央调剂金缴拨差额	调整后年度结余
北京	5 298	1 035	131	903	湖北	743	-54	-46	-8
天津	530	60	-6	66	湖南	1 658	519	-34	553
河北	870	105	-30	135	广东	11 129	2 121	237	1 884
山西	1 560	85	-18	102	广西	693	122	-15	137
内蒙古	657	21	-31	51	海南	235	58	-3	61
辽宁	310	-371	-108	-263	重庆	1 026	109	-20	129
吉林	504	115	-49	164	四川	3 687	352	-89	441
黑龙江	-557	-163	-92	-71	贵州	782	163		163
上海	2 242	225	51	174	云南	1 138	188		188
江苏	4 696	522	54	468	西藏	140	16		16
浙江	3 797	141	54	87	陕西	693	128	-9	137
安徽	1 682	273	-15	288	甘肃	458	44	-10	55
福建	939	162	43	119	青海	54	-4	-2	-2
江西	820	166	-16	182	宁夏	250	29	-4	32
山东	2 387	111	39	72	新疆	1 203	122	-8	129
河南	1 197	86	-8	93					

资料来源：城镇职工基本养老保险基金结余数据来自国家统计局 2019 年中国统计年鉴，中央调剂金缴拨差额数据来自财政部网站。

城镇职工基本养老保险累计结余地区分布不均衡。截至 2018 年年底，黑龙江累计结余为负，赤字达 557 亿元，其他省份均为正。2018 年累计结余排名前五位的省份为广东、北京、江苏、浙江、四川，5 个省份累计结余总额 28 606 亿元，占该年全国城镇职工基本养老保险基金累计结余总额的 56%（见图 2-10-1）。

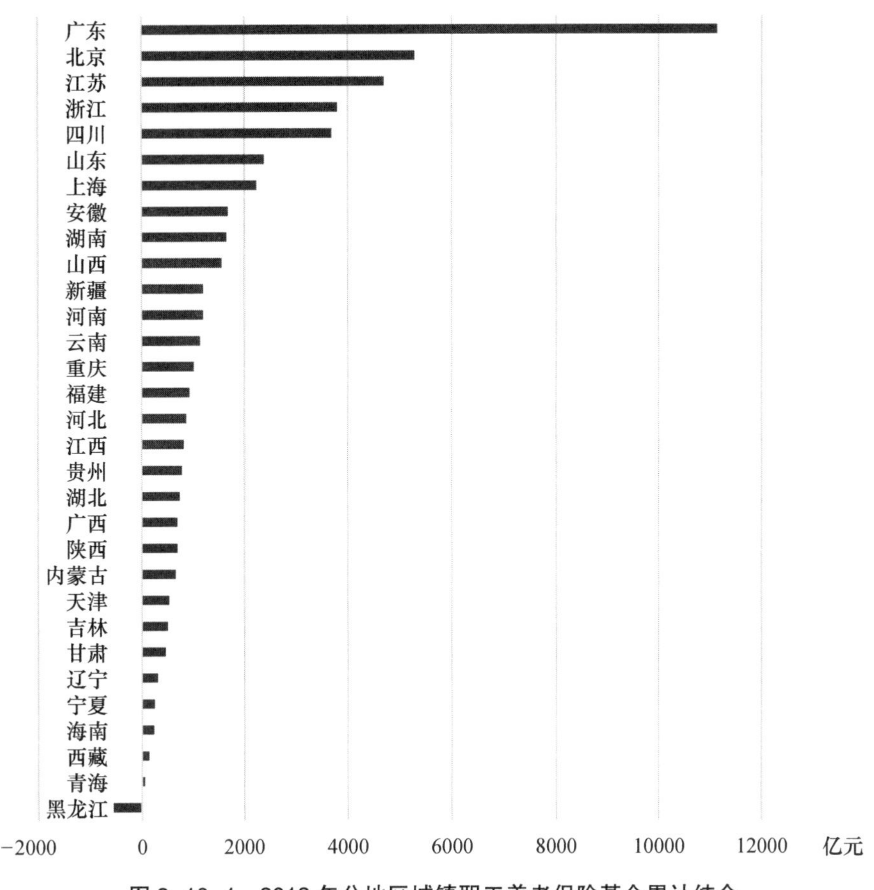

图 2-10-1　2018 年分地区城镇职工养老保险基金累计结余

2. 城乡居民基本养老保险基金结余地区分布

2018—2019 年，城乡居民基本养老保险上调了待遇标准，开启了城乡居民养老保险结余基金的投资运营，部分省份为了保证该制度的财务可持续性，实现合理结余，提高了最低档次缴费标准。从总体结余情况来看，2019 年城乡居民养老保险基金年度结余 993 亿元，比上年增加 61 亿元；累计结余 8 249 亿元，较上年增加了 999 亿元，增加了 13. 8%，基金结余保持了相对合理的增长。

城乡居民养老保险基金累计结余地区间分布很不均衡，东部发达省份及人口大省结余较多。2018 年城乡居民养老保险基金累计结余排名前五位的省份为山东、江苏、四川、河南和广东，5 个省份累计结余 3 004 亿元，占该年全国总结余的 41%，其他 26 个省份累计结余 4 246 亿元，占该年全国总结余的 59%（见表 2-10-3）。

表 2-10-3　2018 年城乡居民基本养老保险基金结余地区分布　单位：亿元

省份	年度结余	累计结余	省份	年度结余	累计结余	省份	年度结余	累计结余
北京	8.6	155.8	安徽	76.3	398	四川	46.2	488.4
天津	19.7	264	福建	21.6	165.5	贵州	13.9	124.1
河北	48.3	339.4	江西	44.6	219.4	云南	30.2	262
山西	26.7	202.2	山东	163.3	985.8	西藏	3.2	25.3
内蒙古	5.4	93.8	河南	72.2	475.5	陕西	29.4	222.6
辽宁	4.2	73.8	湖北	57.1	305.6	甘肃	28.1	166.8
吉林	7.5	62.3	湖南	40.2	311.5	青海	6.2	39.3
黑龙江	10.8	80.9	广东	13.9	416.7	宁夏	5.1	32.4
上海	4.9	81.5	广西	20.3	159.1	新疆	14.1	88.4
江苏	71.9	638	海南	17.3	82.5			
浙江	5.1	156.9	重庆	15.8	132.7			

资料来源：国家统计局 2019 年中国统计年鉴。

3. 城镇职工医疗保险基金结余地区分布

2018—2019 年，医疗保险扩展了药品目录，扩大了药品报销范围，通过药品价格谈判降低了医保用药价格，全面推进职工医疗保险和生育保险两险合并实施，增强了基金共济能力，降低了管理成本。药品降价和基金使用效率提升在一定程度上弥补了报销范围扩大带来的支出效应。2019 年城镇职工医疗保险基金年度结余 3 067 亿元，比上年增加 312 亿元；累计结余 21 850 亿元，较上年增加了 3 245 亿元，增长了 17%。

城镇职工医疗保险基金结余地区分布很不均衡，东部发达省份累计结余较多。2018 年排名前五位的省份为广东、上海、浙江、江苏和四川。5 个省份累计结余 9 207 亿元，占总结余的 49%，其他 26 个省份累计结余合计占 51%（见表 2-10-4）。

4. 城乡居民医疗保险基金结余地区分布

2019 年，城乡居民医疗保险基金年度结余 323 亿元，比上年减少 367 亿元，反映了待遇水平较大幅度提升的影响。累计结余 5 062 亿元，较上年增加 729 亿元，增长 17%。

表 2-10-4　　2018 年城镇职工医疗保险基金结余地区分布　　单位：亿元

地区	年度结余	累计结余	地区	年度结余	累计结余	地区	年度结余	累计结余
北京	234. 3	805. 9	安徽	80. 3	405. 2	四川	180. 5	1070. 5
天津	30. 2	242. 8	福建	75. 6	610. 2	贵州	51. 9	193. 5
河北	82. 8	688. 5	江西	59. 3	289. 8	云南	70. 2	369. 3
山西	34. 7	331. 2	山东	153. 2	933. 6	西藏	18. 5	81. 7
内蒙古	39. 7	280. 2	河南	61. 6	558	陕西	83. 1	382. 6
辽宁	32. 6	439. 2	湖北	63. 9	402. 4	甘肃	18. 4	135. 5
吉林	27	273	湖南	90	476. 9	青海	20. 4	99. 7
黑龙江	39. 7	360. 3	广东	348	2 455. 4	宁夏	15. 9	80. 7
上海	309. 8	2 389. 4	广西	62. 4	333. 7	新疆	47. 9	408. 6
江苏	230. 3	1 583. 9	海南	26. 9	124. 9			
浙江	224. 7	1 708	重庆	17. 7	235. 2			

资料来源：国家统计局 2019 年中国统计年鉴。

城乡居民医疗保险基金结余地区间分布不均衡的状况有所改善。2018 年排名前五位的省份为广东、四川、广西、山东和河南，5 个省份累计结余 1 728 亿元，占总结余的 37%（见表 2-10-5）。

表 2-10-5　　2018 年城乡居民医疗保险基金结余地区分布　　单位：亿元

地区	年度结余	累计结余	地区	年度结余	累计结余	地区	年度结余	累计结余
北京	8. 7	46. 6	安徽	21. 4	182. 3	四川	97. 4	365. 7
天津	17. 2	87. 1	福建	7. 3	103. 6	贵州	0. 6	126. 7
河北	16. 3	201. 3	江西	29. 8	243. 9	云南	27. 1	159. 5
山西	0. 1	132. 7	山东	124. 5	323. 3	西藏	4. 4	11
内蒙古	-0. 6	61. 9	河南	-18. 4	298. 2	陕西	-5. 1	64. 2
辽宁	12. 6	123. 9	湖北	21. 9	252. 9	甘肃	-2. 8	58. 6
吉林	15. 1	82	湖南	26. 6	220. 8	青海	11. 3	21. 8
黑龙江	26. 5	133	广东	9. 8	377. 2	宁夏	4. 9	21. 4
上海	-4. 5	1. 6	广西	96. 6	363. 5	新疆	39. 1	92. 6
江苏	47. 3	231. 7	海南	9. 6	33. 5			
浙江	31. 2	118. 6	重庆	54. 9	149			

资料来源：国家统计局 2019 年中国统计年鉴。

5. 工伤保险基金结余地区分布

2018—2019 年，工伤保险在原“同舟计划”基础上，将各类工程建设项目中的流动就业农民工纳入工伤保险覆盖范围，继续阶段性降低工伤保险费率，允许基金累计结余可支付月数较高的省份进一步下调费率，同时，多省份提高了工伤保险待遇发放标准，并划出部分基金作为工伤预防费。这些都是在当前工伤保险基金累计结余较大的条件下采取的积极措施。在这些措施的共同作用下，工伤保险基金年度结余虽有所下降，但更趋于合理。2019 年工伤保险基金年度结余 2 亿元，比上年减少 169 亿元，累计结余 1 783 亿元（含储备金 262 亿元），较上年下降 2 亿元。

工伤保险基金结余地区间分布较不均衡，东部沿海省份的结余相对较多。2018 年，工伤保险基金累计结余排名前五位的省份是广东、江苏、山东、浙江和湖南，5 个省份累计结余 763 亿元，占该年全国总结余的 43%（见表 2-10-6）。

表 2-10-6　　2018 年工伤保险基金结余地区分布　　单位：亿元

省份	年度结余	累计结余	省份	年度结余	累计结余	省份	年度结余	累计结余
北京	3.7	52	安徽	3.4	52.1	四川	11.7	79.1
天津	2.6	17.4	福建	1.6	63.9	贵州	1.3	23.9
河北	9.7	45.1	江西	8.9	51.9	云南	4.3	32.1
山西	-0.3	60.7	山东	16.3	116.9	西藏	1.1	5.8
内蒙古	3.2	45.7	河南	4.2	70.2	陕西	7.4	40.8
辽宁	5.4	45.5	湖北	9.3	56.3	甘肃	4.2	17.6
吉林	1.4	39.5	湖南	20.7	89.4	青海	2	10.3
黑龙江	-1.2	30.8	广东	12.8	288.1	宁夏	0.9	11.6
上海	-2.9	65.3	广西	9.1	49.4	新疆	1.9	29
江苏	14	163.8	海南	1.7	18.1			
浙江	10.6	104.3	重庆	1.5	8.2			

资料来源：国家统计局 2019 年中国统计年鉴。

6. 失业保险基金结余地区分布

失业保险实行现收现付制，根据国际惯例，基金结余能够满足当前失业率的半年支付需求即可。目前我国失业保险基金累计结余远超这一标准。2018—2019 年，失业保险领域采取了一系列基金管理措施，包括失业保险费率继续阶段性降低至 1%，同时上调失业保险金标准，扩大失业保险基金使用范围，通过返还一定比例失业保险费支持援企稳岗，开展职业技能提升“展翅行动”，从年度基金结余中拨付一定资金为职业技能提升提供补贴，推进失业保险省级统筹，建立省级调剂金制度等。这些措施在一定程度上降低了失业保险基金的年度结余和累计结余，在降低企业负担的同时提升了基金的使用效率。2019 年失业保险基金年度结余为负（-49 亿元），较上年下降 305 亿元，累计结余 4 625 亿元，较上年下降 1 192 亿元。

失业保险基金结余地区间分布较不均衡，东部沿海省份结余相对较多。2018 年，失业保险基金累计结余排前五位的省份是广东、四川、江苏、浙江和山东，5 个省份累计结余合计为 2 353 亿元，占该年全国总结余的 40%（见表 2-10-7）。

表 2-10-7　　2018 年失业保险基金结余地区分布　　单位：亿元

省份	年度结余	累计结余	省份	年度结余	累计结余	省份	年度结余	累计结余
北京	32.5	270.3	安徽	5.9	122.4	四川	23.5	438.8
天津	-9.2	82.2	福建	6.4	177.9	贵州	4.8	85
河北	12.3	170.8	江西	9.5	86.6	云南	6.6	140
山西	14.8	193.3	山东	9.6	309.8	西藏	2.3	20.5
内蒙古	11.3	139.7	河南	15.6	204	陕西	8.6	168.2
辽宁	2.4	284.9	湖北	10	188.5	甘肃	5	88.2
吉林	8.1	133.8	湖南	10.1	142.9	青海	0.8	30
黑龙江	3.9	171.7	广东	48.8	732	宁夏	2.5	38.8
上海	-26.6	143.2	广西	7	141	新疆	2.9	84.4
江苏	-2.1	438.5	海南	1.5	36.6			
浙江	22.5	434.5	重庆	4.6	118.4			

资料来源：国家统计局 2019 年中国统计年鉴。

7. 生育保险基金结余地区分布

2018—2019 年，随着全面二孩政策效应减弱，生育保险与职工医疗保险两险合并实施提升了基金使用效率，生育保险基金结余有所增加。2019 年，生育保险基金年度结余 69 亿元，比上年增加 52 亿元；累计结余 619 亿元，较上年增加了 45 亿元，增长 7.8%。但分地区看，全面二孩政策和降费率共同影响效应依然存在，2018 年有 11 个省份年度结余依旧为负。

生育保险基金累计结余地区间分布也较不均衡，东部沿海省份的结余相对较多。2018 年，生育保险基金累计结余前五位省份是广东、上海、江苏、浙江、山东，5 个省份累计结余 236 亿元，占该年全国总结余的 41%（见表 2-10-8）。

表 2-10-8　　2018 年生育保险基金结余地区分布　　单位：亿元

省份	年度结余	累计结余	省份	年度结余	累计结余	省份	年度结余	累计结余
北京	-6.5	22.6	安徽	0.8	12.4	四川	4.4	17.8
天津	-5.9	4.8	福建	-2.2	14.9	贵州	2	9.9
河北	1.4	17.7	江西	-0.1	7.5	云南	-0.6	3.8
山西	1.5	21.1	山东	5.5	28.7	西藏	0.4	3
内蒙古	2.3	20.7	河南	0.6	27.8	陕西	-0.1	12.9
辽宁	3.6	18	湖北	-0.8	22.7	甘肃	2	8.4
吉林	1.2	13.9	湖南	1.5	25.5	青海	-0.2	3.1
黑龙江	2.1	17.4	广东	-10	83.1	宁夏	0.3	2.3
上海	24	66.1	广西	-1	12.7	新疆	-0.8	20.7
江苏	1.8	29.2	海南	-0.9	3.9			
浙江	-7.5	29.1	重庆	0				

资料来源：国家统计局 2019 年中国统计年鉴。

（三）养老保险基金投资运营

养老保险基金投资运营包括三部分：做实个人账户中央财政补助基金投资（个人账户基金）、地方委托社保基金理事会的结余投资（地方委托基金）、基本养老保险基金投资（含城镇职工基本养老保险基金和城乡居民基本养老保险基金）。三类基金投资基本都是委托全国社会保障基金理事会（以下简称全国社保基金理事会）进行。

1. 个人账户基金投资

全国社保基金理事会自 2006 年 12 月开始受托管理 9 个试点省（区、市）的个人账户基金。其中，黑龙江省 2015 年解除委托投资合同，并结算拨付的 150.03 亿元。吉林省 2016 年调回部分委托本金及收益共计 49.19 亿元。① 截至 2018 年年底，全国社保基金理事会管理个人账户基金 1 321.33 亿元，较

① 全国社会保障基金理事会 2016 年度社保基金年度报告。

2017 年增加了 47 亿元，增长 3.7%。其中，委托本金余额 861.52 亿元，累计投资收益余额 459.81 亿元。截至 2019 年年底，管理个人账户基金 1 571.37 亿元，较 2018 年增加了 250 亿元，增长 18.9%。其中，委托本金余额 925.82 亿元，累计投资收益余额 645.55 亿元。①

2006—2019 年，全国社保基金理事会管理个人账户基金权益额从 2006 年的 46 亿元增加至 2019 年的 1571 亿元，增加了 33.2 倍。年均投资收益率 10.1%，较好地实现了保值增值。

2. 地方委托资金委托投资

地方委托资金是指广东省和山东省人民政府委托全国社保基金理事会管理的部分企业职工基本养老保险基金结余资金及其投资收益，纳入全国社保基金统一运营，作为基金权益核算。广东省 2016 年撤回地方委托资金。目前仅山东省于 2015 年和 2016 年各将 500 亿元养老基金结余委托给全国社保基金理事会进行投资。截至 2018 年年底，这 1 000 亿地方委托资金本金产生投资收益 147.68 亿元。截至 2019 年年底，产生投资收益 277.72 亿元。②

3. 养老保险基金投资运营

2015 年 8 月企业职工、机关事业单位职工和城乡居民等三类养老保险基金开启市场化、多元化投资运营，由省级政府将各地可投资的结余基金统一委托给国务院授权的养老保险基金管理机构（目前是全国社保基金理事会）投资。2018 年，财政部联合国家税务总局对委托投资的基本养老保险基金有关投资业务出台了一系列税收优惠政策，进一步支持养老基金投资运营。

2017 年 1 月，广西成为首个与全国社保基金理事会签署基本养老保险基金委托投资合同的省份，随后多个省份启动委托投资。到 2017 年 6 月，有北京、上海、河南、湖北、广西、云南、陕西、安徽 8 个省份签署委托投资合同，到账投资资金 1 721.5 亿元。随着基本养老保险基金投资运营工作的积极推进，各地城镇职工基本养老保险基金委托投资进展较快。截至 2018 年年底，已有 17 个省份委托投资 8 580 亿元，到账资金 6 050 亿元，该年产生投资收益 98.64 亿元，投资收益率 2.56%，累计产生投资收益 186.83 亿元。③ 截

①② 全国社会保障基金理事会 2018 年度和 2019 年度社保基金年度报告。

③ 全国社会保障基金理事会 2018 年度基本养老保险基金受托运营年度报告。

至2019年年底，已有22个省份签署基本养老保险基金委托投资合同，委托总金额达到10 930亿元。①

在推动城镇职工养老保险基金委托投资的同时，城乡居民基本养老保险基金投资也积极推进。2018年8月，人力资源社会保障部、财政部印发《关于加快推进城乡居民基本养老保险基金委托投资工作的通知》（人社部发〔2018〕47号），从2018年起，各省份按年分批启动，到2020年年底全面实施。截至2018年年底，上海、湖北、广西、重庆、四川、云南、西藏、陕西、甘肃等9个省份已经启动实施，并确定河北、吉林、江苏、浙江、安徽、福建、河南、广东和青海9个2019年启动居民养老基金委托投资的省份。截至2019年年底，有19个省份已启动城乡居民基本养老保险基金委托投资，合同金额2 123亿元，同比增加1 350亿元。②

云南省是第一批开展委托全国社保基金理事会进行投资运营的省份之一。该省与全国社保基金理事会签订协议，从2016年开始，每年委托投资100亿元，五年共委托投资500亿元。截至2019年年底，委托投资资金达400亿元，获得投资收益44.5亿元。其中，企业职工养老保险基金投资本金300亿元，确认委托投资收益39.67亿元。城乡居民养老保险投资本金100亿元，委托投资收益4.83亿元。从各年投资收益率来看，2017年投资收益率为5%，2018年投资收益率为3.965%，2019年投资收益率为9.62%。

十一、年金运营管理

2018—2019年是职业年金运营管理取得突破性进展的两年。各省份在《职业年金基金管理暂行办法》（人社部发〔2016〕92号）指导下，均制定了本省份职业年金基金管理实施办法。2019年2月27日开启了职业年金入市进程，到2019年年底，有20个地区开始投资运营。职业年金缴费和投资运营的推进，以及基本养老保险缴费费率和费基的下降，激发了同为养老保险第二支柱的企业年金的发展，自2015年以来的企业年金停滞增长趋势有所缓解。2018年，建立企业年金的企业个数和参加职工人数分别增加了8.7%和2.5%。2019年，增速进一步加快，建立企业年金的企业个数和参加职工人数

① 人力资源社会保障部《2019年人力资源和社会保障工作主要进展情况及下一步工作安排》。

② 《人力资源社会保障部办公厅、财政部办公厅关于确定城乡居民基本养老保险基金委托投资省（区、市）启动批次的通知》（人社厅发〔2019〕33号）。

分别增加了 9.8%和 6.7%。

（一）企业年金运营管理

1. 企业年金运营管理总体情况

2018—2019 年，企业年金扩面取得明显进展，建立企业年金的企业和参加职工人数都较以前有了更大幅度的增长。企业年金基金积累除得益于扩面效应外，更得益于投资收益和工资增长，积累基金增速快于企业和职工覆盖率，2019 年增长了 21.8%。2019 年，企业年金投资收益 1 258.23 亿元，当年加权平均收益率高达 8.3%，为当年企业年金基金积累提供了有效保障。企业年金市场的产品创新力度也有所加大，相较 2018 年，2019 年建立的投资组合数增加了 10.1%。从企业年金待遇领取情况来看，企业年金制度逐渐进入成熟阶段，参加职工进入退休阶段的人数增幅较大。2018 年和 2019 年，待遇领取人分别增加了 22.6%和 15.4%，领取金额分别增加 27.1%和 12.2%（见表 2-11-1）。

表 2-11-1　　2018—2019 年企业年金运营管理总体情况

年份	建立企业（个）	参加职工（万人）	积累基金（亿元）	建立计划（个）	建立组合（个）	投资收益（亿元）	待遇领取人（万人）	领取金额（亿元）
2018	87 368	2 388.17	14 770.38	1 627	3 929	420.46	156.35	438.86
2019	95 963	2 547.94	17 985.33	1 673	4 327	1 258.23	180.46	492.39
增长率（%）	9.8	6.7	21.8	2.8	10.1	199.3	15.4	12.2

资料来源：人力资源社会保障部 2018 年度和 2019 年度《全国企业年金基金业务数据摘要》。

2. 企业年金企业账户数地区分布

2018 年和 2019 年，建立企业年金的总企业账户数分别为 87 368 个和 95 963 个，其中在人力资源社会保障部备案建立企业年金计划的中央企业账户数分别为 23 533 个和 24 452 个，占总企业账户数的比重分别为 26.9%和 25.5%。各地区企业年金企业账户数分布比较不均衡（见图 2-11-1），东部地区企业数量相对较多，排名前五位的地区依次为上海、北京、浙江、江苏、广东。其中，上海遥遥领先，2018 年和 2019 年建立企业账户数分别为 9 358 个和 9 789 个，分别是排名第二的北京的 2.7 倍和 2.16 倍。

从企业账户数增长速度来看，2019 年各地区企业年金企业账户数总体呈

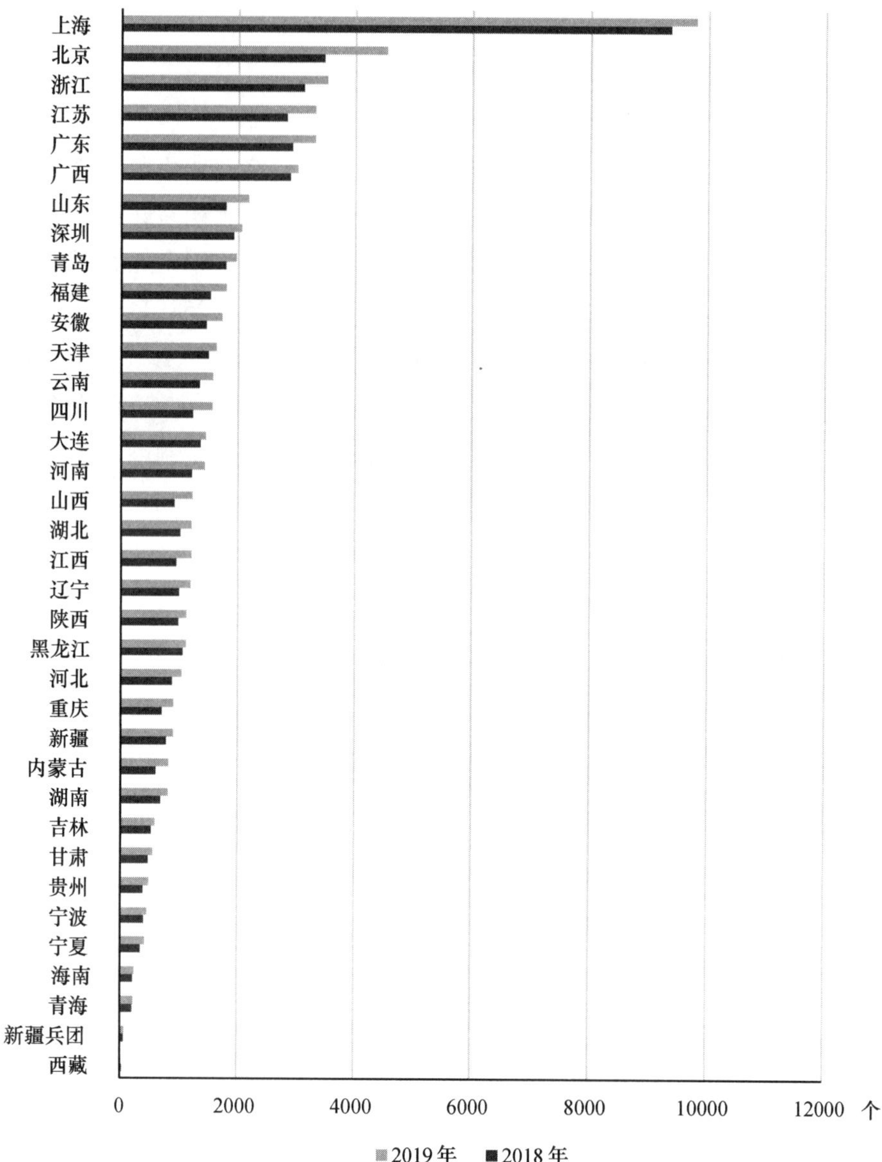

图 2-11-1　2018—2019 年企业年金企业账户数地区分布变化情况

资料来源：根据人力资源社会保障部 2018 年度和 2019 年度《全国企业年金基金业务数据摘要》相关数据绘制。

增长趋势，且增幅较大，有 25 个省份、2 个计划单列市企业账户数增长率超过 10%，其中内蒙古、山西、北京增幅超过 30%，重庆、江西、四川等 9 个省份增幅超过 20%，可见企业年金扩面进展较大（见表 2-11-2）。

表 2-11-2　　2018—2019 年各地区企业年金企业账户数　　单位：个

省份	2018 年	2019 年	增长率（%）	省份	2018 年	2019 年	增长率（%）
北京	3 472	4 533	30. 6	海南	216	241	11. 6
天津	1 493	1 629	9. 1	四川	1 224	1 562	27. 6
河北	876	1 042	18. 9	重庆	700	902	28. 9
山西	917	1 219	32. 9	贵州	389	488	25. 4
内蒙古	599	820	36. 9	云南	1 343	1 564	16. 5
辽宁	991	1 197	20. 8	西藏	34	24	-29. 4
吉林	520	586	12. 7	陕西	979	1 120	14. 4
黑龙江	1 059	1 113	5. 1	甘肃	475	545	14. 7
上海	9 358	9 789	4. 6	青海	203	223	9. 9
江苏	2 835	3 324	17. 2	宁夏	341	419	22. 9
浙江	3 126	3 522	12. 7	新疆	773	893	15. 5
安徽	1 455	1 728	18. 8	新疆兵团	63	75	19
福建	1 522	1 802	18. 4	大连	1 364	1 448	6. 2
江西	944	1 207	27. 9	青岛	1 787	1 971	10. 3
山东	1 790	2 180	21. 8	宁波	396	456	15. 2
河南	1 212	1 426	17. 7	厦门	11 951	12 049	0. 8
湖北	1 010	1 210	19. 8	深圳	1 925	2 063	7. 2
湖南	675	810	20	人力资源社会保障部	23 533	24 452	3. 9
广东	2 930	3 314	13. 1				
广西	2 888	3 017	4. 5	合计	87 368	95 963	9. 8

资料来源：人力资源社会保障部 2018 年度和 2019 年度《全国企业年金基金业务数据摘要》。

注："人力资源社会保障部"一栏统计在人力资源社会保障部备案的单一计划及加入集合计划的中央企业。

3. 企业年金职工账户数地区分布

2018 年和 2019 年，参加企业年金的职工人数分别为 2 388. 2 万人和 2 547. 9 万人。其中，在人力资源社会保障部备案的中央企业职工人数分别为 1 215. 2 万人和 1 272. 6 万人，分别为参加职工总人数的 50. 9%和 49. 9%，大型中央企业参加职工人数占据了参加职工总人数的半壁江山。从地区分布来看，各地区企业年金职工账户数分布同样不均衡，去掉中央企业，剩余一半的参加职工中，上海、北京、广东、深圳、河南、山西、江苏、安徽、山东和浙江 10 个东部地区和资源型企业比重较大的地区参加职工数占了 56%，剩余 22 个省份及 4 个计划单列市和新疆兵团合计参加职工数仅占 46%。

从各地区企业年金参加职工账户数增长速度来看，相较2018年，2019年各地区企业年金参加职工人数总体呈增长趋势，有10个省份、3个计划单列市的职工账户数增长率超过10%，其中海南、青岛增速超过30%，北京、内蒙古、江西和新疆兵团增速均超过20%（见表2-11-3）。

表2-11-3　　2018—2019年各地区企业年金职工人数　　单位：百人

省份	2018年	2019年	增长率（%）	省份	2018年	2019年	增长率（%）
北京	7 177.8	8 826	23	海南	367	499.8	36.2
天津	2 313.6	2 339.8	1.1	四川	4 141.8	4 481.6	8.2
河北	3 863.7	3 996.9	3.4	重庆	1 578.3	1 863.9	18.1
山西	5 700.4	6 344.6	11.3	贵州	1 868.1	1 935	3.6
内蒙古	2 321	2 813.6	21.2	云南	3 356.9	3 580.8	6.7
辽宁	3 187.5	3 398.3	6.6	西藏	100.6	93.3	-7.2
吉林	1 292.1	1 355.7	4.9	陕西	4 345.2	4 993.8	14.9
黑龙江	1 840.3	1 679.4	-8.7	甘肃	2 056.4	2 147.1	4.4
上海	13 739.2	14 166.3	3.1	青海	717.9	754	5
江苏	5 327.3	5 925.9	11.2	宁夏	518.1	550.4	6.2
浙江	4 756.4	5 228.6	9.9	新疆	1 200.5	1 261.6	5.1
安徽	5 366.9	5 711.2	6.4	新疆兵团	112.5	135.2	20.2
福建	3 043	3 340.1	9.8	大连	910.1	932.1	2.4
江西	2 225.5	2 730.1	22.7	青岛	826.7	1 090	31.9
山东	5 014.7	5 352.8	6.7	宁波	442.9	491.4	11
河南	5 879.5	6 457.3	9.8	厦门	1 882.5	2 101.8	11.6
湖北	2 912.5	3 203.9	10	深圳	6 253.8	6 658	6.5
湖南	2 546.5	2 502	-1.7	人力资源社会保障部	121 521	127 264	4.7
广东	6 285.6	6 748.1	7.4				
广西	1 823	1 839.5	0.9	合计	238 817	254 794	6.7

资料来源：人力资源社会保障部2018年度和2019年度《全国企业年金基金业务数据摘要》。

注：人力资源社会保障部一栏统计在人力资源社会保障部备案的单一计划及加入集合计划的中央企业。

4. 企业年金积累资产地区分布

2018年和2019年，企业年金积累总资产分别为14 770.4亿元和17 985.3亿元，其中在人力资源社会保障部备案的中央企业积累的资产分别为8 389.2亿元和10 142.5亿元，分别为积累资产总额的56.8%和56.4%，大型中央企业积累的企业年金资产超过了总资产的一半以上。剩余44%左右的企业年金资产地区分布也很不均衡，其中上海、北京、江苏、广东、浙江、山东、山西、安徽、陕西和福建10个省份积累的企业年金资产，2018年和2019年分别占 58.7%和 57.2%，其中前五位省份就分别占了 37%和 35.8%，剩余 22 个省份、4 个计划单列市和新疆兵团积累资产仅占剩余 44%资产中的 42%左右，这些地区积累的资产相当于总资产的 18.5%。

从各地企业年金积累资产增长速度来看，相较 2018 年，2019 年各地区企业年金积累资产总体呈增长趋势，总资产增长了 21.8%。有 31 个省份和 4 个计划单列市积累资产增长率超过 10%，其中，海南、吉林、西藏、四川、湖南、江西等省份及青岛市增速超过 30%，陕西、新疆、重庆、云南、广西、贵州、河南、北京、湖北、河北、江西、内蒙古、山西、福建和甘肃 15 个省份及深圳、宁波和厦门 3 个计划单列市增速均超过 20%（见表 2-11-4）。

表 2-11-4　　2018—2019 年各地区企业年金积累资产额　　单位：千万元

省份	2018 年	2019 年	增长率（%）	省份	2018 年	2019 年	增长率（%）
北京	5 452.5	6 634.6	21.7	海南	83.9	207.1	146.7
天津	1 044.3	1 197.3	14.7	四川	1 924	2 852.4	48.3
河北	1 482.1	1 795	21.1	重庆	745.9	934.9	25.3
山西	3 017.6	3 646.7	20.8	贵州	1 055.1	1 305.3	23.7
内蒙古	1 198.5	1 451.3	21.1	云南	1 926.5	2 406.4	24.9
辽宁	1 483.6	1 716.1	15.7	西藏	50.3	76.2	51.4
吉林	794.5	1 705.2	114.6	陕西	2 383.1	3 091.2	29.7
黑龙江	874.2	953.8	9.1	甘肃	1 056	1 275.5	20.8
上海	7 307.9	8 397.3	14.9	青海	306.3	352.1	15
江苏	3 987.9	4 776.1	19.8	宁夏	312.4	363.3	16.3
浙江	3 153.5	3 772.7	19.6	新疆	736.9	924.1	25.4
安徽	2 833.5	3 365	18.8	新疆兵团	134.3	118.7	-11.6
福建	2 451.3	2 961.4	20.8	大连	310.6	350.2	12.8
江西	1 096	1 448.2	32.1	青岛	281.4	374.9	33.3
山东	3 165.7	3 762.6	18.9	宁波	196.2	248.6	26.7
河南	1 959.6	2 405.4	22.7	厦门	513	636.9	24.1
湖北	2 169.1	2 631.6	21.3	深圳	2 363.6	2 884.5	22
湖南	1 385.7	1 889.1	36.3	人力资源社会保障部	83 892	101 424.8	20.9
广东	3 726	4 459.3	19.7				
广西	848.8	1 057.9	24.6	合计	147 703.8	179 853.3	21.8

资料来源：人力资源社会保障部 2018 年度和 2019 年度《全国企业年金基金业务数据摘要》。

注：人力资源社会保障部一栏统计在人力资源社会保障部备案的单一计划及加入集合计划的中央企业。

（二）职业年金运营管理

2018—2019年，职业年金取得了突破性进展，目前各省份社保经办机构均已设置职业年金管理部门和岗位，基本形成职业年金经办管理规范，完成了年金管理信息系统开发。多数省份已经制定了职业年金办法及职业年金基金管理实施办法，并依据相应办法基本完成了职业年金基金归集账户托管人及基金管理受托人、投资管理人和托管人招投标工作。2019年2月27日，中央国家机关及所属事业单位职业年金壹号计划开启入市进程，截至2019年年底，已有20地启动职业年金基金项目投资。总体而言，各省份职业年金管理规范基本形成，但各地区存在一定差异。基金运营管理已正式开启，但各省份运营管理筹备和投资进程差异较大。

1. 财政全额供款单位缴费新增做实省份

除浙江和上海职业年金所有缴费均实账积累外，2018—2019年，规定财政全额供款单位的单位缴费实行实账积累的省份有所增加。2018年2月6日，山东印发职业年金基金管理办法，自2017年起，省直驻济机关事业单位职业年金全部记实，2014年10月至2016年12月记账部分逐步记实，鼓励有条件的市、县（市、区）记实财政全额供款单位的单位缴费。① 天津要求各区根据实际情况，对其所属机关参公单位的职业年金单位缴费可由记账方式变更为实账缴费方式；选择实账缴费的区，应对本区所属全部机关参公单位统一变更操作；变更后无特殊情况，不得再改回记账方式。广东于2019年4月25日印发职业年金征缴通知，规定省属驻穗机关事业单位的职业年金单位缴费实行实账积累，中央驻穗财政全额供款单位职业年金单位缴费是采取记账方式或实账积累方式由单位自行确定。

2. 职业年金基金管理实施办法地区比较

各地职业年金基金在计划数量、资金分配、统一收益率计算、管理费计提和待遇支付方面差异较大。

（1）从计划数量看，各地根据预期资金规模设置计划数量有较大差异，如湖南、海南设置了7个计划，新疆、湖北、天津、福建等省份设置了8个计划，山西设置了10个计划，北京、江苏和云南均设置了11个计划，还有

---

① 山东省人力资源社会保障厅《关于印发山东省职业年金基金管理及投资运营实施办法的通知》（鲁人社发〔2018〕7号）。

部分省份没有明确计划数量，用设置多个计划表示，如山东、江西、上海等。

（2）从资金分配看，总体上存在两大类模式：平均分配和差异化分配。多数省份采取差异化分配，也有部分省份实行各计划平均分配职业年金资金，如海南和湖南。差异化分配的模式各省份也存在较大差异，如天津，按两档分配，档内资金分配比例一致，档次之间分配比例相差不超过职业年金基金总体规模的3个百分点；如山西，分A、B、C三档，各档按50∶35∶15分配，档内平均分配，后期根据考核结果动态调整；如福建，在平均分配基础上适当激励，80%资金平均分配，20%用于奖励排名前四的计划，且配比比例按排名顺序递减。

（3）从统一收益率计算看，多数省份由代理人指定某计划负责统一收益率计算和审核，也有部分省份规定所有计划均承担计算和审核职责，如福建。在确定指定计划方面，各省份做法也存在差异，如山东、湖北、山西，均指定同一计划的受托人和托管人分别负责统一收益率的审核和计算；天津和云南规定由评选排名第一位的受托人以及该受托人选择的托管人，分别兼任统一计划收益率审核人、计算人；湖南则规定由代理人指定受托人和托管人，分别担任统一收益率的审核人和计算人。

（4）从管理费计提看，基本采取“基础管理费+绩效管理费”的方式，绩效管理费基本采取浮动管理费模式，设置比例上限，如福建按相关管理人管理财产净值的一定比例与管理财产净值增长率相乘确定相应绩效管理费，天津则与投资收益挂钩。基础管理费设置模式上差异大一些，有些省份规定一个固定比例（如福建），一些省份则通过设置上限约束管理成本（如天津），还有一些省份没有对管理费计提方式作出规定（如山东）。

（5）从待遇支付计划看，包括指定计划支付、轮流支付、共同支付等。多数省份为指定计划支付，一些省份直接将负责核算统一收益率的计划指定为待遇赎回计划，如天津、云南；也有一些省份另外指定待遇赎回计划，如山东、湖北；福建采取各计划轮流支付，由抽签决定支付顺序；江西则与计划投资收益率关联，首期待遇支付资金由各计划平均承担，由省社会保险管理中心指定一个托管人集中支付，以后每年的待遇资金由上年度投资收益率最低的计划负责支付。

表2-11-5归纳了山东、天津和福建三个典型省份职业年金基金管理实施办法的几个主要特征。其中福建的相关规定主要依据《福建省职业年金基金

管理实施办法》（闽人社文〔2017〕303号）和2018年12月23日发布的《福建省关于职业年金基金管理实施办法的补充通知》，资金配置和待遇支付方面的信息根据补充通知确定。

表2-11-5　　山东、福建、天津3个省份职业年金基金管理实施办法比较

	山东	福建	天津
文件名	山东省职业年金基金管理及投资运营实施办法	福建省职业年金基金管理实施办法及补充通知	天津市机关事业单位职业年金基金管理实施办法（试行）
执行日期	2018年2月6日	2017年11月20日	2018年12月28日
决策机构		职业年金工作小组	基金管理委员会
职责界定	明确机构评选委员会、各级经办机构职责	明确机构评选委员会职责	明确机构评选委员会、代理人职责
计划数量	多个计划	初始8个	8个左右
基金管理机构	同一受托人、同一托管人只能管理一个职业年金计划、一个计划不少于3名投资管理人，同一投资管理人最多管理3个投资组合；受托人与托管人、托管人与投资管理人不得为同一机构	1个计划设置1名受托人、托管人和适量投资管理人（初始为3个）；受托人与托管人、托管人与投资管理人不得为同一机构	同一受托人、同一托管人只能管理1个职业年金计划；同一投资管理人最多可管理3个投资组合，且3个投资组合不得属于同一计划
投资组合	专业化管理	未明确	可以设置标准投资组合、专门投资组合和受托直投组合；除受托直投组合外，每个计划其他投资组合不得少于3个
资金分配	差别化分配，两档	在平均分配基础上适当激励；80%资金平均分配，20%资金用于奖励排名前四的计划，且配比比例递减	差异化分配，分两档，档内资金分配比例一致，档次之间分配比例相差不超过基金总规模的3%，后期适当调整
考核周期	年度考核，资金分配、管理费计提等与考核结果挂钩	年度考核，确定绩效管理费	未明确

续表

	山东	福建	天津
统一收益率计算	指定一个计划的托管人、受托人兼任统一收益率计算人、审核人	所有受托人均负责审核，所有托管人均负责计算，省社保经办机构汇总	评选排名第一位的受托人及其选择的托管人，分别兼任统一计划收益率审核人和计算人
管理费计提	未明确	基础管理费+绩效管理费；受托人：基础=1‰，绩效≤1‰；托管人：基础=0.7‰，绩效≤1.3‰；投资管理人：基础=3‰，绩效≤9‰	基本管理费+绩效管理费，基本管理费与规模挂钩，绩效管理费与收益率挂钩；托管人：基本管理费≤1‰；受托人：基本管理费≤0.5‰，总管理费≤2‰；投资管理人：基本管理费≤4‰，总管理费≤12‰
待遇支付	指定其中一个计划作为支付赎回计划	各计划托管人轮流支付，顺序抽签决定	从统一计划收益率审核人（排名第一的受托人）受托管理的计划中支出

资料来源：作者根据三个省份职业年金基金管理相关实施办法整理。

十二、业务档案管理

围绕补短板、上水平，部分地区的社保业务档案管理工作，在完善基础建设、巩固扩展一体化成果以及服务退休审核业务转型等方面，取得了新的进展。

（一）基础建设落地面进一步扩大

2016年1月1日，国家标准《社会保险业务档案管理规范》开始实施。2018—2019年，一些地方社保经办机构按照文件提出的制度措施、场地设施、专业人员、保障经费“四落实”要求，创造条件推进业务档案管理基础建设。已经实现“四落实”的社保经办机构，普遍把工作重点放在提升规范化、信息化、专业化和标准化水平上。如天津市社保中心、上海市社保中心等一批业务档案管理先进单位，着眼新发展新需求，结合完善社保服务平台建设等管理服务模式创新，进一步完善档案管理制度，全面提升管理服务水平。一些地区业务档案管理信息化建设试点取得新进展。如承担浙江省电子档案建设试点任务的温州市社保中心，2019年上半年电子档案管理系统上线，启动了影像存储系统、档案服务和集成接口建设。承担广西试点任务的南宁市社保局，持续完善业务档案信息管理系统建设，在配套的软件、硬件基本达到标准的基础上，克服困难，进一步推进业务档案信息化建设向影像化、自动化扩展。在中西部地区，县市一级社保经办机构多年来存在着设施条件差、经费保障不足、缺少专业人手的状况，随着当地经济社会发展和财政投入的持续增加，有的地方“四落实”出现了后来居上的可喜变化。如云南、广西等地，在省（区）级社保经办机构的支持协调下，基层社保档案管理工作基本达到了“四落实”要求，“三化”水平逐步提高。但由于条件差别大，一些地方基层社保经办机构档案管理基础建设还远不符合要求。

（二）推进业务档案一体化上新水平

“十三五”以来社保信息化建设进入新的发展阶段，其中业务档案管理与业务经办一体化被视为全面提升业务档案管理水平的重要标志。2018 年，许多地区适应“放管服”改革、“互联网+社保”“一网通办”“综合柜员制”等社保管理服务创新，适时提升一体化水平。上海市于 2018 年启动公共服务事项“一网通办”，市档案局制发了“一网通办”电子档案管理办法和“一网通办”电子文件归档管理技术规范。市社保中心结合正在建设的基于“经办无纸化”社保业务新系统（金保二期），着力提升一体化标准。在新业务系统中实现电子文件与元数据同步收集、同步归档。档案管理流程与业务经办流程“合二为一”，档案管理环节成为业务经办管理“固有环节”，同步建立健全。电子文件可以提供全过程调阅利用，助推“一网通办”和“异地审核”实施，支撑上海市“大数据”运用拓展。新系统提供从“收集归档”到“鉴定销毁”档案全生命周期各环节功能。新系统提供电子档案“四性”检测功能（真实性、完整性、可用性、安全性），保证社保电子档案安全可靠。

2018 年，河北省社保局在省本级开始应用统一开发的一体化管理系统。使用全省统一的各险种业务档案管理工作用表，可以支持一体化管理系统在市县一级社保档案管理中普遍应用。支持多险种经办、综合柜员制服务模式和网上社保经办等。与经办业务同步生成的文件归档索引信息，组卷时可以通过扫描仪批量扫描、条码枪检索二维码、人工录入三种形式进行。能够同时生成纸质档案和电子档案（参照国家标准电子档案定义），以适应不同需求。建立起市级集中的电子档案影像服务器，按照国家标准规则存储影像文件。

山东省威海、临沂、滨州等市适时升级一体化信息管理系统，把现行档案管理标准规范和操作流程全部固化在业务系统中，提升了一体化融合能力，经办业务信息直接转化成了电子档案，有效提高了归档信息的准确性、完整性，同时经办业务需要的档案数据能从档案系统中提取调阅，为“线上审核、即时审核、异地审核”提供了便捷、可靠的档案支持。当地社保行政部门履行审批和监督管理职责，也能适时共享信息。

（三）电子档案助力退休审核转型升级

多年来，非正常提前退休现象屡屡出现。更改档案年龄、提供不实特殊工种材料的情形较为多见，成为养老保险基金非正常支出的一个痛点。针对这些问题，一些地区结合健全内部控制机制，充分发挥电子档案“六亲不认”的作用，积极推进退休审核经办业务向优质高效转型。天津市社保中心针对退休业务受理审核市区两级操作的实际，2018 年发布新版《内部控制实施细则》等 3 个文件，并基于国家“金保工程”二期经办系统的上线运行，进一步健全完善业务电子档案系统，极大地促进了经办审核业务向质量高效转型。市区两级办理提前退休等审核业务，只要通过了对业务经办留存要件及社保信息系统数据与记录职工基本信息的电子档案核对，就能在承诺期内完成办结，没有发现风险问题和出现社保争议案件。

山东省烟台市按照社保档案智能管理信息系统建设及服务项目要求，通过列入政府采购项目为本级直接服务的 6 万多名职工建立起电子档案。2018 年依托社保核心平台三版系统进行业务流程再造，实现了全市办理职工退休通过网上申报审核。社保经办业务人员不用再翻看职工纸质档案，更不用核验有关证明等，直接调阅电子档案即可完成对退休条件的审核，有效遏制了违规退休。

2018 年，河北省社保局开展全省社会保险业务档案服务利用实例征集活动，共征集包括电子档案应用在内的各类实例 500 则，将其中 80 则编印成河北省社保业务档案利用典型实例，发给各级社保经办机构参考借鉴。2019 年获得河北省开发利用档案优秀服务成果一等奖。

通过电子档案助力审核业务转型，把防控经办风险的篱笆扎紧，从源头上维护基金安全，同时提高经办服务效率，已成为各地普遍努力作为的重要选项。但在实际工作中，存在电子签章法律效力不足影响网上经办效率的情形。如有的省份虽然已上线了电子签章系统，可由于缺失电子签章统一规范和相关法律规定，电子签章应用受限，不仅省外承认度低，省内也多是在人社系统内部承认，其他部门承认度也不高，导致部分社保业务仍需到经办大厅现场办理，“一次办好”改革受到很大影响，降低了群众办事体验感和满意度。电子社保档案的法律效力也需要明确，需要修订档案法中纸质材料归档要求，进一步明确纸质业务经办材料与电子材料的关系，为精减材料提供法律依据，为社保经办工作提供有力支持。

十三、风险管理

2018—2019 年，人力资源社会保障部和国家医疗保障局积极健全风险管理机制，在全国范围内开展社会保险基金管理风险防控工作，推动各地开展打击欺诈骗取社保和医保基金专项行动，社会保险反欺诈取得良好效果。

（一）社会保险基金风险管理

1. 加强风险防控

2018 年 7 月 17 日，人力资源社会保障部发布《关于加强社会保险基金管理风险防控工作的意见》（人社部发〔2018〕43 号），通过融入“机场安检模式”形成系统性风险防控思路。一要形成政策制定、经办管理、信息化综合机构和基金监督“四位一体”的风险防控体系，强调出台政策要考虑风险，经办管理要防止风险，创新服务要规避风险，建设系统要控制风险，将基金风险防控嵌入社会保险整个系统中，综合布局。二要强化风险评估，以针对性措施应对风险变化。不仅经办管理要评估风险，政策制定及信息系统建设也要评估风险；不仅社保新业务、临时性业务要评估风险，日常业务也要开展风险轮评，以此增强风险防控措施的针对性，控制风险增量、减少风险存量。三要严格流程管理，以信息控制提高风险防范效率。不仅提出了全面取消业务手工办理、社银报盘、现金业务的近期目标，而且要求落实经办内控、严格系统权限管理，做到岗位有分工、权限有控制。类似机场安检“柜台模式”的发展过程，在规范业务流程、合理配置岗位的基础上，实现业务操作和系统操作线上线下统一，工作人员岗位权限线上线下同步控制，通过信息化提高防控效率。

2018 年年底，漳州市人力资源社会保障局进一步加强社会保险基金监督工作。第一，组织开展工伤保险内部控制专项检查。成立联合检查组，组织开展工伤保险内部控制情况排查与梳理工作。制定下发《关于进一步落实基本养老保险、工伤保险、失业保险参保工作有关事项的通知》，要求全市各级人力资源社会保障部门及所属相关单位采取积极有效措施加强监督检查，对工作中发现的用人单位未依法参加三项社会保险情况，依法依规进行处理。第二，落实查处和防范社会保险欺诈工作联席会议制度。人力资源社会保障局分管领导多次带领科室同志主动前往公安部门，通报社会保险基金管理工作中存在的问题，分析社会保险基金管理面临的形势和任务，协调共同加强对社保基金欺诈等违法行为的预防和查处措施。第三，进一步加强机构队伍建设。2018 年 12 月，举办“全市社保基金暨就业补助资金监督业务培训班”，各级基金监督工作分管领导、基金监督人员及风险管理部门稽核人员近 50 人参加了培训。

2018 年年底，南平市人力资源社会保障局采取四项措施加强社会保险基金监督工作。一是完善机构队伍建设。从人员配备、岗位增设、职责落实等方面下功夫，不断强化监督队伍建设。除武夷山外，各县（市、区）均与其他科（股）室合署建立基金监管部门，全市共有基金监管工作人员 14 名。二是提高监管水平。加强学习教育培训，从多角度多层次进一步探索和完善社保基金监督方法方式，不断提高工作人员的业务素质和政策法规水平。三是加大稽核力度。每月结合公安、殡仪馆及其他社保机构等数据进行比对，排查死亡冒领或重复领取人员，联合相关部门积极进行基金追缴工作，减少基金损失。四是健全社保经办内控体系。合理设置岗位，明确责任分工，建立岗位责任制度，形成责任明确、相互制约的内部制衡机制。

2018 年，平潭综合实验区社会保障服务中心通过“三步走”提升社保基金监督能力。一是健全组织机构。成立区社保基金风险防控工作领导小组，负责开展自查自纠工作的领导、协调和监督等，并在区社会保障服务中心设立风控领导小组办公室，全面负责社保经办机构风险防控具体工作。二是建立基金风险研判月会制度。设立数据异动标准，要求经办机构各科室每月组织基金风险防控预警分析会，着重比对各统计数据，查找并封堵基金运行风险点。三是依靠第三方力量进行专项审计。2018 年 5 月，中心委托大永会计师事务所对社保经办机构 2015—2017 年各险种基金、经费财务收支情况进行为期 1 个月的专项审计。审计结束后，根据审计情况对存在的基金收支两条线执行不到位以及往来款清理不及时等问题进行了整改，并重新修订了中心的经费预算管理制度、差旅费报销办法以及资产管理制度等。

2019 年 9 月，兰州市成立“市社保中心风险防控领导小组”，每月研究部署工作，对业务经办、基金管理和诚信缺失骗取保险金突出问题进行检查，对发现的问题及时指出，立即纠正整改。在加强风险点整治方面，建立健全全面风险管理机制，推进建立智慧社保系统，将社保风险防控植入系统，对险种内及险种间社保数据进行比对分析，针对社保业务经办过程中发生的疑点问题和诚信缺失骗取保险金突出问题进行即时监测和处理。通过生存认证系统和社保系统数据核查，核实参保企业退休人员认证情况，发现有死亡后多领取养老金的情况，通过单位联系死亡人员家属，告知多领取金额并足额追回多领取的养老金。针对破产企业、自然消亡企业、灵活就业人员等参保类型退休人员死亡后发生养老金多领冒领追缴难度大的特点，积极与养老金代发机构制定风险防控措施，有效降低了由于多领冒领违规行为对基金安全造成的风险。

2. 开展风险防控专项检查行动

2018 年 4 月 9 日，人力资源社会保障部办公厅印发《关于开展工伤保险内部控制专项检查的通知》（人社厅函〔2018〕86 号），要求各地开展工伤保险内部控制专项检查，查找内部控制薄弱环节，推动经办机构、工伤认定机构和劳动能力鉴定机构建立健全内部控制机制，加强工伤保险基金管理，维护基金安全。重点检查工伤保险经办机构、工伤认定机构和劳动能力鉴定机构，根据实际可延伸检查工伤医疗机构（含康复机构）和辅助器具配置机构。按照“双随机、一公开”原则，由社会保险基金监督部门与工伤保险行政部门、经办机构、信息化综合管理机构联合组织开展。主要检查 2017 年以来的工伤保险内部控制工作，包括组织机构、业务运行、基金财务、信息系统、内部控制、工伤认定和劳动能力鉴定等 7 个方面的内容，并设计了“工伤保险内部控制检查评价表”。

2018 年年底，青海省人力资源社会保障厅按照人力资源社会保障部的要求，在全省范围内开展了工伤保险内部控制专项检查。采取自查与实地检查相结合的方式，对全省工伤保险经办机构、工伤认定机构和劳动能力鉴定机构进行检查，并延伸检查了工伤医疗机构（含康复机构）和辅助器具配置机构。从检查情况来看，各地工伤保险行政部门和社保经办机构较为重视内部控制工作，根据工伤保险相关法律法规制定并完善业务相关工作管理制度，工伤认定、劳动能力鉴定、业务经办整体运行平稳，机构及人员配置基本符合内控要求，基金财务管理严格，经办风险防控制度体系基本完善，内部控制运行情况良好。也发现个别地区存在制约机制不完善、档案管理不规范、风险防控措施不到位等问题。检查人员对查出的问题进行了现场反馈，要求各地建立问题清单，实行销号制度，限期整改。

2019 年，人力资源社会保障部印发《关于开展全国社会保险基金管理风险专项检查的通知》（人社部函〔2019〕31 号），要求各地开展社会保险基金管理风险专项检查。2019 年 4 月 12 日，陕西省人力资源社会保障厅印发《关于开展 2019 年全省社会保险基金管理风险防控专项检查的通知》，采取自查和抽查相结合的方式，对全省各级社会保险政策部门、经办机构、信息化综合管理机构、监督部门开展内部控制工作、业务经办服务、基金财务管理、信息系统管理、政策制度完善、基金监督检查以及组织实施情况等方面的专项检查。

3. 健全内控机制

天津市社保中心于 2018 年先后制定下发了《内部控制实施细则》《内部控制检查评估实施细则》《内部控制风险处置预案》等 3 个规范性文件，对中心的内控工作做了总体规定。同时，印发《关于加强社会保险基金管理风险防控的实施意见》，对健全内控机制、严格流程控制、提升技防能力等提出具体要求。2018 年 9 月印发《关于进一步明确社会保险基金内部风险防控职能职责的通知（试行）》，进一步明确了审计处和各职能部门及下属单位的风控职能职责。注重事前防范，完善制度建设。针对机构改革和征管职能划转带来的业务变化、加强行风建设带来的经办流程优化，完善经办规程，补充风险防控的条款，量化细化有关标准，将风险防控的环节前置到经办流程当中，防止旧隐患累积、新隐患爆发。强化事中控制，堵住管理漏洞。以机关事业单位养老保险为例，在天津市机关事业单位工作人员养老保险制度改革过程中，通过多点防控、拓展风控手段等措施，确保全市机关事业单位养老保险经办工作顺利启动和平稳运行。抓实事后监督，落实检查整改。实行市、区两级机构对业务经办情况的定期内控检查。开展内控自查评估。将风险防控工作情况纳入年度绩效管理工作考评指标体系中。

2019 年 4 月 11 日，湖北省人力资源社会保障厅决定组建湖北省社会保险基金监管人员名录库。入库人员从全省人社系统从事社会保险政策制定、经办管理、信息化管理和基金监督工作的工作人员中组织推荐，由省人力资源社会保障厅审核通过后形成。名录库组建后，省人力资源社会保障厅将根据工作需要，从名录库中抽调人员参与全省社会保险基金监督检查、社会保险基金监管有关调研或课题研究、全省社会保险基金安全评估、研讨改进创新社会保险基金监督检查的方法及重点问题等工作。对入库人员实行动态管理，对工作能力强、业务素质高、工作态度积极等符合条件的人员，全省各地可不定期向省人力资源社会保障厅推荐，省人力资源社会保障厅将按规定进行增补。对调离人社系统或不能胜任工作要求的，省人力资源社会保障厅将从名录库中剔除。社会保险基金监管人员名录库的组建，为推进社会保险基金监督执法“双随机一公开”、探索“飞行检查”的监督模式奠定了基础，对进一步发挥政策、经办、信息、监督四方整体合力，共同维护基金安全，将起到积极的作用。

4. 创新风险管理模式

早在 2014 年，成都市武侯区就建立了政府主导推动、部门联动互动、多维度立体监管的社会保险基金监管体系，并借鉴现代企业质量控制管理及关键因素分析原理，创建“武侯区社保（医保）基金监督管理及风险控制流程图”即“鱼刺图”，并于 2018 年进行了修订，对风险的反映更全面、更加有针对性。按业务初审、复审、终审三段式经办环节，综合设置了综合受理一科、综合受理二科、业务审核一科、业务审核二科、业务审核三科、支付结算科、档案管理科、权益科、统计分析科、机关事业养老保险科等 12 个科室、53 个岗位。“鱼刺图”对同一项业务在不同科室不同岗位之间受理、初审、复审、终审、支付结算的风险等级和风险点进行全景式描述，并对重大风险业务（一级业务风险、A 级廉政风险）还有配套的单项业务经办流程图，图中可以清晰看到业务资料风险点和系统操作风险点。

2019 年 10 月 24 日，浙江省湖州市南浔区人力资源社会保障局采取“12 字诀”工作举措，切实维护基金安全和参保群众切身利益。一是基金管理“一控到底”。规范业务经办、信息系统管理及财务经办流程，明确各业务环节的经办范围、权限以及各项业务的审核、复核和审批程序，确保业务经办、财务控制无死角、无盲区。二是队伍建设“一刻不松”。注重从源头上提高基金风险防控意识，筑牢工作人员拒腐防变思想道德防线。定期组织开展社会保险基金警示教育活动，通过对社会保险有关法律法规和社会保险违法案件学习，使工作人员在日常工作中牢固树立清正廉洁理念。三是宣传覆盖“一个基调”。营造“打击违法、防止欺诈、基金安全、人人有责”的社会保险基金监督氛围，开展社会保险基金监督举报及奖励工作宣传活动。通过南浔发布、“人社南浔”微信公众号等载体，发布社会保险基金监督具体内容及相关典型案例，并开设有奖问答栏目。鼓励人人参与监督，防止截留、挤占、骗取社保基金等行为的发生。

5. 开展学习竞赛

2018 年 4 月，四川省人力资源社会保障厅以全省 21 个市（州）为单元，以各级社会保险基金监管机构在岗的专（兼）职人员为对象，组织开展了社会保险基金监管业务知识学习竞赛活动。全省 21 个市（州）积极响应，各地迅速购买分发必读书目，认真组织学习，普遍开展了社会保险基金监督业务知识闭卷测试。广元市积极分片区分阶段组织业务培训，内江市、雅安市、甘孜州邀请专家授课，泸州市举办全市社会保障法治知识暨社会保险基金监督业务知识电视竞赛，凉山州结合 17 个县市比较分散的实际组织开办小课堂、争当小教员等活动。2019 年 1 月 25 日，四川省人力资源社会保障厅印发通报，对知识竞赛中表现突出的成都市青羊区人力资源社会保障局等 22 个先进单位、63 名先进个人予以表扬。学习竞赛活动极大地激发了社保工作人员学习业务知识的热情，在“风险防控 · 硬招实招”征文活动中，各地认真研学，踊跃投稿，共收到各类征文 70 余篇。

6. 开展警示教育活动

2018 年 11 月 23 日，天津市人力资源社会保障局安排社会保险基金风险防控专项行动，在天津市人社系统开展社会保险基金管理风险警示教育活动，并印发《社会保险基金管理风险警示教育活动方案》。2019 年 2 月 27 日，江苏省人力资源社会保障厅根据人力资源社会保障部统一部署，组织召开“社会保险基金管理风险警示教育”活动动员视频会议，专题部署开展社会保险基金管理风险警示教育活动。全省社保领域集中开展“社会保险基金管理风险警示教育”活动，从 2 月开始至 9 月底结束，主要围绕政策法规学习、违法案例剖析、专题讲座培训、风险防控讨论、反欺诈反冒领专项行动等五个方面内容，按照部署准备、警示教育、总结上报等步骤组织实施，要求所属市、县按照省厅工作部署，研究细化活动方案，建立调度台账，明确任务分工，抓好统筹协调，确保警示教育活动顺利推进。

2018 年 12 月，浙江省金华市人力资源社会保障局召集全市 119 家两定医疗机构负责人，通过集中收看央视两档新闻节目（2018 年 11 月 14 日央视“焦点访谈”《雇人住院为哪般?》及 11 月 20 日央视“新闻 1+1”《医保，真有那么好骗吗?》)，开展医保反欺诈骗保警示教育活动。新闻曝光了沈阳市于洪区济华医院、沈阳友好肾病中医院内外勾结、骗取医保费用的问题，并结合金华市前期开展打击欺诈骗取医疗保障基金专项行动，要求两定医疗机构对照检查，认真整改，吸取教训。近期以来，金华市组织人力资源社会保障、卫生卫计、药品监督、物价等部门人员对两定医疗机构专门组织检查，并经专家鉴定分析，共发现不少违规问题，已发整改通知书4份，取消医保服务协议1家。医保反欺诈工作任重道远，要求两定医疗机构以“沈阳欺诈骗保案”为警示，对骗取医保基金的行为重拳出击、保持高压，坚持“零容忍”，确保医保基金安全。

（二）医疗保险基金风险管理

1. 加强医疗保险监督管理

2019年2月20日，国家医疗保障局发布《关于做好2019年医疗保障基金监管工作的通知》（医保发〔2019〕14号），部署了十项工作任务：加大打击力度，巩固高压态势；完善举报制度，规范线索查办；推进智能监控，提升监管实效；完善监管体系，提高行政监管能力；规范经办稽核，强化协议管理；推进综合监管，促进部门联动；推进诚信体系建设，促进行业自律；加强法制建设，完善制度机制；加大宣传力度，强化舆论引导；加强组织领导，健全激励问责机制。对每一项任务都提出了具体的措施和要求（见表2-13-1）。

表2-13-1　国家医疗保障局2019年医疗保障基金监管工作部署

序号	工作内容	主要措施
1	加大打击力度，巩固高压态势	监督检查全覆盖，开展专项治理，开展飞行检查，突出打击重点
2	完善举报制度，规范线索查办	落实举报奖励措施，规范举报处理流程
3	推进智能监控，提升监管实效	全面开展智能监控工作，提升智能监控质量和效率，开展智能监控示范点建设，确保信息安全
4	完善监管体系，提高行政监管能力	推动行政监管体系建设，开展监管方式创新试点，全面开展业务培训
5	规范经办稽核，强化协议管理	规范协议内容，加强协议管理，完善内控机制
6	推进综合监管，促进部门联动	建立工作机制，形成监管合力
7	推进诚信体系建设，促进行业自律	开展基金监管诚信体系建设试点，探索建立医保“黑名单”制度，推进行业自律
8	加强法制建设，完善制度机制	加快基金监管法制建设，统筹推进医保相关改革

续表

序号	工作内容	主要措施
9	加大宣传力度，强化舆论引导	开展打击欺诈骗保集中宣传月活动，建立案情报告制度，曝光典型案件
10	加强组织领导，健全激励问责机制	主要负责同志要亲自抓，加强部署调度；建立激励问责机制；对工作落实不力的要给予通报批评；对涉嫌失职渎职的，依法依规严肃追责

2018 年 7 月 6 日，湖南省医疗工伤生育保险管理服务局发布《关于进一步落实医疗保险监督管理措施的通知》，要求做好医保结算系统接口及读卡器、POS 机的管理维护；完善参保人员住院购药登记信息，确保信息真实完整；逐步推行住院购药参保人员的身份识别和远程监控；严格规范单病种包干结算及日间治疗管理；加强宣传警示，提升法律意识，自觉维护医保基金安全。

2019 年 5 月 15 日，新疆兵团医疗保障局印发了《关于进一步加强和完善医疗保险基金管理的通知》，要求加强对定点医药机构的管理，重点聚焦医疗机构、零售药店、参保人员，严厉打击违法违规行为；畅通举报渠道，完善奖励办法，加强群众和社会监督；细化与定点医药机构签订协议的内容，升级智能监控系统，把骗保案例的典型手法、作案特征等作为重点监控内容；加强与卫生健康、公安、药监、司法、纪检监察等部门协作，提高医保基金使用管理的安全性、有效性。同时，要求强化统筹区总额控制管理，进一步加强医保基金预算管理，完善总额控制办法，提高总额控制指标的科学性、合理性，完善与总额控制相适应的考核评价体系和动态调整机制，建立科学合理的医保支付方式。

2019 年 5 月 21 日，国家医疗保障局印发《关于开展医保基金监管“两试点一示范”工作的通知》（医保办发〔2019〕17 号），扎实推进基金监管方式创新试点、基金监管信用体系建设试点和医保智能监控示范点建设（以下简称“两试点一示范”），探索创新监管方式，提升监管效能，加快建设基金监管长效机制。计划利用 2 年时间，试点（示范点）地区监管方式创新、信用体系建设、智能监控工作取得显著进展，形成可借鉴、可复制、可推广的经验、模式和标准，推动医疗保障基金监管工作取得新突破。经各省（区、市）医保部门推荐并经国家医疗保障局组织遴选，北京全市进行基金监管信用体系建设试点，天津和上海全市进行医保智能监控示范点建设试点，其余各省（区、市）都选择至少一个市、县、区进行某一方面试点。国家医疗保障局印发了基金监管“两试点一示范”地区名单和工作方案（见表2-13-2）。

表2-13-2　国家医疗保障局基金监管“两试点一示范”地区名单

序号	省份	基金监管方式创新	基金监管信用体系建设	医保智能监控示范
1	北京		北京市	
2	天津			天津市
3	河北	河北省		唐山市、衡水市
4	山西	晋中市		太原市
5	内蒙古	兴安盟		乌兰察布市
6	辽宁	鞍山市		辽阳市
7	吉林	四平市		辽源市
8	黑龙江	省本级、海伦市		
9	上海			上海市
10	江苏	淮安市	连云港市	南通市、徐州市
11	浙江	湖州市、杭州市	绍兴市、温州市	金华市、衢州市
12	安徽	亳州市	安庆市	滁州市、蚌埠市
13	福建	福建省	福州市	厦门市
14	江西	抚州市、高安市	赣州市	南昌市、吉安市
15	山东	青岛市	东营市	威海市、潍坊市
16	河南	安阳市	开封市	信阳市
17	湖北	襄阳市	孝感市	荆门市
18	湖南	长沙市	张家界市	湘潭市
19	广东	湛江市	深圳市	广州市
20	广西	自治区本级	南宁市	
21	海南			海南省
22	重庆			九龙坡区
23	四川	泸州市	广安市	成都市、德阳市
24	贵州			遵义市
25	云南	昆明市		
26	陕西	西安市	汉中市	延安市
27	甘肃	张掖市		
28	青海	海南州	海西州	
29	宁夏		石嘴山市	宁夏回族自治区
30	新疆			乌鲁木齐市
31	新疆兵团	兵团本级		第八师石河子市

2. 加强医保协议管理

2018 年 11 月 28 日，国家医疗保障局办公室印发《关于当前加强医保协议管理确保基金安全有关工作的通知》（医保办发〔2019〕21 号），要求各级医疗保障管理部门要充分认识协议管理的重要作用，在定点申请、协议履行、费用审核、评估考核等各环节中严格把关、加强监管，对违反协议约定骗取医保基金的行为保持高压、重拳出击。

完善协议内容，健全退出机制。参照人力资源社会保障部办公厅《关于印发基本医疗保险定点医药机构协议管理经办规程的通知》（人社厅发〔2016〕139 号）、《关于印发基本医疗保险定点医疗机构医疗服务协议范本（2016 版）的通知》（人社险中心函〔2016〕136 号）等文件，进一步完善和细化协议内容，重点对限期整改、暂停结算、暂停协议、解除协议等处理措施，明确对应的违约行为。

加强协议管理，加大查处力度。按照医保行政部门公布的条件，及时受理医药机构申请，通过专家评估、社保信息系统核查、函询相关部门意见等多种形式对医药机构申报材料和信息进行审核。对于医药机构受到卫生健康、药监、物价、市场监管等部门行政处罚的，在评估中要予以充分考虑，情节严重的不予定点。评估过程接受社会监督，结果进行社会公示，对接到的相关投诉举报要认真调查核实，未经核实的，不得与相关医药机构签订服务协议。对定点医药机构申报的费用要建立规范的初审、复审两级审核机制，逐步实现通过医保信息系统对定点医药机构申报的费用进行 100%全覆盖初审，初审发现的疑似违规费用应当通过调阅病历、现场核查等方式进行核实。对初审通过的费用采取随机抽查方式进行复审，其中住院费用的抽查比例不低于总量的 5%。审核查实的违规费用，可按照抽查比例放大后拒付。加强对定点医药机构履行协议情况的监督检查，构建现场检查与非现场检查、自查与抽查、人工检查与智能监控、事先告知与突击检查相结合、相补充、多维度、全覆盖的检查模式。监督检查重点为医药机构是否具有诱导参保人员住院、盗刷和冒用参保人员社会保障卡、伪造医疗文书或票据、协助参保人员套取医保基金、虚记或多记医疗服务费用等行为。

3. 开展打击欺诈骗保专项行动

2019 年 2 月 20 日，国家医疗保障局印发《关于做好 2019 年医疗保障基金监管工作的通知》（医保发〔2019〕14 号），在全面检查的基础上，开展打击欺诈骗保专项治理。各省份要在 2018 年打击欺诈骗保专项行动工作基础上，结合地方实际，针对薄弱环节，确定 1～2 个专项治理重点，集中力量予以严厉打击。3 月底前，研究制定全省统一的专项治理工作方案，并报国家医疗保障局备案；4—8 月，各统筹地区开展专项治理自查工作；9—10 月，省级医保部门开展抽查复查，并于 11 月底前向国家医疗保障局报送专项治理工作总结。

2019 年 4 月 1 日，上海市医疗保障局和长宁区政府联合举办“打击欺诈骗保，维护基金安全”集中宣传月启动活动，标志着上海市医疗保障局、市卫健委、市公安局和市药监局联合开展的新一轮打击欺诈骗保专项治理工作全面展开。全市 16 个区联动，同步举行集中宣传月启动活动。上海市按照“保持高压态势、聚焦重点领域、完善监管机制、调动各方参与”的总体要求，通过各级检查，实现对各类对象的监督检查全覆盖，全面排查风险；在广泛数据筛查的基础上，聚焦贩卖医保药品、虚构医药服务两类危害较大的欺诈骗保行为，开展重点整治；对未严格执行相关规定，导致违法违规和欺诈骗保行为的相关定点医药机构、执业医（药）师、参保人员，建立监管联动机制，医保、卫健、药监等部门按照各自职责，严肃追究其责任，依法依规予以处理，涉嫌犯罪的，移送公安部门依法处置。

2018 年年底，新疆兵团人力资源社会保障局在全兵团范围内开展打击欺诈骗取医疗保障基金专项行动，强化医保基金监管，堵塞医保监管漏洞。此次专项行动主要以协议医疗机构和协议零售药店及参保（合）人员为检查对象，聚焦三个方面。第一，定点医疗机构通过虚假宣传、以体检等名目诱导、骗取参保人员住院；留存、盗刷、冒用参保人员社会保障卡；人证不符、恶意挂床住院、虚构医疗服务、伪造医疗文书或票据；协助参保人员开具药品用于变现，套取医保基金；虚记、多记药品、诊疗项目、医用耗材、医疗服务设施费用；串换药品、器械、诊疗项目；分解收费、超标准收费、重复收费、套用项目收费等。第二，定点零售药店虚记、多记药品；以药易物，串换药品、物品等套取医保基金；诱导参保人员留存空刷社保卡等。第三，参保人员出借本人社保卡给他人违规使用；冒用他人社保卡就医；未病称病，替他人开药、过量开药并倒卖药品；伪造或虚开医疗票据报销；与医保定点医疗机构串通，串换、多记、虚记医保项目费用，空刷社保卡及配购与本人疾病无关的药品。

4. 推进医疗保障领域信用体系建设

2019 年 4 月，国家医疗保障局印发《关于开展医保基金监管“两试点一示范”工作的通知》，在全国 17 个城市开展基金监管信用体系建设试点，加快推进相关工作。一是建立基金监管信用评价指标体系。探索基金监管信用体系建设路径，重点探索基金监管信用体系建设相关标准、规范和指标体系，相关信息采集、评价和结果应用等内容。二是建立定点医药机构动态管理机制。建立健全定点医药机构分级管理制度和医保服务医师（药师）积分管理制度等，探索建立定点医药机构综合绩效考评、末位淘汰等管理机制，把建立健全管理制度和机制、履行服务协议、规范合理使用医保基金、绩效考核等情况，作为对定点医药机构、医保服务医师（药师）考核评价的重要依据，将考核结果与预算管理、检查稽核、费用结算、协议管理等工作相关联。三是推进行业自律。鼓励公立医疗机构、非公立医疗机构、零售药店、医师、药师等行业协会开展行业规范和自律建设，制定并落实自律公约，促进行业规范和自我约束。四是推进联合惩戒。积极推动将欺诈骗保行为纳入当地信用管理体系，建立失信惩戒制度，发挥联合惩戒威慑力。

5. 医保反欺诈效果明显

2019 年，全国各级医保部门共检查定点医药机构 81.5 万家，查处违法违规违约医药机构 26.4 万家，其中解除医保协议 6 730 家、行政处罚 6 638 家、移交司法机关 357 家；各地共处理违法违规参保人员 3.31 万人，暂停结算 6 595 人、移交司法机关 1 183 人；全年共追回资金 115.56 亿元。国家医疗保障局共组织 69 个飞行检查组赴 30 个省份，对 177 家定点医药机构进行检查，共查出涉嫌违法违规金额 22.32 亿元。

2018 年 9 月起，国家医疗保障局会同国家卫生健康委、公安部、国家药监局联合开展打击欺诈骗取医疗保障基金专项行动。专项行动开展以来，各地加大打击力度，依法依规查处了一批欺诈骗保案件。2019 年 1 月 25 日国家医疗保障局通报首批 8 起欺诈骗取医保基金典型案例：内蒙古自治区呼伦贝尔市牙克石市图里河镇中心卫生院以虚假住院骗取医保基金案；安徽省淮南市毛集第二医院以虚假住院骗取阜阳市颍上县医保基金案；江西省萍乡市安源区人民大药房串换药品骗取医保基金案；湖北省黄冈市蕲春县五洲医院套取医保基金案；湖南省茶陵县洣江卫生院虚构五保户住院骗取医保基金案；重庆市开州区普渡村卫生室骗取医保基金案；四川省达州市仁爱医院诱导病人住院骗取医保基金案；甘肃省天水市秦安中西医结合医院诱导病人住院骗取医保基金案。

2019 年 3 月 29 日，国家医疗保障局通报第二批 8 起欺诈骗取医保基金典型案例：安徽省阜阳市阜阳双龙医院收买病人骗取医保基金案；陕西省渭南市合阳福音医院无医嘱收费骗取医保基金案；宁夏回族自治区银川市银川百合堂医院骗取医保基金案；北京市通州区宋庄镇师姑庄社区卫生服务站购买虚假进货发票骗取医保基金案；山西省临汾市尧都区友好医院骗取医保基金案；上海市白茅岭医院骗取医保基金案；福建省厦门市翔安区马巷卫生院垵边卫生所套换医保编码骗取医保基金案；贵州省黔东南红州儿童医院骗取医保基金案。专项行动以来，各地加大打击力度，依法依规进行查处，形成高压态势。

在 2018 年上海市“打击欺诈骗取医疗保障基金”专项行动期间，通过对医保定点医疗机构和医保定点药店数据筛查全覆盖以及全面现场检查，追回违规费用，暂停少数参保人员医保卡结算，破获了一批骗保贩药案件，取得了良好的社会成效。开展医保政策和法律法规的现场咨询活动，向市民广泛宣传加强医保基金监管就是守牢群众的“救命钱”，强化市民自觉抵制欺诈骗保的法制观念，积极营造全社会齐抓共管的良好氛围，不断增强人民群众的获得感、幸福感、安全感。

2019 年，新疆兵团医疗保障局积极营造公开透明的行政执法环境，开展了打击欺诈骗保集中宣传月活动，集中对医疗机构、药店、社会组织开展宣讲教育，强化定点医药机构和参保人员法治意识，营造全社会关注并自觉维护医疗保障基金安全的良好氛围；加大医疗保障基金监督检查力度，打击欺诈骗取医疗保障基金的行为；加强医疗保障系统监管队伍建设，对各师市医疗基金监管人员进行培训，进一步提高监管人员管理、综合分析和处理问题的能力。新疆兵团医保基金违规使用、不良医疗服务等违法违规行为得到明显遏制，医保领域服务质量明显提升。截至 2019 年 12 月 23 日，新疆兵团各级医疗保障部门对全兵团 2 667 家定点医疗机构、零售药店进行了检查，对“两定”机构检查覆盖率分别达到 89.18%、96.67%，查处违规医保基金 2 403.46 万元，处理违规定点医药机构 1 115 家，其中暂停结算 522 家，解除医保定点协议 80 家，移送司法机关处理 6 家，曝光典型案例 28 例。

自 2019 年 4 月以来，青海省医疗保障局持续开展打击欺诈骗取医疗保障基金专项治理工作，全省各级医保部门高度重视，集中力量，多措并举，严厉查处辖区内所有定点医药机构违约违规违法行为，形成了持续打击欺诈骗保、规范医保服务行为的高压严管态势。在4—8月的自查自纠阶段，全省共现场核查定点医药机构2 940家，发现存在医保违法违规行为的定点医药机构1 105家，视其具体违规情节，解除医保服务协议14家，暂停医保服务295家，约谈792家，拒付医保违规费用共411.47万元。2019年9—11月，青海省医疗保障局凝聚各级医保执法力量，按照“现场走访逐一排查、群众投诉举报核查、医保监控智能筛查”的原则，全省转入抽查复查、总结处理阶段。在及时总结前期执法经验的基础上，围绕治理覆盖面、举报线索核查、规范执法等方面，组织各市州医保部门开展交叉检查，通过执法通报、典型曝光等方式，及时向广大群众公布违法医药企业名单，切实提高执法效果，形成持续严打欺诈骗保行为的高压态势。

2019年8月初，哈尔滨市召开全市打击欺诈骗保，强化医保基金监管警示教育会议。通报了前段时间全市打击欺诈骗保工作开展情况：2家医疗机构、13家零售药店被解除定点服务协议。哈尔滨市医疗保障局出动检查人员998人次，已经完成对469所定点医疗机构、793家定点零售药店的现场检查。检查发现158所定点医疗机构、193家定点零售药店存在不同程度的违规问题。对22所定点医疗机构、92家定点零售药店进行了限期整改处理；对7所定点医疗机构、38家定点零售药店进行了延伸检查；对47所定点医疗机构、46家定点零售药店进行了暂停定点服务资格处理；对2家定点医疗机构、13家定点零售药店进行了解除定点服务协议处理；对涉嫌违法的4所定点医疗机构进行了案件移交；共追回医保资金335.16万元。

十四、标准化建设

全国社会保险经办服务标准化工作扎实开展，统筹协调机制自上而下开始建立，社会保险经办服务标准体系进一步优化，用标准规范服务平台建设和各项标准化试点有序推进。

（一）建立标准化统筹协调机制

2018年2月，人力资源社会保障部办公厅印发《关于进一步做好健全社会保险经办服务标准化体系相关工作的通知》（人社厅函〔2018〕49号），对贯彻落实人力资源社会保障部《关于进一步健全社会保险经办服务标准化体系的意见》（人社部发〔2017〕104号），细化各级人力资源社会保障部门社保经办服务标准化责任作出部署。这是2009年开展社保标准化工作以来，国家主管部门首次统筹界定社保标准化责任，标志着社保经办服务标准化进入了协调推进的新阶段。要求全系统建立由各级主要领导同志为召集人，规划财务、社保行政及经办、信息化等单位负责同志参加的社保标准化统筹协调机制。规划财务部门主要负责统筹指导和综合协调，社保行政和经办机构主要负责标准需求归集、组织制定和宣传贯彻，信息化综合管理机构主要负责技术规范制定及标准与信息系统的整合应用。各地要参照全国社会保险标准化技术委员会的组织框架和运行模式，普遍建立省级社保标委会，承担国家标准、行业标准宣传贯彻的技术支撑，以及地方标准的组织制定和技术审查。

各地区社保经办机构普遍通过整合内部资源，以合署办公的方式落实本单位标准化职责。有的地区社保经办机构注重配齐配强兼职标准化工作人员，将标准化工作完成情况纳入单位年度考核项目，与扩面征缴、待遇支付、基金管理等常态化重点工作一起布置、一起调度、一起落到实处。云南、天津、新疆、山东等地积极行动，建立起由人力资源社会保障部门主要领导统抓、分管领导主抓、班子成员配合抓的社保标准化工作内部协同机制，以满足当地开展社保标准化工作需要。云南省在各级主管部门、相关部门及有关单位支持下，2018年省本级、昆明、丽江、版纳等州市按照《社会保障服务中心设施设备要求》（GB/T 27769—2011），完成了服务场所功能营造及各种指示标志、导引标志、功能性标志、视觉识别等配置的达标，展示了统一的社保经办服务窗口形象。仅昆明市就累计投入资金100多万元。2019年，云南省又以贯彻《人力资源社会保障部、财政部关于进一步加强人力资源社会保障窗口单位经办队伍建设的意见》（人社部发〔2019〕13号）为契机，于10月份率先在省本级和州市一级实现了经办管理服务名称统一、标识统一、柜台统一、着装统一的“四统一”。天津市社保中心充分发挥垂直管理的优势，进一步加强“依标准管人、依标准管事、依标准经办”的标准化工作机制。新疆维吾尔自治区到2018年12月底，全区14个地州、103个县市全部建立了社保标准化工作组，将社保标准化与全系统业务工作同研究、同部署、同落实、同检查，实现了社保经办管理服务“三统一”。

（二）进一步优化经办服务标准体系

1. 持续推进《社会保险标准体系》修订工作

2018—2019 年，全国社保标准化技术委员会在《人力资源社会保障标准体系》总体框架下，持续进行《社会保险标准体系》修订工作。新版本适应“放管服”改革和行风建设要求，将网上经办、综合柜员制服务、经办人员行为规范等新标准列入其中，充实完善了涵盖通用基础、基本养老保险、失业保险、工伤保险等子体系的社保标准。

针对过去以险种分类为主线和以业务项目分类为主线制定标准，导致标准交叉重复，影响使用效率和浪费标准化资源的问题，2018 年围绕推进建立全国统一的社保公共服务平台等改革任务，启动了《社会保险工作人员基本行为规范》《社会保险网上经办服务指南》以及《劳动能力鉴定职工非因工伤残或因病丧失劳动能力程度》三项国家推荐标准和行业标准的申报制定工作。其中,《社会保险网上经办服务指南》为行业标准，是适应社保网上经办服务快速发展的迫切需要，对开展网上社保经办服务的基本原则、网上服务的内容、相关管理和网上社保经办服务的质量评价和改进作出统一规范。还陆续开展了对《社会保险服务总则》《社会保障服务中心设施设备要求》《社会保险术语第 3 部分：失业保险》《失业保险服务规范》等国家标准的修订工作。

2019 年 7 月启动了《社会保险登记服务规范》《职工基本养老保险待遇支付服务规范》《城乡居民基本养老保险服务规范》3 项国家标准，以及《工伤保险经办服务规范》《养老保险关系制度间转移接续规范》《社会保险服务综合柜员制要求》《社会保险业务档案元数据规范》4 项行业标准的制定工作。成立了由地方社保经办机构和有关科研院所组成的标准制定工作组。年底完成了《社会保障服务中心设施设备要求》国家标准的修订，上报国家标准化管理委员会批准。完成了《社会保险工作人员基本行为规范》《社会保险网上经办服务指南》2 项行业标准的制定工作，并完成了报批工作。

据统计，2018—2019 年社保领域先后有 12 部国家推荐标准实施，填补了有关国家标准缺失的空白（见表 2-14-1）。

表 2-14-1　　2018—2019 年实施的社保国家标准

实施日期	标准名称	标准代码
2018. 4. 1	社会保险咨询服务规范	GB/T 34276—2017
2018. 4. 1	社会保险费申报缴纳管理规范	GB/T 34277—2017
2018. 4. 1	职工基本养老保险个人账户管理规范	GB/T 34278—2017

续表

实施日期	标准名称	标准代码
2018. 4. 1	社会保险关系转移接续　第 1 部分：企业职工基本养老保险	GB/T 34282. 1—2017
2018. 4. 1	社会保险关系转移接续　第 2 部分：职工基本医疗保险	GB/T 34282. 2—2017
2018. 5. 1	基本医疗保险待遇稽核业务规范	GB/T 34411—2017
2018. 5. 1	职工基本养老保险待遇支付服务规范	GB/T 34413—2017
2018. 5. 1	社会保险经办绩效评价	GB/T 34414—2017
2018. 7. 1	基本养老保险待遇稽核业务规范	GB/T 35619—2017
2019. 6. 1	城乡居民基本养老保险待遇支付服务规范	GB/T 37702-2019
2019. 6. 1	城乡居民基本养老保险个人账户管理规范	GB/T 37705-2019
2019. 6. 1	养老保险待遇审核服务规范　第 1 部分：企业职工基本养老保险	GB/T 37772-2019

资料来源：国家标准化管理委员会官网。

成都市围绕推进社保经办服务转型升级、提质增效，努力拓展全国社保标准化建设“先行城市”创建，形成了包含“服务通用基础标准体系、社会保险服务提供标准体系、服务保障标准体系”，覆盖市、区（市、县）、街道（乡镇）、社区（村）的社保标准体系。制定转换 242 项内部标准在全市贯彻执行，与市标准化研究院共同研制 3 项社保经办管理地方标准，助推全市社保经办服务提档升级。昆明市按照突出重点、急用先行、适度超前的原则，从社保公共业务着手，对所有业务流程和经办事项逐一梳理和优化，把每项业务的受理条件、受理范围、申报材料、办理时限、工作流程写成标准予以明确，形成了由《服务通用标准子体系》《服务保障标准子体系》《服务提供标准子体系》组成的标准体系，共计 198 项标准。其中，采用国家标准 46 项、行业标准 3 项、地方标准 1 项、内部标准 148 项。2019 年 12 月该套社保标准陆续在昆明市市本级和 4 个县（区）试行。

2. 积极推进医疗保障标准化建设

国家医疗保障局重视开展基本医疗保险标准制定工作，2018 年成立不久就陆续启动了《疾病诊断相关分组（DRG）制定指南》《住院病案首页数据采集规范》《疾病诊断相关分组（DRG）规范》《疾病诊断相关分组（DRG）权重和费率的计算规则》《长期护理保险失能等级评定》《基本医疗保险精算数据指标体系》等国家标准或行业标准的制定工作。2019 年 6 月印发《医疗保障标准化工作指导意见》，对包括制定基本医保国家标准、行业标准在内的标准化工作提出新的要求。明确在全行业实行统一规划、统一分类、统一发布和统一管理的协同推进标准化工作机制，健全与医疗保障改革发展相适应的基本医保标准化体系。10月印发《医疗保障定点医疗机构等信息业务编码规则和方法的通知》，发布医疗保障定点医疗机构等10项信息业务编码规则、方法和医疗保障基金结算清单标准。10月16日，国家医疗保障局印发《关于印发疾病诊断相关分组（DRG）付费国家试点技术规范和分组方案的通知》（医保办发〔2019〕36号），正式公布了《国家医疗保障DRG分组与付费技术规范》和《国家医疗保障DRG（CHS-DRG）分组方案》两个技术标准。“技术规范”对DRG分组的基本原理、适用范围、名词定义，以及数据要求、数据质控、标准化上传规范、分组策略与原则、权重与费率确定方法等进行了规范。“分组方案”明确了国家医疗保障疾病诊断相关分组（China Healthcare Security Diagnosis Related Groups，CHS-DRG）是全国医疗保障部门开展DRG付费工作的统一标准，包括26个主要诊断大类（Major Diagnosis Category，MDC），376个核心DRG（Adjacent Diagnosis Related Groups，ADRG），包括167个外科手术操作ADRG组、22个非手术操作ADRG组和187个内科诊断ADRG组。

标准化是信息系统交换和建设的前提，是信息系统运行的保证。信息分类编码标准则是数据编码中的“普通话”。为推进形成全国“通用语言”，国家医疗保障局于2018年8月启动了15项医保信息业务编码标准制定工作，并选定北京市、天津市、吉林省省直、无锡市、金华市、滁州市、宜昌市、成都市等8个统筹区作为首批地区，开展信息业务编码标准的测试应用。2019年3月又将试点地区扩大为16个。2019年4月1日至2日，全国医疗保障信息化建设试点启动会在福建省三明市召开。会议要求，各试点地区要按照国家试点工作总体部署，聚焦夯实试点工作基础、推进编码标准落地、建设本地信息平台和推广应用全国平台等四个关键环节，扎实做好医疗保障信息化建设试点工作，为全国医保信息化建设探索出可借鉴推广的经验做法。

一些地区加快了制定实施基本医保地方标准的步伐，弥补有关地方标准的缺失，与国家标准、行业标准相配套，使标准体系进一步健全。天津市于2018年3月公布实施《基本医疗保险诊疗项目代码》（DB12/T 773—2018）和《基本医疗保险药品代码》（DB12/T 774—2018）两项地方推荐性标准。山东省于2019年9月公布实施《医疗保障　第1部分：标准体系》（DB37/3694.1—2019）、《医疗保障　第2部分：术语》（DB37/3694.2—2019）、《城乡居民医疗保障经办服务规范》（DB37/3697—2019）、《职工医疗保障经办服务规范》（DB37/3696—2019）、《医疗保障经办服务通则》（DB37/3697—2019）5 项地方标准。青岛市作为国家长期护理保险试点城市，2019 年制定了多项地方标准，并于 12 月 30 日发布实施了《长期护理保险管理与服务总则》（DB 3702/FW HLBX 001—2019）。《长期护理保险定点护理服务机构管理规范》《长期护理保险照护需求等级评估操作规范》《长期护理保险信息系统管理规范》《长期护理保险定点护理服务机构护理服务与管理考核规范》《长期护理保险定点护理服务机构照护服务管理规范》5 项地方标准已完成制定，将于 2020 年发布实施。江苏省于 2019 年立项启动了《定点医药机构药品“进销存”监管规范》地方推荐性标准的制定工作。

（三）用标准规范社会保险公共服务平台建设

2019 年 9 月，人力资源社会保障部印发《关于建立全国统一的社会保险公共服务平台的指导意见》（人社部发〔2019〕103 号），提出要着力推进标准化工作，用标准规范社保公共服务平台建设。以全国一体化的社保经办服务体系和信息系统为依托，以社会保障卡为载体，以标准规范为保障，建立健全社保经办服务标准规范体系，为参保单位和人员提供全网式、全流程、无差别服务。要求各级经办机构做好有关社保法规、部门规章和规范性文件“立改废释”工作，推动电子证照、电子文书、电子印章等在社保领域的应用，消除电子化归档的法规制度障碍；编制统一的社保服务事项目录清单，规范事项名称、事项类型、设定依据、条件、材料、流程、时限等，逐步做到“同一事项、同一标准、同一编码”；在实施服务事项目录清单标准化的基础上，科学编制办事指南，实现同一层级和同一内容的办事指南标准化；以全国统一的社保公共服务平台建设需求为重点，健全相关业务、流程、信息、技术等标准，形成完善的社保标准体系。

天津市社保中心充分发挥标准化在社保公共服务平台建设中的基础性、引领性、战略性作用，在全面梳理各险种经办业务流程和金保工程二期信息操作系统升级的基础上，围绕落实市委、市政府提出的社保服务“线上线下同标准经办，就近可办，网上通办”的要求，开发了“天津人社”和“金医保”两个手机 App 服务平台，实现了刷脸实名认证，个人可以用银联、支付宝、微信缴纳社保费、门特医院网上变更等，惠及全市一千多万参保对象。2018 年结合业务流程再造，进一步统一经办规程和修订服务标准，形成了以国家标准为基础、行业标准为补充、企业内控标准为主体的服务标准体系，涵盖服务通用基础、服务保障、服务提供 3 大类、11 个方面的 378 项具体标准。

新疆维吾尔自治区社保局坚持以标准化为引领指导各地社保公共服务平台建设，与落实“放管服”改革要求相结合，依托“互联网+”再造 100 余项社保标准化流程，建立包括实施网上审批在内的标准规范 150 余项。归并了一些烦琐重复性的申报手续，取消了没有法制依据的表单和证明，办事环节压缩了 30%，经办时限缩短近 1/3。推进标准化综合柜员制向县、乡、村三级基层延伸，将社保普遍性业务审批事项流转至银行、医疗机构、基层劳动保障站（所），形成受理、审批“一线贯穿”，群众“一站式”办结的服务链条，群众满意度不断提升。云南省人力资源社会保障厅结合政务服务事项，统一部署编制社保服务事项清单、统一规范办事指南、推行综合柜员制服务模式等 10 项社保标准化任务，制定了《云南省贯彻落实国家社会保险公共服务目录清单和办事指南的措施》（云人社发〔2019〕41 号），于 2019 年 12 月印发各州市执行。

（四）有序推进标准化试点

2018 年，承担国家第四批社会管理和公共服务综合标准化试点任务的秦皇岛市企业养老保险管理处、郑州市社保局、黑龙江省社会医疗保险局等 7 个社保经办机构启动试点工作。试点内容包括制定标准和实施标准，本着以人民为中心、公开透明、协商一致、有序推进的原则，在不影响经办业务正常开展的情况下进行。人力资源社会保障部社会保险事业管理中心以全国社保标准化技术委员会秘书处名义，协调部分委员为人力资源社会保障部定点扶贫单位安徽金寨县提供标准化技术支持。协助金寨县人力资源社会保障局完成了承担的国家级社会管理和公共服务综合标准化试点任务。2018 年，金寨县试点项目以 94. 5 分的成绩通过了国家标准化管理委员会组织的验收。

截至 2019 年 12 月底，全国先后承担过“国家级服务业标准化试点”“国家级社会管理和公共服务综合标准化试点”和“国家级服务业标准化示范项目”任务的社保经办机构已达 43 个，绝大部分通过了有关部门的验收。人力资源社会保障部“创建社保标准化先行城市”试点的 77 个社保经办机构，有 52 个（1 个直辖市、39 个地市、12 个县）于 2018 年第三季度通过了人力资源社会保障部社会保险事业管理中心、全国社保标准化技术委员会的验收。

其中，新疆乌鲁木齐市、昌吉州、阿克苏地区拜城县等 13 个先行城市全部通过验收，占全国试点验收通过单位的 1/4，验收成绩名列全国第一。试点单位总体完成了探索打造社保标准化城市“样板间”任务。山东省淄博市人力资源社会保障部门连续三年将创建工作列为深化改革任务。天津市社保中心以创建为契机，协调政府部门在用地规划、资金划拨、配套建设等方面争取支持，采用自建、置换与合建相结合等方式，先后完成投资 8 亿元、新建改建经办服务场所 9.3 万平方米。截至 2019 年年初，全市 23 个窗口单位已有 22 个完成了新建或改造，市社保分中心服务场所面积平均达到 4 400 平方米，是 2005 年前建成的原场所的 2.5 倍，经办服务承载能力得到大幅提高。新疆先后投入 200 余万元支持各地开展标准化试点工作。新疆社保局在总结昌吉州、乌鲁木齐市、拜城县等国家社会管理和公共服务综合标准化试点、创建先行城市实践基础上，先后组建 4 个工作组对全疆创建先行城市“问诊把脉”，培养锻炼了一批专兼职标准化业务骨干。根据地市县不同的经办模式，量身打造组织架构，梳理重建经办流程，指导全疆各地圆满完成了创建试点任务，带动了全区社保标准化工作有序发展。

在创建先行城市的工作中，各创建单位普遍注重因地制宜，通过多种形式进行标准化知识全员培训，通过微信公众号、经办大厅显示大屏等媒介，广泛开展标准化宣传工作。严格按照承诺认真落实必选和自选标准，普遍建立了标准实施监督和评价改进机制，将标准化专项评价与工作人员综合考核相结合，并作为奖励惩戒的参考条件。北京市房山区社保中心对选定的 18 项标准 975 项条款进行逐一比对，区级层面整改 22 项，建议市级层面整改 6 项，设计了“社保标准落实情况统计表”和“社保标准化问题改进落实单”，对贯彻落实标准过程中发现的问题进行台账式管理。还有部分创建单位在贯彻落实国家和行业标准的基础上，结合自身需要，建立了本地标准体系，制定了单位内部标准。如郑州市制定与修订内部标准 882 项，精减证明材料 236 项。各创建单位普遍将社会保险术语相关国家标准广泛应用于文件、宣传资料的起草制定及信息系统的升级改造，基本实现了社会保险术语统一。在经办服务场所装修改造中，按照《社会保障服务中心设施设备要求》进行功能区划分、制作形象墙及功能区引导标志等。按照标准制作的胸牌、桌牌、笔记本、手提袋等办公用品已经广泛得到应用。椭圆形 CSI 标识和蓝色中国社保标牌均按要求制作和悬挂，社保经办的形象基本统一。郑州、福州、新疆喀什等许多创建单位依据国家标准对经办事项、证明材料、办理流程进行了集中清理和规范，基本实现了流程统一。北京市密云区细化国家标准，形成“主动迎、笑相问、双手接、快速办、双手递、望相送”规范动作，社保经办品牌效应初步显现。

在对创建单位的验收中也发现了一些存在的共性问题，主要是比较重视社保服务大厅基础设施建设、装修和日常办公用品设计、制作的标准等“硬标”，不太重视社保术语、总则以及具体规范经办业务的标准等“软标”；比较重视地方社保经办机构制定的内部标准，不太重视推荐性国家或行业标准；比较重视标准宣传贯彻，不太重视对标准实施效果的评价。

人力资源社会保障部社会保险事业管理中心重视做好社保标准化试点的示范经验推广工作，用好用足试点成果和发挥试点经验的示范引领作用。2018—2019 年组织了部分先行城市创建单位撰写标准化工作经验材料，通过《中国社会保障》杂志、《社会保险工作信息》宣传推广。持续与人力资源社会保障部社会保障能力建设中心合作，开展以标准化建设先进单位为“样板间”的实地教学，为各级经办机构培训储备社保标准化人才。结合打造社保业务和标准化“双高”人才干部队伍，借助全国地市与县级经办机构负责人培训班等平台，协调全国社保标准化技术委员会委员和社保专家进行授课，两年共培训 600 余人。同时，还举办了 4 期社保标准化专业培训班，参训人员达 979 人次。还组织全国社保标准化技术委员会委员、地方标准化专家赴山东、浙江、新疆等地指导推广社保标准化工作。

承担各种社保标准化试点的单位，在落实人力资源社会保障部布置的“服务流程标准化”“服务场所标准化”和“风险防控标准化”专项行动方面，认真对照现行社保国标、行标查找差距，有针对性补齐短板，提高标准化水平。天津市社保中心为提升全员社保标准化意识，坚持采取动员宣讲、知识讲座、技能测试、知识竞赛、情景模拟等多种形式的标准化培训，增强对标准的认知度和参与度。激励员工“知政策规章，能正确执行；知经办流程，能熟练操作；知服务标准，能履行承诺”，形成注重自身素质全面发展的良好风气，营造创先争优的工作氛围，推动服务标准落实和服务水平提高。

十五、交流与合作

交流与合作是推动社会保险事业发展的重要手段。通过交流与学习国内外先进经验和做法，将国内某一地区的成功经验推广到其他地区乃至全国，有助于各级经办机构结合本地实际创造性地开展工作。通过合作可以利用外部资源弥补自身之不足，有助于克服资源、体制及技术手段上的障碍，使社会保险管理服务工作更加有效地开展。

（一）系统内部交流合作

随着跨地区社会保险经办业务不断增加，特别是随着全国统一社会保险公共服务平台建立和全系统行风建设的开展，地区间业务交流与合作进一步加强。交流由过去单一上门取经或参加有关会议等发展为网络联系、互致影像资料、派人实地挂职等多种方式。合作也由一次性帮忙的支援式，发展为建立工作上的互助合作机制。合作范围、合作项目以及合作参与方在一些地区都呈现出扩大和增加趋势。

1. 全国人力资源和社会保障工作会议

2018 年度全国人力资源和社会保障工作会议暨人社扶贫工作座谈会于 2018 年 12 月 28 日至 29 日在北京召开。会议总结 2018 年工作，研究部署 2019 年重点任务。会议提出了 2019 年六大工作重点，其中社保工作三项：一是积极稳妥推进养老保险制度改革，落实好降低社会保险费率政策，促进社会保障制度可持续发展；二是扎实做好人力资源社会保障领域的扶贫工作；三是持续优化便民服务，全面推进系统行风建设。

2019 年 12 月 26 日至 27 日，全国人力资源和社会保障工作会议暨优质服务窗口表彰大会在北京召开。会议总结 2019 年工作，研究部署 2020 年重点任务，对全国人社系统优质服务窗口先进集体及先进个人进行表彰。会议强调 2020 年的工作要紧扣全面建成小康社会目标任务，坚持稳中求进工作总基调，坚持新发展理念，坚持以供给侧结构性改革为主线，坚持以改革开放为动力，把稳就业作为重中之重，统筹推进社会保障、人才人事、劳动关系、人社扶贫、行风建设等工作，着力促改革、惠民生、防风险、保稳定，为全面建成小康社会和“十三五”规划圆满收官做出积极贡献。

2. 全国医疗保障工作会议

2019 年 1 月 10 日至 11 日，全国医疗保障工作会议在北京召开。会议全面总结 2018 年医疗保障工作，研究部署 2019 年医疗保障六大重点任务。一是把维护医保基金安全作为首要任务。二是全面建立统一的城乡居民医保制度，健全缴费筹资政策。三是建立医保目录动态调整机制，发挥医保战略购买者作用，将更多救命救急的好药纳入医保。四是继续深化医保支付方式改革，充分借助大数据等手段，促进医疗资源合理配置。五是推动药品招采制度改革，继续做好国家组织药品集中采购和使用试点。加强高值医用耗材流通和使用管理，推动医疗服务价格改革。六是夯实医保基础工作，推进标准化和信息化建设，提升经办服务水平，做好异地就医直接结算，提升医保法制化水平。

3. 全国社会保险局局长会议

2018 年 8 月 23 日至 24 日，全国社会保险局局长会议和社会保险基金监管座谈会在贵州省贵阳市召开。会议总结 2018 年上半年社会保险工作，研究部署下一步加强基金风险防控和社保经办重点工作任务。强调要以抓改革、抓风险防控、抓行风建设为着力点，推动各项工作再上新台阶。推动建立企业职工养老保险基金中央调剂制度、全面实施全民参保计划、建立全国统一的社会保险公共服务平台、打赢社会保险扶贫攻坚战等社会保险重点改革任务落实落地。进一步加强基金监管，防范、化解社会保险领域重大风险。

2019 年 2 月 27 日至 28 日，人力资源社会保障部在云南昆明召开全国社会保险局局长会议。会议总结 2018 年社会保险工作，研究部署 2019 年重点任务。强调要继续坚持以人民为中心的发展思想，坚持稳中求进的工作总基调，着力抓重点、补短板、强弱项、防风险、稳预期，推进数字化转型，深化社保改革，加强行风建设，推进社保扶贫，强化社保宣传，在发展中保障和改善民生，不断增强人民群众的获得感、幸福感和安全感。

4. 行风建设交流活动

2019 年，人力资源社会保障部开展全系统窗口单位业务技能练兵比武活动，在线答题练兵达到 439 万人次，举办邀请赛、全国赛，培育了一批人社“知识通”和“一口清”。挖掘 100 名长期坚守一线的“人社服务标兵”，开展主题宣传活动，组织巡回宣讲 50 多场次。试点开展标兵和练兵比武获奖选手代表地市行活动。举办全国人力资源社会保障法治知识竞赛活动，社会公众和系统干部广泛参与，参加网络答题人数达到 255 万人，答题系统总访问量超过 6.6 亿人次。

（二）国际交流与合作

1. 社保协定签订和执行情况

截至 2019 年年底，中国已与 18 个国家启动了双边社会保障协定谈判，先后与德国、韩国、丹麦、芬兰、加拿大、瑞士、荷兰、法国、西班牙、卢森堡、日本和塞尔维亚共12国签署双边社会保障协定。为提升双边社会保障协定执行工作信息化、规范化水平，方便参保群众，人力资源社会保障部社会保险事业管理中心与人力资源社会保障部信息中心基于国家社会保险公共服务平台研究设计了“境外免缴申请”服务，推动双边社会保障协定参保证明网上经办，于8月15日正式上线运行。2019年8月20日，人力资源社会保障部社会保险事业管理中心下发《关于做好双边社会保障协定参保证明网上经办有关事项的通知》（人社险中心函〔2019〕32号），明确网上经办的流程和工作要求。目前，双边社会保障协定参保证明网上经办已经全面推开，经办工作运行平稳，成为推动双边协定执行工作实现“数字化转型”的重要举措。

2. 中欧社会保障改革合作项目交流

2018年1月14日至28日，国家发展改革委就业和收入分配司率团赴德国进行“中欧社会保障改革合作项目”培训。培训期间，代表团分别赴德国联邦劳动和社会事务部、联邦卫生部、联邦统计局、工会联合会、雇主协会、养老金协会、美因茨大学、莱茵兰-普法尔茨州工商会等机构进行培训和实地考察，围绕德国劳动力市场政策、社会福利体系、劳动力市场监测统计、长期护理保险等议题进行了深入学习和交流探讨。根据“中欧社会保障改革合作项目”2018年度工作计划，12月17日至21日，就业和收入分配司会同国际合作中心，以“社会保险经办管理和参保意识提升”为主题，赴广东省开展中欧双方联合调研，深入了解中欧项目试点省和相关地市近年来在社保经办管理、信息化建设、流动就业人员参保意识等方面的工作进展和面临的主要挑战。

2019年1月23日，中欧社会保障改革合作项目第五次咨询委员会会议在欧盟驻华代表团召开。来自国家发展改革委、财政部、民政部，意大利国家社会保障署、法国国际专业技术署、波兰劳动与社会政策部、西班牙就业移民和社会保障部、捷克劳动社会事务部、罗马尼亚劳动和社会保障部等政府部门及机构的代表共30余人参加会议。会议审议了中欧社会保障改革合作项目2018年度活动情况报告和合作成果，讨论了2019年度项目活动计划和中欧社会保障改革合作项目五年总结事项。

3. 国际社会保障协会交流合作

2018年4月，人力资源社会保障部社会保险事业管理中心（以下简称社保中心）参加第15届信息和通信技术大会，8月参加国际社会保障协会（ISSA）

执委会及第 12 届技术委员会会议，10 月参加亚太地区良好实践奖评比，获得特别提名奖、优胜奖等 5 个奖项。此外，社保中心负责制作了《以参保人为中心构建社保经办服务新模式》专题宣传片并组织编译《ISSA 综合新闻》6 期，翻译整理 23 部国别报告近 20 万字。

2019 年 6 月，社保中心在四川省成都市组织召开国际社会保障协会中国会员机构联络站座谈会及港澳居民在内地参加社会保险有关问题座谈会，ISSA 新任秘书长马塞洛·卡埃塔诺参会。10 月社保中心组团赴比利时参加 ISSA 第 33 届全球大会。12 月中国与欧盟“提高中国机构能力，实现全民社会保护”项目正式启动。项目办公室设在社保中心，负责日常工作。

4. 社会保险险种合作交流

2018 年 7 月 25 日至 26 日，由中国医疗保险研究会工伤保险专业委员会、德国法定工伤保险同业总会共同主办的中德工伤保险制度创新研讨会在甘肃兰州召开。研讨会旨在加强中德之间的交流与合作，完善我国工伤保险制度，促进建立工伤预防、康复、补偿三位一体的工伤保险体系。来自中德两国工伤保险管理部门工作人员、研究机构专家学者共 80 余人参加研讨会。研讨会重点围绕建立工伤预防、补偿、康复三位一体的工伤保险制度体系以及当前工伤保险面临的新形势新任务新挑战等问题开展了积极的研讨。

（三）跨省异地就医门诊费用直接结算合作

2018 年 9 月 28 日，长三角地区上海、江苏、浙江、安徽一市三省协作共商，开展门诊直接结算试点工作。江苏省南通市、盐城市、徐州市，浙江省嘉兴市、宁波市、省本级，安徽省滁州市、马鞍山市等 8 个统筹地区率先成为长三角地区异地就医门诊费用直接结算首批试点。2019 年 4 月 28 日，长三角跨省异地就医门诊费用直接结算工作推进会召开，新增江苏省南京市、泰州市、连云港市、常州市等 9 个新试点统筹区。截至 2019 年年底，长三角地区全部 41 个城市已经实现跨省异地就医门诊费用直接结算全覆盖，联网定点医疗机构 5 173 家，累计结算 64.6 万人次，涉及医疗总费用 14 262.2 万元。

2019 年 12 月 26 日，京津冀地区异地门诊直接结算正式启动，首批试点覆盖了北京和天津基本医保参保人员，河北省本级、保定市、廊坊市、邯郸市和雄安新区职工医保参保人员，开通了中国医学科学院北京协和医院、天津市南开医院、泰达国际心血管病医院、河北省人民医院、保定市容城县人民医院（雄安新区）、邯郸市涉县医院、廊坊市香河县人民医院。

2019 年 12 月 23 日，西南五省区（云南、贵州、四川、重庆、西藏）跨省门诊费用直接结算签约暨启动仪式在四川成都隆重举行。西南五省首批试点地区覆盖重庆、四川省本级和成都市、云南省本级和昆明市的城镇职工参保人员，贵州省本级铁路和电力系统参保人员，开通 149 家联网定点医疗机构和 321 家联网定点药店。

（四）学界交流

2018 年 10 月 26 日，中国医疗保险研究会工伤保险专业委员会第一届二次理事会暨工伤保险研讨会在重庆市召开。在以“新时代工伤保险新征程”为主题的工伤保险研讨会上，与会人员分别就推进新时代工伤保险实现高质量发展、新时代工伤保险发展的新思考、工伤保险法律法规的修改、工伤保险管理服务体制机制改革、工伤康复服务体系标准建设构想及探索等内容进行了发言。会上还宣布了 2018 年全国工伤保险优秀论文评选活动结果，并为获奖作者和单位颁发了获奖证书。

2018 年 2 月 25 日至 26 日，由中国社会保障学会主办、泰康保险集团协办的“第四届全国社会保障学术大会”在京召开，会议主题为“新时代社会保障改革再出发”。2 月 26 日举行的养老金、医疗保障、贫困与社会救助、社会福利和长期护理保险等分论坛上，70 余位专家学者与政府官员发言。

2019 年 2 月 23 日至 24 日，由中国社会保障学会主办，中国太平洋人寿保险股份有限公司、赛诺菲协办的“第五届全国社会保障学术大会”在京举行，会议主题为“迎接新中国成立 70 周年，建设高质量的社会保障体系”，设养老金、养老服务、社会救助、医疗保障、综合保障五个分论坛，100 多位专家学者与政府官员在各分论坛上发言。

十六、运行监督

2018—2019 年间，人力资源社会保障部、国家医疗保障局加快社会保险运行与管理法制建设，规范征缴管理，加强管理体制改革，创新监管方式，加强基金监管，完善举报制度，建立社会保险公共服务平台和医疗保障信息平台，推动智能监控，开展脱贫攻坚专项巡视、成效考核，扎实做好整改，建立约谈机制，推进诚信体系建设，健全内控机制，不断提升监督效果。

（一）加强行政监督

1. 开展社保扶贫专项巡视

2018 年 10 月 18 日至 11 月 30 日，中央第十巡视组对人力资源社会保障部开展了脱贫攻坚专项巡视。巡视组坚持以习近平新时代中国特色社会主义思想为指导，深入贯彻党的十九大精神，牢固树立“四个意识”，坚定“四个自信”，把“两个维护”作为根本任务，贯彻中央巡视方针，牢牢把握脱贫攻坚专项巡视的再监督工作定位，聚焦脱贫攻坚政治责任深入开展监督检查，督促各级党组织和领导干部强化政治责任担当，推动解决脱贫攻坚过程中存在的突出问题，为如期实现脱贫攻坚目标提供坚强的政治保障。中央巡视工作领导小组听取了巡视组的巡视情况汇报，并向中共中央政治局常委会会议报告了有关情况。

巡视组发现和干部群众反映的主要问题有：落实脱贫攻坚主体责任不够到位，统筹协调作用发挥不够。政策供给机制不够健全，政策体系建设不够完善，一些政策精准性不强，政策动态调整不及时，向“三区三州”等深度贫困地区政策倾斜不够。督促指导政策落地落细落实不够到位，职业培训、就业促脱贫、民生保障等职能优势发挥不充分。就业补助资金监管力度不够，对监督检查发现问题整改落实不够彻底。定点扶贫工作不够深入，没有充分发挥部门职能优势，“尽锐出战”意识不够强。落实监督责任不够到位，纪检监察机构主动监督有欠缺，监督机制不够健全。同时，巡视组还收到反映一些领导干部问题的线索，已按规定转中央纪委国家监委、中央组织部等有关方面处理。

巡视组对人力资源社会保障部提出了六点整改意见：一是进一步提高政治站位；二是强化责任意识，对省区市脱贫攻坚中就业、培训、养老等方面存在的问题要责任共担、主动作为；三是围绕就业扶贫加强统筹协调；四是强化民生保障功能；五是加强作风建设；六是深化定点帮扶工作。针对每一项建议都提出了具体要求。

2019 年 1 月 26 日，中央巡视组向人力资源社会保障部党组反馈了巡视意见。人力资源社会保障部针对巡视组反馈的问题和整改意见，制定整改方案，积极进行整改，并按照巡视工作有关要求，公布了《关于脱贫攻坚专项巡视整改进展情况的通报》。同时，公布了联系方式，包括电话、邮政信箱、邮政编码及电子邮箱，欢迎广大干部群众对巡视整改落实情况进行监督。

2019 年 12 月 25 日，根据党中央关于巡视工作统一部署，中央第十巡视组对人力资源社会保障部开展脱贫攻坚专项巡视“回头看”行动，用 20 天左右时间，落实政治巡视要求，对照专项巡视反馈的问题，紧盯部党组落实巡视整改主体责任情况，紧盯纪检监察机构落实巡视整改监督责任情况，紧盯整改成效特别是“两不愁三保障”突出问题整改落实情况开展监督检查，对落实脱贫攻坚政治责任进行再传导，对抓好巡视整改落实进行再督促，对脱贫攻坚成效进行再巩固，确保脱贫攻坚成色足、可持续，经得起实践、历史和人民的检验。巡视组在巡视期间设专门值班电话和邮政信箱，受理反映人力资源社会保障部脱贫攻坚专项巡视整改方面问题的来信来电。

2. 建立约谈机制，提高行政监管能力

2019 年 11 月 7 日，西藏印发《西藏自治区基本养老保险基金、失业保险基金、工伤保险基金监督管理约谈暂行规定》，社会保险行政部门发现有关单位存在社会保险基金重大安全隐患、管理漏洞、违规行为和造成基金损失等情形时，约见其负责人，进行警示谈话、指出问题、提出整改要求并督促整改到位的监督措施。社会保险行政部门的基金监督机构负责约谈的组织实施。各地市、各县（区）社会保险行政部门按照属地管理权限依照本办法开展约谈工作。约谈结果应逐级报上一级社会保险基金监督机构备案。

3. 加强业绩考评工作

近年来，福建省三明市加大对各县（市、区）人力资源社会保障局的业绩考评力度，每年年初下发《业绩考评工作实施方案》，将年度主要任务指标完成情况、基础项目完成情况、重点项目完成情况及局领导综合考评等内容，纳入分值进行考评。对社保基金监督的考核主要体现在重点项目完成情况中，如社保基金监管软件联网情况、建立查处和防范社会保险欺诈工作联席会议制度、社保基金专项检查中发现问题整改情况、落实监督机构和人员等。2018 年，又将“配合做好基本养老保险基金投资运营”“开展社会保险经办风险管理专项行动”“对省、市社保基金专项检查发现问题的整改”“基金要情报告”和“完善社保基金内控制度建立经办流程图”等内容列入方案进行考评。进一步强化社保基金风险点考核，确保年度社保基金风险防控重点工作能落到实处。方案要求各县（市、区）人力资源社会保障局将考评项目目标任务作为年度重点工作，三明市局各科室、直属单位结合工作计划落实情况，加强督促、检查，通报工作进展，序时推进工作，确保实施方案落实到位，并将考评结果向各县（市、区）人民政府通报。

4. 打击欺诈骗取医疗保障基金“回头看”专项行动

2018 年 11 月 21 日，国家医疗保障局决定在全国范围内开展打击欺诈骗取医疗保障基金专项行动“回头看”。聚焦三个重点领域：一是医疗机构，重点查处诱导参保人员住院、盗刷和冒用参保人员社会保障卡、伪造医疗文书或票据、协助参保人员套取医保基金、虚记或多记医疗服务费用等行为；二是零售药店，重点查处串换药品、刷卡套取基金等行为；三是参保人员，重点查处通过票据作假骗取基金等行为。

贵州省医疗保障局联合省人力资源社会保障厅、省卫生健康委印发了《关于开展打击欺诈骗取医疗保障基金专项行动自查工作回头看的通知》，要求各市（州）相关职能部门在全省开展打击欺诈骗取医疗保障基金专项行动中，开展好自查“回头看”工作。

从 2019 年 11 月 25 日开始，山西省社保局对长治市各级养老保险经办机构开展为期一周的养老保险基金专项整治和风控专项检查“回头看”行动。检查组采用听取汇报、查阅资料和实地业务测试等方式，重点从五个方面对各级社保经办机构进行检查评估，对经办工作要害岗位和关键环节进行彻底清理，堵塞安全漏洞。

（二）建立欺诈骗保行为举报奖励制度

2018 年 11 月 27 日，国家医疗保障局办公室、财政部办公厅制定了《欺诈骗取医疗保障基金行为举报奖励暂行办法》（医保办发〔2018〕22 号）。举报人对医疗保障经办机构工作人员，定点医疗机构、定点零售药店及其工作人员，以及参保人员等涉嫌欺诈骗取医疗保障基金行为进行举报，提供相关线索，经查证属实，应予奖励。并要求各级医疗保障部门应当向社会公布本级举报电话，同时扩充网站、邮件、电子邮箱、App 等举报渠道，也可统筹利用当地公共服务信息平台，方便举报人举报。举报奖励坚持精神奖励与物质奖励相结合。统筹地区医疗保障部门可按查实欺诈骗保金额的一定比例，对符合条件的举报人予以奖励，最高额度不超过 10 万元，举报奖励资金，原则上应当采用非现金方式支付。此后，全国各地相继出台实施细则。

此外，各级医疗保障部门还通过向全社会公布举报电话，畅通了举报投诉渠道。2018 年专项行动期间，共收到电话举报 4 666 例，其中有效举报线索 477 条。建立举报线索交办、督办和反馈机制，确保举报线索件件有回音。主动向媒体公开曝光欺诈骗保典型案件，开展“打击欺诈骗保维护基金安全”集中宣传月活动。在各地定点医药机构滚动播放 9 集动漫宣传片，进一步营造关注和维护基金安全的良好氛围。探索建立医疗保障基金社会监督员制度。

聘请人大代表、政协委员、群众和新闻媒体代表等担任社会监督员，对定点医药机构、经办机构、参保人员等进行广泛和深入的监督。

（三）加强审计监督

2017 年下半年，河南省济源市审计局在对该市基本医疗保险基金进行审计时，发现在该市 2014 年至 2016 年基本医疗保险基金管理中存在部分困难群体未参加基本医疗保险、职工医保未及时足额征收、部分职工参保对象死亡后不办理停保手续造成个人账户收入仍继续划拨、违规享受慢性病报销待遇等问题。市审计局及时将问题向市人力资源社会保障局进行了反馈，并提出审计建议：加强征缴管理，建立健全与扶贫、民政等管理机构的沟通和信息衔接机制，实现应保尽保；优化管理模式，提高管理水平，建立社会保险信息管理平台，促进数据整合，实现参保人员信息共享；健全各部门工作职责，细化制度管理，强化稽核责任，及时掌握参保对象待遇领取资格情况，避免违规领取待遇问题的发生，维护医保基金安全等。济源市人力资源社会保障局高度重视审计反映问题和审计建议。2018 年，济源市人力资源社会保障部门采纳审计建议，进一步细化制度措施，健全社保信息管理平台，积极追缴资金，确保整改到位，推动基本医疗保险制度的健康运行。一是召开专题会议研究，成立审计整改领导小组，建立问题整改台账，责任到人，确保审计问题及时有效整改；二是修订《济源市社会医疗保险中心科室工作职责》，进一步细化管理，明确参保人员信息维护修正、参保对象待遇稽核、基金缴费基数核定、困难群众参保等工作职责；三是优化信息管理平台，健全信息衔接机制，完善参保对象参保停保业务流程，确保应保尽保、应停尽停；四是追缴违规资金 63.78 万元入库，并对相关责任人进行了追责。

2019 年 10 月，浙江省丽水市政府采纳审计建议，在全市推出“贫困人口大病保障水平提升行动”。采取向困难人员倾斜、取消建档立卡人员的大病保险支付封顶线等惠民措施，有效减轻了贫困人员的医疗费用负担，惠及全市 13.8 万名困难人员。2018 年，丽水市审计局对市本级、龙泉市、庆元县、松阳县社会救助政策落实情况进行了审计，发现存在贫困人口大病保障水平不高、低保低边对象参加基本医疗保险未获得补助、低保低边及特困对象未获得医疗救助、医疗救助审批不及时和医疗救助资金封顶线设置不合规等问题，撰写了《我市贫困人口大病保障能力有待于提升》《审计反映疾病应急救助基金亟待规范》等 5 篇审计专报，向市委、市政府反映了相关问题，得到市委、市政府领导高度重视。丽水市委将贫困人口大病保障能力提升问题列入市“不忘初心、牢记使命”主题教育扶贫、民生领域集中整治项目。丽水市医疗保障局与财政局作为整治项目具体责任单位，积极与审计部门对接，认真研究大病保险向贫困人员倾斜的政策要求，商议实施方案并形成共识，2019 年 9 月 30 日联合印发《关于落实 2019 年城乡居民基本医疗保障有关工作要求的通知》。同时，通过统筹医保经办资源和优化医保结算系统，实现了基本医保、大病保险、医疗救助待遇一窗受理、一站结算、一次办结。全市约有 13.8 万名特困供养人员、最低生活保障家庭成员、最低生活保障边缘家庭成员受益。

2019 年上半年，福建省泉州市晋江市审计局在城乡居民基本养老保险基金专项审计调查中，运用数据手段跨部门、跨地区排查疑点，市人社、政法、民政等部门协调配合，边审边改，利用审计数据核查结果查缺补漏，强化管理。一是精准扶贫，做到特殊群体应保尽保。市人力资源社会保障局利用审计比对结果，整改期间上门跟进辅导 42 名低保人员和 331 名持证残疾人新增参保，将精准扶贫对象优先纳入参保人扩面提标的任务，为有意愿的低保、持证残疾人等困难人口开通缴费补贴绿色通道。二是部门联动，逐级破冰业务信息壁垒。向地级市借阅有权限的使用数据，并将核查范围从传统的待遇领取人扩大至缴费参保人。社保中心重视审计反馈问题，积极向省人力资源社会保障部门提出服刑人员和社区矫正人员的数据比对需求，促使该项工作纳入省人力资源社会保障定期比对范畴。审计助推人力资源社会保障局与公安局联合出台《开展清退违规多领养老金及打击骗取社会保险金行为专项行动实施方案》，在全市开展多次有效函查。同时，全市推行社保基金绩效考评和平安村评比奖励相结合的工作机制，倒逼镇村严把待遇领取审核第一关。三是台账销号，确保流失资金颗粒归仓。市人力资源社会保障局执行审计决定，整改期间收回流失的被征地养老保险和城乡居民养老保险基金。审计建议对信息系统滞留的暂停发放待遇对象进行进一步核验处理，市人力资源社会保障局现已从暂停人员问题台账中核查销号 849 人。为便于乡镇劳务所工作人员走访登记和持续跟踪流失养老金的追回情况，市社保中心在福建省率先自主开发并运行稽核辅助软件，夯实台账销号制度来确保城居保基金颗粒归仓。

（四）建立诚信体系

1. 开展证明事项告知承诺制试点

2019年5月31日，人力资源社会保障部办公厅发布《关于印发〈人力资源社会保障系统开展证明事项告知承诺制试点工作实施方案〉的通知》（人社厅发〔2019〕71号），决定在社会保险经办、专业技术人员资格考试两个领域开展告知承诺制试点工作，包括6项社会保险经办事项和12项专业技术人员资格考试报名事项。群众在办理相关事项时，书面承诺（含电子文本）已符合告知的条件，无须再提交有关证明，人力资源社会保障部门通过部门间信息共享、内部核查等加强信用监管。通过试点探索，推动实现相关审批服务事项流程更简、监管更严、服务更优。总结形成人力资源社会保障系统可复制、可推广的证明事项告知承诺标准和规范，研究提出全面推广试点经验的意见。各地社保机构相继开展证明事项告知承诺制试点。

2019年9月12日，青海省社会保险服务局印发《关于开展社会保险证明事项告知承诺制试点工作有关问题的通知》，试点共涉及养老保险、工伤保险经办业务6项。办事对象在办理这6项业务时，只要在充分知晓材料免提交告知书内容的情况下，书面签署承诺书后，社保经办机构即可按规定予以办理。告知承诺制试点工作开展后，试点清单内的证明事项，采取告知承诺制与现行管理制度并行实施，办事人可以自主选择现行办理方式或者告知承诺制。告知承诺制试点工作的实施，在一定程度上解决了群众办事难、反复提交资料、提交资料复杂的问题，还让参保群众切实感受到了政府职能转变的效果，为参保群众提供更便利、更优质的服务。

2019年10月10日，四川省人力资源社会保障厅办公室印发《四川省开展社会保险经办业务证明事项告知承诺制试点工作实施方案》（川人社办发〔2019〕122号），确定在成都、泸州、资阳3市开展社会保险经办业务证明事项告知承诺制试点，涉及社会保险经办业务证明事项两项：办理城乡居民基本养老保险关系转移接续申请的参保人员户籍关系转移证明；办理居民养老保险注销登记（养老保险服务）的医院出具的参保人死亡证明，或民政部门出具的火化证明，或公安部门出具的户籍注销证明。

社会保险经办业务证明事项告知承诺制试点取得了明显成效。一是证明材料进一步精减。6项社会保险经办事项共通过告知承诺制办理74 000多件，减少证明材料7万多份。二是群众跑腿次数进一步减少。两个领域的试点，相对于以往最理想化的跑一次即可办成的模式，共减少了540万人次跑腿，节约的时间成本、交通成本十分巨大，节约的社会成本更难以估量。三是助推证明事项清理。以作为其中重要一环的信用管理为例，在试点工作中信用监管机制进一步完善。人力资源社会保障部聚焦“最先一公里”制度建设，出台《社会保险领域严重失信人名单管理暂行办法》，通过信用制度建设确保试点工作健康持续推进，采取承诺人“守信推断+失信惩戒”的方法，不让守法诚信者为违法失信者“买单”，实现“让绝大多数守信者方便、让极少数失信者受限”的目的。四是部门间信息共享进一步加强。人力资源社会保障部主动对接国家一体化政务服务平台，加大部委间信息共享力度，实现与教育部、公安部、民政部、市场监管总局等部门相关数据的在线核验；各地人力资源社会保障部门积极探索，借助本省网信办、大数据局的信息共享平台基础和支持，加强与本省相关部门的数据共享，推动各部门政务数据共享互校，为智慧政府建设提供支持。五是廉政风险防范进一步强化。人力资源社会保障部进一步梳理事项流程，把自由裁量权标准化、指标化，并固化进系统中，杜绝传统模式下经办工作人员暗箱操作和随意裁量，减少廉政风险。

2. 建立严重失信人名单管理机制

2019 年 10 月 28 日，人力资源社会保障部根据《国务院关于建立完善守信联合激励和失信联合惩戒制度加快推进社会诚信建设的指导意见》（国发〔2016〕33 号）和《国务院办公厅关于加快推进社会信用体系建设构建以信用为基础的新型监管机制的指导意见》（国办发〔2019〕35 号）等有关规定，印发《社会保险领域严重失信人名单管理暂行办法》。社会保险经办机构按照国务院关于建立证明事项告知承诺制的有关规定，在办理社会保险事项时，以书面（含电子文本，下同）形式将法律法规中规定的证明义务、证明内容以及被列入严重失信人名单的风险提示等一次性告知当事人，当事人书面承诺已经符合告知的条件、标准、要求，愿意承担不实承诺法律责任的，社会保险经办机构不再索要有关证明而依据当事人承诺办理相关事项。社会保险经办机构应通过各级在线政务服务平台、数据共享交换平台、信用信息共享平台、政府部门内部核查和部门间行政协助等方式对当事人承诺内容予以核查。当事人违背承诺，存在规定情形的，列入社会保险严重失信人名单。

（五）健全医疗卫生行业综合监管机制

2018 年，国务院办公厅印发《关于改革完善医疗卫生行业综合监管制度的指导意见》（国办发〔2018〕63 号），对改革完善医疗卫生行业综合监管制度作出部署。国家卫生健康委联合国家医疗保障局等八部门发布《关于印发纠正医药购销领域和医疗服务中不正之风部际联席会议机制成员单位及职责分工的通知》（国卫医发〔2018〕30号），指导地方和医疗机构落实行风建设有关要求，在多个省（区、市）建立了部门联席会议制度，一些地区推行“一案双查、一案双报”，对违规违法机构和个人实施联合惩处。

（六）推动医疗保障领域智能监控

2019年4月，国家医疗保障局印发《关于开展医保基金监管“两试点一示范”工作的通知》，在全国32个城市开展医保智能监控示范点建设工作。一是提升智能监控功能。针对欺诈骗保行为新特点，完善医药标准目录等基础信息标准库、临床指南等临床诊疗知识库，进一步完善审核规则库，提高智能监控的覆盖面和精准度。二是丰富智能监测维度。在开展按疾病诊断相关分组（DRG）付费国家试点的地区和开展基于大数据的病种分值付费的地区，运用智能监控系统，加强对临床行为的过程监控，丰富大数据分析比较维度，提升监控效果；推广视频监控、人脸识别等技术应用，开展药品进销存实时管理，完善医保基金风控体系。三是建立省级集中监控系统。基于全国医疗保障信息系统建设试点工作，探索在省级集中模式下统一开展智能监控工作，不断提升监控效能。

十七、管理服务效果

2018—2019年，社会保险管理服务的发展成效显著。特别是在健全制度保障功能、提高保障水平、改革完善基金筹集机制、维护基金安全、增强管理服务体系机能、推进公共服务数字化转型等方面，取得了诸多突破性进展。

（一）制度保障功能更加健全

2018—2019年，通过改革完善社会保险制度，扩大各险种覆盖范围，提高统筹层次，健全基本养老保险待遇确定与正常调整机制，进一步拓展完善了各险种保障功能，各项保障功能的发挥也更加充分。

1. 健全基本养老保险保障机制

统一企业职工和机关事业单位工作人员基本养老保险待遇调整机制、建立城乡居民基本养老保险待遇确定和基础养老金正常调整机制，进一步完善职工基本养老保险省级统筹制度以及实施中央调剂金制度等，健全完善了基本养老保险制度的保障功能，不仅使参保职工和城乡居民养老保险待遇的确定与调整更加有保障，也进一步增强了各省份基本养老保险制度的保障能力。

2. 拓展增强医疗保险与生育保险保障功能

一是通过医保准入专项谈判、修订扩展药品目录，扩大医疗保险药品报销范围。2018 年将阿扎胞苷等 17 种抗癌药品、2019 年将 70 个新增药品纳入国家基本医疗保险、工伤保险和生育保险药品目录。2019 年重新修订药品目录，常规准入部分共新增了 148 个品种，覆盖了要优先考虑的国家基本药物、癌症及罕见病等重大疾病治疗用药、慢性病药品和儿童用药。二是通过开展药品价格谈判、实施以抗癌药为重点的重大疾病药品专项集中采购，降低医疗保险用药价格，在降税基础上进一步实现降价效应，更好地满足群众用药需求，有助于增强医疗保险的保障功能。三是通过职工生育保险与基本医疗保险合并实施，增强了基金共济能力，有助于增强生育保险的保障功能。

3. 增强失业保险预防失业与促进就业功能

大力开展失业保险援企稳岗“护航行动”、支持参保职工技能提升“展翅行动”，帮助、激励企业承担稳定就业岗位的社会责任，有效预防失业，支持职工提升职业技能。这些措施在增强失业保险预防失业与促进就业功能的同时，也推动失业保险从保障失业人员基本生活为主向预防失业和促进就业为主转变。2018 年，全国失业保险基金用于保障失业人员基本生活支出（包括失业保险金、医疗保险费、丧葬金、抚恤金等）及失业农民合同制工人一次性生活补助支出占比降至 51.28%，用于职业培训、职业介绍及各项预防失业促进就业支出（包括稳岗补贴及其他预防失业促进就业费用）占比升至 48.73%。2019 年，用于保障失业人员基本生活支出占比降至 39.2%；用于防失业和促进就业支出占比升至 60.9%。此外，2019 年还从失业保险基金结余中划转 1 138.6 亿元作为技能提升行动专项资金，为大规模开展职业培训、提升职业技能提供资金支撑。

4. 健全完善工伤保险保障功能

促进工伤预防和职业康复是工伤保险制度的重要功能。《工伤保险条例》第十二条规定：工伤保险基金可用于“工伤预防的宣传、培训等费用”。2017 年 8 月 17 日，人力资源社会保障部会同财政部、国家卫生计生委、国家安全监管总局制定出台了《工伤预防费使用管理暂行办法》（人社部规〔2017〕13 号），对工伤预防费的提取、使用、管理与风险防控等作出规定。虽然文件规定自 2017 年 9 月 1 日起施行，但各地区全面贯彻落实则是从 2018 年开始的。2019 年 12 月 2 日，人力资源社会保障部、国家卫生健康委又印发了《关于做好尘肺病重点行业工伤保险有关工作的通知》（人社部发〔2019〕125 号），决定自 2020 年开始，在煤矿、非煤矿山、冶金、建材等尘肺病重点行业开展为期三年的工伤保险扩面和工伤预防两个专项行动，以促进用人单位做好工伤预防和职业性尘肺病预防控制，降低工伤事故伤害和职业病的发生率。这两个政策文件的出台与贯彻落实，进一步健全完善了工伤保险制度的保障功能。

5. 健全完善社会保险扶贫功能

2015 年以来，中共中央、国务院及人力资源社会保障部、国家医疗保障局、财政部、国家卫生健康委、国务院扶贫办等制定出台了一系列有关社保扶贫的政策文件，各地区为贯彻落实这些政策，结合本地实际制定了具体的政策措施。2018—2019 年更是中央和地方出台政策文件最密集的两年，粗略统计这两年中央层面共出台了 13 项文件。2018 年，全国 31 个省份和新疆兵团都出台了社会保险扶贫政策文件。这些政策文件的出台，不仅逐步明确了社会保险扶贫的目标任务，细化了政策措施，更重要的是拓展了社会保险的功能——扶贫或反贫困功能，并建立起了有效履行这一功能的政策体系和体制机制。主要包括两方面：一是防止贫困功能，主要通过实施减轻贫困人口参保缴费负担，促进应保尽保的政策措施，实现农村贫困人口基本养老保险、基本医疗保险、大病保险、医疗救助覆盖率分别达到 100%，防范因年老、疾病、工伤、失业等致贫返贫；二是扶助贫困群众功能，主要是通过对贫困人口实行更加优惠的社会保险待遇政策，在享受正常社会保险待遇的基础上，再从经济上对贫困人口养老、医疗等给予进一步的帮扶。

（二）基金筹集机制更加健全

我国社会保险基金筹集机制是在改革探索中建立起来的，在建立过程中受很多因素的制约，存在一定的缺陷。近年来对社会保险基金管理采取了一系列改革措施，不仅大幅度调整了各险种费率与费基，也进一步健全了基金筹集机制。

1. 改革完善社会保险费用负担模式

通过推进企业职工基本养老保险、失业保险和工伤保险省级统筹，阶段性降低单位缴费率，建立企业职工基本养老保险中央调剂金制度，划拨国有资本充实企业职工基本养老保险基金，对建档立卡贫困人员参加基本养老保险和医疗保险给予财政补贴，对困难企业实行减免（延缓）缴纳失业保险费等措施，改进完善了社会保险费用负担模式。一是拓展了社会保险费用分担的对象范围，不仅使社会保险费用负担更加符合大数法则，也有助于均衡地区间的负担水平，增强基金筹集能力与稳定性。二是减轻了用人单位特别是企业的缴费压力，强化了政府责任，使社会保险费用负担模式更符合中国的制度特性与所有制结构。三是增强了社会保险基金筹集的灵活性，有助于社会保险与经济发展良性互动。

2. 改进完善费率确定与调整机制

通过持续五年的阶段性降低职工基本养老保险、失业保险、工伤保险和生育保险费率，调整核定缴费基数的社会平均工资计算办法，在减轻参保对象缴费负担的同时，改变了过去主要由各地区自行确定各险种费率的办法，强化了中央政府在费率确定与调整中的责任，进一步规范了各险种费率确定与调整机制，不仅增强了社会保险费率的统一性，也增强了社会保险制度的公平性。

3. 改进完善征收模式与参保缴费方式

一是通过改革社会保险费征收体制，将多数地区由社保经办机构承担的征收职责划转给税务部门，有助于改变长期以来社会保险费征收不统一的状况，强化征收职能与责任。二是通过改革工程建设领域参保缴费办法，对新开工项目实行按项目参保和“先参保，后开工”政策，由地方政府为建档立卡未标注脱贫的贫困人口、低保对象、特困人员等困难群体代缴部分或全部最低标准城乡居民养老保险费，利用“互联网+社保”实行各种参保缴费便民措施，积极研究推进新业态从业人员参保缴费等，改进完善了参保缴费方式，使其与参保缴费对象的特点更相适应，更具有可操作性。

4. 改进完善基金投资运营机制

通过投资运营实现保值增值是筹集社会保险基金的重要方式。在各项社会保险制度建立初期，由于基金规模相对较小，主要用于保待遇发放。同时，资本市场也尚处于形成之中，投资渠道与投资运营能力都很有限。社会保险基金投资运营更加注重安全性，总体趋于保守，投资运营机制建设相对滞后。2018—2019 年，通过贯彻落实《基本养老保险基金投资管理办法》，持续推进社会保险基金委托投资，制定出台加快推进城乡居民基本养老保险基金委托投资工作政策文件以及社会保险基金投资运营税收减免政策，完善基金投资运营配套制度，规范委托投资业务流程，组织养老基金委托投资省份年度联席会议，规范企业年金信息报告和信息披露，拟定数据管理工作规范，研究制定职业年金基金信息管理办法等，进一步改进完善了基金投资运营机制。基金投资运营取得积极进展，投资收益稳步增长。截至 2018 年年底，累计已有 17 个省份委托投资基本养老保险基金 8 580 亿元，到账资金达到 6 050 亿元。其中，上海、湖北、广西、重庆、四川、云南、西藏、陕西和甘肃 9 个省份启动了城乡居民基本养老保险基金委托投资，合同金额为 773 亿元。截至 2019 年年底，已有 22 个省份签署基本养老保险基金委托投资合同，委托总金额达到 10 930 亿元。其中，19 个省份已启动城乡居民基本养老保险基金委托投资，合同金额 2 123 亿元，同比增加 1 350 亿元。

（三）社会保险费用负担更加合理

通过采取一系列措施改进完善社会保险基金筹集机制，在降低社会保险缴费率、减轻企业与个人负担、均衡地区间负担水平等方面取得了明显效果。到 2019 年，职工五项社会保险总费率由 41%降至 33.95%，其中单位费率降至 23.45%，共降低了 7.05 个百分点。两年分别为企业降低成本 1 840 亿元和 4 252 亿元。不仅切实减轻了企业与个人缴费负担，更重要的是改变了社会保险费负担格局，优化了社会保险与经济社会发展之间的关系，主要表现在以下五个方面。

1. 企业和个人缴费负担水平更加合理

一是通过调整企业职工基本养老保险费用负担中的企业责任与政府责任，将企业缴费负担降至更加合理的水平。二是将费率水平建立在基金适度保障能力之上。将失业保险待遇按时足额发放、提高待遇标准、促进失业人员再就业、落实失业保险稳岗补贴政策等因素对基金支付能力的影响作为降低失业保险费率必须考虑的主要因素；将基金累计结余可支付月数在 18~23 个月、在 24 个月以上作为确定降低工伤保险费率的衡量标准；将基金合理结存量定为相当于 6~9 个月待遇支付额，累计结余超过 9 个月作为降低生育保险费率的标准。

2. 地区间负担水平更加均衡

一是在持续降低社会保险费率的同时，逐步缩小各地区费率差距，将企业职工和机关事业单位工作人员基本养老保险单位缴费率统一为 16%，将失业保险费率统一为 1%，长期以来地区间社会保险缴费负担差异较大的现象基本消除。二是积极推进以基金统收统支为核心的职工基本养老保险、工伤保险和失业保险省级统筹，统一政策，统一费率，实现了省份内缴费负担水平统一。三是从2018年开始实行职工基本养老保险中央调剂金制度，2019年调剂基金总规模由2018年的2 422亿元提高到6 303亿元，受益省份多达22个，极大地缓解了各省份之间因老龄化程度不同、职工赡养率差异等产生的职工养老保险负担不均现象。即使在缴费率大幅度降低的情况下，职工基本养老保险基金当期收不抵支省份也由2017年的7个减少为1个。且当期收不抵支金额还呈递减趋势，2018年为-557亿元，2019年减少为-434亿元。

3. 与参保缴费对象负担能力更相适应

通过大幅度降低职工养老保险、失业保险、工伤保险和生育保险缴费率，使社会保险缴费负担水平与小微企业和低收入人群的负担能力更相适应；通过调整就业人员平均工资计算口径，以各省份城镇非私营单位就业人员平均工资和城镇私营单位就业人员平均工资加权计算的全口径城镇单位就业人员平均工资核定个人缴费基数上下限，不仅进一步降低了缴费负担水平，还有助于减少乃至消除低收入地区许多参保企业和个人工资水平“被平均”的现象；通过完善个体工商户和灵活就业人员缴费基数政策，允许在本省全口径社会平均工资的60%~300%之间选择适当的缴费基数，增强了个体工商户和灵活就业人员参保缴费的灵活性。

4. 与经济社会发展状况更相适应

适应经济社会发展状况，形成与经济社会发展良性互动的关系，是社会保险制度的重要目标。这种适应是系统性的，不仅表现在水平上，也表现在结构上。长期以来，我国经济社会发展就存在不平衡、不充分的问题。进入新时代以后，这一问题已变得更加突出，与人民日益增长的对美好生活的需要之间的矛盾，更已成为社会主要矛盾。在社会保险制度改革发展中，存在对经济社会发展不平衡、不充分状况重视不够的问题，导致经济发展水平较低、老龄化程度较高的地区一些小微企业和低收入人群缴费负担水平偏重，甚至出现了难以承受的状况，在一定程度上加重了经济社会发展不平衡、不充分问题，不仅对经济发展产生了不良影响，也制约了社会保险制度的发展。通过降低社会保险缴费水平，均衡地区间的社会保险负担，在一定程度上克服了这一缺陷，有效缓解了省与省之间社会保险负担的结构性矛盾，有助于缓解地区之间经济社会发展不平衡、不充分带来的问题。

5. 促进社会保险与经济社会良性发展

缴费负担的减轻不仅有利于激活微观主体和市场的活力，也有利于提高企业和个人参保缴费的积极性。均衡社会保险缴费负担则降低了市场竞争的不公平性，有利于改善缴费负担较重地区的营商环境。调查表明，很多企业将减少的缴费或是用于增加参保人员福利，或是用于增加员工培训，或是用于建立企业年金。个人缴费门槛降低，企业和职工、个体工商户和灵活就业人员参保缴费积极性普遍提高，形成了良性循环。2018—2019 年，职工五险参保缴费人数增长比 2016—2017 年有所提高，基金运行总体平稳。2018 年年末，全国有 8. 74 万户企业建立了企业年金，参加职工 2 388 万人，基金累计结存达到 14 770 亿元。2019 年年末，全国建立企业年金企业增加到 9. 6 万户，增长 9. 84%；参加职工增加到 2 548 万人，增长 6. 7%；基金累计结存增加到 17 985 亿元，增长 21. 77%。

（四）保障水平进一步提高

1. 基本养老保险保障水平稳步提升

一是实际领取养老保险待遇人数持续增加，扩大了保障范围。职工养老保险实际领取待遇人数 2018 年增长 1. 92%，2019 年又增长 0. 84%。城乡居民养老保险实际领取待遇人数 2018 年增长 5. 36%，2019 年又增长 0. 84%。二是养老保险待遇标准提高。2018—2019 年，总体按照上年度退休人员月人均基本养老金的 5%左右，上调企业和机关事业单位退休人员基本养老金水平。2018 年，全国城乡居民基本养老保险基础养老金最低标准由每人每月 70 元提高至每人每月 88 元。北京、山西等 22 个省份在此基础上进一步提高了省级基础养老金。所有省份基础养老金均高于全国最低标准，30 个省份基础养老金突破了 100 元。全国城乡居民月人均养老金达到 150 元，比上年增加 23 元。2019 年，北京等 10 个省份继续提高省级基础养老金水平，提高幅度在 5 元至 95 元。全国城乡居民月人均养老金水平提高到 160 元，比上年增加 10 元。

2. 医疗保险保障水平稳中有升

（1）待遇享受人次增加

无论是职工基本医疗保险，还是城乡居民基本医疗保险，待遇享受人次都持续增加。2018—2019 年，职工基本医疗保险门诊与住院人次都有较大幅度增长，门诊特慢病人次增长幅度更大，反映了基本医疗保险保障功能拓展完善的效果（见表 2-17-1、图 2-17-1）。参加基本医疗保险人员人均就诊次数与住院率也都有一定程度的提高（见表2-17-2）。

表2-17-1　2018—2019年职工基本医疗保险享受待遇人次变动情况①

年份	项目	享受待遇人次			
		合计	普通门诊	门诊特慢病	住院
2018	数量（亿人次）	19.8	17.1	2.1	0.6
	比上年增长（%）	9.0	8.8	12.7	6.7
2019	数量（亿人次）	21.2	18.1	2.6	0.64
	比上年增长（%）	7.3	5.8	19.4	6.8

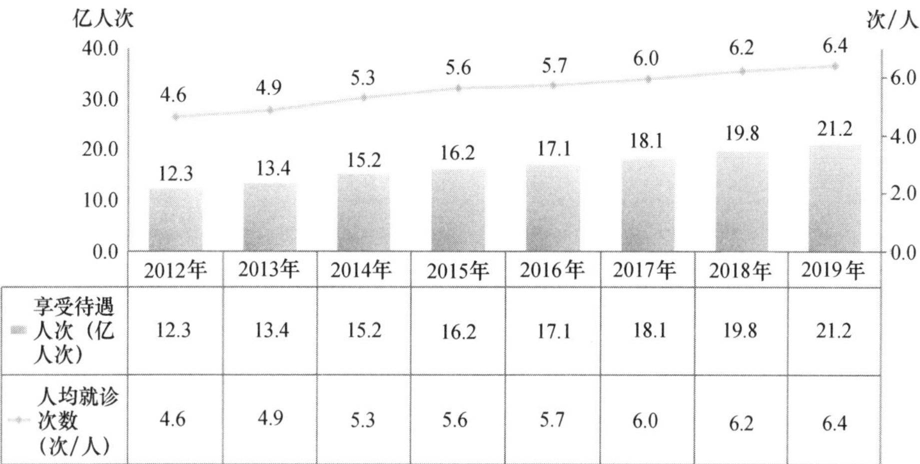

图2-17-1　2012—2019年职工基本医疗保险享受待遇人次和人均享受待遇次数

表2-17-2　2018—2019年职工基本医疗保险参加人员人均就诊及住院情况

年份	项目	人均就诊次数（亿人次）	住院率（%）		
			合计	在职职工	退休人员
2018	数量	6.2	18.3	9.7	42.1
	比上年增加	0.3	0.4	0.2	0.9
2019	数量	6.4	18.7	10.1	42.5
	比上年增加	0.2	0.4	0.4	0.4

2018年，居民基本医疗保险参加人员共享受待遇16.2亿人次，比上年增长8.4%。人均享受门诊待遇1.7次，与上年基本持平。参保人员住院率为15.2%，比上年提高1.1个百分点。2019年，居民基本医疗保险参加人员共享受待遇21.7亿人次，比上年增长34.0%。人均享受门诊待遇1.95次，比

① 表中数据来自国家医疗保障局发布的2018年和2019年统计公报，有误差，仅供参考。

上年增加 0. 25 次。参保人员住院率为 16. 6%，比上年提高 1. 4 个百分点。2012—2019 年居民基本医疗保险享受待遇人次及其变化情况见图 2-17-2。

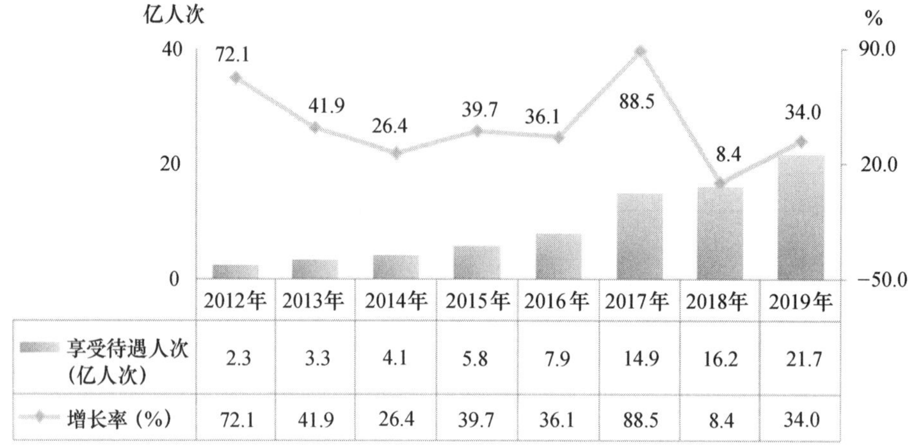

图 2-17-2　2012—2019 年居民基本医疗保险享受待遇人次及其变化情况

（2）住院报销水平稳中有升

2018 年，职工医保政策范围内住院费用基金支付 81. 6%，与上年基本持平；实际住院费用基金支付 71. 8%，比上年略有上升。居民医保政策范围内住院费用基金支付 65. 6%；实际住院费用基金支付 56. 1%，比上年提高 0. 1 个百分点。2019 年，职工医保政策范围内住院费用基金支付 85. 8%，比上年提高 4. 2 个百分点；实际住院费用基金支付 75. 6%，比上年提高 3. 8 个百分点。居民医保政策范围内住院费用基金支付 68. 8%，比上年提高 3. 2 个百分点；实际住院费用基金支付 59. 7%，比上年提高 3. 6 个百分点。2018—2019 年各级医疗机构住院费用医保支付比例见表 2-17-3。

表 2-17-3　2018—2019 年各级医疗机构住院费用医保支付比例　%

	职工医保				居民医保			
	2018 年		2019 年		2018 年		2019 年	
	政策范围内支付比例	实际支付比例	政策范围内支付比例	实际支付比例	政策范围内支付比例	实际支付比例	政策范围内支付比例	实际支付比例
全国平均	81. 6	71. 8	85. 8	75. 6	65. 6	56. 1	68. 8	59. 7
三级	80. 5	69. 5	85. 0	73. 7	59. 3	49. 0	63. 6	53. 5
二级	83. 5	76. 0	87. 2	80. 9	69. 1	60. 6	72. 1	64. 1
一级	85. 9	80. 0	89. 3	85. 2	76. 2	68. 0	77. 5	69. 9

3. 失业人员保障水平稳步提高

失业保险的保障水平不仅表现在失业人员享受的失业保险待遇上，也表现在预防失业和促进就业的效果上。反映预防失业和促进就业最终效果的是失业率，但失业率主要受经济波动影响，难以区分预防失业和促进就业的效果。相比较而言，全国各地区在预防失业和促进就业方面的实际投入与受益人员情况，更能反映其效果。2018—2019 年，无论是失业保险待遇水平，还是预防失业和促进就业方面的实际投入与受益人员，都有较大幅度增长。

（1）失业保险待遇水平普遍提高

2018—2019 年，各地区在确保基金运行安全的前提下，逐步将失业保险金标准提高到最低工资标准的 90%。2018 年，全国有 23 个省份上调了失业保险金标准，其中安徽、广东、陕西、甘肃、青海以及“三区三州”深度贫困地区已经将标准提高到最低工资标准的 90%。共有 452. 3 万名失业人员领取不同期限的失业保险金，人均月领取 1 266. 2 元，比上年增加 155 元，增长 13. 9%；共为领取失业保险金人员缴纳基本医疗保险费 92. 1 亿元，比上年增长 8. 2%，人均月缴纳 347 元；全国 260. 3 万人领取价格临时补贴 1. 3 亿元，人均月领取 47. 4 元。2019 年，共为 461 万名失业人员发放了不同期限的失业保险金，人均月领取 1 393 元，比上年增加 126. 8 元，增长 10. 0%；全年共为领取失业保险金人员代缴基本医疗保险费 98 亿元，比上年增长 6. 1%。全年为 1 430. 4 万人次发放价格临时补贴 10 亿元。

（2）预防失业与促进就业受益面大幅增长

2018 年，全年共向 68 万户企业发放稳岗补贴 198 亿元，惠及职工 6 445 万人，受益面较 2017 年大幅增长；向 61. 3 万人次职工发放技能提升补贴 9. 8 亿元。2019 年，共向 114. 8 万户企业发放稳岗返还 551. 7 亿元，比上年增加 353. 7 亿元，增长 178. 64%；惠及职工 7 289. 5 万人，比上年增加 844. 5 万人，增长 13. 1%。其中，向 23. 4 万户经营困难且恢复有望企业发放 331. 9 亿元，惠及职工 721. 7 万人。发放技能提升补贴 20 亿元，比上年增加 10. 2 亿元，增长 104. 08%；受益参保职工 1 261 万人次，是 2018 年的近 20 倍。

4. 提高贫困人口保障水平

（1）提高贫困人员参保率，基本实现应保尽保

截至 2019 年 12 月 31 日，全国 5 978 万名符合条件的建档立卡贫困人员参加基本养老保险，参保率达到 99. 99%。除以下三类人员共 1 414 人外，贫

困人员基本做到了养老保险应保尽保：一是户籍地与贫困人员身份认定地不一致，按照规定需协调重新认定身份或转移户籍人员；二是失踪失联、无身份证或无国籍、出国出境不愿返乡等无法办理参保手续人员；三是正在进行生存状态核实，手续还在办理中的人员。

（2）贫困人员享受待遇人数持续增加

2018 年，全国贫困人员基本养老保险待遇直接受益人数达到 4 916 万人，比上年增加 1 720 万人，增长 53.82%。其中，60 岁以上享受城乡居民养老保险待遇的贫困老年居民达到 2 189 万人，比上年增加 508 万人，增长 30.22%；实际享受代缴保费的贫困人员达到 2 727 万人，比上年增加 1 212 万人，增长 80%。2019 年，全国贫困人员基本养老保险待遇直接受益人数达到 6 693.5 万人，比上年增加 1 777.5 万人，增长 36.16%。其中，60 岁以上享受城乡居民养老保险待遇的贫困老年居民达到 2 885.5 万人，比上年增加 696.5 万人，增长 31.82%；实际享受代缴保费的贫困人员达到 3 808 万人，比上年增加 1 081 万人，增长 39.64%。2018 年，“三区三州”因病致贫人口较上年减少 16.3 万人，其他深度贫困地区因病致贫人口较上年减少 109.3 万人。截至 2019 年年底，医保扶贫综合保障政策惠及贫困人口近 2 亿人次，帮助 418 万名因病致贫人口精准脱贫。

（3）防止因失业、工伤致贫返贫成效明显

截至 2018 年 12 月，参加失业保险农民工人数达到 4 853 万人，失业保险基金共向 40.3 万名失业农民工发放一次性生活补助 18.2 亿元，人均约 4 500 元。“三区三州”深度贫困地区共有 129.4 万人参加失业保险，有 21 万名失业人员领取失业保险金 1.1 亿元，2 535 户企业享受稳岗补贴 9 624 万元，1 935 人次职工享受技能提升补贴 344.5 万元。工伤保险新开工项目和在建项目参保率保持在 98.%以上。2019 年，深度贫困地区累计向失业人员发放失业保险金并代缴医疗保险费超过 1.6 亿元，向 5 191 户企业发放稳岗返还 1.3 亿元，向 2 779 人次参保职工发放技能提升补贴 471 万元。事业单位吸纳建档立卡贫困户的工作在多个省份取得突破。失业保险在支持深度贫困地区群众实现脱贫、稳定脱贫上发挥了更加积极的作用。截至 2019 年 11 月底，农民工参加工伤保险人数达到 8 587 万人，较上年底增加 501 万人。

（五）基金运行总体平稳

2018—2019 年，为了减轻企业与个人缴费负担，缓解经济下行压力持续加大给企业经营带来的影响，从中央到地方都实施了一系列影响社会保险基金收支的政策措施，既有会减少基金收入的措施，如继续实施降低社会保险费政策、调整核定缴费基数的社会平均工资计算办法、减免困难企业社会保险费等，也有会增加基金收入的措施，如扩大工伤保险覆盖范围、实行企业职工基本养老保险中央调剂金制度、划拨国有资产充实企业职工基本养老保险基金、加大社会保险基金委托投资等；既有会增加基金支出的措施，如提高基本养老保险待遇水平，扩大基本医疗保险报销范围，拓展药品目录，扩大失业保险金支付范围，提高建档立卡贫困人口基本养老保险和基本医疗保险待遇水平，提高养老、失业、工伤、生育保险统筹层次等，也有会减少基金支出的措施，如加强基金风险防控、打击欺诈骗取社会保险待遇、推进医疗费用支付方式改革、实施药品价格谈判和集中采购等。通过这些政策措施改进完善了基金筹集机制，对基金收支与结存都产生了比较明显的影响。

1. 基金运行总体平稳

虽然各种政策措施对社会保险基金收入、支出和结余都会产生多方面影响，但2018—2019年社会保险基金运行依然保持总体平稳，见表2-17-4。2018年，基本养老保险、基本医疗保险、失业保险、工伤保险和生育保险基金总收入增长了18.03%，总支出增长了18.63%，累计结存增长了16.12%。2019年，全年五项社会保险基金总收入增幅降为5.14%，总支出增幅降为10.97%，累计结存增幅降为7.84%。与2017年相比基金总收入、总支出、累计结存增长速度都有所减缓，特别是2019年增速出现了较大幅度的下降，但都保持增长，并不影响基金当期支付能力。

表2-17-4　2015—2019年社会保险基金收支与结余变动情况　单位：元

年份	收入			支出			累计结存		
	金额	增加	增长率（%）	金额	增加	增长率（%）	金额	增加	增长率（%）
2015	46 012	6 184	15.53	38 989	5 986	18.13	59 532	7 069	13.47
2016	53 563	7 551	16.41	46 888	7 900	20.26	66 350	6 818	11.45
2017	67 154	13 592	25.38	57 145	10 257	21.88	77 311	10 961	16.52
2018	79 254	12 107	18.03	67 792	10 647	18.63	89 776	12 465	16.12
2019	83 326	4 072	5.14	75 230	7 438	10.97	96 812	7 036	7.84

2. 各险种基金运行平稳

2018年，基本养老保险、基本医疗保险和生育保险基金收入都大幅度增长，失业保险和工伤保险基金收入也有一定幅度增长。2019年，工伤保险基金收入较上年减少了 94 亿元，其余各险种基金收入都保持增长，但增长幅度有所降低。这种变化反映了降低费率和调整核定缴费基数的社会平均工资计算办法的效果，但是并未影响各险种基金的平稳运行。

2018—2019 年，基本养老保险、基本医疗保险和生育保险基金累计结存都保持增长。失业保险和工伤保险基金累计结存 2018 年也有一定幅度增长，2019 年都有所减少。失业保险基金累计结存减少主要是由于大幅度增加了预防失业和促进就业支出，并从失业保险基金结余中划转了 1 138.6 亿元技能提升行动专项资金。只有工伤保险基金累计结存减少是由于基金收入减少所致。但这两个险种基金累计结存都比较多，按照 2019 年的支付水平，失业保险基金累计结存可满足 41.64 个月支付需要，工伤保险基金累计结存可满足 26.19 个月支付需要，都远远超过基金积累的安全水平。这也正是大幅度降低失业保险和工伤保险费率，加大失业保险预防失业和促进就业投入力度的原因所在。两个险种基金累计结存减少正反映了政策措施产生的积极效果。

（六）经办服务规模进一步扩大

通过全面实施全民参保计划，阶段性降低费率，调整核定缴费基数的社会平均工资计算办法，大力推进工程建设领域参加工伤保险工作，实施脱贫攻坚三年行动方案，推动建档立卡贫困人口基本养老保险和基本医疗保险应保尽保和失业保险、工伤保险支持脱贫攻坚等措施，参保扩面效果明显。截至 2018 年年底，全国基本养老保险、基本医疗保险、失业保险、工伤保险和生育保险累计参保人数合计达到 292 703 万人，比上年增加 22 666 万人，增长 8.39%。2019 年各险种覆盖面继续扩大，参保率进一步提高。全国基本养老保险、基本医疗保险、失业保险、工伤保险、生育保险累计参保人数合计达 299 643 万人，比上年增加 6 940 万人，增长 2.37%。各险种均已提前完成了“十三五”规划提出的目标任务（见表 2-17-5）。

表 2-17-5　2018—2019 年各险种参保人数及“十三五”目标任务完成情况

单位：亿人

	基本养老	基本医疗	失业	工伤	生育	合计
“十三五”规划目标	4.25+5.20 参保率 90%	参保率 95%以上	1.80	2.20	2.00	
2015 年	8.58	6.66	1.73	2.14	1.78	20.89
2016 年	8.88	7.44	1.81	2.19	1.85	22.16

续表

	基本养老	基本医疗	失业	工伤	生育	合计
“十三五”规划目标	4. 25+5. 20 参保率 90%	参保率 95%以上	1. 80	2. 20	2. 00	
2017 年	9. 15	11. 77	1. 88	2. 27	1. 93	27. 00
2018 年	9. 43	13. 45	1. 96	2. 39	2. 04	29. 27
2019 年	9. 68	13. 54	2. 05	2. 55	2. 14	29. 96

注：2015 年、2016 年基本医疗保险参保人数仅包括参加城镇职工基本医疗保险和城镇居民基本医疗保险人数，不包括参加农村居民基本医疗保险人数。

基本养老保险参保人数 2019 年达到 96 754 万人，提前 1 年完成了“十三五”规划的扩面任务。其中，城乡居民基本养老保险参保人数 2018 年达到 52 392 万人，超过了“十三五”规划的 5. 2 亿人目标。城镇职工基本养老保险参保人数 2019 年达到 43 488 万人，超过了“十三五”规划的 4. 25 亿人目标。基本医疗保险参保人数 2018 年达到 134 459 万人，参保率稳定在 95%以上，提前 2 年完成了“十三五”规划确定的参保率 95%以上的扩面目标。失业保险已于 2016 年提前完成了“十三五”规划确定的 1. 80 亿人的扩面任务。2018—2019 年，覆盖面进一步扩大，2019 年参保人数达到 20 543 万人，完成了“十三五”规划目标的 141. 13%。工伤保险已于 2017 年提前完成了“十三五”规划确定的 2. 2 亿人的扩面任务。2018—2019 年，通过扩大工程建设领域按项目参保政策适用范围，持续推进实施“同舟计划”，覆盖面进一步扩大。2019 年参保人数达到 25 478 万人，完成了“十三五”规划目标的 115. 81%。生育保险参保人数 2018 年达到 20 434 万人，提前 2 年完成了“十三五”规划确定的 2. 00 亿人的扩面任务。2019 年参保人数增加到 21 432 万人，是“十三五”规划目标的 107. 16%。

（七）调整中的经办服务效率变化

由于医疗保险管理体制和社会保险费征收体制改革，2018—2019 年各级社会保险管理服务体系处于调整之中，不仅经办机构和经办服务队伍都发生了比较大的变动，而且还没有最终稳定下来，经办管理业务也处于调整之中。经办服务效率的变化正是对调整的反映，虽然不能说明各级经办机构真实的经办服务效率水平。由于缺乏医疗保险和生育保险经办服务人员和经费的数据，这部分只对社保经办机构负责的基本养老保险、失业保险和工伤保险服务效率进行分析。

1. 年人均服务人次变化

（1）总体情况

截至 2018 年年底，全国养老保险、失业保险和工伤保险实有经办服务人员 156 178 人，三险合计参保人次为 13.77 亿人，工作人员人均服务人次比例为 1∶8 818，比上年上升了 244 人次。到 2019 年年底，三险实有经办服务人员减少至 141 222 人，全国参保人次达到 14.27 亿人，工作人员人均服务人次比例提高到 1∶10 104，比 2018 年上升了 1 286 人次（见表 2-17-6）。

表 2-17-6　　2015—2019 年社会保险经办机构工作人员与参保人次比例

年份	实有工作人员（人）	参保人次（万）	年人均服务人次	
			1∶人次	比上年增减（人次）
2015	138 638	124 591	8 987	
2016	145 385	128 755	8 856	-131
2017	155 182	133 056	8 574	-282
2018	156 178	137 725	8 818	244
2019	141 222	142 689	10 104	1 286

注：表中数据只包括基本养老保险、失业保险和工伤保险。有些没有单独设立医疗保险经办机构的地区，经办机构实有人数包括从事基本医疗保险经办业务的人数。

人均服务人次的变化主要受两个方面因素影响。一是机关事业单位养老保险制度改革导致经办机构实有人员数增长幅度超过参保人数增长幅度，导致人均服务人次降低，2018 年延续了前几年的发展趋势。二是 2018—2019 年各级经办机构与人员调整的影响。2018 年医疗保险经办服务职能划转尚未完成，一些实行多险合一乃至“五险合一”而没有单独设立医疗保险经办机构的地区，从事医疗保险和生育保险经办服务的工作人员还没有完全离开社保经办机构，实有工作人员数高于实际从事养老、失业和工伤保险经办服务的人员数。2019 年，医疗保险经办服务职能划转的地区，机构和人员调整基本到位，导致实有人数大幅减少，人均服务人次大幅度提高。除去因机构和人员调整未到位的影响，2018 年人均服务人次应比上年有所提高。

（2）地区差异

2018 年全国基本养老保险和工伤保险人均服务人次为 1∶7 561，即社会保险经办机构平均 1 名工作人员要为 7 561 名参保对象提供服务。人均服务人次高于全国平均水平的省份有 16 个，最高的是安徽省，为 1∶16 837。人均服务人次低于全国平均水平的省份也有 16 个，最低的是新疆兵团，为 1∶1 433。人均服务人次在 1∶10 000 以上的省份有 7 个，分别是安徽、上海、西藏、北京、江苏、福建、浙江。低于 1∶5 000 的省份也有 7 个，分别是新疆兵团、青海、广西、新疆、内蒙古、宁夏和江西（见表 2-17-7、图 2-17-3）。

2019 年，全国各省份和新疆兵团基本养老保险、失业保险和工伤保险人均服务人次都大幅度提高，只有 8 个省份和新疆兵团人均服务人次还低于 2018 年全国平均水平，其余 23 个省份人均服务人次都超过了这一水平。低于 1∶5 000 的省份也减少为 3 个。高于全国平均水平的省份有 12 个，人均服务人次都在 1∶10 000 以上，北京、上海都超过了 1∶20 000，分别为 1∶21 030 和 1∶20 788。人均服务人次低于全国平均水平的省份有 20 个，最低的是新疆兵团，为 1∶2 049（见图 2-17-4）。

表 2-17-7　2018—2019 年各地社会保险经办机构工作人员人均服务人次情况

省份	2018 年			2019 年			
	实有人员（人）	参保人次（万）	服务人次（人）	实有人员（人）	参保人次（万）	服务人次（人）	
						数量	比上年增减
北京	2 447	3 082	12 595	2 135	4 490	21 030	8 435
天津	1 264	1 243	9 834	980	1 596	16 284	6 450
河北	8 225	5 978	7 268	7 795	6 684	8 575	1 307
山西	5 682	3 013	5 303	5 917	3 567	6 029	726
内蒙古	4 632	1 809	3 905	4 082	2 137	5 236	1 331
辽宁	6 082	3 877	6 375	5 476	4 569	8 344	1 969
吉林	3 522	1 988	5 645	3 675	2 304	6 268	623
黑龙江	4 494	2 725	6 064	4 477	3 070	6 857	793
上海	1 796	2 625	14 616	1 797	3 736	20 788	6 172
江苏	6 601	7 328	11 101	5 774	9 565	16 565	5 464
浙江	5 815	6 169	10 609	4 097	8 050	19 649	9 040
安徽	3 108	5 233	16 837	3 285	5 877	17 889	1 052
福建	3 220	3 454	10 727	3 343	4 193	12 543	1 816
江西	7 265	3 472	4 779	4 970	3 815	7 676	2 897

续表

省份	2018 年			2019 年			
	实有人员（人）	参保人次（万）	服务人次（人）	实有人员（人）	参保人次（万）	服务人次（人）	
						数量	比上年增减
山东	9 004	8 948	9 938	7 259	10 505	14 472	4 534
河南	10 579	8 015	7 576	12 017	9 134	7 601	25
湖北	6 381	4 560	7 146	6 423	5 367	8 356	1 210
湖南	7 327	5 601	7 644	7 295	6 386	8 753	1 109
广东	11 579	11 173	9 649	10 639	14 594	13 718	4 069
广西	10 777	3 128	2 902	7 809	3 658	4 685	1 783
海南	1 070	709	6 626	986	924	9 373	2 747
重庆	3 344	2 748	8 218	2 270	3 467	15 273	7 055
四川	8 559	6 779	7 920	8 279	8 200	9 904	1 984
贵州	3 872	2 798	7 226	3 639	3 218	8 843	1 617
云南	3 979	3 380	8 495	3 800	3 788	9 967	1 472
西藏	181	248	13 702	141	276	19 596	5 894
陕西	3 325	3 262	9 811	2 672	3 850	14 409	4 598
甘肃	2 976	1 991	6 690	3 156	2 259	7 158	468
青海	1 879	460	2 448	1 718	532	3 095	647
宁夏	1 028	491	4 776	668	638	9 554	4 778
新疆	4 281	1 529	3 572	2 940	1 891	6 431	2 859
新疆兵团	1 884	270	1 433	1 708	350	2 049	616
合计	156 178	118 086	7 561	141 222	142 689	10 104	2 543

2. 经费使用效率变化

（1）经费支出情况

由于医疗保险管理体制和社会保险费征收体制改革，2018—2019 年，各级经办机构及其人员都处于变动之中，有的经办机构还重新建立了信息系统，导致许多地区经办机构的经费支出变化异常，与 2017 年及以前历年经费支出的变化可比性不大，也不能准确反映使用效率变化情况。

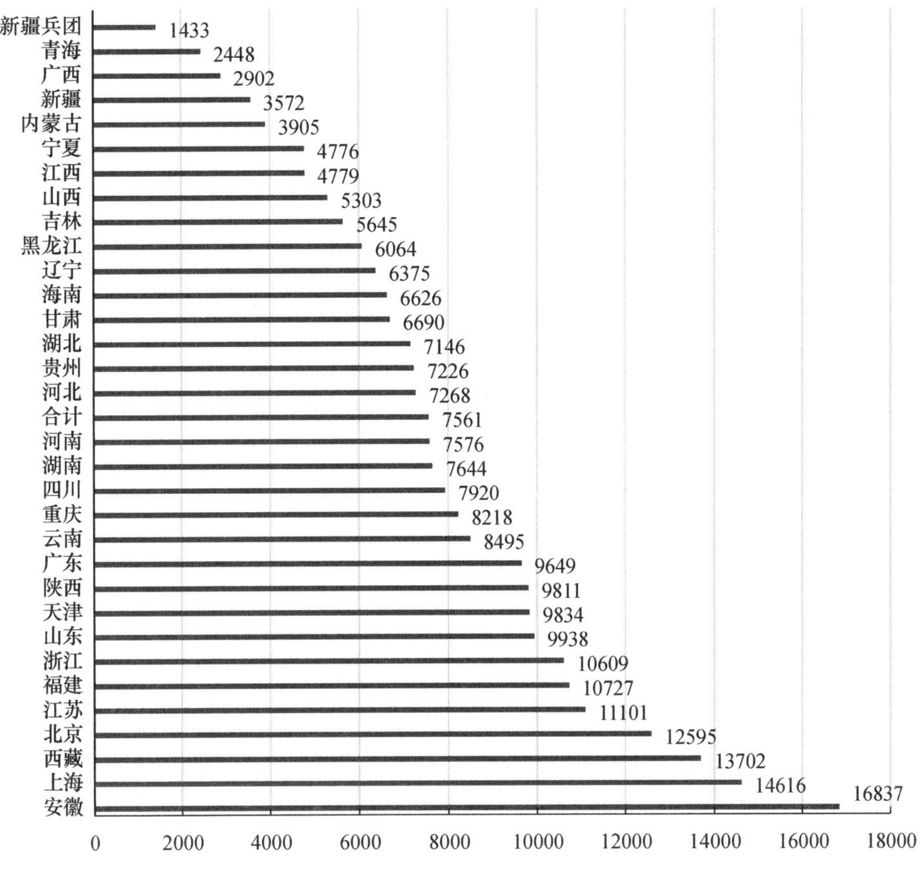

图 2-17-3　2018 年各地社会保险经办机构工作人员人均服务人次

2018 年，全国社会保险经办机构各项经费总支出 266.03 亿元。其中，商品和服务经费支出 50.24 亿元，基本建设经费支出 2.91 亿元，人员经费支出 177.94 亿元，其他经费支出 34.94 亿元，分别占总支出的 18.89%、1.09%、66.89%、13.13%（见表 2-17-8）。2019 年，经办机构缴费汇总和分析方式发生了变化，统计表中除商品和服务支出外，其余支出项目都有变化，人员经费改为工资福利支出，没有单独列出基本建设支出和其他支出，增加了个人和家庭补助（包括抚恤金、生活补助、救济费、助学金、奖励金和生产补贴）以及经营支出。黑龙江省的数据只统计了省级经办机构。2019 年经办机构经费总支出 542.68 亿元，其中商品和服务支出 65.17 亿元，工资福利支出 186.13 亿元，个人和家庭补助支出 166.86 亿元，经营支出 140 万元，还有 124.51 亿元在统计表中没有反映。仅从具有可比性的商品和服务支出、人员

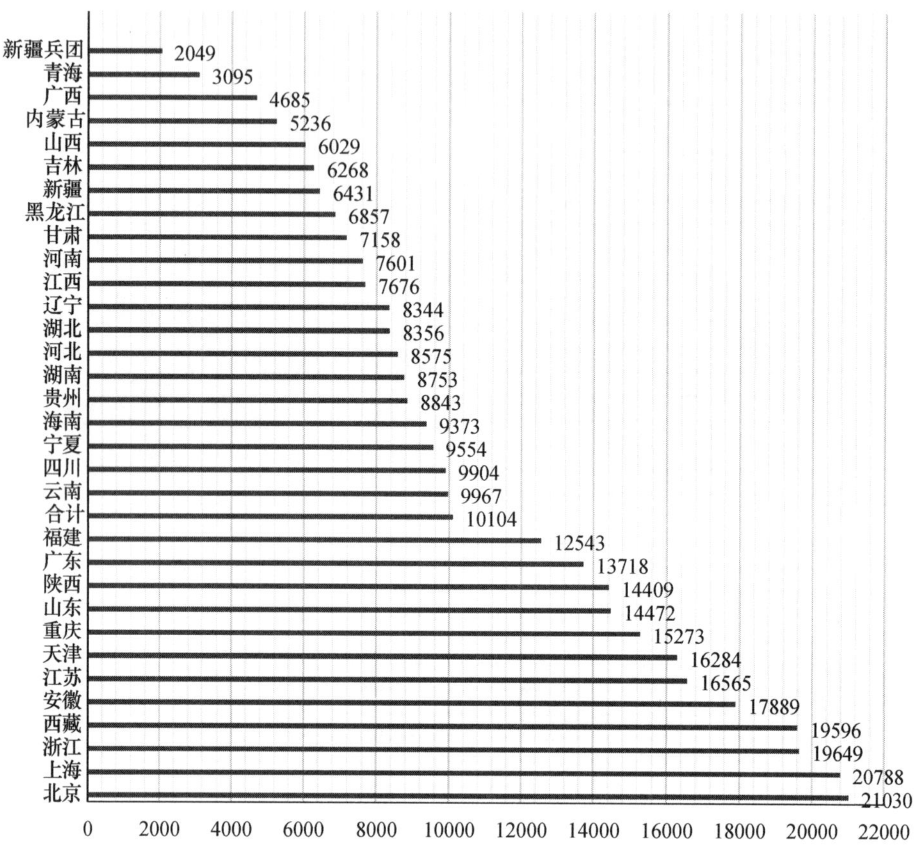

图 2-17-4　2019 年各地社会保险经办机构工作人员人均服务人次

经费来看，2019 年比 2018 年分别增长了 29.72%和 4.6%（见表 2-17-9），增长幅度并不是很大。2019 年经费支出大幅度增长主要是由于统计口径变化和基本建设投入等增加。

表 2-17-8　　2018 年各险种经办机构经费支出情况　　单位：亿元

险种	合计	商品和服务	基本建设	人员经费	其他支出
养老保险	260.66	49.23	2.86	174.50	34.07
企业职工养老保险	231.37	43.37	2.55	153.73	31.71
机关事业单位养老保险	11.43	1.86	0.10	8.68	0.78
城乡居民养老保险	17.87	4.00	0.20	12.08	1.58
工伤保险	5.36	1.01	0.05	3.44	0.86
合计	266.03	50.24	2.91	177.94	34.94

表 2-17-9　2008—2019 年经办机构各科目经费支出变动情况　单位：亿元

年份	合计	经费支出				比上年增减	
		商品和服务	基本建设	人员经费	其他支出	金额	增长率（%）
2008	88.83	28.59	4.98	45.84	9.42	—	—
2009	98.33	32.56	4.47	52.43	8.88	9.5	10.69
2010	112.43	37.24	4.67	59.89	10.63	14.1	14.34
2011	131.33	42.27	5.68	69.11	14.27	18.9	16.81
2012	148.11	49.85	5.29	80.36	12.61	16.78	12.78
2013	157.82	49.66	5.08	88.46	14.62	9.71	6.56
2014	171.01	48.21	4.21	103.72	14.87	13.19	8.36
2015	198.94	50.19	4.35	125.9	18.5	27.93	16.33
2016	246.09	62.82	3.67	154.48	25.12	47.15	23.70
2017	312.79	63.59	3.51	203.03	42.66	66.7	27.10
2018	266.03	50.24	2.91	177.94	34.94	-46.76	-14.95
2019	542.68	65.17		186.13		276.65	103.99

注：经费支出从 2008 年开展统计。

（2）经费支出与基金收支比较

全国各级经办机构的经费支出占社会保险基金收入、支出以及累计结余的比例，2018 年分别为 0.48%、0.55%和 0.44%，比 2016 年略有提高；2019 年分别为 0.94%、1.02%和 0.84%，比上年提高幅度比较大（见表 2-17-10）。

表-2-17-10　2018—2019 年经办机构经费支出占基金收支与累计结余的比例

项目	2018 年			2019 年		
	基金收入	基金支出	累计结余	基金收入	基金支出	累计结余
金额（亿元）	55 919	48 293	59 936	57 845	53 159	64 655
经费支出占比（%）	0.48	0.55	0.44	0.94	1.02	0.84

（3）经费支出与服务对象比较

2018 年和 2019 年，基本养老保险、失业保险和工伤保险参保人次分别为 137 811 万人次和 142 775 万人次，各级经办机构经费支出分别为 266.03 亿元和 542.68 亿元。平均每一人次参保对象经办服务的经费支出分别为 19.3 元和 38.01 元。参保人员年人均经办服务费用既受经办服务效率的影响，也受经办服务质量的影响。效率提升会导致年人均服务费用降低，质量提升则会导致年人均服务费用升高。2013 年以前，经办机构的年人均服务费用逐年降低。但从 2013 年开始，年人均服务费用却逐年提高，且提高幅度不断扩大，到 2017 年提高幅度才有所降低。这与工资、物价水平提高有关，更主要的是与提升经办服务质量、加强经办服务体系建设有关，特别是线下服务网络不断完善和线上服务渠道不断扩展，在大幅度提升服务便捷性的同时，也提升了经办服务成本。2018—2019 年年人均服务费用的大幅度提升，则是受经办机构经费投入异常变动的影响。2010—2019 年社会保险经办机构单位经费支出服务人次变化情况见表 2-17-11。

表 2-17-11　2010—2019 年社会保险经办机构单位经费支出服务人次变化情况

年份	参保人次（亿）	经费支出额（亿元）	人均服务费用	
			数量（元/人）	比上年增减（%）
2010	9. 74	112. 43	11. 54	
2011	14. 08	131. 33	9. 38	-18. 72
2012	16. 69	148. 11	8. 88	-5. 33
2013	17. 54	157. 82	9. 00	1. 35
2014	18. 17	171. 01	9. 41	4. 56
2015	19. 16	198. 94	10. 38	10. 31
2016	20. 35	246. 09	12. 09	16. 47
2017	25. 13	312. 79	12. 45	2. 98
2018	13. 78	266. 03	19. 30	55. 02
2019	14. 28	542. 68	38. 01	96. 94

注：2018—2019 年只包括基本养老保险、失业保险和工伤保险。

第三部分

专题报告

专题一：

探索与创新：医疗保障管理体制改革

医疗保障管理体制是在改革计划经济体制下建立的劳保医疗制度，建立与市场经济体制相适应的社会化、多层次医疗保障制度过程中逐步建立与发展的，是一个先自下而上、再自上而下展开的过程，其核心是建立独立于企业之外的社会化医疗保障管理体制。由于多层次医疗保障不仅包括基本医疗保险，还包括补充医疗保险、医疗救助和商业健康保险，同时还与医疗服务、药品供应等紧密相关，既横跨经济社会的不同领域，又涉及多个政府管理部门，管理职能与职责的确定与划分十分复杂。特别是在改革探索过程中，医疗保障管理应具有哪些职能、具体管理职责应如何划分尚不明确，需要在实践中探索。这就决定了医疗保障管理体制改革是一个复杂的探索过程，也是在探索中不断创新的过程。

一、改革的对象与内容

从一种制度到另一种制度的改革，改什么、怎么改，不仅取决于所要达到的目标，也受改革对象的制约。正确认识改革的对象，不仅有助于明确改革的内容，也有助于对医疗保障管理体制改革的反思，深化对改革进程的认识。

（一）改革的对象

医疗保障管理体制改革的对象是新中国成立之初建立的劳保医疗制度。[①]这一制度是遵循马克思、列宁的国家保障理论建立的，并不是针对疾病风险基于权力与责任对应原则建立的医疗保险制度，而是保险—福利一体化的综合性医疗保障制度，所提供的是国家保障。企业只是国家的代表。保障所需费用完全由企业承担（实际上是国家承担），个人不缴费。待遇享受范围不仅包括职工本人，还包括其直系亲属。并且对职工个人及其直系亲属享受的待遇都没有设定明确的边界，用人单位的保障责任自然也没有边界，等于是无限的。只要是治疗疾病所需要的，保障对象都有权享受，用人单位也都有责任提供，也就是所谓的全部包下来。这实际上是将国际上普遍需要多层次制度安排才能提供的保障都包括在内，是一种一体化的综合性保障模式。

在计划经济体制时期，国家作为医疗保障的提供者，并没有将劳保医疗作为独立于医疗服务和药品供应之外、为参保对象获得医疗服务和药品提供资金帮助的风险防控机制，而是直接把为劳动者提供医疗服务和药品作为制度设计的目标取向与实现保障的途径，并因此将卫生事业确定为政府实行一定福利政策的社会公益事业。所以，从表面上看，在劳保医疗制度下，职工及其直系亲属获得的医疗服务和药品都是由用人单位购买的，用人单位与医疗机构和药品供应机构都是相互独立的，三者之间的关系是市场交易关系，与社会化的医疗保险制度没有本质的区别。但实际上，在劳保医疗制度下，无论是医疗机构提供的医疗服务，还是药品供应单位提供的药品，都是作为公共福利产品提供的。医疗服务收费标准和药品价格都不是根据市场供求状况，按照利润最大化原则确定的，而是从满足职工个人及其直系亲属的医疗保障需求出发，根据提供保障的用人单位的承受能力确定的。从这个意义上讲，劳保医疗制度所提供的医疗保障，实际上是由承担医疗保障职责的用人单位、提供医疗服务的医疗机构与提供药品的医药企业共同提供的，是医保、医疗和医药“三医一体”的保障——用人单位支付医疗服务和药品费用，医疗机构按照福利性价格提供医疗服务，医药企业按照福利性价格提供药品。

① 严格地说，医疗保障管理体制改革的对象包括企业职工劳保医疗制度、机关事业单位工作人员公费医疗制度和农村合作医疗制度，但公费医疗制度至今尚未进行彻底改革，农村合作医疗制度在农村集体经济体制改革后失去了存在的基础，逐渐废除了，所以真正的改革对象只有企业职工劳保医疗制度。

医疗机构和医药企业通过低价甚至是亏本出售医疗服务和药品（包括医疗器械），分担了很大一部分医疗保障费用。

事实上，不仅国家把发展医疗卫生事业作为解决人民群众医疗保障的主要途径，企业也普遍建立内设医疗卫生机构，作为满足人民群众医疗保障需求的途径。在一些中小城市，大型国有企业（如原煤炭部下属的矿务局等）建立的医院在当地往往都是比较好的，不仅能够满足本企业员工及家属的医疗保障需求，还能为周边地区群众提供医疗服务。独立的医疗机构主要是为内部医疗资源不足的中小型企业职工及其他居民提供医疗服务，运行经费主要来自国家用于保障人民群众医疗需求的卫生事业费。

在农村合作医疗制度上，医疗保障上的“三医一体”表现得更为明显。最典型的农村合作医疗“三医”都主要来自合作组织——村民个人及其村集体，医疗保障经费来自村民个人缴费和村集体公益金提留，医疗服务由村集体提供——具体由作为村集体成员的“赤脚医生”提供，所需药品很大一部分也是村集体自己生产的。曾作为典范的湖北省长阳土家族自治县乐园公社杜家村大队实行的合作医疗最具有代表性。该社合作医疗基金由农民每人每年交 1 元、大队从集体公益金中人均提留 0.5 元组成，实行“三土”（土医、土药、土药房）、“四自”（自种、自采、自制、自用常用易植药物）。正是因为实行了这种“三土”和“四自”的“三位一体”保障模式，才实现了用很低的费用支出保障农民的基本医药需求。虽然其他许多地区的合作医疗主要还是靠购买药品，但是购买的药品都是国家优惠供应的，相当于国家给予了一定补贴，“三医一体”的特性依然很突出。

在“三医一体”医疗保障模式下，用人单位、医疗机构和医药企业都是国家医疗卫生事业的组成部分，是履行国家医疗保障职能的三个不同部门，而不是自负盈亏的独立市场主体。三者之间的关系类似于同一个市场主体内部不同部门之间的关系，不存在利益冲突。因为三者之间的利益关系由国家确定，医疗服务的范围由国家制定，医疗服务价格以及药品与医疗器械价格都由国家制定，药品、医疗器械供应也由国家计划调配，医疗机构的运行费用有很大一部分来自国家医疗卫生事业费。更重要的是用人单位、医疗机构和医药企业无论盈亏，最终都由国家承担。这大大简化了医疗保障管理的内容。

（二）改革的内容

因为劳保医疗制度是一项综合性的医疗保障制度，所以对劳保医疗制度的改革并不是单纯的医疗保险制度改革，不是从一种医疗保险制度改为另外一种医疗保险制度，而是对一种包含其他国家多层次医疗保障全部功能的一体化综合性保障模式的改革。同时，也是对医保、医疗和医药“三医一体”关系模式的改革。因此，适应市场经济体制的要求对劳保医疗制度的改革，无疑涉及三个方面：一是改革医疗保障制度模式，变单一层次的福利性劳保医疗制度为以基本医疗保险为主体，医疗救助为托底，补充医疗保险、商业健康保险、慈善捐赠、医疗互助共同发展的多层次医疗保障制度体系；二是改革医疗保障组织管理模式，由以企业为单位组织，仅覆盖国有企业职工及其直系亲属，转变为独立于企业之外、覆盖各类用人单位和人员的社会化组织管理；三是改革医保、医疗和医药关系模式，在市场经济体制下，医疗服务与药品/医疗器械的福利性计划供应必然会转变为非福利性的市场供应，医保、医疗和医药“三医一体”共同保障关系模式也必然要转变为市场化的交易模式。医疗保障管理体制必须与这三个方面改革相适应。

在上述三个方面改革中，前两个方面的改革也就是通常所说的医疗保障体制改革，以实现由国家保障型企业保障向保险型社会保障转变。其中，适应市场经济体制的需要，建立独立于企事业单位之外，资金来源多元化、保障制度规范化、管理服务社会化的基本医疗保险制度体系和管理服务体系更是改革的主体和关键。第三个方面改革则是适应市场经济体制的需要，对医保、医疗、医药三者之间的关系进行改革与重构。改革的基本政策取向是“三医分离”，在医保、医疗、医药三者关系上引入市场机制，实行医疗保险社会化，医疗服务和药品供应市场化。因此，医疗保障管理体制改革应当有两条主线：一是以建立覆盖全民的社会化医疗保障体系为主线，通过对劳保医疗制度的改革，建立起多层次医疗保障体系；二是以医保、医疗和医药关系改革重构为主线，建立起市场化的医保、医疗、医药关系和管理体系。

二、医疗保障管理体制改革探索

医疗保障管理体制是在改革计划经济体制下建立的劳保医疗制度，分别建立社会化医疗保险制度和医疗救助制度的过程中逐步建立和发展的。受客观条件的制约，社会化医疗保险制度的建立选择了先分人群（企业职工、农村居民、城镇居民）建立、再逐步整合的实施路径。管理体制的发展路径也与此相同，先分别建立了城镇企业职工、农村居民和城镇居民医疗保险管理体制，再随制度整合而统一管理体制。医疗救助制度虽然也选择了先分别建立农村和城镇居民医疗救助制度，再进行统一的路径，但在管理体制上则是统一的。

（一）职工医疗保险管理体制改革

医疗保险制度改革是从地方探索开始的。改革之初在管理体制上各地不完全一样。北京市将其作为企业改革的内容，由企业或主管单位组织实施。1987 年，北京市东城区蔬菜公司在全市率先实行大病医疗费用统筹，开启了改革企业劳保医疗制度的先河。虽然是在企业内部进行的，没有涉及管理体制问题，但对随后展开的以大病医疗费用统筹为核心的医疗保险制度改革的组织实施及管理体制都产生了重要影响。1991 年 9 月，北京市劳动局出台的《关于大病医疗费统筹的试行办法》（京劳险发字〔1991〕297 号），就借鉴了东城区蔬菜公司的做法，由有关区、县、局、总公司或所属二级公司建立以单位主管领导和劳资、财务、工会等有关部门负责人组成大病医疗费统筹管理委员会或领导小组，负责大病医疗费统筹的领导工作，并责成劳资、财务等有关部门组成办事机构，统一管理大病医疗费统筹工作。1989 年，四川省《关于全民所有制小型工业企业和商业企业实行大病统筹的试行办法》采取的也是以行业（或行业所属的公司）为单位组织实施，统筹基金由负责统筹的主管部门设立专户存储，由劳资、财务两科具体掌握统一使用。试点的大邑县成立了由各企业主管部门参加的大病医疗统筹工作领导小组，统一协调全县大病统筹管理工作。具体业务则由劳动局所属的社会保险事业管理处承办和管理。

社会保障综合改革试点的海南省则选择由独立于各行业之外的专门机构统一管理医疗保险。1991 年出台《海南省职工医疗保险暂行规定》，将全省除农垦系统外的各类企业统一进行医疗保险制度改革，成立省社会保障委员会作为领导机构，具体管理则是省社会医疗保险机构，负责全省职工医疗保险资金的筹集、经营、管理和给付。农垦系统则由省农垦总局拟订办法并组织实施，类似于行业统筹。

在国家层面，劳动部一直主张由劳动部门领导医疗保险制度改革，劳动部门所属的社会保险机构负责组织管理。1992 年 9 月，劳动部印发《关于试行职工大病医疗费用社会统筹的意见的通知》(劳险字〔1992〕25号),要求实行以县(市)为单位大病医疗费用社会统筹的,由劳动部门所属的社会保险管理机构负责组织管理。1993年10月,劳动部又印发《关于职工医疗保险制度改革试点意见的通知》(劳部发〔1993〕263号),进一步明确劳动部为全国综合管理职工医疗保险的主管部门,负责职工医疗保险事业规划、立法、监督、协调工作。省级劳动厅(局)根据国家有关法规,拟订当地医疗保险实施办法并组织实施。市、县劳动部门所属社会保险管理机构具体经办职工医疗保险有关事宜。

对于医疗保险改革的组织领导和管理体制意见并不统一。1994年4月,国家体改委等四部委制定的《关于职工医疗制度改革的试点意见》(体改分〔1994〕51号)即著名的"两江"试点指导意见,规定试点要有一名政府的主要负责同志亲自抓,具体组织工作由卫生、劳动部门分工负责。医疗保险行政管理部门要和经办机构分开。政府主管部门制定政策、制度、标准,职工医疗保险资金的收、付和运营等由相对独立的社会医疗保险事业机构承担。1996年5月,同样由国家体改委等四部委制定的《关于职工医疗保障制度改革扩大试点的意见》(国办发〔1996〕16号),将改革试点的领导提升为国务院职工医疗保障制度改革试点领导小组,在国家体改委下设办公室,财政部、劳动部和卫生部派员参加。试点城市则由各省(区、市)人民政府领导和组织实施。医疗保险的行政和经办管理同样是政府主管部门和相对独立的社会医疗保险事业机构。同时,将事业单位也纳入改革试点范围,并明确提出建立职工医疗保险制度实行属地原则,中央和省(区、市)两级机关和所属企业、事业单位都要参加所在地的社会医疗保险,执行当地统一的缴费标准和改革方案。这两个文件所说的医疗保险行政和经办管理机构分别是"政府主管部门"和"社会医疗保险事业机构",而不是劳动部文件中说的劳动部及其所属社会保险管理机构。

1998年3月,第九届全国人大一次会议批准国务院机构改革方案,决定组建劳动和社会保障部,将原来由人事部承担的机关事业单位工作人员社会保险职能,民政部承担的农村社会保险职能,卫生部承担的公费医疗管理职能,国务院原医疗保险制度改革领导小组办公室(设在国家体改委)承担的医疗保险制度改革职能,统一划归劳动和社会保障部。民政部农村社会保险司及管理中心、卫生部公费医疗办公室、国家体改委收入分配司的一部分,以及人事部退休和社会保障司的一部分，随职能划转一起划归劳动和社会保障部。同年9月15日，中央机构编制委员会办公室印发《关于省级政府劳动和社会保障以及药品监督管理工作机构有关问题的通知》，建议各省、自治区、直辖市研究由劳动厅（局）作为统筹管理社会保险行政管理工作的职能部门，将分散在各有关部门的社会保险职能集中到省（区、市）劳动厅（局），实行机关与企事业单位的养老、医疗等各种社会保险和农村社会保险工作集中统一管理。按照这一要求，各地区陆续成立了劳动和社会保障厅（局），统一管理各项社会保险工作。

1998年12月，国务院印发《关于建立城镇职工基本医疗保险制度的决定》（国发〔1998〕44号），明确规定职工基本医疗保险由劳动保障部门主管，社会保险经办机构负责基本医疗保险基金的筹集、管理和支付。各地区按照这一规定，逐步建立起了劳动保障部门主管、社会保险经办机构经办的统一企业职工医疗保险管理体制。

（二）城乡居民医疗保险管理体制改革

1. 建立城乡居民基本医疗保险管理体制

1997年，《中共中央、国务院关于卫生改革与发展的决定》提出，要积极稳妥地发展和完善合作医疗制度，力争到2000年在农村多数地区建立起各种形式的合作医疗制度，并逐步提高社会化程度，有条件的地方可以逐步向社会医疗保险过渡。按照这一规定，拟建立的合作医疗制度还不是社会医疗保险制度，而是一种特殊的医疗制度，在行政管理上自然应该由各级卫生部门负责。

2002年10月，《中共中央、国务院关于进一步加强农村卫生工作的决定》提出，要逐步建立新型农村合作医疗制度，各级政府要积极组织引导农民建立以大病统筹为主的新型农村合作医疗制度，重点解决农民因患传染病、地方病等大病而出现的因病致贫、返贫问题。2003年1月，国务院办公厅转发卫生部等部门《关于建立新型农村合作医疗制度意见的通知》（国办发〔2003〕3号），提出从2003年起，各省（区、市）至少要选择2~3个县（市）先行试点，取得经验后逐步推开。到2010年，在全国建立基本覆盖农村居民的新型农村合作医疗制度。并明确新型农村合作医疗制度一般采取以县（市）为单位进行统筹，条件不具备的地方，在起步阶段也可采取以乡（镇）为单位进行统筹，逐步向县（市）统筹过渡。

这里的新型农村合作医疗制度虽然名称上依然叫合作医疗制度，但与传统的医保—医疗一体的合作医疗制度完全不同，而是按照社会医疗保险制度模式建立的，通过建立合作医疗基金，为参保患者购买医疗服务和药品提供经济支持。但是国办发〔2003〕3 号文件依然沿袭传统农村合作医疗制度由卫生部门负责的一贯做法，规定省、地级人民政府成立由卫生、财政、农业、民政、审计、扶贫等部门组成的农村合作医疗协调小组，各级卫生行政部门内部应设立专门的农村合作医疗管理机构。这就等于是在劳动保障部门之外，新建了一套独立的医疗保险管理体系，打破了由劳动保障部门集中统一管理的体制格局。

各地区建立新型农村合作医疗制度的工作迅速展开，并按照卫生部文件要求建立管理经办体系。例如，《浙江省关于建立新型农村合作医疗制度的实施意见（试行）》（浙政发〔2003〕24 号）确定的目标是争取到 2007 年，全省基本建立以县（市、区）为单位的农村大病统筹合作医疗制度。省、市级人民政府成立农村合作医疗协调机构，在省、市级卫生行政部门内部设立农村合作医疗专职管理机构。县（市、区）人民政府应成立农村合作医疗管理委员会，下设经办机构，负责具体业务工作。根据需要可在乡（镇）设立派出机构或委托有关机构管理。《北京市关于建立新型农村合作医疗制度实施意见的通知》（京政办发〔2003〕31 号）规定在市政府成立建立新型农村合作医疗制度协调小组，各区县政府成立新型农村合作医疗管理委员会，乡镇政府设专人管理新型农村合作医疗工作。市、区县卫生行政管理部门设立新型农村合作医疗管理机构，区县卫生局设立新型农村合作医疗管理中心（事业单位），乡镇设办事机构，具体负责农民大病医疗统筹工作的资金筹集、报销支付和管理。2006 年 1 月，卫生部等七部委联合印发《关于加快推进新型农村合作医疗试点工作的通知》（卫农卫发〔2006〕13 号），要求各试点县（市、区）加强经办机构建设和管理。

2007 年，国务院印发《关于开展城镇居民基本医疗保险试点的指导意见》（国发〔2007〕20 号），决定在有条件的省份选择 2 至 3 个城市进行建立城镇居民基本医疗保险制度试点。2008 年扩大试点，争取 2009 年试点城市达到 80%以上，2010 年在全国全面推开，逐步覆盖全体城镇非从业居民。在管理体制上，原则上参照城镇职工基本医疗保险的有关规定执行，充分利用现有管理服务体系，通过改进管理方式，提高管理效率。各地区基本都遵循上述规定，将城镇居民基本医疗保险纳入职工基本医疗保险管理体系。如广西、陕西等地都通过充实劳动保障部门医疗保险经办机构人员，加大对工作经费、专业培训和网络建设等方面投入，提高现有经办管理机构管理服务能力的方式解决经办需要，也包括通过增加聘用社区劳动保障协管员，加强社区服务平台建设，满足城镇居民基本医疗保险工作需要。四川省成都市明确规定劳动保障行政部门主管全市城镇居民基本医疗保险工作，市医保经办机构负责全市经办管理和业务指导，区（市）县医保经办机构具体承办所辖区域的城镇居民基本医疗保险业务。

2. 城乡居民大病保险管理体制的两种模式

为了解决城乡居民因病致贫、因病返贫问题，国家决定在新型农村合作医疗和城镇居民基本医疗保险之外，探索建立城乡居民大病保险制度。2012年8月，国家发展改革委等六部委联合发布《关于开展城乡居民大病保险工作的指导意见》（发改社会〔2012〕2605号）。作为对基本医疗保障制度的拓展和延伸，城乡居民大病保险的管理体制较为独特。首先是在经办管理上，发改社会〔2012〕2605号文件明确规定城乡居民大病保险“采取向商业保险机构购买大病保险的方式”。符合基本准入条件的商业保险机构自愿参加投标，中标后以保险合同形式承办大病保险，承担经营风险，自负盈亏。这被称为“保险合同模式”。在这种模式下，大病保险实际上是政府为参保人向商业保险公司集体购买的一份商业保险。各地区在试点过程中，绝大多数地区采用了由商业保险公司承办大病保险，也有个别地区选择由社保经办机构承办。采用商业保险公司承办的，有的地区采用了“保险合同模式”，也有一些地区采用的是“委托经办模式”或者叫“委托管理模式”，即商业保险公司和政府签订委托管理合同，按照合同提供方案测算、报销管理、结算支付等管理服务，并收取相应的管理费用，但不对基金盈亏承担责任。2015年7月，《国务院办公厅关于全面实施城乡居民大病保险的意见》（国办发〔2015〕57号）对经办管理体制的规定做了适当调整，改为“原则上通过政府招标选定商业保险机构承办大病保险业务，在正常招投标不能确定承办机构的情况下，由地方政府明确承办机构的产生办法”。这一规定不仅没有限定城乡居民大病保险只能由商业保险公司承办，对商业保险公司承办模式也没有再作具体规定。这等于是认可了试点过程中各地形成的多种经办服务模式。

在行政管理上，由于农村居民基本医疗保险制度即新型农村合作医疗由卫生部门负责，城镇居民基本医疗保险由人社部门负责，各地在建立大病保险制度时采取了不同的做法，形成了两种模式：一种是城乡一体化管理，建立统一的城乡居民大病保险，统一管理，如重庆市、广东省、江苏省太仓市、安徽省马鞍山市。重庆市规定由市人力资源社会保障局会同市财政局作为大病保险的招标人，区县人力资源社会保障局应与确定的市级商业保险机构签署大病保险合同，市和区县医保经办机构应与承办大病保险的商业保险机构签订大病保险经办服务合同。广东省的试点是在已实施统一的城乡居民基本医疗保险制度，按照统一政策标准、缴费和待遇、基金收支、服务管理开展城乡居民医保市级统筹的汕头、肇庆、清远、云浮开展的，并在试点的基础上，建立统一的城乡居民大病保险制度。另一种是城乡分别管理，分别建立城镇居民大病保险与新型农村合作医疗大病保险，分列管理，如吉林省、江西省、河南省洛阳市。江西省 2009 年已经建立了城镇居民大病补充医疗保险，在《关于建立和完善城乡居民大病保险制度的意见》（赣发改社会〔2013〕537 号）中规定城镇居民、农村居民大病保险分别运行，但鼓励有条件的设区市探索建立覆盖职工、城镇居民、农村居民的统一大病保险制度。在管理体制上卫生、人社部门分别作为新农合、城镇居民医保主管部门和招标人，原则上各设区市按照有关规定统一招标，择优选择一家商业保险机构承办城乡居民大病保险工作，以降低承办成本，提高服务效率。洛阳市 2007 年 9 月探索建立了城镇居民大额补充医疗保险，2014 年又单独建立了新型农村合作医疗大病保险制度。

3. 整合城乡居民医疗保险管理体制

2009 年 3 月，《中共中央、国务院关于深化医药卫生体制改革的意见》提出探索建立城乡一体化的基本医疗保障管理制度，理顺管理体制。2016 年 1 月，《国务院关于整合城乡居民基本医疗保险制度的意见》（国发〔2016〕3 号）也提出要理顺管理体制。但是两份文件都没有涉及行政管理职能是否整合、怎样整合，只提出要统一基本医保经办管理，做到覆盖范围、筹资政策、保障待遇、医保目录、定点管理和基金管理六统一。

事实上，一些地区早已经进行了城乡居民基本医疗保险制度与管理体制的整合。浙江省嘉兴市 2003 年将城镇居民基本医疗保险和新型农村合作医疗整合为城乡居民合作医疗保险，并将经办管理职能整合到卫生部门下属的经办机构。从 2014 年起，又整合城乡居民合作医疗保险和职工基本医疗保险，将各县（市、区）城乡居民合作医疗保险经办管理职能整合到人社部门所属的市社保局。广东省东莞市 2004 年统一了城乡居民基本医疗保险制度，2008 年又在全国率先将职工医保与城乡居民医保并轨，建立起覆盖全民的统一医保制度。湖南省长沙市 2010 年决定将新型农村合作医疗行政管理职能、经办服务职能、机构人员、参合数据整体移交给人力资源社会保障局，2011 年建立起城乡一体化的居民基本医疗保险制度。广东省从 2004 年开始探索医疗保险城乡统筹，2012 年 3 月印发《广东省深化城乡医疗保障体制改革方案的通知》（粤府办〔2012〕19 号），到 2012 年年底，整合工作基本完成。宁夏回族自治区 2010 年 2 月将新型农村合作医疗经办管理职能由卫生部门划转移交到人力资源社会保障部门，10 月发布《自治区统筹城乡居民基本医疗保险的意见》（宁政发〔2010〕147 号），到 2012 年在全国率先实现省级统筹的城乡居民基本医疗保险制度一体化。到 2011 年年底，全国共有 5 个省级地区（天津、重庆、青海、宁夏和新疆兵团）、41 个地（市）级地区和 162 个县（市）级地区已经开展了医疗保险的城乡统筹，实现了城乡医疗保险的统一管理。5 个省级地区全部将城乡医疗保险的行政和经办管理统一归属到人社部门；41 个地市级地区中有 37 个地区将城乡医疗保险的行政管理归属到人社部门；约占 60%以上的县级地区将城乡医疗保险行政和经办管理统一归属到人社部门，部分县市级地区（占 1/4 多）的城乡居民医保制度仍由卫生部门管理和经办。

2010 年 10 月，《中华人民共和国社会保险法》（以下简称《社会保险法》）颁布实施，规定“国务院社会保险行政部门负责全国的社会保险管理工作，国务院其他有关部门在各自的职责范围内负责有关的社会保险工作。”这里的“国务院社会保险行政部门”在当时无疑就是人力资源社会保障部。2013 年 3 月，第十二届全国人大一次会议审议通过了《国务院机构改革和职能转变方案》，按照同一件事由一个部门负责的原则，整合城镇职工基本医疗保险、城镇居民基本医疗保险、新型农村合作医疗的职责，统一由人力资源社会保障部门承担，要求 2013 年 6 月底前完成。通过这次整合，绝大多数地区实现了社会保险行政管理职能的集中统一。但由于各种原因，这次整合并未完全实现，国家卫生计生委的新型农村合作医疗管理职责并未如期划归人力资源社会保障部，个别地区城乡居民基本医疗保险制度整合后，将管理职能归并到了国家卫生计生委，未能改变社会保险管理职能分散的格局。

2016 年，《国务院关于整合城乡居民基本医疗保险制度的意见》，要求从统一覆盖范围、统一筹资政策、统一保障待遇、统一医保目录、统一定点管理、统一基金管理六个方面整合制度政策，并整合经办机构，创新管理体制，逐步在全国范围内建立起统一的城乡居民基本医疗保险制度，推动保障更加公平、管理服务更加规范、医疗资源利用更加有效，促进全民医保体系持续健康发展。统一城乡居民基本医疗保险制度、整合经办管理职能的工作全面展开。2017 年，人力资源社会保障部、财政部印发《关于做好 2017 年城镇居民基本医疗保险工作的通知》（人社部发〔2017〕36 号），要求各地持续加大整合城乡居民基本医疗保险制度工作推进力度，力争 2017 年基本建立城乡统一的居民基本医疗保险制度。

到 2016 年年底，全国已经有 30 个省份和新疆生产建设兵团出台了制度整合的文件，22 个省级单位已经理顺了管理体制，全民医保三项制度统一由人社部门管理，实现整个医疗保险一体化运行与社会化管理服务。也有一些地区没有将整合后的城乡居民基本医疗保险划归人社部门管理。陕西省明确提出由卫生部门主管。福建省单独成立医疗保障管理委员会，下设医疗保障管理办公室，统管人社、卫生、物价、民政等部门的医疗保障管理相关职责，挂靠在财政局。吉林、贵州、海南 3 个省份没有明确主管部门，由医改办牵头推动城乡居民基本医疗保险制度整合工作。安徽省在国发〔2016〕3 号文件发布以前就已经出台了整合文件，由卫生部门主管、商业保险公司经办。但是到 2018 年，依然有辽宁、吉林、安徽、海南、贵州、陕西、西藏 7 个省份实施新型农村合作医疗保险制度，参保人员 1.3 亿人。

总体来看，各地都是按照国务院“六统一”要求对城乡居民基本医疗保险制度进行了整合，在制度上并没有实质性的差异，但在行政管理体制上没有实现统一。各地区有所不同，形成了三种模式：一是整合到人社部门，绝大多数地区采用的是这种模式；二是整合到卫生部门，如浙江省湖州市等；三是由两个部门之外的政府部门管理，如江苏省无锡市、湖南省邵阳县等，或成立由县政府直管的经办机构，如福建省三明市、黑龙江省杜蒙县等。

（三）医疗救助管理体制改革

城镇企业职工劳保医疗制度和农村合作医疗制度改革不仅实现了医疗保险制度模式的转变，也改变了医疗费用负担模式，导致医疗费用快速增长，城乡贫困人员（家庭）医疗负担过重，因病致贫、因病返贫问题日益突出。2001 年，《中华人民共和国国民经济和社会发展第十个五年计划纲要》首次提出要“建立社会医疗救助制度”，并将其放在“健全社会保险制度”之外的“发展其他社会保障事业”部分，表明了将医疗保险与医疗救助分离的改革发展思路。

1. 建立农村和城镇医疗救助管理体制

2002 年 10 月 19 日，中共中央、国务院《关于进一步加强农村卫生工作的决定》提出对农村贫困家庭（主要是农村五保户和贫困农民家庭）实行医疗救助，并明确要建立医疗救助基金，实行个人申请、村民代表会议评议，民政部门审核批准，医疗机构提供服务的管理体制。2003 年 11 月 18 日，民政部、卫生部、财政部《关于实施农村医疗救助的意见》（民发〔2003〕158 号）进一步明确农村医疗救助实行属地化管理原则。地方人民政府制定农村医疗救助管理办法。医疗救助在当地人民政府领导下由民政部门管理并组织实施，财政、卫生、人社等部门配合。申请人（户主）向村民委员会提出书面申请，经村民代表会议评议同意后报乡镇人民政府审核。乡镇人民政府审核后，将符合医疗救助条件的上报县（市、区）民政局审批。医疗救助金由乡镇人民政府发放，也可以采取社会化发放或其他发放办法。随后，各地区陆续建立起了农村医疗救助制度和由各级民政部门主管的管理服务体系。

2005 年 3 月 14 日，国务院办公厅转发民政部等部门《关于建立城市医疗救助制度试点工作意见的通知》（国办发〔2005〕10 号），提出从 2005 年开始，用 2 年时间在各省、自治区、直辖市部分县（市、区）进行试点，之后再用 2~3 年时间在全国建立起管理制度化、操作规范化的城市医疗救助制度。要求各省、自治区、直辖市选择不少于 1/5 的县（市、区）进行试点，重点探索城市医疗救助的管理体制、运行机制和资金筹措机制。各地区按照上述要求，积极组织试点，迅速建立起了城镇医疗救助制度和由各级民政部门主管的管理服务体系。各地在试点中普遍采取救助对象本人向户籍所在地社区居委会书面申请，由社区居委会组织人员核实后报街道办事处（乡镇政府）。街道办事处（乡镇政府）进行复查、审核，将符合救助条件的上报县级民政部门审批。县级民政部门作出批准或不批准意见并书面告知街道办事处（乡镇政府）。医疗救助资金由街道办事处（乡镇政府）至少每半年发放一次，也可由县级民政部门直接发放或实行社会化发放。

2. 医疗救助与医疗保险衔接问题凸显

农村医疗救助制度和城市医疗救助制度虽然是分别建立的，但主管部门都是各级民政部门，只是在基层经办服务上前者由乡政府和村民委员会负责，后者由街道办事处和社区居民委员会负责。医疗救助的对象同时也是医疗保险的参保对象，享受医疗救助待遇条件与已享受的医疗保险待遇有关，因而在经办服务上需要与医疗保险衔接。特别是在实行城乡居民大病保险和重特大疾病医疗救助以后，医疗救助原则上都是以基本医疗保险、大病保险支付后的剩余多次累计个人自付合规总费用作为救助基数，无论是从业务办理和基金监管上，还是从增强经办服务的便捷性上，都对医疗救助与医疗保险在经办服务上的衔接提出了更高的要求。

2009 年 6 月 15 日，民政部、财政部、卫生部、人力资源社会保障部印发《关于进一步完善城乡医疗救助制度的意见》（民发〔2009〕81 号），提出探索建立城乡一体化的医疗救助制度，用 3 年左右时间，在全国基本建立起资金来源稳定，管理运行规范，救助效果明显，能够为困难群众提供方便、快捷服务的医疗救助制度。并要求各地结合城镇职工基本医疗保险、城镇居民基本医疗保险与新型农村合作医疗制度的建立，搞好与相关社会保障制度在制度与经办管理方面的衔接，改进各项制度结算办法，探索实行“一站式”管理服务，逐步实现不同医疗保障制度间人员信息、就医信息和医疗费用信息的共享，提高管理服务效率，方便困难群众，更好地发挥各项制度的整体效能。同时，进一步明确了民政、财政、卫生、人社部门的职责。民政部门作为主管部门作用做好政策研究制定、组织实施及与社会慈善救助的衔接；财政部门落实安排救助资金，加强对资金管理和使用情况的监督检查；卫生部门做好困难群众参加新型农村合作医疗的服务管理工作，加强对定点医疗机构的监管；人力资源社会保障部门做好困难群众参加城镇居民基本医疗保险的服务管理工作。

2015 年 4 月 21 日，国务院办公厅转发民政部等部门《关于进一步完善医疗救助制度全面开展重特大疾病医疗救助工作意见的通知》（国办发〔2015〕30 号），要求于 2015 年年底前将城市医疗救助制度和农村医疗救助制度整合为城乡医疗救助制度，全面开展重特大疾病医疗救助工作。城乡医疗救助制度整合后，原来分别设立的管理体系也相应整合，并将原来在社会保障基金财政专户中分设的“城市医疗救助基金专账”和“农村医疗救助基金专账”合并。重特大疾病医疗救助的实施对与相关医疗保障制度及经办服务的衔接提出了更高要求，涉及民政、财政、人社、卫生计生、保险监管等部门之间的协作配合，不仅要求加强重特大疾病医疗救助与疾病应急救助制度的高效联动，将救助关口前移，主动对符合条件的疾病应急救助对象进行救助，也要求健全救助服务监管机制，防控不合理医疗行为和费用。

2017 年 1 月 16 日，民政部、财政部、人力资源社会保障部、国家卫生计生委、保监会、国务院扶贫办联合出台《关于进一步加强医疗救助与城乡居民大病保险有效衔接的通知》（民发〔2017〕12 号），要求进一步加强两项制度在对象范围、支付政策、经办服务、监督管理等方面的衔接，充分发挥制度效能。特别是要落实大病保险倾斜性支付政策，向低保对象、特困人员、建档立卡贫困人口、低收入重度残疾人等困难群众（含低收入老年人、未成年人、重病患者）倾斜，明确降低大病保险起付线、提高报销比例，全面实施县级行政区域内定点医疗机构住院先诊疗后付费改革，实施精准支付，以提高困难群众受益水平。为此，要求各地按照精准测算、无缝对接的工作原则和“保险在先、救助在后”的结算程序，准确核定结算基数，按规定结算相关费用，避免重复报销、超费用报销等情况，加快推进基本医疗保险、大病保险、医疗救助“一站式”费用结算信息平台建设，努力实现资源协调、信息共享、结算同步。

医疗救助与基本医疗保险、大病保险在制度政策与经办服务的联系越来越紧密，对相互衔接的要求越来越高。由于采取独立于医疗保险之外的发展思路，在管理体制和经办服务体系上相互分离，对加强两者间的衔接，发挥制度整体效能，实行“一站式”服务以增强服务的精准性和便捷性，带来了明显的不利影响。

三、新时代对医疗保障管理体制的新探索

（一）医疗保障管理体制改革进入新阶段

2016 年，中共中央、国务院印发新中国成立以来的第一个健康中国战略规划——《“健康中国 2030”规划纲要》，从国家战略的高度，将医疗保障体系（包括全民医保体系、医保管理服务体系和商业健康保险）和药品供应保障体系一起作为健康保障体系的两个方面，对其到 2030 年的发展作出规划。2017 年，党的十九大报告宣告中国特色社会主义进入新时代。十九大报告将实施健康中国战略列为提高保障和改善民生水平，加强和创新社会治理的重要内容，提出要全面建立中国特色基本医疗卫生制度、医疗保障制度和优质

高效的医疗卫生服务体系，全面取消以药养医，健全药品供应保障制度。2019 年 10 月 31 日，党的十九届四中全会通过《中共中央关于坚持和完善中国特色社会主义制度推进国家治理体系和治理能力现代化若干重大问题的决定》，提出要优化政府组织结构，推进机构、职能、权限、程序、责任法定化，使政府机构设置更加科学、职能更加优化、权责更加协同。强化提高人民健康水平的制度保障，坚持关注生命全周期、健康全过程，完善国民健康政策，让广大人民群众享有公平可及、系统连续的健康服务。这些政策文件都对医疗保障体制改革提出了新的要求。医疗保障体制改革也进入了新阶段，即由探索建立以社会化基本医疗保险为主体、覆盖全民的多层次医疗保障体系的阶段，进入了建设健康中国、实现医疗保障治理体系治理能力现代化的阶段。

在这一阶段，单项突破式的改革已基本完成，改革的整体性、系统性和协同性明显增强，需要在医疗保障制度框架已经形成、各项主要管理职能也已经建立，医疗服务、公共卫生、药品供应以及监管体制等领域改革已取得突破的基础上，超越医保、医疗、医药的界限，从建设健康中国、实现医疗保障治理体系治理能力现代化的要求出发，立足于建立完善的健康保障体系，通过系统集成和职能整合，构建具有中国特色的医疗保障管理体制，使医疗保障管理职能更加优化、权责更加协同、运行更加高效，对医疗费用不合理增长的控制作用发挥更加充分。

（二）对医疗保障管理体制改革的再认识

与养老保险仅仅对退休人员提供经济支持以保障基本生活需要不同，医疗保险的目的是为参保人员提供医疗保障，以满足他们对医疗服务和药品的需求，更高一级的目的则是要为参保人员的健康提供保障，而不仅仅是在参保对象遭遇疾病风险时提供经济帮助。这不是通过筹集医疗保险基金，建立起参保人员共同分担医疗费用支出风险的机制，保障基金可持续性就可以实现的，同时还受医疗服务和药品（医疗器械）供应的制约，需要有可获得的医疗服务与药品供应。因此，只有医保、医疗和医药都有保障，医疗保险的目的才能够实现。计划经济时期建立的“三医一体”保障模式，尽管有很多缺陷，但较好地解决了这方面的问题，在经济发展水平较低的情况下解决了人民群众的基本医疗需求。

市场经济条件下建立的社会化的医疗保险体系，打破了“三医一体”格局，“三医”关系变成了市场主体之间的关系。医疗保险也因此转变为通过购买医疗服务和药品，为参保对象遭遇疾病风险时提供医疗保障。医疗保险机构不仅是医疗保险基金筹集与管理运营主体，同时也是出资购买医疗服务和药品的需求主体。更重要的是，医疗保险所提供的医疗保障不是如养老保险那样，根据缴费多少按照固定标准提供，缴费相同待遇就相同，而是根据疾病治疗需求提供。对每一位参保者提供的医疗费用支出，取决于治疗疾病所需的医疗服务和药品。什么是治疗疾病所需的医疗服务和药品？则难以界定。这不仅给医疗保险待遇支付带来了困难，也为医院、患者等采取机会主义行为，骗取医疗保险基金提供了可能。

如果医疗服务和药品供应市场具有充分的竞争性，能够建立起合理的定价机制，对医疗服务机构和药品供应机构的行为能够形成有效的市场约束，确保医疗服务及药品需求与价格的合理性，医疗保险的问题就仅仅是如何有效筹集资金，确保基金具有可持续性。问题是医疗服务和药品供应市场不仅不具有充分的竞争性，而且属于典型的价格机制失灵市场。特别是决定医疗服务和药品最终需求的医疗服务市场，作为需求方的患者对需求基本没有决定权。决定权在作为供给方的医疗机构特别是医生手上。改革开放以来医疗保险制度运行实践证明，在医疗保障领域，市场供求机制的作用非常有限，既不能发挥竞争性价格形成机制的作用，也不可能对医疗机构和医生的行为形成有效约束，不仅不能确保医疗服务及药品需求与价格的合理性，反而还为医疗机构、医生、药品供应机构以及患者采取过度医疗、虚开诊疗项目甚至是虚假治疗、使用高价药、挂床等机会主义手段骗取医疗保险基金提供了便利。有效遏制医疗费用不合理增长和各种骗保行为是世界性难题。

因此，在市场机制失灵、不能确保医疗服务和药品需求及价格合理性的情况下，医疗保险机构作为购买医疗服务和药品的出资方，不仅需要筹集和管理运营医疗保险基金，还必须承担医疗服务和药品需求者的职责，代表广大参保对象行使消费者主权。通过获取医疗服务与药品的真实信息和质量保障，与医疗机构和药品供应机构讨价还价，自主选择和更换医疗服务机构和药品供应机构等，在医疗服务和药品需求与价格决定上发挥作用，对医疗机构和药品供应机构形成有效约束。这就决定了医疗保险管理部门不仅具有医疗保险基金筹集和管理运营的职能，同时还必须具有行使消费者主权的职能，作为需求方参与医疗服务和药品需求与价格的决定。特别是在“三医”之间存在利益冲突，作为消费者的参保患者在与医疗服务提供方的关系中又处于绝对弱势地位，并有可能采取机会主义行为骗取医保基金的情况下，这一职能尤为重要。

（三）重构医疗保障管理体制的必要性

经过三十多年的改革，通过一系列制度创新和管理创新，在医疗保障制度模式与组织模式改革方面取得了显著成绩，社会化医疗保险制度体系和管理服务体系已经建立起来，不仅实现了由综合性企业医疗保障向多层次社会医疗保障的转变，而且建立了统一的城乡居民基本医疗保险体系，城乡居民大病保险、重特大疾病医疗救助、疾病应急救助全面推开，商业健康保险快速发展，已基本建立起多层次医疗保障体系。截至 2019 年年底，全口径基本医疗保险参保人数 135 407 万人，参保率稳定在 95%以上，法定人员全覆盖，人人享有基本医疗服务的目标即将实现。但与人民群众对医疗保障日益增长的需求相比，与实现国家治理体系治理能力现代化的要求相比，仍有一定的差距。医疗保障管理体制尚不完善，主要表现在管理职能分散和“三医”关系改革重构相对滞后两个方面。

尽管 2009 年《中共中央、国务院关于深化医药卫生体制改革的意见》就提出了“有效整合基本医疗保险经办资源，逐步实现城乡基本医疗保险行政管理的统一”的目标，各地区整合医疗保险管理体制的探索已进行多年，2016 年起，全国各地按照国务院“六统一”要求整合城乡居民基本医疗保险制度的工作全面展开，但截至 2017 年年底，城乡基本医疗保险行政管理统一的目标未完全实现，仍有一些地区整合后的城乡居民基本医疗保险和城镇职工基本医疗保险在行政管理上分别由不同部门负责。各地的医疗救助管理一直由民政部门负责，与医疗保险管理分属不同的部门。这种管理职能分散的状态不仅不利于经办服务资源的整合利用，也不利于不同制度之间的衔接。

计划经济体制下建立的医保、医疗和医药“三医一体”保障格局虽然在经济体制改革初期，随着医药企业和医疗机构的市场化改革，很快就被打破了，但在很长一段时期内，与市场经济体制相适应的医保、医疗和医药关系重构，都没有被列为医疗保障体制改革的内容。三者之间的关系随着医疗机构和医药企业市场化改革的推进悄然改变，对医疗保险的影响逐渐显现，由计划经济时期医疗机构和医药机构共同分担医疗保障费用，转变为尽其所能地获取医疗保险基金，以实现自身利益的最大化，导致医疗费用支出迅速上升，过度医疗、不合理收费等现象频繁发生，医疗费用不合理增长问题日益凸显，且有愈演愈烈之势。“三医”关系对于医疗保险的重要性开始逐渐引起重视，并采取了一系列措施，如加强对医疗机构医疗服务的监管、改革支付方式、实行药品招标采购、废除“以药养医”等，也取得了明显成效，医疗费用不合理增长在很大程度上已得到控制。这些措施拓展了医疗保险机构的管理职能，使其在处理与医疗、医药之间关系方面发挥了更加重要的作用，正在逐渐重塑“三医”关系。但总体来看，这些措施更多的是对医疗保险体制运行中出现的各种问题采取的针对性措施。除对各种不合理的医疗行为特别是骗保行为的监控之外，这些措施所针对的实际上是医疗服务和药品价格的合理性问题。但是在现行管理体制下，对医疗服务和药品价格的管理并不是医保机构的职责，而是发改委的职责。医疗保险机构与发改委之间职责如何划分？或者说医保机构在医疗服务与药品价格形成中，究竟应当发挥什么样的作用？这些都还没有明确。

（四）重构医疗保障管理体制

2018 年迎来了医疗保障管理体制上的又一次重大改革。党的十九届三中全会通过《中共中央关于深化党和国家机构改革的决定》，提出构建系统完备、科学规范、运行高效的党和国家机构职能体系，全面提高国家治理能力和治理水平。随后，中共中央印发了《深化党和国家机构改革方案》，决定将人力资源和社会保障部的城镇职工和城镇居民基本医疗保险、生育保险职责，国家卫生和计划生育委员会的新型农村合作医疗职责，国家发展和改革委员会的药品和医疗服务价格管理职责，民政部的医疗救助职责整合，组建国家医疗保障局，作为国务院直属机构；负责拟订医疗保险、生育保险、医疗救助等医疗保障制度政策、规划、标准并组织实施，监督管理相关医疗保障基金，完善国家异地就医管理和费用结算平台，组织制定和调整药品、医疗服务价格和收费标准，制定药品和医用耗材的招标采购政策并监督实施，监督管理纳入医保支出范围内的医疗服务行为和医疗费用等。2018 年 5 月 31 日，国家医疗保障局举行揭牌仪式。各省（区、市）、地（市、州）、县（区、旗）也相继整合医疗保险、生育保险、医疗救助、药品和医疗服务价格管理等职责，组建医疗保障局，从而形成了独立于人社部门之外，承担基本医疗保险、生育保险、大病医疗保险和长期护理保险行政管理职责的医疗保障管理新格局。

组建国家医疗保障局是在中国特色社会主义进入新时代，医疗保障发展进入新阶段，继企业劳保医疗制度改革以后，我国医疗保障管理体制的又一次重大改革和创新，是在总结吸收地方改革探索经验基础上作出的重要决策。早在2013年6月，福建省三明市就将分别隶属于人社、卫计部门的24个医保经办机构进行整合，成立医疗保障基金管理中心，隶属于市政府，暂由市财政局代管。三明市的改革成果在全国引起了广泛关注。2016年7月，福建省委医改专题会议总结借鉴三明医保改革经验，作出改革省级医保管理体制的决策，将省人力资源社会保障厅、卫计委、民政厅、物价局、商务厅等涉及医保的职能全面归拢，成立省医疗保障管理委员会，在财政部门设立办公室，相对独立运作，承担医疗保障相关政策制定、医保基金监督管理、医疗服务价格谈判调整、药品耗材联合采购配送与结算管理、定点医药机构管理、医疗服务行为监督管理、医疗保障信息系统建设等职责。省医保办设有“三处三中心”，即医保基金管理处、医疗服务价格处、药械采购配送监管处3个内设行政机构；下设省医疗保障基金管理中心、省药械联合采购中心、省医疗保障电子结算中心等3个事业单位。同时，要求各设区市参照省级医保机构整合模式，成立市医疗保障管理局，设在市财政局，形成全省统一的医保管理体系。

国家医疗保障局不仅整合了分散在人力资源社会保障部和国家卫生计生委的医疗保险管理职责，实现了医疗保险管理的统一，而且整合了同属医疗保障的医疗保险与医疗救助管理职责，实现了医疗保障管理的统一。这无疑有助于克服医疗保障政出多门、职能分散的“九龙治水”状况，构建统一高效的管理体系，真正做到归口管理，提高管理效率，降低行政管理成本。更重要的是，将药品和医疗服务价格管理职责由国家发展改革委划转给国家医疗保障局，拓展了医疗保障部门的管理职能，在一定程度实现了医疗保障与药品供应保障两大健康保障管理职责的统一，强化了医疗保障对药品和医疗服务价格形成的制约作用。由此可见，组建国家医疗保障局，不仅是改革医疗保险管理体制的重大举措，更是适应新时代健康保障体系建设的需要，对医疗保障管理体制的重大创新。

专题二：

改进完善基金筹集机制，调整优化社会保险负担

自20世纪90年代初实行社会保险制度改革以来，我国社会保险费率就维持在较高水平，且地区间差异较大，企业缴费负担很不均衡。经济发展进入新常态以来，经济下行压力持续加大，结构调整阵痛显现，很多企业尤其是小微企业面临生产经营困难。较高的社会保险费率导致企业缴费负担过重的问题日益凸显，既不利于推进和深化供给侧结构性改革，营造公平竞争的环境，促进实体经济发展和就业率提升，也不利于提高企业和个人参保缴费的积极性，扩大社会保险制度覆盖面，推动社会保险可持续发展。采取切实有效措施改进完善社会保险基金筹集机制，降低社会保险缴费水平，均衡地区间社会保险负担，已成为经济新常态下增强企业活力、有效缓解经济下行压力的必然选择。

一、社会保险负担不合理状况及其不利影响

1. 社会保险总体费率高于世界一般水平

按照我国《社会保险法》和相关政策文件规定，2015年前社会保险总体

费率约为41%，其中单位缴费率约为30%，个人缴费率约为11%。① 美国社会保障管理总署发布的最新研究报告表明，在173个国家或地区中，只有罗马尼亚、斯洛伐克、哥伦比亚、捷克、匈牙利、法国、奥地利、荷兰、德国、意大利、波兰、乌克兰等12个国家社会保险名义缴费率高于中国。② 我国社会保险缴费率虽不是最高，但的确处于较高水平。

社会保险缴费是劳动力成本的重要组成部分。我国目前还未完成从制造业大国向制造业强国的转变，较低的劳动力成本依然是我国制造业的主要竞争优势。武汉大学“中国企业—劳动力匹配调查”显示，1978年，中国劳动力月工资仅为美国的3%。③ 2015年，中国制造业工人平均工资为635美元/月，为美国的20%。如果再加上30%左右的社会保险缴费，中国制造业工人劳动力成本可以达到800美元/月以上，远高于印度、越南、泰国等新兴市场国家。这也是近几年一些跨国公司逐渐将生产工厂从中国转移到越南、老挝等国家的原因，对中国制造业的发展产生了较大影响。

2. 企业社会保险缴费负担重

按照我国相关政策，企业按职工工资总额的一定比例缴纳社会保险费，缴费率基本养老保险为20%，基本医疗保险为6%，失业保险为2%，工伤保险根据企业风险情况和行业分类执行差别费率和行业浮动费率约为1%，生育保险缴不超过1%，综合费率平均约为30%。各省（区、市）有一定差异，有的高于30%，有的低于30%。如果考虑企业还要负担的住房公积金（法定费率为5%，有的地区还高于5%，甚至有高达12%的），企业的缴费负担不会低于职工工资总额的35%，许多地区甚至会超过40%。

企业社会保险缴费负担重会产生以下三个方面不利影响。

（1）减少就业，降低社会保险的遵缴率

较高的社会保险缴费率给企业尤其是劳动密集型企业带来了极大的经济负担。对于劳动密集型企业和行业来说，社会保险缴费负担重可能造成两个后果。一是企业以技术或资本替代劳动，减少对劳动力的依赖，以降低劳动力成本。这对于就业是非常不利的，就业技能较差的进城务工人员和就业困难群体可能首先遭受冲击。二是促使企业采取机会主义行为，瞒报漏报职工

① 《阶段性降低社会保险费率背景材料》，人力资源社会保障部，2016年4月15日。

② 《我国社保缴费率并非全球最高缴费率全球排名13位》，人民日报，2012年9月11日。

③ 《制造业劳动力人数降成本升》，湖北日报，2017年6月21日。

人数、瞒报缴费基数等以减少社会保险缴费。据有关专家估算，2016 年养老保险征缴收入理论规模约为 48 778 亿元，而实际征缴规模仅为 27 500 亿元，征缴收入实际规模占理论规模的比例约为 56.38%。

（2）损害职工社会保险权益

企业在劳动关系中处于强势地位，职工的劳动权益包括社会保险受到损害时，职工为了保住工作不得不屈从，不敢主张自己的权益，可能造成职工缴费金额少、缴费年限不足等后果。缴费金额少会导致职工的养老金和医保账户余额少，不能满足养老和医疗需求。我国的养老保险和医疗保险均有职工缴费年限的规定，若职工缴费年限不足，将无法领取养老金和享受退休后的医保报销。

（3）从长期来看将进一步拉高社会保险费率

由于总体费率较高，经济效益差的企业无力缴费，导致保费收入减少。为保证基金平衡，社保机构不得不提高费率，一些效益稍好的企业也变得无法支付，由此形成恶性循环。根据有关专家测算，2003 年至少有上海、西藏、贵州、云南、山西、新疆和四川 7 个省份的养老保险企业缴费比例超过 20%，其中四川的缴费比例甚至高达 25.75%。

3. 地区间社会保险费用负担不均衡

各项社会保险基本都是从县市级统筹开始的，2005 年后才开始提高统筹层次，逐步推行省级统筹。基本养老保险绝大多数地区仅实现基金省级调剂，省级统收统支到目前也还没有完全实现。虽然建立了中央调剂金制度，但真正意义上的全国统筹仍需进一步的制度安排。其他各险种近两年刚开始推动省级统筹，有的险种地市级统筹都还没有全部实现。各地区社会保险缴费负担很不均衡。按照当地实际征缴的人均缴费额与当地在岗职工平均工资之比的统一口径测算，广东省 2011 年企业实际缴费率为 5.9%，甘肃省 2011 年企业实际缴费率达到 24.6%，即使扣除因缴费工资水平高低有别或趸缴所造成的误差，不同地区实际缴费率高低之间相差也高达 3 倍以上。[①] 人力资源社会保障部数据也显示，2019 年《降低社会保险费率综合方案》出台之前，上海市城镇企业职工基本养老保险的企业缴费率为 21%，东北三省的养老保险缴

① 郑功成，《从地区分割到全国统筹——中国职工基本养老保险制度深化改革的必由之路》，中国人民大学学报，2015 年 3 月。

费率均超过20%，广东、浙江等省份缴费率则一直维持在较低水平，2019年仅为14%，部分城市的缴费率甚至仅为12%、13%。

这种畸轻畸重的缴费负担，不仅直接损害了职工基本养老保险筹资应当公平的底线，而且严重背离了市场经济条件下法定劳动成本应当公平的法则。缴费率的差异损害企业竞争的公平性，不仅导致高缴费率地区企业竞争力不足，对资本的吸引力下降，影响经济发展，而且会对企业和劳动力需求产生“挤出效应”，造成企业和资本向低缴费率地区流动，本地投资增长缓慢，劳动力需求下降。这势必会对参保人数和缴费人数产生不利影响，降低养老保险抚养比，进一步拉高社会保险尤其是养老保险费率，进而陷入恶性循环。

二、造成社会保险负担不合理的原因分析

我国社会保险负担不合理是多种因素共同作用的结果，既有历史原因，也有现实因素；既有制度因素，也有机制问题。

1. 历史原因与现实因素造成地区间负担水平不均衡

职工基本养老保险基金筹集机制是根据1991年《国务院关于企业职工养老保险制度改革的决定》（国发〔1991〕33号）建立的。尽管对企业和个人缴费比例作了较为明确的规定，企业缴纳基本养老保险费的比例一般不得超过企业工资总额的20%，但考虑到各地区和企业的情况不同，并没有规定统一的企业缴费比例，而是交由各省、自治区、直辖市人民政府根据国家统一政策确定，允许不同地区、企业之间存在一定的差距。这等于是将各地区企业养老保险缴费率差异合法化了，并成为造成地区间养老保险负担不均衡的制度根源。

各地区养老保险负担不均衡源于制度赡养率不同。凡是收不抵支的省份，基本都是制度赡养率较高的省份。广东、江苏、浙江等拥有大量当期结余的省份，城镇企业职工基本养老保险制度赡养率几乎都处于较低的水平；而辽宁、黑龙江、天津、吉林等严重收不抵支的省份，制度赡养率基本上都处于较高的水平。制度赡养率的差异既有历史原因，也有现实原因。

历史原因表现为各地区人口年龄结构的巨大差异，更确切地说是老龄化程度的巨大差异。对企业职工基本养老保险制度而言，则是已退休的“老人”和改革前已参加工作的“中人”数量占在职职工总数的比例存在较大差异。老工业基地和工业基础比较好的省份缴费负担要远远大于其他省份。这本是

属于历史负担，应当由国家承担，或者由国家通过一定的机制在地区间进行平衡。但在制度建立之初，国家对此并未采取任何措施，完全由各地区自行承担，导致各地区的养老保险制度建立的初始条件就差异很大，负担很不均衡。

各地区经济发展的不平衡性则是现实原因，进一步加剧了历史原因造成的养老保险缴费负担不均衡。我国的改革开放遵循邓小平提出的“允许一部分地区、一部分人先富起来”的方针，对东部沿海地区及内陆一些有较好经济发展基础的地区实行倾斜政策，推动我国经济社会发展进入了快车道，各地区发展速度、发展水平迅速拉开，大规模的劳动力跨区域流动随之产生，对各省份城镇职工基本养老保险制度的财务状况产生了巨大影响。经济增长较快的省份，工资增长速度也较快，吸引了较多的外地劳动力，且外来务工者参保率较高，对城镇职工基本养老保险制度赡养率具有“稀释”作用，不仅以工资为基数征缴的基本养老保险收入增长较快，而且降低了赡养率。经济增长速度较慢或经济发展水平较低的地区则相反，工资增长比较慢，劳动力长期净流出，对城镇职工基本养老保险制度赡养率具有“抬高”作用①，不仅养老保险收入增长比较慢，赡养率也因劳动力净流出被推高。这也是导致各地区企业缴费率差异较大的重要原因。珠三角的缴费率远低于其他地区，不仅与其相对年轻的人口年龄结构有关，与其吸纳了大量外来劳动力也有很大关系。再加上各地区工商业发展早晚不同，退休人员的历史负担差别较大，导致企业养老保险实际缴费率在不同地区存在显著差异。

2. 制度模式与理念差异导致社会保险负担高于世界一般水平

在社会保险费率中，基本养老保险和基本医疗保险费率占比最大。我国基本养老保险制度实行的是社会统筹与个人账户相结合的部分积累模式，即在保证当期支付的基础上，还要为未来积累一部分资金，这与大部分西方国家所实行的现收现付制完全不同，据此确定的费率自然要比西方国家实行现收现付制模式的费率要高。基本医疗保险虽然不需为未来积累资金，但为了降低职工医疗费用负担，政策规定除了职工个人缴费划入个人账户外，企业缴费按30%的比例划入个人账户。这就意味着在8%的总体费率中，有3.8%的缴费划入个人账户，社会统筹基金仅有4.2%。个人账户资金并不统筹使用，完全不具备互助共济功能，因此我国城镇职工基本医疗费用主要靠4.2%

① 郑秉文，《统筹层次低是养老保险问题多的根源》，经济参考报，2012年12月28日。

的社会统筹基金支付。随着各地城镇职工基本医疗保险政策的调整，报销比例和封顶线越来越高，医疗费用增长较快，所需资金越来越多，多个地区医疗保险缴费比例超过了法定比例。

从制度理念来看，我国城镇职工基本养老保险待遇调整遵循共享经济社会发展成果的理念。自 2005 年开始，连续 15 年上调城镇企业职工的基本养老金水平，其中 2005—2015 年连续 11 年上调幅度均为 10%。2016 年之后上调幅度虽有所下降，但依然维持在 5%以上。连续上调的养老金支出均由社会统筹基金支付，这也是社会保险费率维持在一个较高水平的重要原因。基本医疗保险方面，我国采取了退休职工不需缴费即可享有基本医疗保险待遇的政策。从医疗费用的发生规律来看，60 岁以后的医疗费用要远高于 60 岁之前的医疗费用，在老龄化日趋严重的情况下，退休职工的医疗费用非常可观，造成了职工基本医疗保险缴费比例的居高不下。

3. 制度转轨带来的历史负担比较重

按照《国务院关于建立统一的企业职工基本养老保险制度的决定》（国发〔1997〕26 号）的规定，1997 前已经离退休的人员即“老人”，仍按国家原来的规定发给养老金；1997 前参加工作、1997 后退休且个人缴费和视同缴费年限累计满 15 年的人员即“中人”，在发给基础养老金和个人账户养老金的基础上再确定过渡性养老金，过渡性养老金从养老保险基金中解决。该文件并未明确“老人”的养老金和“中人”的基础养老金由谁来承担；此外，规定中提到的养老保险基金实际就是由企业缴费形成的统筹基金。政策制定者的初衷显然是希望在制度框架内通过代际转移逐步消解。

按照这一思路，社会统筹基金除了要支付退休人员的基础养老金外，还需要支付“老人”的养老金和“中人”的过渡性养老金，从而形成了转轨成本，也是旧制度转嫁给新制度的历史债务。从性质上看，这部分历史债务是在旧制度下形成的，旧制度采用的是国家保障模式，国家是总债务人，理应由国家承担。虽然 2010 年颁布的《社会保险法》明确这部分历史债务由国家承担，但在制度建立初期国家并没有承担，从而导致企业缴费负担偏高。许多地区统筹基金在高缴费率的情况下仍然不能满足支付需要，被迫挪用个人账户基金，进而造成个人账户“空账”。

4. 政府财政责任不明确，责任承担机制不健全

自 1991 年建立城镇职工基本养老保险制度以来，本该由原制度负担的转

轨成本即“老人”的养老金和“中人”的过渡性养老金一直由社会统筹基金发放。1998 年中央财政才进行了少量财政补贴，地方财政直到 1999 年才开始进行财政补贴。这些补贴并不是根据转制成本的高低确定的，而是根据各地区基金收支状况确定的，履行的是什么责任并不明确，地方政府和中央政府的责任划分、负担比例和负担额度、负担方式等也没有明确说法。有关数据显示，各地的养老保险资金财政补贴 80%以上靠中央财政投入，地方财政投入比较少，存在“地方依赖中央”的现象。如 2001 年，各级财政补贴基本养老保险基金 530 亿元，其中，中央财政补贴了 474. 3 亿元，地方财政仅补贴了 55. 7 亿元。1998—2000 年，全国财政“两个确保”支出总计 1 097. 58 亿元，中央财政占 75. 8%，地方财政仅占 24. 2%。从增长速度上看，全国财政“两个确保”支出增幅为年均 103. 6%，中央财政支出的增幅为 123. 7%，地方财政支出的增幅仅为 62. 3%。中央和地方政府财政责任负担机制的不清晰，使得在中央财政负担较重的情况下，部分养老负担重的地区只能通过维持较高的费率填补养老保险基金缺口，以保证养老金的正常发放。

5. 统筹层次低，且未建立均衡地区间负担的机制

我国城镇职工基本养老保险自 20 世纪 90 年代建立之后，在很长一段时间内实行县级、市级统筹，统筹层次较低，且未建立均衡地区间负担的机制。国发〔1997〕26 号文件提出要逐步向省级统筹过渡，但直到《国务院关于完善企业职工基本养老保险制度的决定》（国发〔2005〕38 号）发布后才开始加快提高统筹层次。目前，真正实现基金省级统收统支的仅有北京、天津、上海、重庆、海南、西藏、陕西等 13 个省份，省级统筹还未完全实现。

在地区分割统筹、缴费率各异的情况下，基本养老保险基金的地区间差异非常大。广东、浙江、江苏、山东等省份因养老负担相对较轻，即使缴费率低，基金结余规模仍非常可观；辽宁、吉林、黑龙江等省份因养老负担重，即使缴费率高也出现收不抵支的状况。2015 年，广东省城镇职工基本养老保险基金累计结余 6 158 亿元，可支付月数为 52. 8 个月；江苏省累计结余 3 114 亿元，可支付 22. 8 个月；浙江省累计结余 3 009 亿元，可支付 24. 8 个月。养老负担重的辽宁、吉林、黑龙江 3 个省份都当期收不抵支。辽宁省当期缺口为 105 亿元，累计结余 1 183 亿元，可支付 8. 9 个月；吉林省当期缺口为 41 亿元，累计结余 383 亿元，可支付 7. 5 个月；黑龙江省当期缺口 138 亿元，累计结余 88 亿元，仅能维持 1 个月的养老金支付。

这种区域碎片化实质上是将法定的全国统一的国家制度沦为了差异性的地区性制度安排，既导致了不同地区之间费率负担畸轻畸重，又直接制造了不同地区之间养老保险基金余缺并存的畸形格局，更突破了社会养老保险制度筹资应当公平和市场经济条件下法定养老金成本应当公平的双重底线，直接损害了制度的公平价值取向，限制了制度的互助共济功能，并对市场经济条件下的劳动用工成本构成与劳动力流动产生深刻影响，进而对国家整体推进区域协同发展造成极为不利的影响。①

6. 人口老龄化程度持续加深，基本养老保险基金支付压力增大

养老保险制度建设初期，养老保险的抚养比是 5∶1，即 5 名参保在职职工养 1 名退休人员。到了 2018 年，企业职工参保人数和离退休职工参保人数分别为 26 502.6 万人和 9 980.5 万人，抚养比降至 2.66∶1，即 2.66 名参保在职职工养 1 名退休人员。这无疑是缴费率长期居高不下的重要原因。我国不同省份之间的抚养比差异较大，2015 年广东省抚养比为 9.74∶1，排全国首位，而排最末的黑龙江省抚养比为 1.33∶1，二者相差 7.3 倍。这意味着我国的城镇职工基本养老保险不仅费率水平高，还存在着区域间费率负担极不均衡的问题。

此外，我国社会保险制度改革之初覆盖面比较窄，参保缴费人数较少，也是造成社会保险缴费率居高不下的重要原因。

三、调整优化社会保险负担的措施与成效

为了调整优化企业社会保险负担，改进完善基金筹集机制，近几年我国采取了多项举措，取得了较好的效果，为进一步完善社会保险制度打下了坚实基础。

（一）调整优化社会保险负担的措施

1. 持续阶段性降低社会保险费率

2013 年 11 月 12 日，党的十八届三中全会通过《中共中央关于全面深化改革若干重大问题的决定》，明确规定“适时适当降低社会保险费率”。2015 年 3 月以来，国家连续出台政策，降低或阶段性降低养老、失业、工伤、生

① 郑功成，《从地区分割到全国统筹——中国职工基本养老保险制度深化改革的必由之路》，中国人民大学学报，2015 年 3 月。

育等保险费率，以减轻企业缴费负担。

（1）降低费率的试水阶段

2015 年 2 月 27 日，人力资源社会保障部、财政部发布《关于调整失业保险费率有关问题的通知》（人社部发〔2015〕24 号），从 2015 年 3 月 1 日起，失业保险费率暂由现行条例规定的 3%降至 2%。这是我国社会保险制度建立以来首次降低缴费率。虽然仅降低了 1 个百分点，企业和员工每年却可以少缴 400 多亿元。

2015 年 6 月 24 日，国务院常务会议决定降低工伤保险平均费率和生育保险费率。2015 年 7 月，人力资源社会保障部、财政部先后联合发布《关于调整工伤保险费率政策的通知》（人社部发〔2015〕71 号）、《关于做好工伤保险费率调整工作进一步加强基金管理的指导意见》（人社部发〔2015〕72 号）、《关于适当降低生育保险费率的通知》（人社部发〔2015〕70 号），对工伤保险和生育保险的费率调整和基金管理作了规定。

从险种范围来看，2015 年两次降低费率不涉及企业缴费比例最高、参保人数最多的城镇企业职工基本养老保险。大部分省份失业、工伤和生育保险基金有一定结余，费率本身不高，降费对大部分省份的基金安全和待遇支付影响不会太大。降费政策选择这三个险种进行试水，既能减轻企业负担，又能在保证社会保险基金总体安全的情况下对政策实施效果和基金支付能力进行测试，表明了降费决策的严谨和审慎。

（2）持续阶段性降费阶段

2016—2018 年，人力资源社会保障部持续阶段性降低社会保险费率，降费范围扩大至城镇职工基本养老保险。

城镇职工基本养老保险是企业缴费比例最高的险种，占我国企业总体 30%缴费率的 2/3，在一些养老负担重的省份，这一比例还要更高。2016 年 4 月，经国务院同意，人力资源社会保障部、财政部联合发布《关于阶段性降低社会保险费率的通知》（人社部发〔2016〕36 号），从 2016 年 5 月 1 日起，企业职工基本养老保险单位缴费比例超过 20%的省（区、市），将单位缴费比例降至 20%；单位缴费比例为 20%且 2015 年年底企业职工养老保险基金累计结余可支付月数高于 9 个月的省（区、市），可以阶段性将单位缴费比例降低至 19%。这是我国首次明确降低养老保险费率。

2018 年 4 月 20 日，人力资源社会保障部、财政部联合发布《关于继续阶段性降低社会保险费率的通知》（人社部发〔2018〕25 号），自 2018 年 5 月 1 日起，企业职工基本养老保险单位缴费比例超过 19%的省（区、市），以及按照《关于阶段性降低社会保险费率的通知》单位缴费比例降至 19%的省（区、市），基金累计结余可支付月数（截至 2017 年年底）高于 9 个月的，可阶段性执行 19%的单位缴费比例至 2019 年 4 月 30 日。

2016 年和 2018 年两次降低城镇企业职工基本养老保险单位缴费比例，是我国降低费率进程中的重大举措，也表明了我国政府减轻企业负担的决心和担当。在多个省份企业职工基本养老保险基金出现缺口、支付压力极大的形势下，降低单位缴费比例意味着企业职工基本养老保险基金收支压力向政府部门转移，中央或地方政府需要进行更多财政补贴或通过其他方式维护基金安全，保障退休人员基本养老待遇如期发放。通过两次降费，将单位缴费比例统一降至 19%，不仅极大地减轻了企业负担，也在一定程度上改善了我国不同地区企业缴费负担不均衡的状况。更重要的是逐步统一了缴费比例，为实现养老保险各项政策全国统一乃至实现全国统筹创造了条件。

人社部发〔2016〕36 号文件同时对降低失业保险、工伤保险和生育保险费率作了规定。人社部发〔2018〕25 号文件同时对降低失业保险和工伤保险费率作了规定。除此之外，2017 年 2 月，人力资源社会保障部、财政部联合发布《关于阶段性降低失业保险费率有关问题的通知》（人社部发〔2017〕14 号），对降低失业保险费率作了规定。通过三个文件，失业保险费率持续有序地降至 1%。自 2015 年至 2018 年，通过降低失业保险费率，失业保险基金共减收 3 000 亿元。工伤保险 2016 年在继续贯彻落实国务院 2015 年关于降低工伤保险平均费率 0. 25 个百分点的基础上，自 2018 年 5 月 1 日起，在保持八类费率总体稳定的基础上，工伤保险基金累计结余可支付月数在 18（含）至 23 个月的统筹地区，可以现行费率为基础下调 20%；累计结余可支付月数在 24 个月（含）以上的统筹地区，可以现行费率为基础下调 50%。生育保险继续贯彻落实国务院 2015 年关于降低生育保险费率 0. 5 个百分点的决定和有关政策规定。

（3）综合降费阶段

为进一步减轻企业负担、优化营商环境、完善社会保险制度，2019 年 4 月 1 日，国务院办公厅发布《降低社会保险费率综合方案》（国办发〔2019〕13 号，以下简称降费综合方案）。一方面，自 2019 年 5 月 1 日起，降低城镇职工基本养老保险（包括企业和机关事业单位基本养老保险）单位缴费比例。各省、自治区、直辖市及新疆生产建设兵团单位缴费比例高于16%的，可降至16%；低于16%的，要研究提出过渡办法。另一方面，继续阶段性降低失业保险、工伤保险费率。自2019年5月1日起，实施失业保险总费率为1%的省份，延长阶段性降低失业保险费率的期限至2020年4月30日。自2019年5月1日起，延长阶段性降低工伤保险费率的期限至2020年4月30日，工伤保险基金累计结余可支付月数在18（含）至23个月的统筹地区，可以现行费率为基础下调20%，累计结余可支付月数在24个月以上的统筹地区，可以现行费率为基础下调50%。2019年4月28日，人力资源社会保障部等多部委联合发布《关于贯彻落实〈降低社会保险费率综合方案〉的通知》（人社部发〔2019〕35号），进一步细化了相关规定。

降费综合方案相对于之前的降费政策而言，不论是降费范围，还是降费幅度，都有重大改变。首先，从降费范围来看，此次降费不仅涉及企业职工，还涉及机关事业单位工作人员，是我国首次降低机关事业单位养老保险单位缴费比例。其次，从降费幅度来看，基本养老保险的单位缴费比例从19%降至16%，降费幅度超过以往任何一次降费。再次，此次降费不仅包括失业、工伤等阶段性降费政策，还包括对基本养老保险制度的长效安排，基本养老保险16%的企业缴费比例不是阶段性政策，而是作为长期政策执行，未来还有进一步降费的可能。最后，降低基本养老保险费率的同时统一各地的养老保险缴费比例、调整缴费基数，为我国实现养老保险各项政策全国统一乃至实现城镇职工基本养老保险全国统筹打下了坚实的基础。

2. 调整社会保险缴费基数

社会保险缴费基数是用人单位及其职工缴纳社会保险费的依据，也是社会保险政策的重要参数，不仅影响社会保险费征收和制度的可持续发展，也影响参保者的待遇水平。

《国务院关于企业职工养老保险制度改革的决定》将个人标准工资作为个人缴费基数，企业缴费基数为本企业职工工资总额。《国务院关于深化企业职工养老保险制度改革的通知》（国发〔1995〕6号）则规定职工本人上一年度月平均工资为个人缴费工资基数，企业缴费基数为职工工资总额。其中，实施办法二的职工月平均工资低于当地职工平均工资60%的，按60%计算缴费工资基数；超过当地职工平均工资300%的部分不计入缴费工资基数。随着城镇企业职工基本养老保险制度的完善，实施办法二的缴费基数和上下限的做法基本得以确立。其他险种的缴费基数基本参照养老保险的做法确定。

虽然各项社会保险政策文件和《社会保险法》对社会保险缴费基数都有规定，将当地社会平均工资的60%和300%作为缴费的上下限，但仍然存在以下问题。一是职工工资水平不同造成企业缴费基数的差异。若职工工资水平高于社会平均工资的上限，则企业需按社会平均工资的300%缴费；若职工工资水平低于社会平均工资的下限，则企业缴费基数为社会平均工资的60%。高工资水平企业的缴费基数远高于低工资水平企业的缴费基数，这就造成了企业间的社会保险缴费负担不公平。二是社会平均工资口径不合理。长期以来，我国大多数地区都以非私营单位职工平均工资作为核定社会保险缴费基数上下限的平均工资口径，但由于非私营单位在岗职工的平均工资统计范围比较小，而且工资水平比较高，导致缴费门槛也偏高，从而影响企业与参保人的缴费积极性。以 2017 年为例，我国城镇非私营单位在岗职工的月平均工资为 6 343 元，同期私营单位从业人员的平均工资为 3 813 元，前者是后者的 1. 66 倍。另外，我国私营单位吸纳了约 1/2 的劳动力，现行的社会平均工资口径肯定远远超过实际平均工资水平，很多私营单位职工实际工资甚至达不到社会平均工资的 60%这一缴费基数下限。低收入职工按照缴费基数下限缴纳社会保险费后，当期收入明显偏少，甚至可能影响其生活水平。

降费综合方案调整了就业人员平均工资计算口径，各省以本省城镇非私营单位就业人员平均工资和城镇私营单位就业人员平均工资加权计算的全口径城镇单位就业人员平均工资，核定社会保险个人缴费基数上下限。目前，除少数省份已经先期使用全口径城镇单位就业人员平均工资外，其余省份都结合实际调整了缴费基数政策，以本省城镇职工全口径平均工资核定社会保险个人缴费基数上下限。

3. 提高统筹层次

统筹层次是指社会保险缴费收入资金流的收入、支出、管理与核算的层级，是社会保险社会化的标志，也是市场经济发育程度的标志。按照大数法则，社会保险的统筹层次越高，覆盖面就越宽，风险就越分散，越有利于政府在更大空间内调剂基金余缺，平衡地区差距，实现有限资金的充分利用，保险体系就越稳固；反之，统筹层次低不利于劳动者的流动，结余基金在地区之间不能转移，缺口部分要靠财政弥补，势必影响基金抵御风险的能力，加重财政负担。因此，提高统筹层次无疑是增强社会保险基金抵御风险能力和社会保险制度可持续发展的必由之路。

我国社会保险制度建立之初统筹层次普遍偏低，大多是从县、市级统筹开始的。这不仅导致制度被严重分割，而且造成地区之间负担不均衡，出现了一种很不合理的现象：一方面，包括养老保险基金在内的全国社会保险基金积累高速增长；另一方面，相当数量省份的社会保险尤其是养老保险基金当期收不抵支。随着时间的推移，特别是老龄化程度的加深，养老保险基金支付压力不断加大，当期收不抵支的地区不断增多，地区间社会保险负担不均衡尤其是基本养老保险基金财务状况失衡的问题日益严重，亟须提高统筹层次，化解基金财务失衡问题，缓解局部地区人口老化和经济不景气造成的社会保险基金缺口的压力。

《国务院关于企业职工养老保险制度改革的决定》就指出，“尚未实行基本养老保险基金省级统筹的地区，要积极创造条件，由目前的市、县统筹逐步过渡到省级统筹。”进入21世纪，我国加快了推进各险种省级统筹的步伐，先后发布《关于推进企业职工基本养老保险省级统筹有关问题的通知》（劳社部发〔2007〕3号）、《关于推进工伤保险市级统筹有关问题的通知》（人社部发〔2010〕20号）、《关于进一步提高失业保险统筹层次有关问题的通知》（人社部发〔2010〕63号）、《关于工伤保险省级统筹的意见》（人社部发〔2017〕60号）、《进一步完善企业职工基本养老保险省级统筹制度的通知》（人社部发〔2017〕72号）、《关于失业保险省级统筹的意见》（人社部发〔2019〕95号）及《关于加快推进工伤保险基金省级统筹工作的通知》（人社厅函〔2019〕164号）等多个文件，积极推进各项社会保险的省级统筹，各险种统筹层次不断提高。

4. 建立中央调剂金制度

随着我国人口老龄化的不断加深以及经济发展不平衡等原因，地区间抚养比差距扩大，各省份之间养老保险基金负担不平衡的问题越来越突出，靠省级统筹难以解决，需要进一步提高统筹层次。党的十九大报告明确要求尽快实现养老保险全国统筹。由于我国区域间经济发展不平衡，各地养老保险抚养比相差悬殊，养老保险政策、待遇水平仍存在差异，省级统筹制度还不够完善，难以一步实现基金全国统收统支。为此，中共中央、国务院决定，先建立养老保险基金中央调剂制度，在全国范围对基金进行适度调剂，作为实现全国统筹的第一步。

2018 年 5 月 30 日，《国务院关于建立企业职工基本养老保险基金中央调剂制度的通知》（国发〔2018〕18 号）发布，决定从 2018 年 7 月 1 日起，建立养老保险基金中央调剂制度。中央调剂基金由各省份养老保险基金上解资金构成，按照各省份职工平均工资的 90%和在职应参保人数作为计算上解额的基数，上解比例从 3%起步，逐步提高。中央调剂基金实行以收定支，当年筹集的资金全部拨付地方。中央调剂基金按照人均定额拨付，根据人力资源社会保障部、财政部核定的各省份离退休人数确定拨付资金数额。

中央调剂金制度的实行对于调整优化社会保险负担、改进完善基金筹集机制具有重要意义。首先，中央调剂金制度促进了地区间社会保险负担的公平。在不增加社会整体负担和不提高养老保险缴费比例的前提下，合理均衡地区间养老基金负担，提高养老保险基金整体抗风险能力。其次，明确了中央政府和地方政府的财政和管理责任，省级政府承担扩面征缴和确保发放责任，中央政府通过转移支付和养老保险中央调剂基金进行补助。这有利于改变一直以来我国中央政府和地方政府在历史债务上责任不清、地方依赖中央的局面，构建了清晰合理的责任承担机制。最后，有利于养老保险制度和政策的进一步完善。养老保险制度经过 30 多年的改革完善，已经实现全国统一的基本养老保险制度，但在缴费比例、缴费基数核定办法、待遇计发和调整办法等方面地区之间仍有差异，通过基金中央调剂制度的实施，有利于逐步统一各地相关政策，最终实现养老保险各项政策全国统一。

5. 划转国有资本充实养老保险基金

为了抵补职工基本养老保险的转轨成本，应对人口老龄化，2000 年 8 月，中央政府设立全国社会保障基金，作为国家社会保障储备基金，由中央财政预算拨款、国有资本划转、基金投资收益和国务院批准的其他方式筹集的资金构成，专门用于人口老龄化高峰时期的养老保险等社会保障支出的补充、调剂，由全国社会保障基金理事会负责管理运营。2001 年 6 月 12 日，国务院发布《减持国有股筹集社会保障基金管理暂行办法》，规定国有股减持主要采取国有股存量发行的方式，凡国家拥有股份的股份有限公司向公共投资者首次发行和增发股票时，均应按融资额的 10%出售国有股；国有股存量出售收入，全部上缴全国社会保障基金。2009 年 6 月 19 日，经国务院批准，财政部等四部委印发《境内证券市场转持部分国有股充实全国社会保障基金实施办法》，规定股份有限公司首次公开发行股票并上市时，按实际发行股份数量的10%，将上市公司部分国有股转由全国社会保障基金理事会持有。

随着人口老龄化加速，我国多个省份出现城镇企业职工基本养老保险基金当年收不抵支情况。为有效增强基本养老保险制度可持续性，党的十八届三中、五中全会明确提出“划转部分国有资本充实社保基金”。《中共中央、国务院关于深化国有企业改革的指导意见》和《国务院关于改革和完善国有资产管理体制的若干意见》分别对划转部分国有资本充实社保基金作出了具体规定，规定在改组组建国有资本投资、运营公司以及实施国有企业重组过程中，国家根据需要将部分国有股权划转社会保障基金管理机构持有，分红和转让收益用于弥补养老等社会保障资金缺口。2017 年 11 月 9 日，国务院印发《划转部分国有资本充实社保基金实施方案》，规定将中央和地方国有及国有控股大中型企业、金融机构纳入划转范围，划转比例统一为企业国有股权的 10%。

与 2001 年和 2009 年两次划转国有股权相比，2017 年的划转方案有质的飞跃。一是划转目标和资金用途更清晰，明确规定基本目标是弥补因实施视同缴费年限政策形成的企业职工基本养老保险基金缺口，促进建立更加公平、更可持续的养老保险制度。二是划转范围与规模扩大，前两次政策规定只对 IPO 部分股权或增发部分股权“减持”或“转持”10%，这一次则是要求对全部国有股划转 10%。三是股权管理主体发生变化，前两次划转的国有股权均上缴全国社会保障基金理事会，由其统一管理运营。此次政策规定划转的中央企业国有股权，由国务院委托全国社会保障基金理事会负责集中持有，划转的地方企业国有股权，由各省级人民政府设立国有独资公司集中持有、管理和运营。

划转部分国有资本充实社保基金是增强基本养老保险制度可持续性的重要举措，有利于充分体现国有企业全民所有，发展成果全民共享，增进民生福祉；也有利于实现基本养老保险制度的代际公平，避免将实施视同缴费年限政策形成的基本养老保险基金缺口，通过增加税收、提高在职人员养老金缴费率等方式转移给下一代人。从基金收入的角度来看，划转国有股权充实社保基金可以增加城镇职工基本养老保险基金的收入来源，有效缓解养老保险基金缺口，建立补充社保基金的长效机制。另外，此次划转明确规定地方企业国有股权由各省（区、市）持有、管理和运营，这对已经产生养老金缺口的省（区、市）来说可以马上缓解其基金收支平衡的压力，也便于各省（区、市）统筹考虑基本养老保险基金的支出需要和国有资本收益状况，适时实施收缴。

（二）调整优化社会保险负担的效果

1. 切实降低企业负担

自 2015 年实施社保降费政策以来，失业、工伤、生育和基本养老保险费率持续降低，切实减轻了企业负担。2015 年至 2019 年 4 月 30 日阶段性降费率政策执行期满，共减轻企业社保缴费负担近 5 000 亿元。2019 年国务院发布《降低社会保险费率综合方案》，大幅降低职工基本养老保险费率，持续降低失业、工伤保险费率，进一步减轻了企业负担。截至 2019 年 9 月底，社保降费共为企业减免 2 725 亿元，预计全年超过 3 800 亿元。费率的降低有利于企业降低用工成本，节省的用工成本可以用来扩大生产、引进人才、投资研发，进而促进就业稳定，增强企业发展活力，为实体经济发展增添助力。费率的降低还有利于增强企业参保的遵从度和覆盖率：一方面增强中小企业参保缴费的能力与积极性，吸引其积极参保、足额缴费；另一方面，费率的降低及缴费基数的调整可以提高企业缴费的合规性，让企业按时足额缴费，避免过高缴费率造成的瞒报人数、降低基数等做法，保障职工的合法权益。

2. 均衡地区间社会保险缴费负担

长期以来，我国各地社会保险尤其是城镇职工基本养老保险的单位缴费比例五花八门，甚至在同一个省内各地、市、县的标准也不统一，职工基本养老保险缴费标准在地区之间存在严重差异，造成了地区之间企业社保负担的不统一、不公平。2019 年降费综合方案首次明确了各地职工基本养老保险降费必须统一步调，打破了原来的以地区基本养老保险基金收支平衡为前提的缴费比例确定方式，极大地降低了那些人口结构老化、养老负担重的人口流出大省的企业缴费比例。费率的统一能够均衡地区之间企业社会保险负担，使得企业缴费更加公平，为企业发展尤其是经济欠发达地区的企业发展带来机遇，增添助力。

通过实行部分养老保险基金中央统一调剂使用，进一步均衡了地区间的社会保险缴费负担，实现基金安全可持续，实现财政负担可控，确保各地养老金按时足额发放，极大地缓解了各省（区、市）之间因老龄化程度不同、职工赡养率差异产生的职工养老保险负担不均现象。

3. 缴费基数更为合理

2019 年降费综合方案发布之前，大多数省份的缴费基数采用非私营单位职工平均工资作为核定社会保险缴费基数上下限的平均工资口径，极大地偏离了我国城镇就业职工的实际平均工资。以国家统计局公布的数据为例，2018 年城镇单位就业人员平均工资为 82 413 元/年，其中国有单位就业人员平均工资为 89 474 元/年，私营单位就业人员平均工资仅为 49 575 元/年，私营单位的平均工资约为国有单位的 55%和城镇单位平均工资的 60%。考虑到私营单位吸纳了我国相当数量的就业人员，以非私营单位职工平均工资作为核定口径，据此确定的缴费基数上下限会造成缴费基数远高于私营单位平均工资。2019 年降费综合方案采用全口径城镇单位就业人员平均工资确定缴费基数，能够更合理地反映参保人员实际平均工资水平，以此来核定个人缴费基数上下限，工资水平较低的职工缴费基数可相应降低，缴费负担减轻。

4. 提高低收入人群和劳动密集型企业的参保积极性

受原缴费基数核定方式影响最大的是低收入人群和劳动密集型企业。低收入人群、部分小微企业或劳动密集型企业，不少职工按照缴费基数下限缴费。以非私营单位职工平均工资作为核定社会保险缴费基数上下限的依据，意味着低收入人群要按高于实际工资的缴费基数缴纳五险一金，影响其当期收入和生活水平。对于劳动密集型企业而言，较高的缴费基数增加了其用工成本，在经济新常态下企业发展压力增大。此外，灵活就业人员收入不稳定，较高的缴费基数也削弱了其参加城镇企业职工基本养老保险的积极性。缴费基数的调整有助于降低劳动密集型企业和低收入人群、灵活就业人员的缴费负担，提高其参保缴费积极性，扩大基本养老保险覆盖面和征缴率，保证基金收入，确保基本养老保险制度可持续发展的良性循环。

5. 助推统筹层次提高

统筹层次提高的必要条件是缴费比例、缴费基数统一。过去各省份之间、省内各区市之间缴费比例、缴费基数各不相同，提高基金统筹层次可能引起地方利益失衡，面临来自地方的阻力。降低并统一基本养老保险费率，配合缴费基数的统一，消除了这种阻力，为省级统筹的推进乃至全国统筹的实现打下了坚实的基础。

6. 为降低替代率、促进第二支柱发展奠定基础

高达 28%的职工基本养老保险总费率，被迫对应相对较高的给付替代率。

高替代率背离了作为第一支柱的基本养老保险的制度本源，直接挤压了第二支柱企业年金生存与发展的空间。绝大多数企业在缴纳了20%的基本养老保险费用后，再也无力建立企业年金计划，最终导致了第一支柱很大、第二支柱很弱、第三支柱空白的尴尬格局。人力资源社会保障部发布的信息显示，到2013年，我国共有66 120户企业建立了企业年金，参加职工人数为2 056万人。2013年，我国企业户数约为1 470万户，为职工设立年金的比例不足0.5%；到2013年年末，全国城镇职工基本养老保险参保人数为32 212万人，拥有企业年金的职工不到参保总数的7%。①

7. 有助于基本养老保险制度的进一步完善

社会保险降费不只是一个单纯的企业减负问题，它更关乎社会保险制度的改革与完善。2019年前，社会保险降费主要是为企业减负，因此2016年职工基本养老保险首次降费只降企业缴费率，不降机关事业单位缴费率，这让2014年并轨的职工基本养老保险再次被撕裂，与养老保险全国统筹要求是不相符的。2019年降费综合方案将机关事业单位纳入社会保险降费统一安排，执行与企业相同的缴费率。这是社会保险降费的重大制度突破，职工基本养老保险重新回归“全国统筹”的改革目标。此外，2019年降费综合方案明确要求确保企业特别是小微企业社会保险缴费负担有实质性下降，同时要确保职工各项社会保险待遇不受影响、按时足额支付。既要减轻企业缴费负担，又要保障职工社会保险待遇不变、养老金合理增长并按时足额发放，使社保基金可持续、企业与职工同受益，这一要求势必倒逼深化社会保险制度变革，促进我国基本养老保险乃至五险一金制度的完善。近几年国有资产划转社保基金、地方结余的养老保险基金开展投资运营、基本医疗保险和生育保险合并实施等政策已初显社会保险制度完善端倪。

四、展望

降低社会保险费率和调整缴费基数、提高统筹层次、建立中央调剂金制度以及划拨国有资产充实社保基金，是我国在经济新常态时期调整优化企业社会保险负担的重要举措。随着这些举措的推行，社会保险费率明显下降，企业社会保险负担更加合理，地区间社会保险费用负担更加均衡。党的十九

① 《我国不足0.5%企业设立企业年金》，人民日报，2014年4月10日。

大报告提出要“全面建成覆盖全民、城乡统筹、权责清晰、保障适度、可持续的多层次社会保障体系”，即建设适应中国特色社会主义市场经济体制需要，保障方式多元化、资金来源多渠道、管理服务便捷化，全民共享、法治保障、公平可持续的社会保障制度、体制和机制。在调整优化社会保险负担方面，应从以下三个方面深化改革。

1. 在全国范围内统一职工基本养老保险企业缴费比例

统一职工基本养老保险企业缴费比例是提高统筹层次的内在要求。我国养老保险的制度目标是实现全国统筹，而全国统筹的基础条件是各地区的企业缴费比例要一致。根据 2019 年降费综合方案的要求，企业缴费比例降至 16%，但目前仍有部分省份和地市的企业缴费率低于 16%。从技术层面来看，基本养老保险的单位缴费比例调整有两种方案：一是将单位缴费比例低于 16%的省份调整为 16%；二是根据养老保险基金的结余情况，将支付压力较小省份的单位缴费比例继续下调，同时利用中央调剂金对支付压力较大省份进行转移支付。不管采用哪种方案，未来基本养老保险的单位缴费比例一定要实现全国范围内的统一，进而实现基本养老保险的全国统筹，实现基本养老保险制度的完善。

2. 进一步提高统筹层次直至全国统筹

实行全国统筹是中国养老保险制度发展的必然趋势，它不仅可以彻底解决养老保险财务能力的区域差异与失衡问题，而且还可以彻底解决参保人养老保险关系异地转移接续和全国劳动力流动障碍。我国各地区在社会保险管理中，缴费年限、缴费基数、缴费率等存在碎片化、标准不统一的问题，信息系统也没有统一和完善，给统筹层次的提高造成了障碍。目前各省份的缴费基数均已实现省级范围内的统一，城镇职工基本医疗保险、失业保险、工伤保险的缴费比例也基本趋于稳定和统一，社会保险标准化工作正在有序推进，各项社会保险的省级统筹也在积极开展。2017 年 9 月，人力资源社会保障部发布《关于进一步完善企业职工基本养老保险省级统筹制度的通知》，要求各地在基本养老保险制度、缴费政策、待遇政策、基金使用、基金预算和经办管理实现“六统一”的基础上，积极创造条件实现全省基本养老保险基金统收统支。这些制度和政策的变革及工作的推进为提高统筹层次打下了坚实基础，随着我国社会保险制度和机制的改革与完善，这些问题将逐个击破，最终实现全国统筹。

3. 进一步优化基金筹集和负担机制

调整社会保险负担不仅是费率问题，还是资金筹集的结构问题。制度转轨成本不能完全由企业负担，政府也不能简单地通过财政补贴承担责任，而是应该对历史债务的规模进行测算，将转轨成本的负担方式和比例明确下来，确定合理的社会保险费用负担结构。目前已出台划转国有资本充实社保基金、建立中央调剂金制度等举措，《国务院关于建立企业职工基本养老保险基金中央调剂制度的通知》也明确了省级政府扩面征缴和确保发放的责任，中央与省级政府责任明晰、分级负责的管理体制逐步得到确立。随着国有资本划转工作的推进和划转企业的增多，划转的国有股份将极大地增加社保基金的储量，大大减轻养老金的支付压力。随着政府责任明晰化、地区间费用负担合理化以及养老保险制度全国统筹的实现，养老保险基金将更加充实，企业社会保险负担将更加合理，基金筹集和负担机制将更加完善。

专题三：

共享发展成果：构建养老保险待遇正常调整机制

建立现代养老保险制度的国家普遍实行养老金动态调整，参照物价、工资以及人口结构的变化，定期或不定期调整待遇，确保退休人员养老金水平不因物价与平均工资水平等因素的变化而降低，能够保障基本生活需要，不至于偏离养老保险制度设定的保障目标。我国社会保险制度的本质特征是坚持以人民为中心的发展理念，让改革发展成果惠及全体人民，最终实现共同富裕。养老保险待遇正常调整机制不仅是确保养老保险制度在运行中不偏离保障目标的制度安排，更是退休人员分享改革发展成果、实现共同富裕的重要保证。

一、主要发展阶段

城镇企业离退休人员基本养老保险待遇正常调整机制是伴随养老保险制度改革进程逐步建立起来的，大致经历了由探索到规范运行、再到统筹运行三个阶段。

（一）探索阶段（1991—2005 年）

1991 年 6 月，国务院印发《关于企业职工养老保险制度改革的决定》

（国发〔1991〕33 号），开启了改革企业职工养老保险制度，构建与市场经济体制相适应的社会化基本养老保险制度的进程。在这一具有开创性意义的文件中，虽然提出“国家根据城镇居民生活费用价格指数增长情况，参照在职职工工资增长情况对基本养老金进行适当调整，所需费用从基本养老保险基金中开支”，但是并未明确要建立养老保险待遇正常调整机制。1992 年企业离退休人员调整养老金仍然延续了此前酌情提高养老金计发比例的办法，在原有基础上提高 10%。

1993 年，劳动部组织部分城市开展基本养老金计发办法改革试点，对探索养老保险待遇调整（简称调待）提出了指导性意见。但在以零售物价总指数为参数，还是以职工生活费用价格指数或以社会平均工资增长指数为参数上，有关部门意见不统一，由试点城市自行选择。上海市选择按职工生活费价格指数上升幅度调整，参照在职职工实际工资增长情况，不定期增加生活补贴。① 承担国家社会保障制度综合改革试点任务的海南省选择每年根据从业人员工资平均增长额的 50%~80%进行调整。②

1995 年 3 月，《国务院关于深化企业职工养老保险制度改革的通知》（国发〔1995〕6 号）明确提出，为了保障企业离退休人员基本生活，各地区应当建立基本养老金正常调整机制。基本养老金可按当地职工上一年度平均工资增长率的一定比例进行调整，具体办法在国家政策指导下由省、自治区、直辖市人民政府确定。这是国家政策首次提出建立基本养老金正常调整机制，并统一了调整办法的政策参数，明确由省一级政府制定具体调整办法。1997 年 7 月，《国务院关于建立统一的企业职工基本养老保险制度的决定》（国发〔1999〕26 号），要求各地区和有关部门进一步完善养老保险待遇正常调整机制，认真抓好落实。

由于国有企业大面积亏损，导致职工养老保险基金收入增长缓慢，一些地区出现了当期基金收不抵支的现象，确保企业离退休人员基本养老金按时足额发放成了一项艰巨任务。1998 年中央财政开始对企业职工基本养老保险基金进行补贴，用于弥补一些地区的基金支付缺口。1999 年中央财政拨付 163 亿元。与此同时，在一些地区出现了攀比养老金水平的现象，提高退休人

---

① 资料来源：1993 年《上海市城镇职工养老保险制度改革实施方案》。

② 资料来源：《中国劳动科学》1995 年第 3 期。

员养老金水平面临失控的风险。2000 年 12 月全国社会保障工作会议上，提出“今后调整基本养老金水平，由劳动保障部和财政部参照城市居民生活费用价格指数和在职职工工资增长情况，提出方案报国务院审定后，统一组织实施”，这实际上是提出了对此前由各省（区、市）自行制定调整办法进行改进的要求。

这一阶段有两个基本特征。一是以地方自主调整为主，中央政府主要是完善制度和指导地方自主进行调待，同时承担资金支持的责任。劳动部和 1998 年机构改革后的劳动保障部作为主管部门，通过会议、下发文件和安排试点等方式对地方加强指导。二是普遍采用具有特定政策含义的保底调整。多数地区实行在人人有份的普调和对特殊情况（对象）适当倾斜调整后，增加的养老金仍低于一定标准时再给予补足的政策。覆盖对象包括离休、退休和退职人员。为照顾低收入者和提高共享经济发展成果，一些地区通过分档调整的方式实施保底调整，增加待遇就高不就低。如山东省 2001 年基本养老金按 5.5%增长普调后，退休人员低于 30 元的增加至 30 元，退职人员低于 24 元的增加至 24 元。其中，1953 年年底前参加工作的退休人员，在普调基础上再倾斜调整 40 元，两项调整相加后不足 80 元的按 80 元增加；军转干部普调和倾斜调整相加后不足 75 元的按 75 元增加；原工商业者普调和倾斜调整相加后不足 70 元的按 70 元增加。此次调整后退休人员月基本养老金不足 300 元的增加至 300 元。各地虽然调整水平不一样，但调整办法大同小异。

（二）规范运行阶段（2005—2015 年）

2005 年 12 月，《国务院关于完善企业职工基本养老保险制度的决定》（国发〔2005〕38 号）对完善养老金正常调整机制提出了具体措施，即“四统一”：中央统一控制调待总体水平，各地区调整办法参数和水平统一按当地企业在岗职工平均工资年增长率的一定比例确定，省级人民政府负责统一提出本地区的具体调待方案，各省份的调待方案需要经过劳动保障部、财政部统一审批。“四统一”进一步明确了中央政府和地方政府的责任和权限，特别是进一步明确了中央政府对调整总水平的控制权和对各省（区、市）调待方案的审批权。同时，对调整水平确定参数作出新的规定。这是养老保险待遇正常调整机制建设的又一标志性事件，标志着养老保险待遇正常调整机制框架基本建立，进入规范运行的新阶段。2011 年 7 月 1 日《社会保险法》实施，将“国家建立基本养老金正常调整机制，根据职工平均工资增长、物价上涨情况适时提高基本养老保险待遇水平”上升为法律。

2006 年 6 月，劳动保障部、财政部印发《关于调整企业退休人员基本养老金的通知》（劳社部发〔2006〕21 号），从 2005 年起连续三年提高企业退休人员基本养老金，调整执行时间为每年 7 月 1 日，并要求向具有高级职称的退休科技人员和退休早、基本养老金相对偏低的人员等适当倾斜。具体调整办法由各省（区、市）政府根据当地实际情况确定，报劳动保障部、财政部审批后实施。调待所需资金由企业职工基本养老保险基金承担。对财政确有困难的中西部地区和老工业基地及新疆生产建设兵团，由中央财政通过专项转移支付方式予以适当补助，确保按时足额发放基本养老金，不得发生新的拖欠。有关规定见表 3-3-1。

表 3-3-1　劳社部发〔2006〕21 号文件对养老金调整有关规定

年度	调整范围	调整办法	调整水平
2005	2004 年 12 月 31 日前办理退休手续人员	以上年退休人员月人均基本养老金为基数，按上年企业在岗职工平均工资增长率一定比例调整	60%左右
2006	2005 年 12 月 31 日前办理退休手续人员		100%左右
2007	2006 年 12 月 31 日前办理退休手续人员		70%左右

劳社部发〔2006〕21 号文件对规范各地区的调待行为具有较强的指导性和约束性。2006 年《河南省关于调整企业退休人员基本养老金的通知》确定，2005 年、2006 年、2007 年分别以全省上年企业退休人员月人均基本养老金为基数，分别按照上年全省企业在岗职工平均工资增长率的 60%、100%、70%进行调整。

实行地市级统筹的省份，地市级政府还需要结合当地实际细化省制定的调待政策办法。以江苏省 2007 年调待为例，要求全省统一执行退休人员每人每月增加基本养老金 45 元，退职及领取定期生活费人员每人每月增加 30 元；退休、退职及领取定期生活费人员每人每月再按照缴费年限不满 15 年、15~19 年、20~24 年、25~29 年、30~34 年、34 年以上，分别增加 49 元、52 元、55 元、58 元、61 元、64 元标准，乘以当地在岗职工平均工资与全省在岗职工平均工资的比值增加基本养老金；与此同时，还要求各省辖市人民政府确定调整的具体实施方案。体现地区差异的调整系数，应在全面考虑基本养老保险基金承受能力、在岗职工工资水平、养老金替代率、当地财政支付能力等因素，综合平衡辖区内各县（市）的情况后确定。调整所需资金由各地基本养老保险统筹基金列支。基本养老保险统筹基金不足的市、县（市）由地方政府自筹解决。省政府确定的养老保险基金困难市、县（市、区），由省参照实际计算的调整系数（低于0.6的按0.6），予以适当补助。

全国多数地区为地市级统筹，调待办法与江苏省大同小异。实行养老保险基金统收统支的陕西、吉林、黑龙江、上海、天津等省份，组织实施调待时所属行政区执行省（市）统一的调整办法，运行效率高于实行地市级统筹的地区。

“普遍调整+倾斜调整（特殊调整）+保底调整”的调整办法，被各地区普遍采用。但各地区调整办法的政策内涵、调整标准与要求等不完全相同。以2015年为例（见表3-3-2）。

表3-3-2　　部分地区2015年调整办法摘录

省份	调整办法
北京	1. 定额调整。按4 550元（含）以上、3 550（含）~4 550元、3 050（含）~3 550元和3 050元以下分别增加100元、120元、140元和160元 2. 挂钩调整。与缴费年限挂钩。满10年及其以上，每满1年增加3.5元；不满10年一次性增加35元；不满15年的建设征地农转工退休人员一次性增加52.5元 3. 倾斜调整。年满65~69周岁、70~74周岁、75~79周岁和80周岁以上人员分别再增加100元、120元、140元和160元。2014年年底之前年满65~69周岁、70~74周岁、75~79周岁和80周岁以上人员，分别增加100元、120元、140元和160元。抗日战争时期增加500元，解放战争时期增加480元，并享受高龄倾斜政策 4. 保底调整。按定额调整后低于下一档的，补足差额。调整后最低标准分别为每月1 609元、1 464元、1 331元。企业退休军转干部、原工商业者、高级专业技术人员调整后养老金低于全市平均水平3 355元/月的，给予补足
上海	1. 定额调整。每人每月增加130元 2. 挂钩调整。缴费（含视同缴费）每满1年每月增加3元。按本人2014年12月按月领取的基本养老金（生活费）为基数，每月增加4% 3. 倾斜调整。2014年12月31日前女满60周岁及以上、男满65周岁及以上人员增加20元。2014年当年内女满60周岁、男满65周岁以及满70周岁、75周岁、80周岁，可按2013年女满60周岁、男满65周岁以及满70周岁、75周岁、80周岁人员已享受标准先进档，再增加。新中国成立前老工人、两航起义人员、持有中国海员工会核准颁发起义船员证书招商局驾船起义人员，在此之上每人每月再增加200元 4. 保底调整。与缴费年限挂钩调整，月增加额不足30元的补足到30元
吉林	1. 定额调整。定额调整每人每月增加80元，比2014年提高15元 2. 挂钩调整。缴费25年（含）以下、26~30年、31~35年以及36年以上，满1年分别增加3.5元、4元、4.5元和5元。按“五七家属工”参保人员不参与缴费年限调整，以2014年12月本人月基本养老金为基数增加1% 3. 倾斜调整。年满70~74周岁、75~79周岁、80周岁及以上分别增加70元、80元、90元。各档次均比上年标准高10元 4. 保底调整。退休军转干部仍达不到调整后当地（所在市、县，省直管统筹单位为省）企业退休人员月人均基本养老金水平的，予以补足

续表

省份	调整办法
贵州	1. 定额调整。每人每月增加基本养老金 110 元 2. 挂钩调整。缴费年限每满 1 年增加 3.5 元，缴费年限不足 1 年按 1 年计算 3. 倾斜调整。新中国成立前老工人按参加工作时间段，分别增加 550 元、530 元、510 元。年满 70 周岁及以上人员，超过 70 周岁每满 1 岁增加 7 元，不足 1 岁按 1 岁计算。1953 年前参加工作（不含新中国成立前参加工作的老工人）增加 50 元；原工商业者增加 40 元 4. 保底调整。军转干部调整后达不到 2015 年度全省企业离退休人员基本养老金平均水平的予以补足。调整后月基本养老金（不含领取《独生子女证》加发 5%养老金部分）达不到 560 元的补足到 560 元。领取退职生活费的人员（不含领取《独生子女证》加发 5%养老金部分）达不到 535 元的补足到 535 元

资料来源：北京市、上海市、吉林省、贵州省 2015 年关于调整基本养老金的文件。

注：表中调整金额都是每人每月增加额。

普遍调整的定额调整易识别和易操作，便于同一地区统一标准，多数地区都采用。按挂钩调整分为与本人缴费年限挂钩和与本人养老金水平挂钩，增加的标准分别以本人的缴费年限或养老金水平为基数计算。实践中有些地区多次实行缴费年限每增加 1 年，每月定额增加部分养老金的办法，增加的标准一般定在增加 1~3 元。为了鼓励长缴多得，不少地区实行了按缴费年限分段调整的政策，对缴费满 15 年以上的年限，缴费年限越长，增加的养老金标准越高。与本人养老金水平挂钩，在调整系数相同的情况下，本人养老金标准越高，调整增加的待遇也越高。各地区连续或多次纳入适当倾斜调整对象的主要是高龄人员、养老金水平偏低的企业退休军转干部，还有高级职称人员、1953 年以前参加工作人员、原工商业者等。将具有高级职称退休人员纳入适当倾斜调整是从 2006 年开始的。据某省份统计，2006—2015 年的连续 10 年调待，前述人员享受倾斜调整的次数分别为 10、10、7、6、4。个别年度中获得过省部级以上劳模称号人员、按国家政策补缴参保的城镇集体企业已退休人员（五七工、家属工等）、因某种情况以个人身份参保补缴的人员等，作为国家统一的政策或各地区的地方政策，也纳入过当地适当倾斜调整。离休人员和新中国成立以前参加革命工作的老工人，每次调待都是适当“倾斜调整”对象，按参加革命的历史时期划分，进行差别定额调整或增加护理费补贴标准等提高养老金待遇，体现了对为建立新中国做出特殊贡献的老一辈群体的关怀。

2005—2015 年，国家连续 11 次调待，每次都由国务院统一布置，有关调整办法、执行时间、资金来源和组织实施要求等安排基本相同，但各地在落实“四统一”要求上存在差异。2005—2007 年，仍有部分地区实行按当地职工上年度社会平均工资增长率的一定比例调整的办法；还有的地区 2008 年、2009 年还实行按当地企业退休人员上年月人均基本养老金的一定比例确定调整办法。[①] 直到 2010 年以后，各地区才全部执行按各省份当地企业在岗职工平均工资年增长率的一定比例确定调整办法的统一要求。2007 年以前各地区调待执行时间并不统一，2008 年各地区才陆续改为从当年 1 月 1 日开始调整养老保险待遇。

（三）统筹运行阶段（2016 年至今）

2015 年 1 月，国务院发布《关于机关事业单位工作人员养老保险制度改革的决定》（国发〔2015〕2 号），明确从 2014 年 10 月 1 日起实施机关事业单位养老保险改革。建立基本养老金正常调整机制是改革的任务之一。要求根据职工工资增长和物价变动等情况，统筹安排机关事业单位和企业退休人员的基本养老金调整，逐步建立兼顾各类人员的养老保险待遇正常调整机制，分享经济社会发展成果，保障退休人员基本生活。养老保险待遇正常调整机制建设进入了统筹运行的新阶段。

2016 年 4 月，人力资源社会保障部、财政部印发《关于 2016 年调整退休人员基本养老金的通知》（人社部发〔2016〕37 号），明确从 2016 年 1 月 1 日起同步调整企业和机关事业单位退休人员基本养老金水平。总体调整水平按照 2015 年两部分退休人员月人均基本养老金的 6.5%左右确定。调整办法为定额调整、挂钩调整与适当倾斜相结合，兼顾企业和机关事业单位退休人员。其中挂钩调整要体现“多工作、多缴费、多得养老金”的激励机制，对高龄人员、艰苦边远地区企业退休人员可适当提高调整水平，继续确保企业退休军转干部基本养老金不低于当地企业退休人员平均水平，以及合理确定定额、挂钩、倾斜三部分比重，适当提高挂钩调整占比，增强调整办法的激励性导向等。同时还对调待资金来源作出明确安排，参加企业职工基本养老保险的从企业基本养老保险基金中列支，参加机关事业单位工作人员基本养老保险的从机关事业单位基本养老保险基金中列支。中央财政对中西部地区、老工业基地、新疆生产建设兵团和在京中央国家机关及所属事业单位适当补

① 胡晓义主编《走向和谐：中国社会保障发展 60 年》第 107 页。

助。这是职工基本养老保险制度并轨后，企业和机关事业单位退休人员首次同步调待。各地区制定的实施方案，要报送人力资源社会保障部、财政部审批。在京中央国家机关及所属事业单位调整方案由人力资源社会保障部、财政部制定并组织实施。

2016 年 5 月，上海市率先发布了调待方案，确定于 6 月 15 日前将增加的养老金发到退休人员手中。不久，北京、辽宁、江苏、福建、天津、浙江、广东、山东、湖南、湖北等省份也发布了调待方案，确定于 8 月或 9 月完成调待任务。截至当年 10 月底，各省份基本完成了企业和机关事业单位退休人员同步调待。2017—2019 年，连续 3 年继续同步调待，总体水平分别为 5.5%左右、5%左右和 5%左右，调整办法和组织实施要求与 2016 年基本相同。对机关事业单位退休人员普遍调整部分，各地区办法普遍是按公务员（含事业单位管理人员）、专业技术人员、工勤人员身份划分，分别确定一定的调整系数，按不同的系数乘以本人的基本养老金标准，得出普调增加的养老金。山东省连续 4 年调待均采用这一办法（见表 3-3-3）。

表 3-3-3　　2018 年山东省机关事业单位退休人员调待系数

类别	职务（岗位、技术等级）层级	调整系数
公务员（事业单位管理人员）	厅局级正职、厅局级副职（管理人员三、四级）	5.30
	县处级正职、县处级副职（管理人员五、六级）	2.91
	乡科级正职、乡科级副职（管理人员七、八级）	1.67
	科员、办事员（管理人员九、十级）	1.00
专业技术人员	教授及相当职务（专业技术人员一至四级）	4.74
	副教授及相当职务（专业技术人员五至七级）	2.81
	讲师及相当职务（专业技术人员八至十级）	1.67
	助理（含相当职务）及以上（专业技术人员十一、十二、十三级）	1.00
工勤人员	高级工及以上（技术工三级以上）	1.67
	中级工及以上、管理工（技术工四级、五级、普通工）	1.00

资料来源：2018 年山东省人力资源社会保障厅、财政厅关于调整基本养老金的文件。

同步调待 4 年来，国家确定的总体调整水平走入“下行通道”，主要原因是经济增速和职工工资增长率放缓，居民消费价格指数走低（见表 3-3-4）。

职工基本养老金调整水平适时适度下降属于正常情况，今后是升是降还是维持状况，还要取决于参考条件的变化。

表 3-3-4　　职工工资增长率和物价涨幅　　单位：%

项目	2010 年	2011 年	2012 年	2013 年	2014 年	2015 年	2016 年	2017 年	2018 年
平均工资增长率	9.8	8.6	9.0	7.3	7.2	8.5	6.7	8.2	8.6
物价涨幅	3.3	5.4	2.6	2.6	2.0	1.4	2	1.6	2，1
养老金调整水平						6.5	5.5	5	5

资料来源：历年统计年鉴。

二、调整机制功能作用持续彰显

多年来，通过不断优化调整办法，以及创新社会保险经办方式，调整机制的功能作用持续彰显。主要体现在有效保障了离退休人员基本养老金水平的不断提高，维护公平的同时兼顾效率，以及落实调整机制质量和效率提高方面等。

（一）离退休人员待遇水平不断提高，获得感持续增加

城镇企业职工基本养老保险制度是在经济发展水平比较低的情况下建立的，离退休人员养老金水平一直比较低。建立养老保险待遇正常调整机制以来，企业离退休人员基本养老金水平不断提高。1995—2004 年，多数地区至少进行了 8 次调待①，企业离退休人员月均基本养老金由 321 元提高到 745 元。2005—2019 年，国家连续 16 次统一调待，人月均基本养老金由 745 元提高到 3 153 元。“并轨”同步运行前的 11 次调待，人均养老金增长水平在 10%以上，扣除物价上涨因素，实际增长在 7%以上，与同期职工人均工资实际年均增长率的下限大致相同。

养老金替代率是衡量养老金制度保障水平的指标之一。国际经验显示，替代率达 70%左右时，退休人员生活水平与在职时大体相当，低于 50%时生活质量明显下降。按照国家养老保险改革的总体思路，基本养老保险制度目标替代率为 58.5%。1999 年之前，企业退休人员养老金替代率一度维持在 75%以上，主要是因为同一时期在职职工的工资水平也很低，基本处于满足温饱需要的阶段。随着经济的持续高速发展，职工工资水平快速提高，离退

① 资料来源：2006 年劳动保障部《全国企业退休人员基本情况调查》报告汇编。

休人员的养老金水平却增长缓慢，养老金替代率持续降低。社科院世界社保研究中心发布的《中国养老金发展报告2012》显示，2011年养老金替代率已降至50.3%。2005年养老保险待遇调整机制走上规范化以来，连续调整退休人员养老金水平，特别是2005—2011年，连续12年提高幅度保持在10%以上，对于保障退休人员基本生活需要，使他们能够分享经济发展的成果，发挥了重要作用。

（二）调整办法不断优化，兼顾公平与效率

2006年6月至8月，劳动保障部在全国开展了一次企业退休人员基本情况专项调查。调查结果显示，企业离退休人员基本养老金水平整体偏低，并且成因十分复杂。截至2005年年底月人均养老金在500元以下的占22.1%，月人均养老金在1 500元以上的占4.3%。一个突出问题是，提前退休人员养老金水平普遍偏低，而且退休越早养老金水平越低。而提前退休人员数量比较多，尤以女性退休人员居多。这是国家政策所致。20世纪90年代中后期至21世纪初期，国家为助力部分国有企业走出困境，先后对关闭破产企业、“优化资本结构”试点城市、所有经国务院批准破产计划项目、地处深山的中央军工企业、原中央所属资源枯竭矿山关闭破产企业等，曾专门规定照顾性的提前退休政策，鼓励提前退休；1998—2006年的9年间，全国有近1 000万人“提前退休”。① “十一五”期间“非正常”退休比例虽逐年下降，但绝对人数仍呈上升趋势。2006—2010年分别为22.3%（63万人）、20.5%（74万人）、20.1%（85万人）、15.6%（86万人）和12.5%（67万人）。②

2006年以来，在养老保险待遇调整上充分考虑了这一因素，各地区不断优化待遇调整办法，在坚持普遍调整的同时，适时适度向养老金水平偏低的群体“倾斜调整”和“保底调整”，使退休人员基本养老金待遇差渐进收窄。高龄退休人员（包括政策性关闭破产企业提前退休人员、因病提前退休人员）基本养老金水平有大幅度提高。企业与机关事业单位退休人员同步调待以来，坚持按机关和企事业单位所有退休人员人均基本养老金之和确定调整水平，企业退休人员养老金增长幅度均大于机关事业单位退休人员，逐渐缩小了企业退休人员和机关事业单位退休人员之间的养老金差距。如云南省2018年和

---

① 胡晓义主编《走向和谐：中国社会保障发展60年》第104页。

② 郑秉文主编《中国养老金发展报告2011》第1~2页。

2019 年企业退休人员月人均基本养老金水平上涨 5.56%和 5.67%；机关事业单位退休人员月人均基本养老金水平分别上涨 3.96%和 4.04%。据权威部门测算，企业退休人员养老金平均增加 5.5%，养老金 1 000 元左右的人群增加幅度一般在 8%以上，高出平均增幅 2.5 个百分点。[①]

普遍实行常态化“相结合”的调待办法，在注重社会公平的同时，兼顾促进提升养老保险制度的效率。将待遇调整水平与退休人员缴费年限、缴费水平“挂钩”调整，形成了“多缴多得、长缴多得”的激励机制，对在职人员增强自我保障意识产生了积极影响。如 1998 年统一企业职工基本养老保险制度以前参保的“中人”，近些年关注自己的缴费基数、维权的情况增多。尤其是没几年就要办理退休的“中人”，较退休尚远特别是刚开始参保缴费的人，更加关注自己将享受的养老金待遇水平。

（三）养老保险待遇水平提高，有效促进了老年群体生活消费

退休人员是一个越来越庞大的消费群体。截至 2019 年，享受养老保险待遇的人员达到 28 342 万人。其中，参加职工基本养老保险的 12 310 万人，比 2010 年增加了 6 005 万人，几乎翻了一番，是 2000 年的 3.88 倍；参加城乡居民基本养老保险的 16 032 万人，是 2012 年的 1.2 倍。近十多年来，随着参加职工基本养老保险的各年度新增退休人员人均基本养老金水平的提高和持续不断提高离退休人员待遇水平，退休人员基本养老金整体水平有了较大幅度提高，想消费、愿消费、有能力消费的人越来越多。尤其是在经济发展水平较高的地区和中心城市，为改善居住条件、追求生活品位等舍得多消费、高消费的老年群体不断扩大，拉动了内需，促进了生产发展和市场繁荣，特别是推动了老年服务业的发展。市场上专为老年群体开发生产的产品越来越多，各类养老服务机构数量不断增多，规模也不断扩大，养老金消费拉动和催生的新业态也不断诞生。这些情形直接或间接地促进了就业。拥有养老金的庞大消费群体已经成为我国社会购买力中不可忽视的一部分，已经对经济发展产生积极推动作用。

（四）充分运用信息技术，待遇调整效率持续提高

2000 年以前，计算机和网络应用尚未普及，有些地区社保经办机构办理调待主要靠手工操作。条件较好的地方虽然使用了计算机处理业务，但也仅

① 人力资源社会保障部社会保障研究所所长金维刚 2017 年答记者问。

限于单机版操作或局域网运行。业务经办规范性差，信息采集制度不健全，审核把关不严，以及更换信息系统时数据清洗不及时等情形叠加，导致参保人基础信息等数据不完整、不准确问题较多。办理调待需要补齐信息才能正常进行，费时费力，效率不高。经过多年的信息化建设，特别是经过 2003 年、2010 年和 2013 年的 3 次社会保险全行业数据专项整理，多年形成的部分参保人员基础信息瑕疵问题逐渐解决，为适时提高信息化调待经办效率和质量夯实了数据基础。

随着“金保工程”建设二期落地，各级社保经办机构信息系统不断完善，从测算制定调待方案到发放增加的养老金，各个环节都是通过信息系统处理。每次调待先由省或地市一级的社会保障（保险）信息中心、按社保经办机构提出的业务需求，将已确定的政策参数通过操作平台嵌入调待应用信息系统当中，由应用信息系统自动生成每个人的调待增加标准，通过代发基本养老金的银行完成发放，使用多种信息化手段推送告知待遇调整与发放情况，极大地提高了运行效率，普遍做到了在规定的时间统一完成待遇调整和新增养老金的发放，群众满意度大大提高。

三、调整机制全覆盖，对统筹施策提出新要求

我国基本养老保险待遇正常调整机制全覆盖，意味着对统筹施策提出了更高要求。面对新情况、新任务、新要求，需要坚持问题导向，抓住机遇，抓住关键，重点推进有关工作，争取新成效。

（一）适应养老保险全国统筹，理顺社保经办管理体制

2019 年建立了中央调剂金制度，统收统支的省级统筹取得实质性进展，全国统筹的条件和“窗口期”日渐临近。实现全国统筹以后，同步调待和统筹制定调整办法的复杂性和难度将会增大。现行的由中央确定总体水平，各省（区、市）结合本地实际制定具体调待方案报人力资源社会保障部、财政部审批的运行机制需要进一步改进完善。必须在坚持统筹调待和“相结合”调整办法的同时，根据实现全国统筹后中央和地方事权和财权的划分，对现行养老保险待遇正常调整机制作出必要的调整，确保运行有效。

（二）适应城乡居民养老保险发展需要，改进完善待遇调整办法

《关于建立城乡居民基本养老保险待遇确定和基础养老金正常调整机制的指导意见》（人社部发〔2018〕21 号）规定，城乡居民基础养老金调整由人

力资源社会保障部会同财政部，统筹考虑城乡居民收入增长、物价变动和职工基本养老保险等其他社会保障标准调整情况，适时提出城乡居民全国基础养老金最低标准调整方案，报请党中央和国务院确定。地方基础养老金的调整，应由当地人社部门会同财政部门提出方案，报请同级党委和政府确定。2018 年国家上调了城乡居民基础养老金，达到人月均 88 元，增加了 18 元。有条件的省份也增加了地方基础养老金。截至 2019 年年底我国城乡居民参保人数已达 53 266 万人，其中享受养老保险待遇的人员月人均养老保险待遇提高到 161. 86 元①。为进一步提高制度激励性，鼓励多缴多得，一些地区制定了倾斜性调整政策。如广东省确定对缴费年限超过 15 年的参保人，每超过 1 年每月加发不少于 3 元基础养老金。安徽省六安市确定从 2020 年 1 月起，对年满 65 周岁、70 周岁、75 周岁、80 周岁、85 周岁的参保居民，每人每月分别加发高龄基础养老金 5 元、10 元、15 元、20 元、25 元。

但因地区之间发展不平衡，城乡居民基本养老金水平总体较低，各地之间差距也较大。例如，2019 年上海市城乡居民基础养老金高达每月 1 010 元，北京市达 800 元，但全国最低标准只有 88 元。黑龙江省 90 元，河南、云南、湖北、湖南、吉林等省份为 103 元。随着老龄化步伐加快，领取基本养老金人员规模越来越大，如何像职工退休人员一样共享经济社会发展成果，在养老金能够保障基本生活的同时，适时适度提高养老金待遇水平，给各级政府制定养老金调整方案和具体的调整办法提出了新的要求。例如，如何恰当确定当地调待水平，提高待遇标准时如何向低收入者适当倾斜；在人员分布广泛，收入情况又比较复杂的地区，如何做到能精确测算调整办法参数，使制定的调整办法切实可行；运用包括大数据技术等信息化手段来提升管理服务效能，需要不断健全完善社保数据库，与民政、公安、税务、物价等公共服务部门以及银行、保险商业机构等信息共享，如何才能加快相关工作进程；创新基本公共服务方式，需要引入标准化的理念和技术方法，如何尽快提升学习和践行创新管理服务方式的能力。“十四五”期间适时完善统筹运行城乡居民养老保险调整机制，提升执行能力和均等化服务水平，无疑对各级政府和有关部门是不小的挑战。

（三）提高基金保障能力，增强正常调整机制运行的可持续性

截至 2019 年年底，我国基本养老保险参保人数已达 96 754 万人，领取养

① 根据 2019 年度人力资源和社会保障事业发展统计公报计算。

老金人数达 28 342 万人，占人口总数的 20%。与 2000 年相比，企业职工参保人数增长率从 7%下降到 5%，领取养老金人数增长率超过 8%，缴费人数与养老金领取人数供养比从 3.3∶1 降为 2.6∶1。养老保险基金的支付压力不断加大，一些省份出现了当期收不抵支。中央调剂金制度的建立和有效运行虽然缓解了这一问题，但并未消除企业职工基本养老保险基金收入增长放缓、支出增长加快的状况，今后一个时期基金支付压力将持续加大，对正常调整职工养老保险待遇无疑产生不利影响。

城乡居民的基础养老金标准和人均水平调整，资金来源依赖财政支持，待遇确定和增加都取决于财政的供给保障能力。在经济进入新常态且下行压力持续加大的条件下，城乡居民基础养老金的正常调整对财政的压力也将持续加大。

要确保养老保险待遇正常调整机制可持续运行，必须开源节流，提高养老保险基金保障能力。在开源方面应发挥体制机制优势，在解决长期存在的企业缴纳基本养老保险费瞒报漏报基数，导致基金征缴跑冒滴漏的问题上有突破，并处理好落实企业减负与维护法治、维护职工权益、维护基金安全的关系。同时，提高养老保险基金保值增值能力，特别是实行全国统筹后应充分发挥集中统一和专业化运营优势，在保证基金安全的同时获得高回报、可持续的投资收益，不断做大全国基本养老保险基金规模，为养老金发放和待遇调整提供可持续的基金保障

在节流方面，应在堵塞支付漏洞和提高政策效能方面加大力度，特别是针对长期困扰养老保险健康发展的顽疾问题，适时完善法律法规至关重要。例如，多年来违规提前退休导致养老保险基金不合理支出问题始终存在。提前退休政策中涉及的特殊工种达 1 800 多个，许多工种随工艺变化和劳动条件改善，早已不属于艰苦危险岗位。适时完善法律法规政策，从源头上遏制不合理提前退休，进而控制基金不合理支出，已成为社保领域亟待攻克的焦点问题。在政策尚未调整的情况下，各级社保经办机构需要做到认真执行现行制度，严把政策执行关，将不符合条件的人挡在提前退休大门之外，并做好政策的解释服务工作。推进部门间信息互认共享和为参保人建立电子数据档案，都是提高退休办理质量（包括办理正常退休、特殊工种和因病、伤残等提前退休）的必由之路。

有序推进延迟退休不仅有助于基金节流，也是增加基金收入的有效途径。

延迟法定退休年龄既可以改变养老保险制度抚养比、调剂代际权益，也能够延长缴费年限，从收支两方面缓解包括调待在内的基金支付压力。在老龄化程度不断加深的情况下，无疑是提高养老保险基金保障能力的有效途径，也是早晚要作出的必然选择，应加紧研究制定方案，择机实施。

专题四：

维护基金安全：医疗保险风险防控

2018 年 11 月 14 日晚，央视《焦点访谈》曝光了沈阳市于洪区济华医院、沈阳友好肾病中医院骗取医保费用的问题，引发社会强烈反响。国家有关部委及地方各级党委政府对此高度重视。2018 年 11 月 20 日上午，辽宁省沈阳市政府新闻办召开新闻发布会，通报“沈阳两家民营医院涉嫌骗保问题”相关情况。截至 11 月 19 日 18 时，已依法传唤相关人员 242 人，经审查后依法刑事拘留 37 人，监视居住 1 人，取保候审 1 人。沈阳市医保服务中心两名工作人员与两家医院内外勾结，涉嫌职务犯罪，已移交市纪委监委调查处理。这是一起以合法医院为掩护，通过中间人或医院职工拉拢介绍虚假病人，采取虚假治疗等方式，骗取医保基金的诈骗案件。

近年来打击欺诈骗保已形成高压态势，“沈阳骗保案”虽是个案，但顶风作案、欺诈骗保现象仍屡禁不止，特别是在医保领域还普遍存在。2019 年，全国就处理违法违规定点医疗机构 16.16 万家、定点零售药店 10.23 万家。其中，解除医保协议 6 730 家、行政处罚 6 638 家、移交司法机关 357 家。各地共处理违法违规参保人员 3.31 万人，暂停结算 6 595 人，移交司法机关 1 183 人。全国共计查处违规医保资金 115.56 亿元。国家医疗保障局全年共组织 69 个检查组开展全国性飞行检查，覆盖 30 个省份、149 家医药机构，共计查出涉嫌违法违规金额22.26亿元。这些数据表明，打击欺诈骗保工作虽然取得了重大成绩，但却折射出我国医疗保险基金安全面临的风险与巨大挑战。加强医保基金监管，开展有效风险防控，维护基金安全仍然是我国医疗保险取得重大突破的关键。

一、医疗保险风险与防控策略

（一）医疗保险基金风险及其成因

风险是指损害性事件发生与否的不确定性。医疗保险基金风险就是指医疗保险基金收入与支出的不确定性，也特指在既定条件与时期内，医保基金收入与支出的预期结果与实际结果之间的差异程度。这种差异不仅与收入来源的不确定性有关，支出领域也面临较大的不确定性，收入与支出运营管理中同样存在诸多不确定性。相对于其他险种而言，医疗保险基金风险来源要复杂得多，主要是医疗保险体系的运行涉及多个利益相关主体，包括医疗供方（定点医院、定点药店等）、医疗需方（参保者）、医保管理部门（经办机构和监督机构），还涉及医药生产与流通方、第三方委托经办机构等。所以医保基金风险可能来自内部，也可能来自外部。可能来自基金收入、支出与运营的每一个环节，包括事前、事中与事后。总体而言，医疗保险基金主要面临着人口老龄化风险、制度风险、医疗费用上涨风险、道德风险与管理风险五类风险。

1. 人口老龄化风险

人口老龄化风险是指随着老龄人口所占比重逐年提高所形成的医保基金收入与支出风险。一方面，因为退休人员个人不缴纳医疗保险费，人口老龄化将使得参保缴费人数相对缩小，受益人数相对扩大。这一增一减必然影响医疗保险筹资，加大基金风险。另一方面，退休人员慢性病、大病、特殊病种发生率高，人均医疗费用支出远高于其他人员，人口老龄化将导致医保基金支出增加。

2. 制度风险

制度风险包括两个层面。其一为医疗保险制度与政策设计科学性与合理性而产生的风险，如制度涵盖的对象范围、支出范围、报销起付线与封顶线、报销比例等制度性与政策性规定都会直接影响到收入与支出的大小。其二为医疗保险基金运行制度设计带来的风险，包括基金征缴、基金支付、基金运营与基金监管方面制度与流程的激励性与合理性，都会对基金带来风险。好的运行制度、流程与方法设计会降低基金风险。

3. 道德风险

道德风险是指医疗服务提供方和需求方为了追求自身利益最大化，采取欺骗行为套取医保基金带来的风险，一般发生在基金支付环节。道德风险主要来自人的机会主义倾向，通过不正当的手段谋求自身利益时损害他人利益。由于基金支付涉及的环节多、链条长、风险点多，如果风险防范安全网未织密扎牢，就容易产生道德风险与欺诈行为。道德风险按主体可分为医疗服务机构道德风险、医疗保险参保人道德风险、经办机构人员道德风险三种类型。

（1）参保人道德风险

部分参保人对于医疗保险作为社会医疗风险分担与共济机制的认知不清，误认为参加医疗保险未得到相应补偿是不明智的。同时，随着医药技术的不断发展，部分参保者往往倾向于使用昂贵设备和药品，导致过度医疗，造成医保基金浪费。有的参保人还钻空子，盗刷他人医保卡，将开出的贵重医用材料和药品售卖，用假发票或他人发票报销等。

（2）医院或医生道德风险

部分医院或医生采取假住院、降低住院标准、分解住院等手段套取医保基金，或者为拿回扣乱开药，诱导过度医疗需求。也有部分医生出于自我保护意识，避免承担责任，常常会鼓励患者过度检查或治疗。这些都会给医疗保险基金带来风险。

（3）医疗保险经办机构或者监管机构道德风险

医疗保险经办机构或者监管机构的工作人员也有可能出于各种利益考虑，对医院、参保者的骗保问题不重视，甚至利用基金管理漏洞联合串通骗保收取回扣。

4. 医疗费用上涨风险

医疗费用上涨风险是指随着新技术、新药品、新诊疗方法的不断涌现，药品与医疗服务价格上涨，导致医疗费用持续上涨带来的医保基金支出风险。同时，许多疾病因技术进步和新药品的出现，其治愈的可能性大为提高，将其纳入医保支付范围会导致医疗费用的上涨。如近两年来抗癌药品纳入医保药品目录，在参保患者医疗费用总体下降的同时，自然增加了基金的支出风险。

5. 管理风险

管理风险是基金管理不善造成医保基金流失的风险。基金收入、支出与运营管理三个方面都可能存在风险。基金收入管理风险包括参保登记风险和变更登记风险以及其他征缴风险。参保登记和变更登记风险是指用人单位发生新设、合并以及变更等情形，由于相关资料不真实对医疗保险基金造成的影响；基金支出管理风险则主要产生于对参保人员进行待遇核定、医疗保险备案登记和费用结算等环节，与内部控制制度、基金支付方式、支付流程与补偿机制密切相关；基金运营风险主要是基金的保值增值风险，与基金运营制度设计和运营管理效率有关。

（二）医疗保险基金风险防控策略

医保基金风险防控主要是运用一定的监管手段和方法对医保基金的征缴、支出与运营管理全过程进行全面的、全方位的监督、检查、控制和管理，减小风险事件发生的可能性，努力把可能的损失控制在一定范围内，以保证医保基金各环节运行正常有序。既包括对未发生风险的防范，也包括对已发生风险损失的控制。基本策略主要有风险预防、损失控制、风险转移和风险承担四种。风险预防策略是基金管理主体实施事前控制措施以降低损失发生的概率。损失控制策略是在事中或事后制订计划和采取措施减少可能产生的损失。风险转移策略是指通过合同方式，将委托人的风险转移给受托人承担。通过风险转移有时可大大降低基金运行风险的程度。风险承担策略是指如果损失发生，医保管理者以当时可利用的任何资金进行支付，包括无计划承担和有计划自我保险两类。对每一种类型的医疗保险基金风险往往都需要采取多种策略（见表3-4-1）。

表3-4-1　　不同医保基金风险的防控策略与措施

风险类型		风险防控策略			
		风险预防	损失控制	风险转移	风险承担
制度风险	制度政策风险	提高统筹层次 制度整合 筹资标准政策性调整	提高立法层次 建全行刑衔接机制		财政补贴
	运行制度风险	完善内控制度	税务征缴		
道德风险	参保人	智能监控 人脸识别 政策宣传	医保稽核 社会监督		
	医疗服务机构	智能监控 政策宣传	医保稽核 社会监督 行政监督 奖惩机制 信用管理	委托稽核	

续表

风险类型		风险防控策略			
		风险预防	损失控制	风险转移	风险承担
道德风险	经办机构	业财档一体化 流程重构	行风建设 能力建设 内部审计	委托审计	
管理风险	征缴管理风险	联合征缴	统一信息平台		
	支出管理风险	支付方式调整（总额控制、按病种付费、DRGs） 药品价格谈判 集中招标采购	智能审核 行政监督 社会监督	委托经办 两定机构 协议管理	
	运营管理风险	储蓄、债券低风险投资		委托运营	

1. 人口老龄化与医疗费用上涨风险防控

前者通常需要由政府通过财政补贴给予兜底保障，这是最为典型的风险承担策略。后者需要采取有效措施加强对医疗服务的监管、对疾病进行早期干预等，控制医疗费用的不合理增长，但对因就医人数增加、物价上涨等导致的医疗费用增长，则只能通过增加基金收入如财政补贴等形式防止可能产生的基金穿底风险。前者属于风险控制策略，后者则属于风险承担策略。

2. 政策制度风险防控

主要应采取风险预防与损失控制策略，如通过提高统筹层次、进行制度整合、设置调剂金制度、建立筹资标准动态调整机制等风险规避策略，防范可能产生的基金风险。通过事前提高立法层次和事后处罚衔接机制设计，提升基金监督效力，明确欺诈骗保的定罪量刑标准，实现行政处罚和追究刑事责任衔接，也有助于防范基金风险。通过完善经办机构内部控制制度，信息系统按业务流程设置岗位，“受审分离”“业财档一体化”等手段预防在制度运行中可能产生的风险，减少职工医保基金收入的“跑冒滴漏”，将基金收入风险降到最低程度。

3. 道德风险防控

主要应采取事前风险预防与激励、事中监控与事后惩罚等策略，以及整合事前事中事后各种策略建设长效机制。如针对参保人通过报销政策、欺诈骗保入刑宣传或就医时的人脸识别验证等预防策略，在就医或购药行为发生后引入稽核或社会监督，降低可能的基金损失风险。针对定点医疗服务机构和药店采取事前政策宣传与事中智能监控，以及事后智能监控、监督检查措施与奖惩机制，如稽核、飞行检查、举报投诉，减少基金损失风险，同时发挥社会监督与信用机制的长效作用。

4. 管理风险防控

主要应采取风险预防、损失控制与风险转移策略。事前费用支付方式选择最为关键，既要形成抑制费用支出过快增长的约束机制，也要形成提高服务质量、降低成本的激励机制。通过对两定机构的协议管理和监督，实现风险转移和损失控制，其中对医疗服务过程的智能审核与行政监督是较为常见的损失控制策略。基金征缴产生的风险通过统一信息平台，联合多方进行风险防控等措施加以避免。基金运营管理风险则通过低风险的投资运营方式以避免损失，或通过委托方式转移风险。

二、医疗保险基金风险防控实践与成效

多年来，我国医疗保险基金风险防控体系不断建立健全。防控的重点也从人工事后监督管理逐步向事前事中智能监管转变、从单一惩戒约束向激励与惩戒并重转变。这既是一个实践探索过程，更是全方位立体式监督体系形成与完善的过程。

（一）逐步建立完善的内控体系

医疗保险风险管理体系的建立是从加强经办机构内部控制体系开始的。医保经办机构内部控制制度是指内部各职能部门及其工作人员，在内部分工相互制约、相互联系的基础上，采取一系列具有控制职能的方法、程序和措施，并加以规范化、系统化而形成的一整套控制机制，是医疗保险经办管理制度的重要组成部分。

1. 强化经办机构财务会计制度建设，实行“收支两条线”管理

经办机构内部控制体系的建立始于保障基金安全的内部财务管理制度建设，经历了从探索到成熟的过程。1992 年劳动部发布的《关于试行职工大病医疗费用社会统筹的意见的通知》（劳险字〔1992〕25 号）提出，统筹基金应由负责统筹管理的部门设立专户存储，并应接受财政、审计和工会部门的检查和监督，尚未提到设立基金专户。1994 年“两江”试点文件仅提出基金由劳动部门管理，并未提及基金专户设置及财务控制有关事项。但在 1996 年

国务院办公厅发布的《关于职工医疗保障制度改革扩大试点的意见》（国办〔1996〕16 号）中，明确提出医疗保险机构要建立健全预决算审批制度、财务会计制度和审计制度。1998 年《国务院关于建立城镇职工基本医疗保险制度的决定》明确提出，要加强对基本医疗保险基金的监督管理，将基本医疗保险基金纳入财政专户管理，专款专用，不得挤占挪用，而且规定社会保险经办机构的事业经费不得从基金中提取，由各级财政预算解决。要求建立健全预决算制度、财务会计制度和内部审计制度。至此，医保基金的财政专户管理制度正式定型，并延续至今。

随着各项社会保险制度的逐步建立，为加强社会保险基金的财务管理与审计，1999 年 6 月，财政部与劳动保障部陆续发布《社会保险基金财务制度》（财社字〔1999〕60 号）、《社会保险基金会计制度》（财会字〔1999〕20 号），对建立各项社会保险基金的会计制度，规范基金会计核算等作出规定。再次提出建立基金财政专户，并首次提出实行“收支两条线”管理，出台了《社会保障基金财政专户会计核算暂行办法》（财社字〔1999〕118 号）。同年 10 月，财政部发布《关于加强职工基本医疗保险财务管理工作的通知》（财社字〔1999〕158 号），提出要规范医疗保险基金财务会计行为，加强对两个制度执行情况的检查和监督。后续建立的新型农村合作医疗制度、城镇居民以及城乡居民医疗保险制度仍然遵循这一基本财务会计管理规定。2008 年 2 月，财政部发布的《新型农村合作医疗基金会计制度》（财会〔2008〕1 号）仍遵照类似财务会计规定。

2017 年 8 月 22 日，财政部、人力资源社会保障部、国家卫生计生委联合发布《社会保险基金财务制度》（财社〔2017〕144 号），对 1999 年《社会保险基金财务制度》进行了全面修订和完善。2017 年 11 月 28 日，财政部发布《社会保险基金会计制度》（财会〔2017〕28 号），对 1999 年《社会保险基金会计制度》以及《新型农村合作医疗基金会计制度》和《新型农村社会养老保险基金会计核算暂行办法》等进行了全面整合和修订。2018 年 12 月，财政部发布《社会保障基金财政专户会计核算办法》（财办〔2018〕43 号），对 1999 年《社会保障基金财政专户会计核算暂行办法》进行了修订。至此，医保基金财政专户设置与收支两条线管理及相关的财务会计制度建立成型，并在实践中积累了经验，成为医保基金内部风险防控的首要抓手与安全阀。

2. 加强内部控制制度建设，防范和化解运行风险为了加强社会保险经办机构内部的管理与监督，防范和化解运行风险，规范社会保险管理服务工作，确保社会保险基金安全，风险防控在原有基金财务制度上进一步拓展。2007 年 1 月，劳动保障部发布《社会保险经办机构内部控制暂行办法》（劳社部发〔2007〕2 号），人力资源社会保障部社会保险事业管理中心发布《社会保险经办机构内部控制检查评估暂行办法》（社会保险中心函〔2009〕32 号）。这些文件对经办机构建立健全组织机构控制、业务运行控制、基金财务控制、信息系统控制和监督检查控制等内部控制制度作了规定，提出了指导性意见及具体要求，解决了社会保险内部控制的方向、制度的建立、部门职能及评估标准，对加强社会保险经办机构内部控制和减少经办风险起到了很大的作用。

2009 年 7 月 24 日，人力资源社会保障部发布《关于进一步加强基本医疗保险基金管理的指导意见》（人社部发〔2009〕67 号），首次提出建立基金运行情况分析和风险预警制度，将统筹基金累计结余作为基本医疗保险基金风险预警监测的关键性指标，加强对基本医疗保险基金运行情况的分析。同时，特别强调要完善基本医疗保险基金管理内控制度，形成部门之间、岗位之间和业务之间相互制衡、相互监督的内控机制。建立和完善基本医疗保险基金内部审计制度，及时整改审计发现的问题。2010 年 10 月，《社会保险法》颁布，明确规定社会保险经办机构应当建立健全业务、财务、安全和风险管理制度。“安全和风险管理”成为对社会保险经办机构制度建设的法律要求和规范提法。各地在《社会保险经办机构内部控制暂行办法》和《社会保险经办机构内部控制检查评估暂行办法》基础上，对社会保险经办的安全和风险管理进行了有益探索和实践。

2011 年 4 月 11 日，人力资源社会保障部发布《关于进一步加强社会保险基金安全管理工作的通知》（人社部发〔2011〕30 号），对各地提出改变基金收支结算方式，加强银行账户管理，优化经办管理模式，以及强化重点环节、关键性岗位内部控制等要求。2011 年 5 月，卫生部与财政部发布《关于进一步加强新型农村合作医疗基金管理的意见》（卫农卫发〔2011〕52 号），推动各地实现新型农村合作医疗经办服务和医疗机构分离。新型农村合作医疗经办机构工作人员不能由医疗机构人员兼任，落实专职工作人员，并采取异地任职、定期轮岗等方式确保经办人员独立性，以防控基金风险。随后，各统筹地区纷纷出台内部控制机制建设文件与措施，进一步强化了经办机构内部控制机制。

（二）深入推进医疗费用支付方式改革

医疗费用支出风险控制是医疗保险制度实施中面临的普遍难题。自实施城镇职工基本医疗保险起，各地就逐步开始探索各种形式的医保费用支付方式改革，并随着医疗保险制度的完善而不断发展。

在改革开放初期的公费医疗时代，为了实现控费目标，一些地区就引入了医院费用包干的总额管理方式。1997 年《中共中央、国务院关于卫生改革与发展的决定》提出，建立社会统筹与个人账户相结合的城镇职工社会医疗保险制度。建立对医患双方的制约机制，积极探索科学合理的支付方式，有效地控制医药费用不合理增长。1998 年城镇职工基本医疗保险制度建立。1999 年劳动保障部等部门发布的《关于加强城镇职工基本医疗保险费用结算管理的意见》（劳社部发〔1999〕23 号）提出，可采取总额预付结算、服务项目结算、服务单元结算等方式，明确了我国医保支付方式的基本框架。此阶段许多统筹地区启动了支付方式改革，出现了上海的总额预付下的分级预算管理、淮安的按病种分值结算、柳州的“总额包干”约定项目结算、牡丹江和济宁的单病种付费等典型经验。

2009 年《中共中央、国务院关于深化医药卫生体制改革的意见》提出，“完善支付制度，积极探索实行按人头付费、按病种付费、总额预付等方式”。随后的《医药卫生体制改革近期重点实施方案（2009—2011 年）》提出，鼓励地方积极探索建立医保经办机构与医药服务提供方的谈判机制和付费方式改革。2011 年 5 月，人力资源社会保障部发布《关于进一步推进医疗保险付费方式改革的意见》（人社部发〔2011〕63 号），要求以医保付费总额控制为基础，结合门诊统筹探索按人头付费，针对住院和门诊大病探索按病种付费。2012 年 1 月，人力资源社会保障部社会保险事业管理中心《2012 年社会保险经办管理服务工作要点》提出，推进按病种付费、按人头付费、总额预付等付费方式改革，建立医疗保险和医疗机构费用分担和激励惩戒并重的机制。同年 12 月，人力资源社会保障部发布《关于开展基本医疗保险付费总额控制的意见》（人社部发〔2012〕70 号），明确开展付费总额控制的任务目标、基本原则和主要内容等，要求所有统筹地区在两年时间内普遍开展总额控制。随后，人力资源社会保障部办公厅发布《基本医疗保险付费总额控制经办规程》（人社厅发〔2012〕113 号），规范基本医疗保险付费总额控制经办工作。

同年，卫生部也出台了《关于推进新型农村合作医疗支付方式改革工作的指导意见》，要求推进新型农村合作医疗支付方式改革，门诊费用以总额预付为主，住院按病种付费、按床日付费等，鼓励各地参照疾病诊断相关组（DRGs）付费。

2014—2015年，各地在加强医保基金预算管理的基础上，着力推进医保付费总额控制，深入开展总额预付和按人头、按病种等多种付费方式相结合的复合付费方式改革。全国85%的统筹地区开展了付费总额控制，并将其纳入基本医疗保险定点协议进行管理。超过70%的统筹地区开展了按病种付费；35%的统筹地区开展了按服务单元付费，主要是按床日付费；24%的统筹地区开展了按人头付费探索。部分省市印发了深化基本医疗保险支付方式改革的文件，如江苏省于2015年8月印发《关于深化城镇基本医疗保险支付方式改革的指导意见》（苏人社发〔2015〕230号），福建省于2015年12月印发《关于深化基本医疗保险支付制度改革的意见》（闽政办〔2015〕157号）。

2016年，人力资源社会保障部发布《关于积极推动医疗、医保、医药联动改革的指导意见》（人社部发〔2016〕56号），要求全面推进付费总额控制，加快推进按病种、按人头等付费方式改革，积极推动DRGs应用，探索总额控制与点数法的结合应用，建立复合式付费方式。2016年12月，财政部等三部门联合发布《关于加强基本医疗保险基金预算管理发挥医疗保险基金控费作用的意见》（财社〔2016〕242号），要求全面改革医疗保险支付方式。各统筹地区要结合本地实际，全面实施以总额预算为基础，门诊按人头付费，住院按病种、按疾病诊断相关分组（DRGs）、按床日付费等多种方式相结合，适应不同人群、不同疾病及医疗服务特点的复合支付方式，逐步减少按项目付费，将支付方式改革覆盖所有医疗机构和医疗服务。

2017年1月，国家发展改革委等三部门联合印发《关于推进按病种收费工作的通知》（发改价格〔2017〕68号），要求各地在前期改革试点基础上，进一步扩大按病种收费的病种数量。2017年6月，国务院办公厅发布《关于进一步深化基本医疗保险支付方式改革的指导意见》（国办发〔2017〕55号），提出要全面推行以按病种付费为主的多元复合式医保支付方式。各地要选择一定数量的病种实施按病种付费，国家选择部分地区开展按疾病诊断相关分组（DRGs）付费试点，鼓励各地采用按人头、按床日等多种付费方式。到2020年，医保支付方式改革覆盖所有医疗机构及医疗服务，全国范围内普遍实施适应不同疾病、不同服务特点的多元复合式医保支付方式，按项目付费占比明显下降。同年，国家卫生计生委在深圳市、克拉玛依市和三明市开展按疾病诊断相关分组（DRGs）收付费改革试点。2018 年 12 月，国家医疗保障局发布《关于申报按疾病诊断相关分组付费国家试点的通知》，提出“加快推进按疾病诊断相关分组（DRGs）付费国家试点，探索建立 DRGs 付费体系”。2019 年 5 月 21 日，国家医疗保障局等四部门《关于印发按疾病诊断相关分组付费国家试点城市名单的通知》（医保发〔2019〕34 号），确定了 30 个城市开展疾病诊断相关分组（DRGs）付费试点。提出“顶层设计、模拟测试、实际付费”三步走的思路，确保完成各阶段工作任务，确保 2020 年模拟运行，2021 年启动实际付费。

经过 20 多年的发展，医疗保险经办机构的角色已经从制度建立初的事后付费者向战略购买方转变，支付方式也由单一付费不断向多元复合式付费发展，基本形成了“以总额控制为基础，以协商谈判和风险共担机制为核心，门诊按人头付费、门诊慢病大病和住院按病种付费为特点，项目付费不断减少，病种分值和 DRGs 付费正在逐步推进”的总体框架。通过总额预算管理引导医疗服务体系适度发展，调节医疗资源合理配置；通过住院全面实施 DRGs 付费，促进所有医院转变行为方式、主动控制成本；通过门诊基层定点就医、按人头付费，促进基层医疗机构不仅主动控制门诊服务成本，还有动力主动开展疾病预防和慢病管理，从源头控制整体医疗费用。

（三）加强医疗保险协议管理

基本医疗保险经办机构根据管理服务的需要，与定点医药机构签订服务协议并进行协议管理，是规范定点机构医药服务行为、维护参保人员基本权益、确保医保基金安全的根本管理措施。

自 1998 年城镇职工基本医疗保险制度建立之初，就明确规定“基本医疗保险实行定点医疗机构和定点药店管理”（简称“两定”）。管理的具体方式是“社会保险经办机构同定点医疗机构和定点药店签订合同，明确各自的责任、权利和义务”。以 2010 年《社会保险法》颁布为分界线，定点医药机构协议管理可以分为两个阶段。

1993 年 10 月 8 日，劳动部发布《关于职工医疗保险制度改革试点意见的通知》（劳部发〔1993〕263 号），首次提出了由参保单位与定点医院签订合同，由医疗保险部门协同对合同进行监督管理。1998 年《国务院关于建立城镇职工基本医疗保险制度的决定》对建立定点医疗机构与药店提出了明确的要求。作为配套文件，1999 年 4 月，劳动保障部、国家药监局联合发布《城镇职工基本医疗保险定点零售药店管理暂行办法》（劳社部发〔1999〕16 号），对医疗保险定点零售药店的审查和确定原则及实行协议管理等作出规定。1999 年 5 月 11 日，劳动保障部、卫生部、国家中医药管理局联合发布《城镇职工基本医疗保险定点医疗机构管理暂行办法》（劳社部发〔1999〕14 号），对医疗保险定点医疗机构的审查确定程序及实行协议管理等作出规定。可见，我国基本医疗保险制度设计之初就体现了第三方付费的思想，对定点医药机构的合同管理中充分展现了契约精神。但对定点医药机构的管理有行政机构审批环节，不利于契约双方共治精神的培养。

2010 年《社会保险法》颁布之后，人力资源社会保障部颁布了两份行政规章加强对协议行为的管理，同时发布了两份规范协议文本的指导文件。2011 年 6 月，推出《基本医疗保险定点医疗机构医疗服务协议范本（二级以上医院版，讨论稿）》的指导性文本。2014 年，推出《基本医疗保险定点医疗机构医疗服务协议范本（试行）》，对定点医疗机构协议的框架和内容形式提出了明确指导意见，对基本医疗保险定点医疗机构医疗服务协议提供了统一范本，为服务协议标准化提供了依据。

2015 年 12 月 2 日，贯彻国务院取消“基本医疗保险定点医疗机构资格审查”和“基本医疗保险定点零售药店资格审查”决定精神，人力资源社会保障部取消了“两定”资格审批，同时印发《关于完善基本医疗保险定点医药机构协议管理的指导意见》（人社部发〔2015〕98 号），对协议的缔结、履行和管理提供了程序性规制。这对进一步完善基本医疗保险协议管理，提高管理服务水平和基金使用效率，更好地满足参保人员的基本医疗需求具有促进作用，标志着协议管理从以行政管理为主向市场契约管理迈进了一步。2016 年，人力资源社会保障部办公厅发布《基本医疗保险定点医药机构协议管理经办规程》（人社厅发〔2016〕139 号），进一步规范了协议的主体资格和签订程序。两份文件下达后，各省（区、市）人社部门迅速响应，分别出台规范本地协议管理的文件，形成了层层规范“两定”协议管理的格局。

2018 年 11 月 28 日，国家医疗保障局办公室发布《关于当前加强医保协议管理确保基金安全有关工作的通知》（医保办发〔2018〕21 号），要求各级医疗保障管理部门明确强化对定点机构的协议管理，并对定点医疗机构进行日常检查、专项检查和年终检查。2019 年 2 月，国家医疗保障局发布《关于做好 2019 年医疗保障基金监管工作的通知》（医保发〔2019〕14 号），进一步提出要强化协议管理，规范和细化协议内容，明确违约行为及对应处理措施。针对不同类型、不同性质定点医药机构，细化服务协议条款，增强协议管理的针对性和有效性。

经过多年的发展，强化“两定”协议管理，完善服务协议签订流程、经办服务规程、服务协议内容、绩效考核标准、定点医药机构动态调整机制、医保经办机构与定点医药机构协商谈判机制等，为医保经办部门监管定点医药机构行为，提高服务效能与质量，有效防控医保基金风险奠定了基础。

（四）不断加强行政监管

2009 年 7 月 24 日，人力资源社会保障部发布《关于进一步加强基本医疗保险基金管理的指导意见》（人社部发〔2009〕67 号），要求加强行政监管，建立基本医疗保险基金欺诈防范机制，杜绝骗保等欺诈行为发生。2012 年 12 月，人力资源社会保障部发布《社会保险工作人员纪律规定》（人社部发〔2012〕99 号），从严格社会保险审批事项，严格社会保险标准制定，严格社会保险基金管理，严格社会保险经办管理，严格社会保险信息管理和严格社会保险监督管理六个方面，规定了“二十个不准”的工作纪律。2014 年 5 月，人力资源社会保障部社会保险事业管理中心发布《关于贯彻落实全国人民代表大会常务委员会刑法解释的通知》（人社险中心函〔2014〕63 号），要求对《中华人民共和国刑法》明确骗取社会保险金或者其他社会保险待遇属于诈骗公私财物行为做好宣传工作，并对建立联合打击社保欺诈长效机制等提出要求。

2015 年 2 月 3 日，人力资源社会保障部、公安部联合印发《关于加强社会保险欺诈案件查处和移送工作的通知》（人社部发〔2015〕14 号），明确对单位和个人涉嫌社会保险欺诈犯罪的案件，应当依法向同级公安机关移送。2016 年 2 月，人力资源社会保障部办公厅印发《关于加强与公安机关协作配合严厉打击社会保险欺诈犯罪的通知》（人社厅发〔2016〕14 号），明确了社会保险欺诈案件的查处、移送流程和部门间衔接协调机制。2016 年 4 月，人力资源社会保障部办公厅印发《社会保险欺诈案件管理办法》（人社厅发〔2016〕61 号），对社会保险欺诈案件记录、立案、查处、移送管理和流程监控等作出了统一规范。2017 年 8 月 22 日，人力资源社会保障部办公厅印发

《关于贯彻落实贪污社会保险基金属于刑法贪污罪中较重情节规定的通知》（人社厅发〔2017〕107 号），要求各地加强对社会保险基金的管理和监督，贯彻落实最高检察院批复规定，严格防止贪污社会保险基金行为。

自 2018 年国家医疗保障局成立以来，高度重视基金安全管理工作，采取一系列举措打击欺诈骗保行为，开展打击欺诈骗保专项行动并开展“回头看”工作；畅通群众举报投诉热线、微信、网站、信访等渠道，建立欺诈骗保行为举报奖励制度，完善举报线索交办、督办和反馈机制；组织有关部门、第三方机构和媒体开展打击欺诈骗保“飞行检查”；定期曝光欺诈骗保典型案件，开展“打击欺诈骗保、维护基金安全”集中宣传活动，初步构建了打击欺诈骗保高压震慑态势，强化了全社会广泛关注并维护医保基金安全的良好氛围。

2018 年 11 月 27 日，国家医疗保障局办公室、财政部办公厅印发《欺诈骗取医疗保障基金行为举报奖励暂行办法》（医保办发〔2018〕22 号），为切实保障医疗保障基金安全，鼓励社会各界举报欺诈骗取医疗保障基金行为，加大对欺诈骗保行为的打击力度。2019 年 2 月，《国家医疗保障局关于做好 2019 年医疗保障基金监管工作的通知》（医保发〔2019〕14 号）对基金监管进行了全面部署和安排，首次提出对医保监管开展飞行检查，建立飞行检查工作机制，逐步完善飞行检查工作流程和操作规范，不定期通过飞行检查督促指导地方工作。

各省市根据国家医疗保障局的要求，采用多种手段开展基金监管，严厉打击欺诈骗保行为，取得了切实成效。2019 年，天津市医疗保障局在全市范围内组织开展打击欺诈骗保飞行检查专项行动，丰富监管方式，保持高压态势，切实维护基金安全。截至 2019 年 11 月，现场检查定点医药机构 1 578 家，实现 100%全覆盖，发出问询函 1 350 余件，处理处罚定点医药机构 465 家，其中暂停或解除医保服务协议 47 家，行政处罚 23 家。挽回直接损失 11 242.49 万元，行政罚款 1 078.33 万元。

河北省率先在全国建立省级医疗保障基金监管工作联席会议制度，医保、卫健、药监等 11 个部门实现联合监管联合惩戒。率先以省政府名义出台《河北省医疗保障基金监管办法》。通过大数据筛查、现场专项检查，1 538 家医疗机构被暂停医保服务，857 家被解除医保服务协议，39 家被行政处罚，15 家被移交司法机关处理，处理违法违规参保人员 294 人次。全省确认追缴违规资金总计 7.8 亿元。

山东省医保部门相继部署开展了“风暴行动”“新一轮专项行动”“百日攻坚”等系列专项行动，打击欺诈骗保，形成了强力震慑。2019 年全省共处理定点医药机构 13 267 家、追回医保基金 5.01 亿元，行政处罚 357 家、行政罚款 1 605.62 万元，共暂停或解除医保协议 4 586 家。通过打击欺诈骗保行为，山东省医保基金监管取得积极成效。在医保待遇不断提升的前提下，2019 年全省基金总支出 1 425.8 亿元，增长 8.8%，同比减少 4.6 个百分点，其中居民医保支出增长 4.7%，下降 10.6 个百分点，全省基金监管综合评比位居全国前列。

浙江省自开展打击欺诈骗取医保基金专项行动以来，共检查定点医药机构 7 752 家，处理参保人员 716 人，追回欺诈骗保资金 1 767 万元，打击欺诈骗保工作取得初步成效。针对欺诈骗保案件的发生趋势，浙江制订了全省医保基金监管三年（2019—2021）行动计划，从 2019 年开始将用三年时间完成对所有定点药店、定点医疗机构的全覆盖检查，检查率和投诉举报查处率均要达到 100%。

2019 年，云南省扎实开展打击欺诈骗保专项治理行为，在全省范围内开展打击欺诈骗保集中宣传月活动，营造浓厚社会氛围，持续加大公开曝光力度。各级医保部门共处理违规医药机构 9 470 家，解除服务协议 104 家，追回医保基金 3.74 亿元，兑现举报奖励 6.46 万元，公开曝光典型案例 120 件。河南省共检查定点医药机构 68 166 家，处理违规违约定点医药机构 13 960 家，其中解除服务协议 140 家，暂停医保服务 1 964 家，行政罚款 321 家，移交司法机关 16 家，拒付、追缴医保基金 81 729.49 万元。

辽宁省 2018 年开展了为期一个半月的打击医疗保险欺诈骗保专项行动。全省共排查定点医院 6 901 家，药店 12 870 家。查处违规行为 2.6 万例，追回基金 4 282 万元，处罚金额 518 万元。暂停或解除服务协议 595 家，约谈限期整改 1 688 家，移交公安机关侦查 26 家。辽宁省打击欺诈骗保医保基金高压态势形成，并持续保持威慑作用。在 2019 年 1 月国务院召开的全国医疗保障工作座谈会上，辽宁省被推荐作典型经验发言。辽宁省加强制度建设，率先出台《辽宁省欺诈骗取医疗保障基金行为举报奖励暂行办法实施细则（试行）》，硬化医保服务协议管理，下发《关于当前加强医保协议管理确保基金安全等有关工作的通知》。制定行政执法公示办法、行政执法全过程记录实施办法、重大行政执法决定法制审核办法等三项制度，推进依法行政。开展2019年打击欺诈骗保专项治理工作，在现场检查全覆盖的基础上，集中力量对有住院资格的定点医疗机构4种欺诈骗保行为开展专项治理，委托第三方机构配合开展省级医疗保障基金监管飞行检查。截至2019年10月底，全省共检查定点医药机构24 936家，处理违规定点医药机构2 522家，其中移交公安机关21家，暂停或解除医保服务协议384家，处罚和追回医保基金近亿元。在主流媒体公开曝光欺诈骗保典型案例，对欺诈骗保违法犯罪行为进一步形成有效震慑。推进“两试点一示范”建设，充分运用智能监管、购买第三方服务等手段创新监管方式。建立省级医疗保障基金监管机构。开展两轮全省监管人员集中培训，监管队伍能力建设得到大幅提升，探索建立住院监督员、医保信用“黑名单”等制度。

截至2018年年末，各地共检查定点医药机构27.20万家，查处违约违规违法机构6.63万家，其中解除服务协议1 284家、行政处罚1 618家、移交司法机关127家。各地共核查存在疑似违规行为的参保人员2.42万人，暂停医保卡结算8 283人、行政处罚77人、移交司法机关487人，共追回医保资金10.08亿元。

截至2019年年底，全国有定点医药机构819 520家，参保人数135 436万人。持续保持打击欺诈骗保的高压态势，在全国范围内组织开展打击欺诈骗保专项治理，开展飞行检查，对定点医药机构经办初审和监督检查实现全覆盖，处理违法违规定点医疗机构16.16万家、定点零售药店10.23万家，其中解除服务协议6 730家、行政处罚6 638家、移交司法机关357家；各地共处理违法违规参保人员3.31万人，暂停结算6 595人、移交司法机关1 183人；全国共计查处违规医保资金115.56亿元。国家医疗保障局全年共组织69个检查组开展全国性飞行检查，覆盖30个省份、149家医药机构，共计查出涉嫌违法违规金额22.26亿元。大多数省份基金支出增幅出现下降态势。

（五）广泛开展社会监督

从职工基本医疗保险制度建立开始，国家就积极建立健全医疗保险社会监督和激励机制，通过开展参保人员满意度、引入第三方评估、聘请社会监督员、加强定点医药机构行业自律等方式，鼓励社会各方参与医疗保险监督，一定程度上降低了基金支出风险。

1998年《国务院关于建立城镇职工基本医疗保险制度的决定》就要求统

筹地区应设立由政府有关部门代表、用人单位代表、医疗机构代表、工会代表和有关专家参加的医疗保险基金监督组织，加强对基本医疗保险基金的社会监督。2009 年《人力资源社会保障部关于进一步加强基本医疗保险基金管理的指导意见》提出，要定期向社会公布基本医疗保险基金收支情况和参保人员医疗保险待遇享受情况，接受社会各界监督。2012 年 12 月 28 日，人力资源社会保障部发布《关于开展社会保险基金社会监督试点的意见》（人社部发〔2012〕98 号），对开展社会监督的主要任务、基本原则、对象及内容、途径和方式、监督主体，以及对社会监督意见的反馈和处理等作出规定。2014 年 5 月，人力资源社会保障部办公厅印发《关于确定第二批社会保险基金社会监督试点地区的通知》（人社厅发〔2014〕67 号），确定吉林、江苏、浙江、江西、湖北、湖南、重庆 7 省（市）的 19 市（县）作为第二批开展社会保险基金社会监督试点地区。

2019 年 2 月 20 日，国家医疗保障局发布《关于做好 2019 年医疗保障基金监管工作的通知》（医保发〔2019〕14 号），要求开展监管方式创新试点，积极引入信息技术服务机构、会计师事务所、商业保险机构等第三方力量，参与基金监管工作。2019 年，国家医疗保障局选择若干积极性高、有一定工作基础的地区开展监管方式创新试点。

探索建立医疗保障基金社会监督员制度，聘请人大代表、政协委员、群众和新闻媒体代表等担任社会监督员，对定点医药机构、经办机构、参保人员等进行广泛和深入的监督。2019 年 4 月 11 日，在“医疗保障宣传月”活动现场，青海省医疗保障局聘请 68 人为医疗保障社会监督员，进一步健全完善医疗保障监督机制，严防医保基金“跑冒滴漏”。

为充分调动社会监督积极性，健全社会监督机制，人力资源社会保障部、国家医疗保障局提出了一系列的社会监督措施。向全社会公布举报电话，畅通举报投诉渠道。2018 年专项行动期间，共收到电话举报 4 666 例，其中有效举报线索 477 条。会同财政部建立欺诈骗保行为举报奖励制度，出台《欺诈骗取医疗保障基金行为举报奖励暂行办法》，对符合条件的举报人给予最高 10 万元的奖励。建立举报线索交办、督办和反馈机制，确保举报线索件件有回音。专项整治行动开展以来，打击欺诈骗保专项举报投诉热线电话、微信举报平台、网上信访系统等多个举报受理平台共收到举报线索 12 841 例，向各省（区、市）移交 13 批 1 586 例线索，其中，前 10 批已达办结时限的线索办结率为83.9%，查处欺诈骗保金额2.2亿元。

2019年，浙江省颁布实施《浙江省欺诈骗取医疗保障资金行为举报奖励实施办法》，鼓励社会各界举报欺诈骗保行为，并设立了3个奖励等级，每起案件的奖励金额最高不超过10万元。举报人为定点医疗机构、定点零售药店内部人员、原内部人员并提供可靠证据和线索的，可适当提高奖励标准。河北省出台《河北省欺诈骗取医疗保障基金行为举报奖励工作实施细则》，对举报人举报查实的骗保行为给予奖励。鼓励社会群众参与到基金监管的监督制约和提供线索上来。内蒙古自治区医疗保障局、财政厅联合出台了《内蒙古自治区欺诈骗取医疗保障基金行为举报奖励实施细则》。

（六）逐步推进完善智能监控

医疗保险监管顺应时代发展，从2012年开始逐步推行智能监控。全国已有320个统筹地区开展智能监控，监控人群达11亿人，监控范围基本覆盖所有“两定”服务机构，实现了从传统的人工监控到智能监控的转变。医保智能监控的全面实现，使得医保监管效率大幅提升、医保监管工作更加公平和公正，经办管理廉政风险程度明显降低。

传统的通过增加监管人员、提高监管人员医药专业知识水平等方式，不仅无法彻底解决监管能力不足的问题，而且始终面临信息不对称问题，不可能突破医疗服务监管困境。利用现代信息技术特别是网络技术、大数据处理技术等，运用计算机数据分析手段，对医疗机构、零售药店在提供医疗服务中，以及参保人员在享受医疗保险待遇中的相关行为和费用进行实时监控，据此发现违规行为和违规费用并进行查处，具有数据处理量大、筛查面广、反应快和效率高等特点，可以在很大程度上克服信息不对称的问题，为提高医疗服务监管的有效性、突破监管困境提供了可能。

2001年，大连开始探索利用现代信息技术和医保大数据开展对医疗服务的智能监督管理，开启了基本医疗服务智能化监督探索之路。上海市（2008年）、河北省邯郸市（2009年）、天津市（2011年）、山东省聊城市（2011年）和湖北省武汉市（2011年）等地也相继进行了探索。2012年4月，人力资源社会保障部办公厅印发《关于开展医疗服务监控系统建设试点工作的通知》（人社厅发〔2012〕39号），确定18个地方开展医疗服务监控系统建设试点。2013年5月，人力资源社会保障部社会保险事业管理中心在沈阳市召开全国医疗保险医疗服务监控试点重点联系城市座谈会，发布《关于建立基本医疗保险医疗服务监控重点联系城市工作机制的通知》，进一步扩大试点范围，将包括 4 个直辖市在内的 45 个地区纳入试点。

2014 年 8 月，人力资源社会保障部印发《关于进一步加强基本医疗保险医疗服务监管的意见》（人社部发〔2014〕54 号），要求强化对医疗服务的监管，将监管对象延伸到医务人员；优化信息化监控手段，建立医疗保险费用监控预警和数据分析平台。2015 年 4 月，人力资源社会保障部办公厅印发《关于全面推进基本医疗保险医疗服务智能监控的通知》（人社厅发〔2015〕56 号），正式将利用信息技术实施医疗服务监控定名为“智能监控”，并决定 2015 年全国 50%的地方要开展这项工作，2016 年在各统筹地区全面开展。随后，人力资源社会保障部办公厅又印发了《基本医疗保险医疗服务智能监控经办规程》（人社厅发〔2015〕146 号），对智能监控的内容、方法、流程、各方权责等进行了规范，使基本医疗保险医疗服务智能监控进入全面推开、规范运作、提质增效的新阶段。

2016 年 8 月，人力资源社会保障部又印发《关于积极推动医疗、医疗保险、医药联动改革的指导意见》（人社部发〔2016〕56 号），提出要适应信息化发展，大力挖掘和利用医疗保险大数据，全面推广医疗保险智能监控。各地医疗保险医疗服务智能监控工作继续全面深入推进。2017 年 10 月 9 日，国务院常务会议强调要加快相关医疗保险信息系统对接共享和整合，大力推行医疗保险智能审核和实时监控。2019 年 5 月，国家医疗保障局办公室发布《关于开展医保基金监管“两试点一示范”工作的通知》（医保办发〔2019〕17 号），采取提升智能监控功能，丰富智能监测维度，建立省级集中监控系统等途径开展医保智能监控示范点建设。

医疗保险医疗服务智能监控的成熟与完善，标志着基本医疗保险医疗服务在经历了完全依靠人工进行监管、通过网络系统辅助监管后，进入到一个全新阶段。经过各地多年来持续不断的探索创新，通过全场景、全环节、全时段自动监控，对医疗保险医疗服务中可能发生的违规行为产生了震慑作用，在很大程度上规避了潜在风险，更加有效地保障了参保人员的合法权益和医疗保险基金安全。

三、存在的问题与挑战

医保基金风险防控体系经过多年的发展，基本形成了比较完善的立体式基金监管与风险防控体系。但医保基金安全形势依然严峻，欺诈骗保易发多发、花样翻新，定点医药机构串换项目、超标准收费、过度诊疗等问题突出，基金规模大、监管对象多与业务链条长与制度体系不完善、专业监管力量不足、监管手段有限之间的矛盾尤为突出，亟待进一步完善医保基金监管制度体系建设。

（一）经办机构内控风险与外部压力依然较大

医保经办机构作为医疗费用支出的第三方，由于服务链条长、环节多，存在着较多的例外与特殊情形，无形中提升了医保经办机构工作人员的审核权限，在医保管理与服务提供过程中面临着不同程度的风险。虽然经办机构继续强化内部风险防控，采取教育培训及制度约束等手段降低可能存在的风险，但在面对外部诱惑与经济利益时，可能出现经办人员铤而走险，针对存在的漏洞，与外部人员共同骗取医保基金，或者因为个人原因而放松标准和要求，形成事实上的监管风险。这就要求政府加强对医保管理者尤其是直接提供管理服务的经办机构自身的内部控制、外部监管与机制化激励约束，避免经办人员因自身利益偏离或过度偏离医保的公共目标。

从经办机构外部风险防控来看，欺诈骗保现象层出不穷，使得医保风险管理面临着极大的压力。从近几年欺诈骗保机构的情况来看，医疗保险定点民营医院是欺诈骗保问题发生的重灾区，欺诈骗保问题极为严重。部分乡镇医院、公立医院、医保定点药店也将手伸向了老百姓的“救命钱”。2017 年，四川省人力资源社会保障厅、公安厅、卫生计生委开展联合检查，共检查医疗机构 2 213 家，发现 1 942 家医疗机构有违规行为，查出违规金额 3 696 万元。其中民营医疗机构有 1 337 家，占民营医院总数的 60. 42%。

按照国家医疗保障局的统一部署，2019 年 3 月 31 日，在“打击欺诈骗保、维护基金安全”集中宣传月启动仪式上，云南省医疗保障局公布了该省近期查处的“欺诈骗保”8 大典型案例。值得注意的是，在 8 大典型案例中，有 4 家涉事单位都是民营医疗机构。其中，昆明新康生耳鼻喉医院涉事金额最高，合计追回费用竟高达 1 531. 49 万元。据不完全统计，2019 年下半年，福建、安徽、河北、贵州公布的 50 余起“医疗机构欺诈骗保典型案例”中，有超过 4 成的医疗机构存在过度诊疗，或虚构诊疗项目、虚假诊疗的问题。典型案例中，民营医院挂床住院、分解住院，以及不规范收费（包括重复收费、超标准收费）被查的概率也非常高。过度诊疗、挂床住院、不规范收费，几乎已经成了民营医院最容易被查的三项骗保行为。

通过收集整理2018—2019年江苏省各地市公开通报的102起有关欺诈骗保典型案例（见图3-4-1），涉及定点医疗机构与定点药店的有71起，其中串换药品、诊疗项目、医疗服务设施项目及医用材料的有11起，涉案金额高达412.5万元，占所有通报定点机构涉案金额的43.99%。而虚构医药服务、虚列医药费用的有10起，涉案金额255.1万元，同样反映了欺诈骗保现象的普遍存在而又难以监管的基本现实。这都给经办机构的基金风险防控提出了极大的挑战。

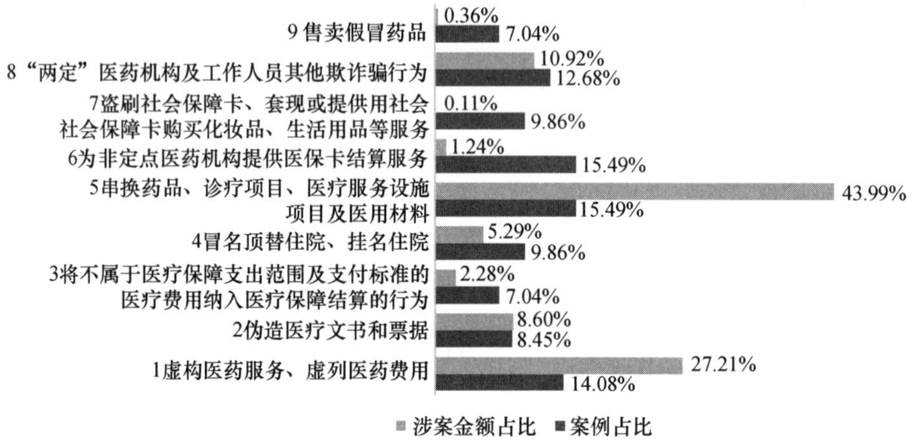

图3-4-1　江苏省2018—2019年通报定点机构欺诈骗保案例情况

注：案例来源于江苏省医疗保障局网站，经作者自行整理。

（二）监管能力不足，存在选择性行政监督现象

医保基金行政监督涉及主体包括定点医疗机构、定点药店以及参保人员。在行政监督过程当中，监督者会顾及自身的偏好或者基于监督成本收益的考虑，可能会出现根据不同对象的监管难度进行选择性监督的现象。这与大多数行政监督存在的问题相类似，更是因为医保基金的监管复杂程度更高，更为隐蔽，而且专业性更强。在监管力量与监管能力不足的情况下，选择性监管会成为一种必然现象。

从目前全国各地通报的医保欺诈案例来看，大多数出现问题的机构主要是民营定点医疗机构或药店。这一方面与民营机构因利益驱使导致欺诈骗保现象频发有着密切的关系；还可能存在着监管人员对民营定点医疗机构具有某种偏向性，导致选择性监管现象的产生。相比较而言，公立医院一方面确

实因欺诈骗保现象相对较少，另一方面也因为医疗机构的公办性质，客观上进行监督会面临较多障碍，即使发现存在欺诈骗保现象，但处理起来难度较大，会面临来自多方的压力，导致有时处理显得轻描淡写，或者聚焦于基层公办医疗机构。

通过江苏省 2018—2019 年各地市通报的 102 起欺诈骗保案例来看，涉及定点医疗机构与药店的有 71 起。其中除 7 起涉事机构为基层卫生院、社区服务中心或社区卫生服务中心，其余为 25 家民办药店、32 家民办医疗机构、3 家民办诊所、1 家中外合资合作医院。除此以外，对于医保经办机构自身出现的问题也较少通报，这从某种意义上反映了目前医保监管领域选择性执法检查的现象可能确实存在。

（三）缺乏专业高效基金监督机构与人才

新形势下医保基金监管涉及市场主体多，一些欺诈骗保行为隐蔽，取证查处困难，规范执法要求高，不仅需要专业的医学知识，还要掌握相关的行政执法专业知识与技能，要求较高。目前这类复合型人才本身就较为稀缺，而且薪酬在市场上缺乏竞争力，很大程度上影响到行政监督的效果。迫切需要加强医保行政监管能力建设，加快组建具有行政执法权的专门监管机构和队伍。结合当前医保基金监管执法力量薄弱的实际，在事业单位改革中，推动省、市、县三级设立专门医保基金监管机构，明确其参公管理性质，赋予其行政执法权。

（四）参保人监督意识淡薄，社会监督机制尚不完善

医保基金属于第三方付费性质。对于广大参保人而言，医保基金与自身并无紧密联系，更多的是考虑如何通过刷社保卡或者其他方式来实现个人自身的利益。总体来说，居民参与基金监管的意识淡薄，对于在社会上广泛出现的非法持有社保卡或者借用他人社保卡进行购药等行为视而不见，普遍存在“事不关己高高挂起”的心态。还有许多居民认为医保基金就是“唐僧肉”，可以随意侵占。这些都是医保基金法律意识淡漠所导致的。社会上还未形成浓厚社会监督氛围。在很多情况下，居民会与定点药店或者医疗机构合谋，共同骗取医保基金。

江苏省 2018—2019 年各地市公开通报的 102 起有关欺诈骗保典型案件中，参保人的骗保行为有 31 起，转借或持他人社保卡就医（12 起）、伪造医疗文书和票据（8 起）和隐瞒病情报销（6 起）是三种最主要的欺诈骗保行为

（见图 3-4-2）。转借或持他人社保卡就医虽然涉案金额相对较小，但能反映出居民参与基金监管的意识不强是普遍现象。也有的居民存在侥幸心理，通过伪造医疗文书和票据来骗取医保基金。

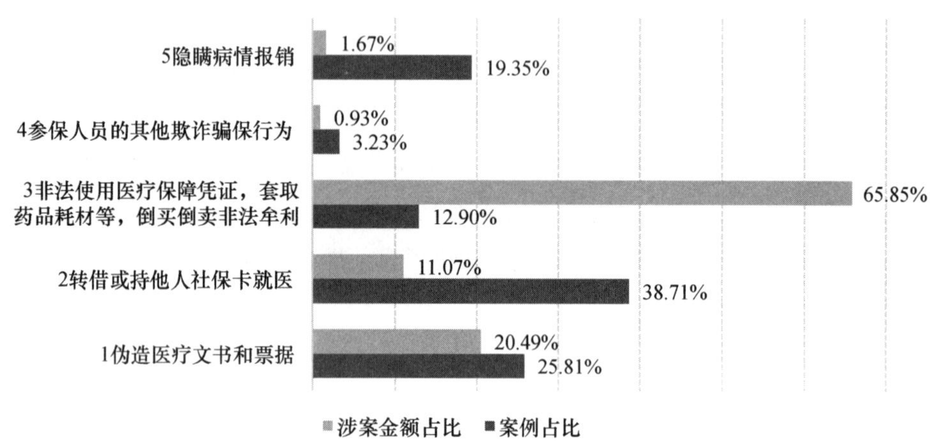

图 3-4-2　江苏省 2018—2019 年通报参保人员欺诈骗保案例情况

注：案例来源于江苏省医疗保障局网站，作者自行整理。

（五）医保智能监控发展面临挑战

虽然医保智能监控与智能审核因技术和信息化的推进不断完善，但对于如何保证审核的有效性，还需要深入研究监控规则。目前对于审核引擎的研究应用仍处于不断探索阶段，随着人工智能和机器学习技术的不断发展，监控引擎与这些技术将进一步融合，未来能够更好地处理如图像识别、人脸识别、语音识别、自然语言技术等各种类型的信息，通过机器学习对各类信息加以分析并探寻其中的关联性和趋势性，医保智能监控将会实现从人工设定规则到机器自动产生规则并应用规则。这是智能监控发展面临的重大挑战。

四、完善医保风险防控体系，推进治理体系和治理能力现代化

加强和完善医保风险防控体系建设，推进医保治理体系和治理能力现代化，需要重点建立健全监督检查制度，全面建立智能监控制度，建立信用管理制度，建立综合监管制度和完善社会监督制度。

（一）健全医疗保险基金监督法律规范

医疗保险风险防控需要以完善的法律规范为前提。2010 年颁布的《社会保险法》虽然部分条款规定了社会保险欺诈行为的惩处措施，但是没有明确

界定社会保险基金欺诈的含义、类型等，在实践中难以操作。虽然也有其他规制欺诈行为的法律文件，中央政府和地方也有关于医疗保险基金反欺诈的规范性文件，如上海、湖南、安徽均出台有关基本医疗保险监督管理办法，但是地方层面规范性文件的法律效力不够。2019年4月11日国家医疗保障局发布《医疗保障基金使用监管条例（征求意见稿)》面向社会公开征求意见，对基金监管机构、监管方式、监管内容、骗保行为及其所需承担的法律责任进行了明确，应该说从国家层面开始构建医疗保障基金监管法律法规体系。建议及时修订《社会保险法》，加快《医疗保障基金使用监管条例》的立法进程。

（二）引入第三方监管，进一步完善监督检查机制

基于医保领域普遍存在的道德风险，需要采取日常监督和专项监督、现场监督检查和非现场监督检查、内部监督和外部监督相结合等多种方式开展监督检查，建立和完善监督检查机制。明确和规范不同监督检查方式的检查对象、检查内容、检查流程、检查要求、适用情境等，同时还要明确各种监督检查方式的针对性、规范性与有效性，做好各种监督检查方式的衔接与配合，形成科学合理完善的监督检查体系，实现监督检查全覆盖。

为弥补医保部门监督检查力量不足，可委托第三方进行监督服务，更可以有针对性地引入监督检查所需的财务会计、医疗药品、信息技术、法律事务等方面专业人才，增强监督检查的专业性、有效性和公平性。可以构建以医保经办机构为主导、行业协会和科研机构为支撑、商业保险公司为补充的监督检查组织网络。另外，可以适当借鉴和吸收商业医疗保险公司在基金风险防控方面的成功经验。

（三）充分利用大数据与人工智能开展医保智能监控

充分认识到大数据、云计算、算法模型、人工智能等技术对智能监控的积极作用，采取多种措施，改进和完善医保智能监控。

1. 建设省级乃至全国集中统一的医保智能监控系统

积极推进医保大数据向省级甚至全国集中，建设省级乃至全国集中统一的医保智能监控系统。基于全国医疗保障信息系统建设试点工作，探索在省级集中模式下统一开展智能监控，不断提升智能监控质量和效率。

2. 完善监控规则与反欺诈模型

根据欺诈骗保行为特点和变化趋势，通过人工智能、机器学习对海量医

保数据、线上线下产生的各类监测数据不断学习，改进监控引擎，不断完善监控规则，细化监控指标和智能监控知识库，如诊疗规范类、医保政策类、就诊真实性类等，提高智能监控的覆盖面和精准度。利用人工智能的学习算法，分析医保自身现有数据或结合民政、交通及公安等数据源进行欺诈识别，丰富智能监测维度，在开展按疾病诊断相关分组（DRGs）付费国家试点的地区和开展基于大数据的病种分值付费的地区，运用智能监控系统，加强对临床行为的过程监控，丰富大数据分析比较维度，进而形成符合自身特点的动态医保反欺诈模型，促进智能监控效果提升。

3. 积极推广和探索应用新技术手段，实现监管关口前移

应用视频、可穿戴设备采集参保患者图片、影像数据、生命活动体征数据，实现对参保患者机构购药行为和定点服务机构医保服务行为的精准画像，精准监控。例如，在慢病管理领域内，通过向慢性病患者提供心电监护仪等便携式可穿戴式医疗设备，实现对患者的“7×24”小时生命体征监管，随时对患者进行观察、测量和全程干预，在保证医疗救护时效的同时，提升患者的满意度。结合慢病管理 App 的使用情况与医疗费用支出进行跟踪对比，督促、教育和引导参保人员加强自身健康管理，提升自我健康管理意识和能力，在提升参保人员就医质量的同时，减少医保基金的不合理支出。

此外，随着区块链技术的成熟，在医保智能监控领域内，定点服务机构的每一个医保服务行为，参保患者的每一次就诊购药行为，都可以通过区块链技术记账存档，有效保证医保数据的真实性。

4. 做好医保智能监控的战略性规划，建立立体监控体系

大数据、人工智能、区块链等新技术发展并不是孤立存在的，而是相互促进、相互作用的。需要从技术上制定和完善新信息技术对医保智能监控的战略性规划，同时在确保数据安全及个人隐私的前提下，实时采集更多维度数据，建立 A（人工智能）B（大数据）M（行业专家）立体监控体系，实现对医保经办机构、医疗服务机构、医保医师、参保人、病种、处方、诊疗项目明细的全覆盖、全时段实时监控预警，不断提升医保智能监控水平效能，切实保障医保基金运行安全。

（四）引入公众参与，完善社会监督机制

需要进一步引入公众参与，建立健全医保社会监督和激励机制，充分利用社会力量开展医疗服务监督。通过鼓励和支持社会各界参与医保基金监管，

可以实现政府治理和社会监督、舆论监督良性互动。一方面，进一步完善《欺诈骗取医疗保障基金行为举报奖励暂行办法》和实施细则，加大医保反欺诈宣传力度，鼓励社会各方参与医保监督，激励公众举报医疗欺诈骗保等违法行为。同时，加强对参保人、医师和经办人员等进行反欺诈的教育培训，充分利用各种渠道开展常规性与专题性的宣传，明示医保欺诈骗保带来的影响和危害，增强全社会维护基金安全的责任。另一方面，建立医保基金社会监督员队伍，完善社会监督员聘任机制，通过医保基金社会监督员强化社会监督和舆论监督，营造全社会关注并自觉维护医保基金安全的良好氛围。

（五）进一步完善综合监督与诚信管理机制

《国务院办公厅关于改革完善医疗卫生行业综合监管制度的指导意见》（国办发〔2018〕63 号）明确要求从单项监管转向综合协同监管。具体到医保基金监管领域，要适应医保管理服务的特点，建立并完善部门间相互配合、协同监管的综合监管机制。一是进一步明确相关部门的监管职能职责，避免职能交叉缺失。同时，建立和完善绩效考核和责任追究机制，保障相关部门履职尽责，防止产生悬空效应。二是建立打击欺诈骗保部门协商机制，及时沟通情况、解决分歧，加强工作协调，与社会信用管理部门、公安部门等对接，构建多方参与的医保基金安全保障及联合惩戒查处机制。三是加强部门间信息共享和互联互通，建立联合监管、协同执法工作机制，共同组织重大专项行动。对查实的欺诈骗保行为，各相关部门根据职能职责进行处理，如医保部门将查实的违规违法医疗机构和个人信息，及时通报辖区内卫生健康、市场监管和纪检监察部门，由这些部门按规定给予吊销执业资格或追究党纪政纪责任等处理。

信用管理是市场经济条件下监督管理的基础。中央明确要求建立健全医疗保障信用管理体系，推行守信联合激励和失信联合惩戒。《国务院办公厅关于加快推进社会信用体系建设构建以信用为基础的新型监管机制的指导意见》（国办发〔2019〕35 号）要求，按照依法依规、改革创新、协同共治的基本原则，以加强信用监管为着力点，创新监管理念、监管制度和监管方式，建立健全贯穿市场主体全生命周期，衔接事前、事中、事后全监管环节的新型监管机制。

2019 年，国家医疗保障局选取 16 个地区开展医保基金监管诚信体系建设试点，重点探索诚信体系建设相关标准、规范和指标体系，相关信息采集、评分和运用等内容。还需要进一步明确医保诚信体系建设路径，完善诚信评价指标体系；完善医保领域“黑名单”制度，将严重违规的定点医疗机构、定点药店、医保医师和参保个人列入“黑名单”，定期向社会公开发布；逐步建立个人惩戒制度，将医保领域涉骗行为纳入国家信用管理体系，发挥联合惩戒威慑力，实现“一处违规，处处受限”；推进公立医疗机构、非公立医疗机构、零售药店、医师等行业协会开展行业规范和自律建设，开展医保法律法规政策培训，促进行业自我规范和自我约束。

专题五：

创建养老保险第二支柱管理服务新模式

一、养老保险第二支柱发展与理念演进

世界银行提出的“三支柱”养老保险体系的理念，将养老责任在政府、企业和个人三者之间进行了有效划分，从而被各国广泛传播和应用。目前，我国也遵循该理念初步建成了多层次养老保险制度框架：第一支柱是国家强制推行、政府参与管理的“统账结合型”基本养老保险制度（含城镇企业和机关事业单位职工、城乡居民基本养老保险），第二支柱是国家政策支持、基金实行市场化投资的单位和职工共同建立的“个人账户完全积累型”年金制度（含企业年金和职业年金），第三支柱是国家给予税收优惠的个人储蓄性养老保险。截至2019年年底，我国第一支柱已覆盖9.68亿人口，基金积累结存6.29万亿元；① 第二支柱合计覆盖超过6 000万在职职工，积累资金规模预计达2.26万亿元；② 第三支柱参保人数为4.76万人，保费收入3.0亿元。③

---

① 2019年度人力资源和社会保障事业发展统计公报。

② 根据2019年《全国企业年金基金业务数据摘要》和职业年金相关数据合并计算而得。

③ 2020年一季度全国商业养老年金保险保费收入325亿元有效保单6 883万件，http://www.china-insurance.com/insurdata/20200527/36845.html。

职业年金和企业年金作为养老保险体系的第二支柱，与我国社会保障制度的改革发展密不可分。20 世纪 80 年代以来，为了配合国有企业改革，企业基本养老保险制度从劳动保险向社会保险转型。为了补偿和平衡企业职工福利水平，部分企业尝试建立了企业补充养老保险（2000 年更名为企业年金）。2015 年改革机关事业单位养老保险制度，作为推进机关事业单位养老保险改革的重要举措，同时建立职业年金制度，除承担与企业年金类似的功能之外，还承担着保持改革前后机关事业单位职工退休待遇平稳过渡的功能。①

（一）市场化理念指导下的年金制度

1. 企业年金制度发展

1991 年《国务院关于企业职工养老保险制度改革的决定》提出了逐步建立起基本养老保险与企业补充养老保险和职工个人储蓄性养老保险相结合的多层次养老保险制度，指出“国家提倡、鼓励企业实行补充养老保险”“企业补充养老保险由企业根据自身经济能力，为本企业职工建立”，拉开了企业自愿建立补充养老保险的序幕。1994 年《中华人民共和国劳动法》提出“国家鼓励用人单位根据本单位实际情况为劳动者建立补充保险”，为建立我国企业补充养老保险制度提供了法律依据。此阶段补充养老保险建立方式多样，包括企业内部自行建立的统筹外补贴制度、企业或行业自行管理的补充养老保险和企业购买商业团体养老保险产品等形式。

2000 年《国务院关于印发完善城镇社会保障体系试点方案的通知》（国发〔2000〕42 号），将补充养老保险改名为企业年金，明确“有条件的企业可为职工建立企业年金，并实行市场化运营和管理”。2004 年《企业年金试行办法》和《企业年金基金管理试行办法》，构建了自愿性建立、市场化运营的企业年金基本政策框架。随后，人力资源社会保障部协同其他部委发布了一系列通知和意见，对企业年金的财务处理、基金投资、账户管理、个税征管、投资范围等方面进行了规范。

2017 年 12 月，人力资源社会保障部发布《企业年金办法》，对 2004 年《企业年金试行办法》作出修订，将企业年金性质从“自愿建立”改为“自主建立”，并提出“国家鼓励企业建立企业年金”，弱化了自愿性质，表明了

① 胡晓义，《记录发展历程迎接新的挑战——在〈中国社会保险管理服务发展报告（2016—2017）〉暨职业年金管理运营研讨会上的讲话》。

政府积极推动企业建立企业年金的态度。

2. 职业年金制度探索

伴随着城镇职工基本养老保险制度改革，企业职工和机关事业单位工作人员养老保险制度实行的是双轨制，两类单位之间的社会保险缴费和待遇不对等，退休人员收入差距较大，引发的社会反响较大。随着事业单位分类改革推进，国务院通过机关事业单位养老保险制度改革试点，探索机关事业单位和企业养老保险制度的衔接机制。2008 年 3 月，国务院发布《事业单位工作人员养老保险制度改革试点方案》（国发〔2008〕10 号），决定在山西、上海、浙江、广东、重庆先期开展事业单位工作人员养老保险改革试点，并提出要在参加基本养老保险的基础上建立职业年金制度。

2011 年《国务院办公厅关于印发分类推进事业单位改革配套文件的通知》（国办发〔2011〕37 号）中第 9 份文件《事业单位职业年金试行办法》基本沿袭《企业年金试行办法》的相关规定，对职业年金的具体事项作了规定，采取自愿参加模式。后因受制于事业单位分类改革工作进展缓慢，该制度在实践中未能落实。

此阶段，企业年金和职业年金制度均被界定为自主性制度，是否建立年金计划或哪些人参加均取决于企业决策，将之视为一种企业激励性薪酬制度。在年金管理服务上基本实行市场化理念，无论是前端的年金参与管理还是后端的基金运营管理，均由市场决定和运行。政府的干预主要表现为通过税收优惠政策激励企业和个人参加并通过颁布相关规定规范管理运营行为。从实际运行效果来看，我国企业年金发展缓慢，表明纯市场化的管理服务理念对扩大年金覆盖面和二支柱补充养老功能的作用发挥有限。

（二）“行政+市场”理念引领下的职业年金制度

党的十八大以后，以全面深化改革为契机，机关事业单位养老保险改革步伐进一步加快，作为配套改革措施，在借鉴企业年金发展经验基础上，职业年金制度逐步建立。

2015 年 1 月《国务院关于机关事业单位工作人员养老保险制度改革的决定》（国发〔2015〕2 号）要求机关事业单位在参加基本养老保险的基础上，为其工作人员建立职业年金，并对职业年金制度框架进行了明确界定，确定了改革的基本原则是公平与效率相结合、权利与义务相对应、保障水平与经济发展水平相适应、改革前后待遇水平相衔接以及解决突出矛盾与保证可持续发展相促进。作为配套措施，国务院办公厅于 2015 年 3 月印发了《机关事业单位职业年金办法》（国办发〔2015〕18 号），明确了职业年金制度参加范围、缴费比例及资金来源、待遇支付方式、税收政策等问题。按照规定，职业年金的适用主体范围与参加机关事业单位基本养老保险的范围一致，适用于所有按照公务员法管理的单位、参照公务员法管理的机关（单位）、事业单位及其编制内的工作人员。职业年金缴费由单位和工作人员个人共同承担。单位缴纳工资总额的 8%，个人缴纳缴费工资的 4%，基金采用个人账户管理，单位和个人缴费全额计入个人账户，实账部分积累基金实行市场化投资运营。这些规定确定了职业年金前端强制性参与、后端市场化运作的运营管理模式。

2016 年 9 月，人力资源社会保障部、财政部联合印发《职业年金基金管理暂行办法》（人社部发〔2016〕92 号），对职业年金管理职责、基金投资、收益分配及费用、计划管理及信息披露、监督检查等进一步作了明确规定。随后，人力资源社会保障部办公厅又发布了一系列通知、办法和规程，对职业年金计划备案、合同指引、运营流程、转移接续、基金归集、经办规程、运营管理等方面作了具体规范。全国各省（市、区）也陆续颁发本地职业年金工作相关政策文件。职业年金运营管理进入实质运作阶段。

作为与机关事业单位基本养老保险制度相配套的职业年金制度，遵循“行政+市场”理念，采取了前端强制性参与、社保经办机构经办管理，后端市场化运作、基金管理机构信托运营的模式，将行政推动与市场运营有机结合。在制度建立初始就将职业年金定位为养老保险第二支柱，承担保持并提升机关事业单位职工养老保险水平的功能，而非仅仅作为用人单位某种薪酬激励措施存在。政府在职业年金制度参与、缴费和集中运营管理监督方面承担职责，保障了职业年金制度建立之初就基本实现全覆盖和全缴费。在职业年金投资运营方面，确定了市场化信托管理模式，通过招标确定具有年金基金管理资格的年金管理机构进行市场化运营。这些机构经过十多年的年金运营管理，具有丰富经验，为职业年金基金的保值增值提供了有效保障。

职业年金强制性制度所产生的全覆盖和全缴费与企业年金自愿性制度背景下形成的低覆盖率形成强烈对比，既为企业年金的发展提供了经验借鉴，也可能引发新一轮对机关事业单位和企业单位之间待遇差距的关注，对实行自主性企业年金制度产生冲击，要求借鉴职业年金制度的“行政+市场”理念，通过政策干预促进企业年金发展。

二、企业年金管理经验与改进方向

企业年金根据企业发展情况采取“自主建立”模式，20 年来取得了一定发展。市场化投资运营也积累了丰富经验。但总体来看发展缓慢，覆盖率一直偏低，仍难有效发挥养老保险第二支柱的补充功能。

（一）企业年金的市场表现

截至 2019 年年底，全国共建立企业账户 9.6 个，企业年金参加职工 2 548 万人，累计积累资金 17 985 亿元。全市场设立单一计划 1 599 个、集合计划 57 个，备案并运作的养老金产品 456 只，资金规模 9 054 亿元。

1. 企业年金稳步增加

2007—2019 年，企业年金的企业账户数、职工人数、积累基金额分别从 2007 年的 3.2 万家、929 万人、1 519 亿元提高至 2019 年的 9.6 万家、2 548 万人、17 985 亿元，分别增加了 2 倍、1.7 倍和 10.8 倍（见图 3-5-1）。积累基金增速高于参加职工和企业数增速，可见基金积累主要来自投资收益、缴费比例提高和工资增长，为养老待遇提升提供了较好保障。

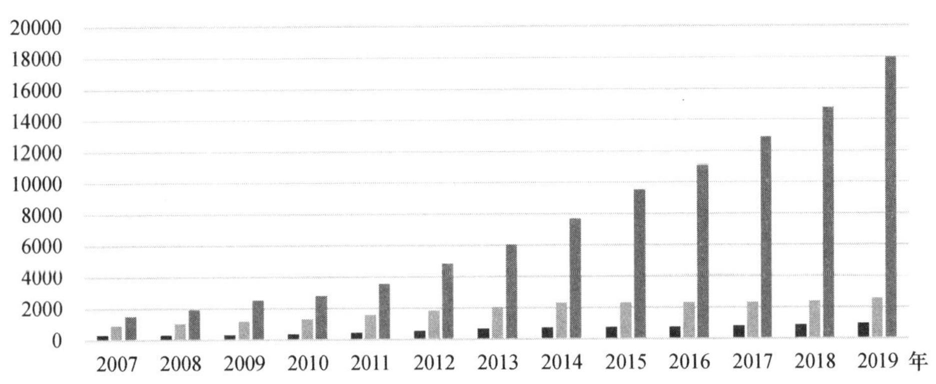

图 3-5-1　2007—2019 年企业年金发展情况

资料来源：人力资源社会保障部各年度《全国企业年金基金业务数据摘要》。

2. 企业年金扩面面临较大挑战

由于企业年金是由企业和职工在参加基本养老保险基础上，通过集体协商建立的，相应企业参与率和职工覆盖率的计算基数应为参加基本养老保险的企业法人单位数和企业职工人数。从图 3-5-2 可以看出，2007 年以来，职工覆盖率从 2010 年的 6.1%增加至 2019 年的 8.2%，但企业参与率从 2010 年的 0.6%下降至 2017 年的 0.4%，尽管取得了一定进展，但相较基本养老保险参保人数而言，无论是职工覆盖率还是企业参与率均过低，难以惠及绝大多数企业在职职工，第二支柱的补充养老保障作用发挥有限，企业年金扩面面临较大挑战。

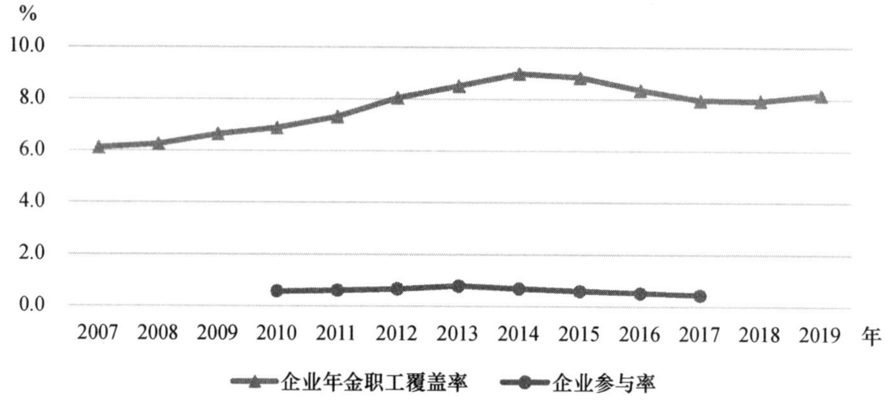

图 3-5-2　2007—2019 年企业年金覆盖率情况

资料来源：根据企业年金参加职工人数与职工基本养老保险在职参保人数之比和企业账户数与企业单位法人数之比计算而成。其中，企业年金相关数据来自人力资源社会保障部各年度《全国企业年金基金业务数据摘要》，职工基本养老保险数据和企业单位法人数据来自国家统计局年度数据。

注：企业法人只要与劳动者签订劳动合同就应参加基本养老保险，因此企业参与率的计算基数为企业法人单位数，因企业法人数据仅公布了 2010—2017 年数据，在此企业参与率仅计算 2010—2017 年情况。而参加基本养老保险的职工包括灵活就业人员和与单位签订劳动合同的企业职工，因此，职工覆盖率的计算基数应为扣除掉灵活就业人员的企业在职职工基本养老保险参保人数。因缺乏灵活就业人员职工基本养老保险参保人数数据，在此以在职职工基本养老保险参保人数为基数估算企业年金职工覆盖率情况，因基数偏大，估算出的职工覆盖率相对偏低。

3. 投资收益弥补待遇领取仍有结余

从表 3-5-1 可以看出，2012 年以来，我国企业年金投资收益累计达到 4 263 亿元，累计领取待遇 2 319 亿元，企业年金投资收益在弥补待遇领取基础上还进一步产生了 1 944 亿元的额外收益，投资收益在业务增长中所起作用益发明显。

表 3-5-1　　2012—2019 年年度投资收益与待遇领取情况　　单位：亿元

项目	2012 年	2013 年	2014 年	2015 年	2016 年	2017 年	2018 年	2019 年
积累资金	4 821	6 035	7 689	9 526	11 075	12 880	14 770	17 985
当年投资收益	212. 82	179. 59	581. 31	753. 91	296. 15	560. 55	420. 46	1 258
领取金额	148. 49	196. 05	141. 27	260. 57	295. 95	345. 4	438. 86	492. 39
上两项差值	64. 33	-16. 46	440. 04	493. 34	0. 2	215. 15	-18. 4	765. 61

资料来源：人力资源社会保障部各年度《全国企业年金基金业务数据摘要》。

注：因《全国企业年金基金业务数据摘要》自 2012 年开始发布，相应年度投资收益和领取金额仅能获得 2012 年之后的数据。

4. 长期投资收益比较稳定

图 3-5-3 显示了 2009 年以来建立的不同期间组合所产生的加权年平均收益率与各年度企业年金基金当年加权平均收益率的比较，排除了 2007—2008 年的金融市场泡沫和金融危机极端情况，该信息对未来企业年金的投资决策具有更高参考价值。从图 3-5-3 中可以看出，企业年金长期投资收益率比较稳定，其波动幅度远小于年度投资收益率。此外，不同期间组合的投资收益均值（5. 79%）也高于年度投资收益均值（4. 64%）。可见，长期投资相较短期而言，企业年金基金安全性和增值能力均能获得更好保障。因此，企业年金应着眼于长期投资，不应过度关注短期收益。

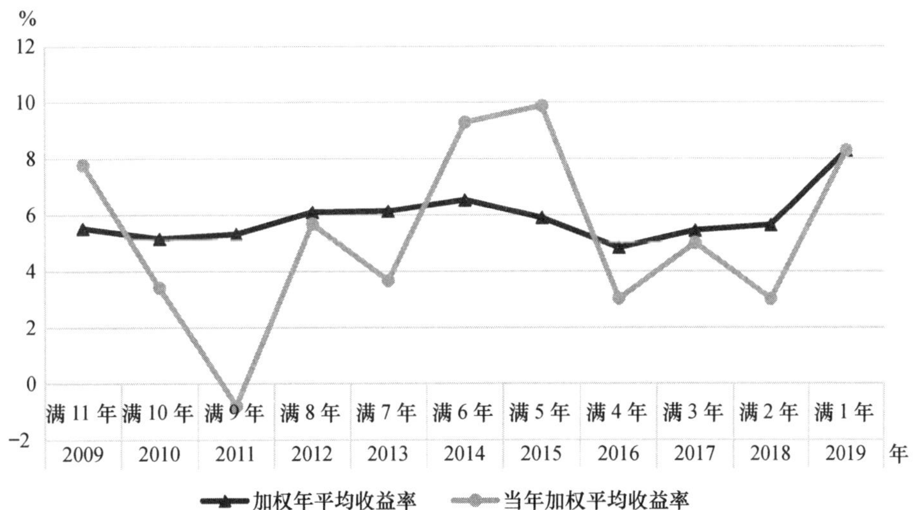

图 3-5-3　2009—2019 年不同期间组合投资收益率与基金年度收益率比较

资料来源：人力资源社会保障部各年度《全国企业年金基金业务数据摘要》。

（二）企业年金基金管理主要经验

自企业年金正式市场化运作以来，市场总体保持了平稳快速增长。在十多年的实践中，35 家机构（银行 10 家、信托 2 家、证券 2 家、保险 9 家、基金 11 家、养老金公司 1 家）取得 63 个企业年金管理人资格（受托 13 家，账管 18 家，托管 10 家，投管 22 家），整个年金运营流程中的职能权责得到了充分磨炼，在制度设计和运营管理层面都积累了大量具有重要参考意义的成功经验。

1. DC 型个人账户完全积累制有效提升个体参与积极性

企业年金采取了 DC 型（缴费确定型）个人账户完全积累的模式，由单位和个人共同缴费建立个人账户，进行市场化投资运作，所有收益共同积累形成的权益均归属个人所有，为职工退休后的收入来源提供保障。这种制度模式与基本养老保险社会统筹现收现付的模式相对应，后者侧重代际补偿共济，通常采用 DB 型（收益确定型）的制度设计，在统筹范围内通过保险机制实现精算平衡；前者强调个人年金资产的独立、自我积累和自我保障，将个人缴费和个人退休待遇权益直接关联，风险和收益完全由个人承担。参保人能够直观地感受到自身权益和责任的对等，所承担的风险也主要集中在市场风险层面，消除了待遇水平制度上的不确定性，将养老金积累问题转化为投资选择问题。相对于第一支柱，企业所背负的社会责任转化为内部薪酬福利制度安排，提升了在职职工个人的参与度和积极性。

2. 以信托模式为核心的治理架构是保证基金安全运营的基础

企业年金基金管理以信托模式为核心，建立了受托人、账户管理人、托管人和投资管理人四个角色分设的治理架构，通过“钱权分离”的制度设计实现了年金基金的独立性，较好地发挥了各管理机构相互监督制约的作用，为众多刚开始接触企业年金的委托人预先建立了一层良好的风险防范屏障，确保了年金市场的稳健发展。

企业年金采取信托模式下的双层管理架构，如图 3-5-4 所示。

第一层为信托关系，是企业和职工作为委托人将年金计划筹集的资金委托给合法的受托人进行管理。受托人可以是外部的法人受托机构，也可以是企业自行建立的企业年金理事会。

第二层为委托关系，是受托人基于委托人利益最大化的原则进行的二次委托，选择相应的账户管理人、托管人和投资管理人共同管理该年金计划，

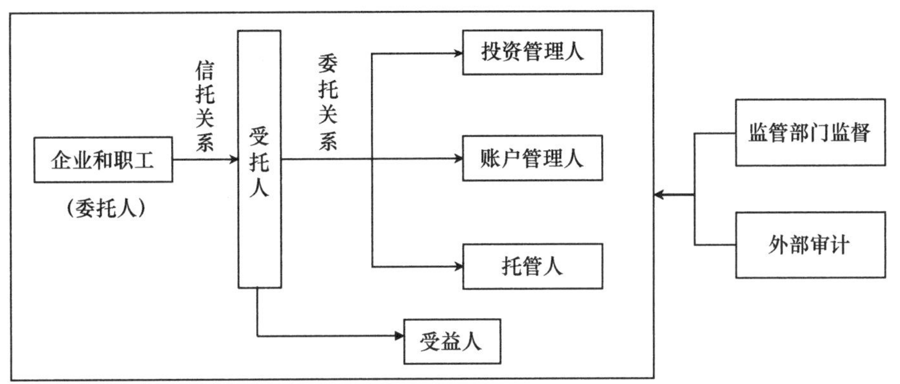

图 3-5-4　委托人与各管理人之间信托关系和委托关系结构图

受托人和其他管理人形成委托代理关系，受托人与各管理人互相合作，互相监督，从而有效保证年金计划的安全性。

3. 基金独立托管制度是年金基金安全运营的重要保障

企业年金在信托架构的基础上设置了多个管理人分权制衡的管理结构，其中特别强调了基金独立托管制度对保障基金安全性的重要作用，即在同一企业年金计划中，受托人与托管人、托管人与投资管理人均不得为同一人；企业年金基金财产独立于委托人、受托人、账户管理人、托管人、投资管理人和其他为企业年金基金管理提供服务的自然人、法人或其他组织的固有财产及其管理的其他财产。

与银行、保险业不同，DC 型的企业年金制度对受托人并未设立资本充足率、偿付能力之类的量化指标来评估其风险承担能力，因此采取独立托管的方式实现年金基金与委托人、受托人以及其他管理人的资产隔离不失为一种有效的风险管控措施，所有涉及资金划拨的行为均通过指令的方式由独立的托管机构进行审核与执行，在流程制度设计层面为企业年金基金的安全运营建立了一道防火墙。

4. 市场化管理是年金基金提升运营效率和投资业绩的重要保证

相对于早期只允许基本养老保险基金存银行、买国债而言，企业年金的市场化投资运营，一方面提升了管理效率和服务质量，另一方面提升了基金长期投资收益。

市场化竞争促使各管理人通过不断提升自身专业能力和服务水平，为参保企业和受益人提供全面、便捷、优质的年金运营管理服务。经过十余年的发展，企业年金已经从最初手工传递各类单证，进步到通过系统对接实现数据信息“电子化、不落地”传输，职工查询的渠道从原来单纯的对账单等扩展到包含电话、网络、微信等多种渠道，管理机构的服务也已经从单纯的年金运营进一步扩展到围绕单位和职工的全方位综合金融服务，为广大参保单位和职工提供了众多便利。

企业年金基金市场化管理在提升投资业绩方面成效尤为显著。从 2005 年开始市场化运作以来，投资业绩情况总体表现良好，实现了基金的稳健增值。2007 年至 2019 年 13 年年均收益率为 7.07%，远超同期 CPI（消费者物价指数）增长率，也大幅超越传统只能投资于银行存款与国债的基本养老保险记账利率，其中在金融危机导致证券市场跌幅超 60%的 2008 年，年金市场的加权平均收益率也仅跌至-1.83%，较好地守住了市场风险的底线，在增值性和稳健性方面取得了良好的平衡。

5. 管理人系统直连大幅提升年金基金管理效率

2012 年发布的《企业年金基金数据交换规范》（GB/T 29424—2012），为业务运营标准化以及各管理人之间的系统直连奠定了基础。管理人之间越来越多地通过系统直连实现指令信息不落地的传递和处理，简化了不同管理人表单格式、数据格式不一而导致的表单转换工作，各类业务指令的传输与反馈更加直接和快捷，业务运营工作走向自动化，有效解决了传统运作模式中业务链条长、环节多、人工干预多、响应慢等问题，运营管理工作的差错率大幅降低，信息数据的安全性和业务处理的时效性显著增强。管理机构之间沟通环节简化，得以将更多的精力投入提供更加个性化的服务中去。

（三）引入“行政”理念促进企业年金发展

企业年金除了是企业自主建立的激励制度外，还承担了养老保险第二支柱补充养老保险的功能，若其取得有效发展，能为未来基本养老保险降低缴费、调低替代率提供空间，具有一定的准公共物品性质，不同于纯粹市场性质的企业激励措施。因此，政府对企业年金的发展进行一定程度的行政干预不仅是合理的，实践证明也是必要的，有助于推动企业年金更快发展，消除企业职工与机关事业单位工作人员之间可能出现的不公平性，真正发挥第二支柱的功能。

企业年金制度运行以来，参加职工仅 0.25 亿人，占基本养老保险在职职工比例为 8.2%，覆盖率严重不足，尤其在职业年金基本全覆盖背景下，企业年金低覆盖率问题将更为凸显。企业用工成本压力大、税收优惠政策支持和引导力度不够、中小企业生存周期短以及职工维权意识不强等，均会影响企业建立企业年金的意愿和能力。同时，对企业年金制度、作用、信托管理模式、长期投资理念理解不足，也会影响投资收益水平提升，进一步约束企业和员工建立和参加企业年金计划的积极性。因此，需要在“市场化”年金基金管理基础上，引入一定的“行政”理念，通过政府适当的“行政”介入，运用引入自动加入机制、将企业年金转化为准强制性制度、提供优惠激励、加大投资者教育力度等积极措施来助推企业年金扩面和投资绩效提升。

1. 平衡第二支柱发展，改自愿为半强制

借职业年金强制建立的策略，设立相对强制化企业年金制度，争取在不加重企业负担的情况下，合理配置国家养老保险资源，保持社会稳定，解决社会矛盾。国家可以规定将降低的基本养老保险缴费部分直接转入企业年金，加大第二支柱覆盖深度，提高个人权益。

2. 提升企业经济负担能力，针对中小企业制定优惠政策

加大对中小企业扶持力度，对于符合条件的中小企业单独制定税收优惠政策。如果中小企业参与企业年金计划，允许其首年按其应缴企业所得税额度的70%来纳税，以后每年度减税额度微增2%~5%。再如，不把全员参与作为中小企业建立计划的严格限制条件，允许制定灵活方案，分期分批逐步加入等。

优化集合计划管理，制定有利于保护中小企业参保人利益的政策措施，严格监督评价受托人职责完成情况，公开、公平地对待计划内投资管理人。

3. 加大投资者教育力度，研发适合长期投资的产品

加大投资者教育力度，循序渐进逐步普及相关知识，提高委托人、受益人对DC型年金计划的认识水平，逐渐打破故有思维模式，使企业年金各方参与主体都能客观从容地对待投资收益波动，注重长期表现，给管理人更大操作空间。

作为中国养老保障第二支柱的企业年金，其养老属性和退休领取限制使基金呈现明显的长期性、固定性，年轻员工个体没必要去关注短期业绩表现，只有临近退休的员工才有资产变现需求。开发并试行生命周期型默认选择的养老金产品，随着目标退休日期的临近，自动降低其权益类资产配置比重，减轻委托人压力，达到长期投资目的。

三、职业年金管理服务模式探索创新

根据《机关事业单位职业年金办法》，职业年金由政府强制机关事业单位及其职工共同缴费，实行个人账户完全积累，进行市场化投资运营管理。与企业年金相比，职业年金同样定位于第二支柱，并采纳了企业年金个人账户信托模式的制度内核，在管理机构、管理模式、运营流程、投资范围等方面具有极大的相似性。但考虑到职业年金覆盖人群的特殊性，以及该部分人群在新老退休制度上的平稳过渡要求，职业年金引入了“行政”理念，在前端缴费部分采取强制性参与模式，并由社保经办机构经办管理。

（一）职业年金与企业年金制度的异同

1. 自主程度

企业年金遵循自主原则，资金来源主要取决于缴费单位自身的支付能力，缴费比例在上限范围内具有弹性；职业年金遵循强制性原则，所有机关事业单位均必须参加，制度建立伊始参加率就达到100%。缴费基数与比例固定不可更改，基金征缴与基本养老保险同步进行。

2. 账户虚实

企业年金资金全部实行实账运营；职业年金资金允许有实有虚，仅个人缴费部分明确要求实账处理，单位缴费部分根据单位属性可虚账运营，规定财政全额供款单位的单位缴费可采取记账方式，非财政全额供款单位的单位缴费实行实账积累。

3. 资金来源

企业年金缴费资金来源于企业人工成本，由企业自行承担，在缴费方面存在较大弹性，允许企业根据自身经营情况暂停、恢复或终止缴费；职业年金单位缴费资金主要来源于财政供款，具有缴费刚性，通常不存在暂停或终止的情况。

4. 资金分配

企业年金需要由企业制定年金方案，可以对缴费资金分配和归属制定灵活的个性化方案并报监管部门备案；职业年金不存在年金方案，不需要监管部门的审批或备案，所有缴费资金自始即100%归属于职工本人。

5. 管理机构

企业年金的运营全部市场化，所有管理角色都由商业机构承担；职业年金实行中央和省级社保经办机构集中委托代理并负责账户管理，与基本养老保险的管理运营高度绑定。

6. 账户收益

职业年金实账部分与企业年金一致，按照实际投资收益计入净值，虚账部分记账利率则由人力资源社会保障部和财政部根据各省（区、市）职业年金实账积累部分的投资收益情况，按月计息，每年公布。

7. 待遇标准

企业年金待遇取决于年金分配方案和投资运营水平，属于完全的 DC 型。职业年金待遇在十年过渡期内和过渡期后遵循了不同的制度内核：在前十年的过渡期内，职业年金所提供的待遇水平需要与基本养老保险待遇进行合并计算，对低于老制度的待遇将通过调整基本保险待遇（或财政额外补贴）进行差额补偿，本质是在 DC 型的核心之上套上了 DB 的外衣，财政承担最终兜底责任（全额财政拨款单位）；而在十年过渡期后，这种合并计算差额补偿的政策预计将退出，财政不再承担兜底责任，职业年金将恢复 DC 的制度内核。

总体来说，职业年金对过渡期制度衔接的设计与企业年金的“中人”过渡处理思路有一定的相似性，但也存在本质差异，最主要的区别在于职业年金待遇与老制度下待遇的差额是在机关事业单位养老保险制度体系之外解决，由财政承担额外的兜底责任，其本质是财政对参保职工的补贴；而企业年金待遇与老制度下的待遇差额通常只能在企业年金计划框架内解决，即通过将企业年金单位交费的一部分设立公共账户的方式，其本质是企业内部新人对中人的补贴。从这个意义上说，职业年金制度获得了更大的政策红利，财政作为最终供款主体，其兜底责任与兜底能力是企业无法比拟的。

随着职业年金制度十年过渡期结束，职业年金与企业年金将逐步趋同，运营层面主要的差别可能就在于账户管理职能的承担者，前者是社保经办机构，后者是商业银行等账户管理机构，在具体的业务流程上预计将逐步趋同。

（二）经办机构开展职业年金管理服务的职责界定

《职业年金办法》和《职业年金基金管理暂行办法》赋予了社保经办机构参与职业年金基金管理的职责。在职业年金基金管理流程中，社保经办机构同时承担两重职责，以代理人的身份代理委托人进行职业年金信托管理，同时担任账户管理人。因此，在整个职业年金运营流程中，社保经办机构实际上肩负了多个角色。一是作为监管者，对整个职业年金管理体系的建立和运营负有责任。二是作为代理人，要在职业年金运营期间代表所有参保单位和职工的利益。由于职业年金的参保单位及职工作为委托人不直接参与对受托人、托管人、投资管理人等年金管理机构的监督，也不直接参与职业年金计划基金的投资选择，因此这类在企业年金中由委托人承担的职责在职业年金中需要由社保经办机构来代理负责。三是作为实质上的账户管理人，要直接参与整个年金运营的流程中去，与其他管理人进行具体业务指令交互和业务处理。

1. 代理人职责界定

（1）代理人职能

作为代理人，社保经办机构代理委托人（机关事业单位及其工作人员）集中行使委托职责，与受托人签订职业年金计划受托管理合同，进行集中投资运营。代理人负责建立职业年金计划，可以建立一个或多个职业年金计划，按计划估值和计算收益率建立多个职业年金计划的，实行统一收益率。各省社保经办机构分别作为代理人统一代理本省所有机关事业单位及工作人员的职业年金委托管理事宜。全国 30 多个代理人经办条件不同，对代理角色的认知也可能存在差异，尤其要清晰界定代理人角色，既要防止代理人职责“越位”，直接监督托管人和投资管理人的相关业务；也要防止代理人职责“缺位”，将本应由自己负责的专业性事务让渡给其他年金管理机构。

（2）明确代理人和职业年金评选委员会的关系

职业年金评选委员会是非常设决策机构，不参与职业年金日常运营；承担代理人角色的社保经办机构作为具体执行机构，负责日常账户管理业务及受托人和年金计划管理监督。社保经办机构需要做好以下业务：①协调各方组建职业年金评选委员会，人数由 7 人、9 人或 11 人组成，负责审定受托人评选方法、根据受托人招标情况选择确定受托人、根据计划运作情况更换受托人；②根据政策法规的要求，拟定受托人评选办法和评选标准，具体评选方法和评分标准各地根据实际情况确定，可考虑将受托运营能力和投资风险管控能力同时纳入评价指标体系。[①]

（3）明确代理人与受托人的关系

受托人是年金基金运营管理能否达到预期效果的关键，其职责包括选择、

① 邹青，职业年金市场化运营四大难题待解，中保网，2016 年 10 月 25 日。

监督、更换职业年金计划托管人和投资管理人、基金战略资产配置策略及投资比例和风险控制要求。在年金基金投资管理过程中，受托人是核心。具有受托管理资格的基金管理机构通过多年运营，在人才储备、系统建设和专业能力培养方面均进行了大量投入，积累了大量经验，在资产运营方面具有较强的专业化优势。职业年金基金管理机构评选委员会和代理人的关键职责是把好受托人选择关，把握好与受托人之间的职责边界，设计好受托人的绩效考核制度，以实现对整个计划的监督管理。

2. 账户管理人职责界定

社保经办机构在承担代理人角色的同时，还负责职业年金基金账户管理，面向全国近 4 000 多万个机关事业单位，实现所有单位及其工作人员的信息管理、信息审核，职业年金缴费、支付、转移接续等功能，实现个人基础信息、权益信息、权益变动明细记录，实现各业务信息在多角色之间顺利流转及资金信息的正确划拨。

职业年金要求统筹区基金归集管理，账户管理工作量很大。单位缴费还需要根据资金性质不同选择虚账或实账处理，在员工退休、离职和转移时还需虚账做实，账户管理非常复杂，需要配备专业账户管理人员和技术维护人员并进行相应培训。同时社保经办机构还应进行账户管理信息系统建设，注意系统的兼容性问题。借鉴年金管理机构经验，梳理业务流程，整理出系统开发的完整业务需求，明确双重职责，理清职业年金经办和基本养老保险经办、省级经办和市县经办的关系。

（二）经办机构履行职业年金经办管理职责典型案例

职业年金运营管理面临业务模式新、协调难度大、专业要求高等困难。中央国家机关养老保险管理中心（以下简称央保中心）是第一家全国职业年金计划正式启动投资运营的机构，基金运行规范，监督管理制度完善。云南省社会保险局职业年金参保登记和基金征缴等基础工作落实较早，并通过与财政、税务、编办等部门跨部门合作，统筹推进解决职业年金经办管理困难，取得了较好效果。这两家机构分别在履行代理人职责和履行账户管理人职责方面具有典型性，其做法具有较强借鉴价值。

1. 央保中心履行职业年金代理人职责经验

央保中心于 2019 年 2 月 27 日率先启动职业年金投资运营，2019 年 3—7 月，启动第一阶段基金投资，因缴费补助预算尚未到位，资金规模较小，先通过受托人直投养老金产品方式投资，收益目标为启动投资运营前个人账户5%的保障收益率。2019 年 8—12 月，全面启动了 7 个计划 41 个标准组合的投资运营，各计划逐步增加权益类资产比例，至 2019 年年末均达到各计划战略资产中确定的大类资产比例范围，收益目标为不低于三年定期存款利率+1. 25%，投资首年收益率超越业绩基准。

央保中心在履行集中委托职责过程中，抓住基金管理监督重心，把握依规履行职责核心，边创新边实践，具体经验如下。

（1）建立健全监督管理制度，规范经办管理工作

制定包括受托人绩效评估办法、计划资金分配办法、计划管理方案、投资监督管理暂行办法、计划运营流程备忘录、计划管理报告事项、计划基金运行指标计算口径、计划管理费用计提细则等操作规范性文件。

（2）树立长期稳健投资理念，平稳投资风险和收益

坚持长期投资理念，综合考虑安全性和收益性，审慎委托，设定年度出现负收益概率不大于 5%的风险预算，为避免各计划、各机构投资行为同质化，要求受托人科学测算制定本计划战略资产和投资政策；通过职业年金投资监督管理系统和受托人投资监督端口随时掌握各计划投资运营情况，及时化解可能存在的风险；建立与各计划受托管理机构定期沟通机制；努力提高资金运转效率，大力压缩划款回盘和投资成交等运营环节周期；协调各计划，提高受托户和投资户活期存款利率，减免资金汇划费用。

（3）注重缴费归集与投资运作衔接，提升基金运营效率

分阶段推进投资，当初期缴费资金规模较小时，通过受托人直投养老金产品方式分批投资；当缴费预算与缴费正常启动时，资金归集一批投资一批。

（4）建立多计划模式下的投资监督制度，完善管理系统功能

建立投资监督系统，不断提高数据质量，充分利用信息化手段提高投资监督和运营效率。加强对受托计划大类资产比例和风险控制的掌控能力，监督受托人资产配置能力，掌握基金整体投资效果。注重账户管理系统建设，受理业务先易后难，推动一项工作上线一个模块，不断开发完善系统功能。

2. 云南省社会保险局履行职业年金账户管理人职责经验

云南省机关事业单位养老保险制度改革工作按照“先易后难、先启动后规范、先入轨后清理”的工作思路，坚持“稳字当头、以上率下”原则有序推进。2016 年 6 月底完成了全省 16 个州市、129 个县和省本级 32 386 户单

位、164.33 万人的基础数据采集、系统整体迁移和数据结转入库，比原计划提前半个月完成参保登记。同时，对 45.62 万名退休人员待遇进行了清理审核。2016 年 10 月底，全省完成自 2014 年 10 月改革以来参保人员变动情况申报、缴费核定、征缴计划的编制工作，11 月启动基本养老保险基金和职业年金征缴工作。2019 年 6 月，经云南省政府常务会议审议同意，省人力资源社会保障厅、财政厅印发了《云南省职业年金基金投资运营实施方案》，按照公开、公平、公正、择优原则评选管理机构，设置 8 个职业年金正选计划、3 个备选计划，共 42 个投资组合。

云南省社会保险局履行账户管理职责经验如下。

（1）以上率下，统筹推进，确保难点问题快速解决

云南省委、省政府高度重视，人力资源社会保障部门积极协调财政、税务、编办等部门，有效解决超编、工资和财政保障等方面问题。在具体经办工作中，省社保局妥善解决业务经办中遇到的困难和问题，再将省本级的成功经验复制推广到基层社保经办机构，统筹协调推进实施工作。

（2）尽早启动，攻坚克难，账实匹配工作扎实推进

从 2016 年 7 月开始，针对机关事业单位人员身份构成复杂、工资、财政经费保障形式、地方实施的特殊退休政策和待遇不规范等长期积压问题，制定一系列过渡性措施。解决人员关系转移衔接、个人账户和职业年金个人账户计息、“中人”待遇计算中工资增长率、特殊提前退休人员待遇调整核发、视同缴费指数使用的处理、过渡期内职务升降退休人员待遇计算、实际担任职务低于享受工资对应职务人员视同缴费指数确定等系列问题，确保了工作顺利推进。

（3）重联通，高起点，建设省集中系统

云南省机关事业单位养老保险信息系统按照纵向实现省、州（市）、县（区）三级贯通，横向实现与财政、地税、银行系统数据交换和资源共享的建设思路，从 2015 年 5 月开始开发机关事业单位养老保险信息系统，2016 年 8 月初正式上线运行，社保、地税、财政、银行业务系统数据交换平台如期建成，基本实现了社会保险管理系统与业务经办系统的高度契合、无缝衔接。

（4）强宣讲，勤督导，精心组织实施

每年举办待遇核发业务培训班，向各级社保经办机构和参保单位详细讲解政策规定和业务经办要求，手把手指导基层经办人员熟练操作系统，累计参训人员超过 6 000 人次。强化政策宣讲，充分发挥参保单位的主观能动性，

共同做好政策解释工作。建立周调度工作机制，跟踪掌握省内各地工作动态，采取送政策、送经验、送方法、送服务的方式，加强对工作进展缓慢地区的调研督导工作，与基层社保经办机构一起全面排查问题，分析原因，研究解决办法，积极指导督促到位。

（四）职业年金管理服务改进建议

职业年金制度因强制性使其建立伊始就实现了机关事业单位及其工作人员全覆盖。相较企业年金，职业年金无须关注扩面问题，提升职业年金替代率、保障财政供款可持续性、充分发挥职业年金的补充职能成为其管理的核心。可见，职业年金管理应围绕提升职业年金替代率展开，主要任务是增加职业年金运营管理效率，提高保值增值能力，为机关事业单位工作人员养老待遇不下降提供有效保障。从年金基金管理流程来看，职业年金基金管理相较企业年金更为复杂，增加了一种委托代理关系，更需要厘清各利益相关者的管理职责，明确各自管理责任，完善职业年金管理制度框架，保障职业年金投资运营的有效性。2018—2019 年，全国职业年金在各地区各级社保经办机构通力协作下，已经实现了全面启动、有序运营，并且获得了良好收益，后期在职业年金管理服务过程中，在坚持“行政”理念保障覆盖率和缴费水平基础上，还需坚持“市场”理念，通过市场化运营管理，提高职业年金的保值和增值能力。

1. 推进职业年金单位缴费做实

财政全额供款单位的单位缴费采取记账方式，可在短期内减轻财政压力，确保全国同步改革，具有现实意义。但长期来看，记账将导致投资收益损失，削弱制度的自我积累能力。① 随着“中人”不断进入退休年龄，甚至到“新人”也进入退休年龄时，各地在退休时做实账户将面临巨额财政负担。在改革窗口期，职业年金参加人多数未进入退休阶段前，各地应根据自身财政情况，逐步推进职业年金单位缴费做实，确保职业年金制度的自我积累能力和财政可持续性。

2. 逐步明确“中人”权益处理方案

《人力资源社会保障部、财政部关于贯彻落实〈国务院关于机关事业单位

① 张盈华．中国职业年金制度的财政负担预测与“实账运行”必要性［J］．开发研究，2017（04）：26-33.

工作人员养老保险制度改革的决定〉的通知》（人社部发〔2015〕28号）对机关事业单位养老保险制度改革中涉及的“中人”设立了10年过渡期，过渡期内（即2024年10月1日之前退休）通过保底限高确保养老保险待遇不下降，但是对超过10年（即2024年10月1日之后）退休的“中人”，仅对基本养老保险采取了视同缴费措施，对职业年金方面却没有相应解决办法，必然导致这类“中人”的缴费积累会远小于“新人”[①]，最终可能会导致目前参加工作年限越长的“中人”养老金总替代率越低，这显失公平。应逐步明确对这类“中人”的权益处理方案，可以参考基本养老保险的做法，将之前“中人”的工作年限视同缴费年限，计发过渡性职业年金；或允许个人补缴之前工作年限缴费，单位配套缴费或采取记账方式并逐步做实。

3. 坚守基金管理信托理念和托管机制

企业年金的信托架构和独立托管机制有效保障了整个基金运营安全，也是职业年金运营管理的制度基石。信托文化的核心是基于信任的委托，各省社保经办机构在后续的运营管理中要坚持信托理念，分清何可为何不可为，与商业管理机构之间建立良性、合理的互动关系；第三方独立托管机制更是资产管理市场上必须遵守的基本原则，也是保障基金安全运行的基本机制。只有坚守这两项基本制度，才能更好地为机关事业单位参保职工提供管理服务。

4. 加强地区间管理服务经验共享

职业年金的经办管理是一项全新的业务，对各级社保经办机构而言，人才储备和业务经验相对缺乏，都需要在未来的持续经营管理过程中不断改善。经过2018—2019年实践考验，作为代理人的省级社保经办机构应加强地区间管理服务经验共享，取长补短，因地制宜逐步提高管理服务水平。一是把握政策要点，严格按照各项政策规定开展工作，正确看待金融风险，及时总结预警；二是建立健全集中委托各项管理制度，充分发挥各管理机构的专业特长，在市场化投资原则基础上坚持安全稳健的长期投资业绩导向；三是在具体经办管理期间要坚持问题导向，在发展中发现问题，积极主动寻求有效解决办法，持续改善职业年金经办管理服务。

---

① 方敏津. 实施机关事业单位之“中人”职业年金的思考［J］. 就业与保障，2017（09）上：31-33.

四、养老保险第二支柱发展展望

（一）完善顶层设计，促进养老保险“三支柱”协调发展

我国养老保险三个支柱制度框架已基本形成，但各支柱发展极不均衡。如何实现多支柱养老保险体系的均衡发展，应从整个养老保险制度体系的高度思考，在降低第一支柱缴费负担和统筹统支压力基础上，为第二支柱和第三支柱发展腾挪空间。

在第一支柱方面，围绕保基本、兜底线的定位，在逐步夯实缴费费基的基础上，阶段性降低缴费费率，将现有基本保险个人账户调整纳入第二支柱范畴是未来制度设计的可选项。

在第二支柱方面，稳步推进职业年金制度落地实施，持续扩大企业年金制度覆盖面，不断优化企业年金治理架构，通过设置第一支柱所降缴费直接转入第二支柱的顶层政策，逐步实现企业年金制度的半强制模式，提升在养老保险体系中的比例。

在第三支柱方面，建立统一的数据信息管理平台，积极引导各类金融机构参与提供多样化的养老财富管理产品，通过市场化竞争不断提高个人养老保险储备、提升个人金融服务水平。

（二）提高第二支柱立法层次，建立依法治理长效机制

我国企业年金管理过程中存在立法层次低、约束力不强、权威性不足和监管执法效率差等问题。《企业年金办法》和《企业年金基金管理办法》均属部门规章，没有上升到国家立法高度，权威性和监管执法效率不足，严重影响企业年金的发展。职业年金所涉及的机关事业单位类型多、结构复杂，单位和职工性质差异大，基金管理较企业年金更为复杂。为保证不同行业、地区、层级的监管部门有法可依，《机关事业单位职业年金办法》属国务院颁布的行政法规，较企业年金立法层次高，这将带动企业年金立法层次的提高。

建议由国务院推动企业年金管理相关法规立法，将之上升到与《中华人民共和国商业银行法》《中华人民共和国证券法》《中华人民共和国证券投资基金法》《中华人民共和国保险法》等同等的地位，制定《中华人民共和国年金法》或《年金管理条例》，至少在《社会保险法》中有专章论述。统筹制定年金发起、经营、监管及法律责任等全方位政策规定，改进年金制度发展秩序，促进第二支柱有序健康发展。

（三）关注第二支柱内部平衡，促进企业年金有效扩面

多年来，企业年金增长乏力，参保人数停滞不前，职工覆盖率不到 9%。对比来看，职业年金建立 5 年左右，已经覆盖了 82%的机关事业单位工作人员。两者“一个自愿、一个强制”的制度差异是覆盖率出现如此差距的根本原因。

企业年金的覆盖范围日渐固化，不仅难以胜任多层次养老保障体系第二支柱的重任，与职业年金覆盖率的差距将导致企业职工和机关事业单位职工待遇的差距，可能产生新的不公，这将对优化和完善企业年金制度产生倒逼效应。为了减少社会摩擦，应通过政策支持，借鉴职业年金“行政+市场”理念，促进企业年金有效扩面。现阶段，应推动建立机关事业单位编外人员企业年金计划。

各级社保经办机构在办理职业年金具体业务过程中可能面临许多新问题。中央及省级社保经办机构应在职业年金计划建立和投资运营过程中不断发展、创新，适应市场化管理新领域，践行代理人管理新职责和新模式、强化基金规范管理新技能。

专题六：

以人民为中心：构建多元合作经办服务体系

社会保险经办服务效率和质量是提高人民获得感和满意度，贯彻以人民为中心发展理念的关键。引入社会资源参与社会保险经办服务，形成政府主导下的社会、企业和社保经办机构、其他政府部门基于比较优势的分工协作多元经办服务供给体系，是提高经办服务效率和质量的有效途径。多年来，社会保险行政和经办机构在养老保险待遇给付、城乡居民医疗保险、大病医疗保险、退休人员社会化管理、社会保险稽核等领域，在引入银行、保险等社会机构参与经办服务方面进行了大量尝试与探索，取得了一定成效。

一、多元合作经办服务体系及建设动因

（一）多元合作经办的动因

《社会保险法》第八条规定："社会保险经办机构提供社会保险服务，负责社会保险登记、个人权益记录、社会保险待遇支付等工作。"这一规定明确了社会保险经办机构是法定的社会保险政策执行机构，是社会保险经办服务提供和管理的法定责任人。但在经办服务提供方式上，并没有作出具体规定。作为法定责任人的各级经办机构既可以自己提供，也可以通过多种方式，利用社会资源提供。在实践中，各级经办机构不同程度地采取了引入社会资源

提供经办服务的方式，从而形成了以法定经办机构为主体、多元合作提供经办服务的格局。合作形式包括：委托商业机构经办部分业务或险种；异地经办机构代理提供服务，如异地经办机构代理生存认证；委托+代理组合服务提供，如保险公司承担大病险，同时代理经办机构医保审核异地就医；政府购买+服务合作，如商业保险和软件公司在中标信息系统、职能监控系统后，派工作人员常驻经办机构承担维护、升级服务，同时和经办人员一样向群众提供经办服务；经办机构与基层政府服务机构、社区服务机构合作提供社会保险经办服务等。

社会保险服务面向全民，具有专业化特征和准公共产品属性，决定了社会保险服务的提供必须是一个多元体系。我国社会保险制度已经基本实现全覆盖。如果完全由社保经办机构提供服务，要满足参保群众对服务可及性、便捷性日益增长的需要，不仅需要增加大量的经办服务人员，还需要建立遍布社区、乡镇乃至村社的服务网点。这显然不现实。特别是在人员流动性不断增加，参保地与工作地、居住地及退休养老地不同的现象越来越多，对社会保险业务就近办、异地办、快捷办和精准服务要求越来越高的情况下，依靠社保经办机构增设服务网点、增加服务人员，不仅需要大量投入，增加运行成本，短时间内难以做到，而且还有一些客观制约因素是很难消除的。利用各种社会资源，特别是利用银行、保险公司、软件公司、基层公共服务机构等在人才、专业技术、服务网点等方面的资源优势，建立多元合作经办服务体系，无疑是既经济又便捷的途径。

社会服务机构也有很高的参与意愿和能力。从按服务环节委托金融机构和邮政储蓄发放养老金待遇、退休人员社区管理、稽核外包等多元合作实践，以及按大病保险、长期护理保险等险种的商保承办或联合共保实践看，第三方机构利用其现有网络、平台和人员基础参与社会保险经办服务，不仅弥补了社会保险管理部门经办服务力量不足特别是基层服务能力不足，降低了运行成本，减轻了社保经办机构的业务压力，使其能够从繁重的经办事务中解脱出来，集中精力加强管理监督；更重要的是利用邮政、银行、保险公司、社区等网点数量多、遍布城乡、贴近百姓生活的优势，极大地提高了服务的可及性和办事效率，受到参保企业和个人的普遍欢迎。社会服务机构通过参与经办服务，在业务拓展、提高经营收入等方面也获得了实实在在的好处。

（二）多元合作主体及其优劣势分析

社会保险服务环节多、涉及专业领域也比较多的特点决定了参与合作的伙伴应具有多样性。除作为法定责任人，在多元合作中居于主导地位的社保经办机构外，异地经办机构、银行、保险公司、基层政务服务机构以及软件公司、专业咨询机构等都可以通过不同形式参与。这些机构可以分为两大类：营利性组织和非营利性组织。

社保经办机构是政府自上而下建立的组织，负责执行法律法规规定的服务提供，在战略规划、任务、责任、风险分配上具有优势。这些优势有利于克服社会保险面临的逆向选择、共同变量风险（即违反大数定律风险）。营利性组织以赚取利润为目标，通过公司治理方式，利用专业技术、服务网络和设施优势，可以有效提高服务质量，降低服务提供成本。但其利润最大化的目标导向，使其在服务提供上具有较强的成本约束，与参保群众对经办服务便捷性和公平性的要求存在冲突。非营利性组织自下而上的组织形式使其更接近服务对象，在面对面服务上具有比较优势，有助于克服参保人员的道德风险以及服务提供不公平不可及风险（见表3-6-1、表3-6-2）。社会保险经办多元合作强调公共部门与营利性、非营利性组织分工合作和优势互补。通过合作将任务分配给最适合承担的组织，将风险转移给最擅长管理的组织，从而实现成本最小化，提高经办服务绩效，达到比单独行动更有利的结果。

表3-6-1　　社会保险服务提供者的特征和优势

	公共部门	营利性组织	非营利性组织
服务提供组织	社会保险经办机构	银行、保险、邮政、基金管理公司、信息技术公司、会计师事务所、律师事务所、咨询公司、私立医疗机构等	会员型组织：各种协会、互助组织；社区型组织：社区、农村自治组织；志愿者
组织方式	自上而下	公司治理	多数是自下而上
激励因素	履行法律法规规定职能，完成任务	利润、社会责任	互惠、自利、自愿、互助
优势领域	战略规划、任务、责任、风险分配	专业技术、服务网络和设施	面对面终端服务
适合承担的业务	登记、缴费申报、资格待遇审核、监督、评估等	代收缴费、待遇支付、稽核、基金管理、账户管理、信息技术支持等	咨询、宣传、待遇支付、代收、监督和反欺诈

资料来源：Johannes J. Social security systems in low income countries：concepts，constraints and the need for cooperation［J］. International Social Security Review，2000；Asian Development Bank. Public-private partnership handbook［M］. ADB Online Publishing，2008.

表 3-6-2　　　　　　　　多元合作主体应对风险能力差异

	道德风险	逆向选择	共同变量风险	成本和效率	服务质量	服务可及公平性
公共部门	--	+++	+++	--	-	++
营利性组织	+	--	++	++	+++	---
非营利性组织	++	-	?	+/-	+/-	++

资料来源：Johannes J. Social security systems in low income countries: concepts, constraints and the need for cooperation [J]. International Social Security Review, 2000.

注：+和-分别表示优势和不足，其数目表示程度；? 表示不明确；/表示需要实证检验。

二、社会保险多元合作经办实践探索

（一）多元化合作经办的四个阶段

社会保险经办多元化的内在动力在于解决服务过程中存在的经办服务能力不足问题，以确保参保对象能够相对均等地获得高效、便捷的社会保险服务。我国社会保险经办服务主体多元化始于养老金发放、退休人员社会化管理和医疗统筹基金结算定点管理，并随着城乡居民社会保险制度的建立不断拓展和深化。政府一体化政务平台建设则为多元合作经办注入了新的动力。

1. 以技术合作为主阶段

这一阶段主要是与银行在代发养老金、代收社会保险费和专户管理方面进行合作，与软件公司在信息系统开发建设、维护、升级方面进行合作。1992 年，劳动部与中国工商银行联合下发《关于做好养老保险基金收缴、支付和管理工作的通知》（劳险字〔1992〕19 号），首次与商业银行合作，开展基金收缴、支付、管理等社会化管理与服务。为了在养老保险费和养老金社会化收缴发放等方面进一步开展合作，充分发挥国有商业银行和邮政部门的优势，不断提升社保服务水平，劳动保障部 1998 年与中国工商银行联合下发《关于社会保险管理机构与中国工商银行进一步做好养老金社会化发放工作的通知》（劳社部函〔1998〕176 号），1999 年又与在中国建设银行、中国农业银行、中国银行和国家邮政局建立待遇发放委托关系。2002 年，“金保工程”正式启动。地级市以上人社部门普遍建立了数据中心，多数地区实现了业务数据在市级的集中统一管理。部、省、市三级网络进一步贯通，基本覆盖了各类公共就业服务机构和社会保险经办机构，并延伸到大部分街道、社区、乡镇、定点医疗机构和零售药店，初步形成了人力资源社会保障信息网络框架。软件公司深度参与“金保工程”建设，与各级经办机构建立了广泛的合作关系。

2. 以构建基层服务网络为主阶段

这一阶段主要与县、乡镇、街道、社区、村以及银行等开展合作，构建基层社会保险服务平台和各类服务网点，为开展城乡居民基本养老保险和基本医疗保险提供重要组织保证和技术支撑，以提高经办服务的可及性，有效解决“最后一公里”问题。2010—2015 年，中央财政共支持 1 394 个县、5 282 个乡镇开展试点。项目的实施有效改善了中西部地区的基层社会保险服务条件。其他地区也积极推进基层服务平台和网点建设。例如，成都市武侯区社保局与中国工商银行合作创建“社银一体化网点”，提供参保、缴费、查询、生存认证等服务，被参保群众誉为“身边的社保经办大厅”。威海在全国首创社会保险“5A”政务服务模式（“5A”即 Anyone、Anytime、Anywhere、Anyway、Anything，代表全体服务对象可以在任何时间、任何地点选择合适的方式获取各项社保服务），率先构建了社会保障“数字公共服务体系”，打破了层级、区划和时空限制，为企业和群众提供了优质便捷高效的社保服务。

3. 以委托经办为主阶段

这一阶段主要是将大病、长期护理保险和城乡居民医疗保险委托给商业保险公司经办。社保经办机构在多元服务体系中承担监督、协调以及征缴等工作，保险公司则是社会保险服务的生产者。福建省厦门市 1998 年启动城镇职工医疗保障制度改革，同时建立了职工补充医疗（大病）保险，对超过基本医疗保险封顶线以上的医疗费进行报销，并由第三方商业保险公司承办，开启了由商业保险公司承办职工补充医疗（大病）保险的先河。此后，全国一些地区陆续开始建立职工大额补充医疗保险。

2016 年，《国务院关于整合城乡居民基本医疗保险制度的意见》明确提出，“鼓励有条件的地区创新经办服务模式，推进管办分开，引入竞争机制，在确保基金安全和有效监管的前提下，以政府购买服务的方式委托具有资质的商业保险机构等社会力量参与基本医保的经办服务，激发经办活力”。这为医疗保险经办社会化向基本医疗保险拓展提供了政策依据。

青海省于 2016 年 7 月 19 日发布《关于全面开展商业保险机构经办城乡居民基本医保服务的指导意见》，决定通过购买服务方式委托商业保险机构参与城乡居民基本医保经办服务，并实行城乡居民基本医疗保险与大病医疗保险“一体化”经办服务。商业保险机构根据委托经办服务协议和服务合同具体经办城乡居民基本医保费用审核、待遇支付和结算；加强医保智能监控，强化基金监管，开展基金精算，提高基金使用效率；积极推进省内、跨省异地就医结算；承办大病保险业务。截至 2017 年 9 月，青海省海北、海西、海南、果洛等 4 州城乡居民基本医疗保险已签订委托经办服务合同，交由商业保险公司参与经办。

2012 年，山东省青岛市以城镇职工基本医疗保险、城镇居民基本医疗保险参保人为对象，在全国率先建立长期护理保险制度。2015 年扩展到新农合参保人员。在经办管理上，采取了政企合作模式，由社保部门主导政策设计、资金筹集、监督考核、业务授权，商业保险公司负责资金的费用核算、支付管理，养老机构和乡镇卫生院负责提供照护服务。

2015 年，江苏省南通市以市区职工基本医疗保险和居民基本医疗保险参保人员为对象，建立基本照护保险制度，按照照护保险经办事务委托第三方参与经办、政府监督的管理模式，通过公开招标，由中标的 4 家商业保险公司共同组建护理保险服务中心，实行联合经办、合署办公。从受理评定申请、组织上门鉴定、评定结论告知，到照护补助金发放、上门照护服务、异地人员受理评定，再到上门稽查、争议与投诉举报受理、失能人员复评等，为参保人员提供一条龙服务，形成了商业保险公司承办长期护理保险的“南通模式”。

4. 以嵌入统一政务平台为指导的健全完善阶段

这一阶段主要是基于构建整体性服务型政府理念，围绕统一公共服务平台建设，推进系统内、其他政府部门、跨统筹区政府及相关部门之间的信息共享和业务协同。《“十三五”推进基本公共服务均等化规划》（国发〔2017〕9 号）、《国务院关于加快推进全国一体化在线政务服务平台建设的指导意见》（国发〔2018〕27 号）、《国务院办公厅关于简化优化公共服务流程方便基层群众办事创业的通知》（国办发〔2015〕86 号）、《国务院办公厅关于转发国家发展改革委等部门推进“互联网+政务服务”开展信息惠民试点实施方案的通知》（国办发〔2016〕23 号）等政策文件，都对此提出了明确要求。如果说前三个阶段是以修路的思维建立社会保险经办多元合作服务体系的话，平台建设阶段则是以建立交通枢纽和调度中心的路网构建思想，利用现代信息技术建立可行的以人民需求为中心的多元合作服务体系。

（二）多元合作实践模式

社会保险经办多元合作虽然已有国家政策指导和支持，但总体而言是各地结合本地实际自主探索，并逐步形成了多种模式。在各种媒体和学术文献中，多以某地模式冠名，如洛阳模式、湛江模式、镇江模式、厦门模式等。这些说法基本都是就某一地区某一险种经办管理而言，多元化合作只是其中的一个方面，而不是在综合分析各地区多元合作方式的基础上进行的归纳分类。许多所谓的模式实际上大同小异，甚至完全相同。综合各地区职工大额补充医疗保险、新型农村合作医疗、城乡居民大病保险、城乡居民基本医疗保险和长期护理保险等开展多元合作经办的情况来看，很难从一个角度对全国各地的合作方式进行分类。至少需要从合作内容、合作目标、合作主体、合作方式、合作主体数量五个维度（见表3-6-3），才能作出比较全面的分析。①

表3-6-3　社保经办多元合作实践模式

合作内容			合作目标			合作主体				合作方式			合作主体数量		
单险种合作	多险种合作	单项目合作	营利型	非营利型	混合型	社保系统内合作	社保与政府其他部门	社保与企业	社保与基层服务平台	购买服务	保险合同	风险共担	单主体垄断	多主体竞争	多主体合作

1. 不同合作内容的三种模式

按照合作内容可将多元合作划分为单险种合作模式、多险种合作模式和单项目合作模式三种类型。

单险种合作模式是指将新型农村合作医疗、城乡居民大病保险、城镇职工大额补充保险、长期护理保险、城乡居民基本医疗保险乃至城镇企业职工基本医疗保险中的某一险种经办业务，单独作为一个合作项目，交给商业保险公司承办。因为每一个险种的基金都是单独核算的，并且各险种也都是分别建立的，所以在选择委托商业保险公司承办时，每个险种自然而然地就成了一个单独合作项目。

多险种合作模式是指将多个险种的经办服务捆绑在一起，作为一个合作

① 资料来源：研究团队实地调查。

项目，通过招标选择商业保险公司，委托中标商业保险公司经办该项目下各险种的经办服务。山东省青岛市首创的“公益+效益”社商全面合作就属于这种模式。2015 年 6 月，青岛市将长期护理保险、意外伤害医疗保险、大病保险等三大保险类别的 6 个医保项目包括职工长期医疗护理保险、居民长期医疗护理保险、职工意外伤害医疗保险、居民意外伤害医疗保险、职工大病医疗保险、居民大病医疗保险经办服务“打包”，作为一个合作项目，通过招标交由人保健康、中国人寿、太平人寿和平安养老 4 家商业保险公司青岛分公司承办。

单项目合作模式是指将某一项或某一类经办业务，而不是某一险种的经办业务，作为一个合作项目，交由商业保险公司承办。福建省厦门市开创了这种合作模式的先河。2015 年委托商业保险公司提供省外异地就医医疗费用柜面报销经办服务；2016 年委托商业保险公司承办“智慧医保信息管理平台运行辅助性服务”项目，向经办机构提供专业线下审核分析团队；2017 年委托商业保险公司承办医保稽核外包业务，配合医保部门开展稽核监管工作；2018 年又将医保前台收件经办服务打包，外包给商业保险公司，以充实窗口经办力量，增强经办机构服务能力。

2. 不同合作目标的三种模式

按社会机构合作目标可以将多元合作经办分为营利型、非营利型和混合型三种模式。大多数保险公司、信息技术公司参与社保经办的多数险种和项目都以营利为目的。这些企业通过利用其禀赋优势快速高效满足参保人获得政府购买或收取服务费、保险费。非营利型合作主要是基层服务平台、社保基金理事会以及政府其他机构代理办理某些社会保险业务。混合型是营利性部门代理社保经办机构提供某些服务，但基于战略合作或通过其他营利途径，提供免费服务或低收费服务，如定点药店代理审核、银行代发养老金待遇等。典型案例是厦门医保的保险公司派人参与稽核、大数据分析合作。

3. 不同合作主体的两种模式

从合作主体看，以人民需求为中心的服务体系建构必须建立在公共部门之间社保医保合作、社保医保与公安和民政等机构的信息交流与合作，委托基层服务公共平台代理经办部分业务或利用基层场地派驻社保经办人员的基础上，同时利用委托代理方式发挥银行、保险等企业的服务网点和技术优势。前者属于不同公共部门之间，基于职能分工的协作模式；后者则属于基于市场契约的交易模式。这两种模式性质不同：协作模式是以合作主体之间职能与职责划分为基础的，不存在利益交换关系，受行政权能的划分和职责要求制约；交易模式则是以合作双方互惠互利为基础的，属于利益交换关系，受市场竞争和成本收益制约。

4. 不同合作方式的三种模式

按照合作方式可以将社会保险多元合作经办划分为购买服务模式、保险合同模式和风险共担模式三种类型。

购买服务模式由政府负责基金盈亏，保险公司以第三方管理者的身份，受托承办医疗保险的某些经办业务，主要是工作量比较大的审核支付业务，政府向保险公司支付管理费用。这实际上就是政府购买保险公司的经办服务，是典型的委托管理模式，也是中国保监会要求各保险公司采取的新农合社商合作模式。河南省洛阳市新型农村合作医疗采取的就是这种模式。洛阳市通过招标，将五县七区的新农合审核报销流程中，除最后环节的监控资金拨付以外的全部业务，都委托给洛阳人寿承担。市政府每年按洛阳人寿承办县区参合农民 1.1 元/人的标准支付委托管理费，所需费用由市财政设立专项资金予以支付。

保险合同模式则是以政府的名义为参保人员集体向商业保险公司购买一种商业补充医疗保险。政府（一般是医疗保险经办机构）作为投保人，保险公司作为保险人，参加人员作为受益人。保险公司按照保险合同方式运作所承办的医疗保险基金，履行保险责任，承担基金运作盈亏。江西省上饶市城乡居民大病保险采取的就是这种模式。以总保费的 8%作为保险公司运营成本，当年如有盈利，根据考核结果，40%进入大病关爱基金（用于大额大病费用再报销），15%~32%根据考核得分留给保险公司，8%作为补助奖励保险公司，20%返还各县用于信息系统建设；当年如有亏损，则由保险公司全部承担，第二年再对运营成本做调整。

风险分担模式是介于购买服务模式（基金型）和保险合同模式（契约型）之间的一种合作模式，也可以看成是保险合同模式的改进模式。因为这种模式采取的也是保险合同的形式，不同之处仅仅是建立了风险分担机制，基金出现亏损不再全部由保险公司承担，而是由政府和保险公司按一定比例分摊。特别是对政策调整造成的亏损，建立了调整机制。安徽省马鞍山市的基本医疗保险门诊慢病共保就属于这种模式。中标的保险公司作为乙方负责对参保人发生的慢病费用按既定政策赔付，同时提供专业服务团队并投入合署办公经费，提供对定点医药机构的线上筛查方案以及对两定机构进行现场稽核。政府作为甲方按月向乙方划转保险费，并对乙方进行考核，根据考核结果，在合同结束前与乙方进行清算。如果投保金额大于赔付金额，保险公司获得盈利，则保险公司按规定与政府分享利润：如果保险公司盈利率≤5%，则盈利额都归保险公司；如果盈利率≥5%，则保险公司获得5%加一定的比例分成，其余返还给政府。如果赔付金额超过投保金额，保险公司发生亏损，亏损比率在保费的5%以内，由政府和保险公司各分担50%的亏损；亏损比率在保费的5%以上的部分，则由政府承担。

5. 不同合作主体数量的三种模式

按照参与每个项目的主体数量可以将多元合作经办划分单一主体垄断模式、多主体竞争模式和多主体合作模式。

单主体垄断模式是每一个合作项目只选择一家合作主体承办项目规定的经办业务。许多地区在选择新农合、大病保险等经办服务社商合作时，都选择了由一家公司承办的垄断模式。厦门市等地采取的单项目合作模式，基本上也都属于单一公司垄断模式。

多主体竞争模式则是对每一个合作项目，同时选择多个主体承办规定的经办业务，各主体之间形成竞争关系。例如，重庆市以区县为单位，将40个区县的城乡居民大病保险经办业务划分为不同的项目包进行招标，确定5家中标公司按照评标得分顺序选包，确定各公司具体承办哪个或哪几个区县的经办业务。

多主体合作模式也是对每一个合作项目同时选择多个主体承办规定的经办业务，但各主体之间不是竞争关系，而是合作关系。例如，南通长期照护保险通过招标方式将除征缴和监督以外的业务外包给平安养老、太平养老、太平洋寿险和中国人寿组成的共保体经办。

三、社会保险多元合作经办的成效

2016年11月，国际社会保障协会第32届全球大会授予中国政府“社会保障杰出成就奖”，表明国际社会对我国在社会保险扩面及建成基本覆盖全民的社会保险制度的高度认可。然而，我国的社保经办机构工作人员人均服务人次高达 11 641 人次（2017 年）①，人均服务经费仅为 8.88 元（2012 年）②，此后几年受编制和预算制约经办人员和经费增加有限。在这样的经办条件下，实现了全民参保计划目标，且提升了服务质量和效率，一个重要经验就是引入社会力量参与社会保险经办。从全国实践看，社会保险经办多元合作几乎涉及除参保登记和缴费审核之外的所有业务环节。根据各地区 20 多年的实践探索，可以将其归纳为六个方面。

（一）增强经办服务能力，缓解经办机构压力

社会保险多元合作经办起始于部分省市委托银行、邮政等金融机构代收社会保险费和代发养老金。截至 2019 年年末，仅中国工商银行“社银一体化网点”就已突破 1 000 家。银行等金融机构代收社会保险费、代发养老金待遇已经成为常识，但在当时意义非常重大。具体成效体现为：第一，减轻了柜台的经办压力，使社保经办机构可以集中资源办理扩面、审核等核心业务；第二，由于社保基金的规模优势，银行采取免费服务或低收费服务，节省了经办成本；第三，合作对象从独家或少数几家签订协议，到与主要金融机构都签订协议，增加了服务提供的竞争性，网点成倍增加有利于提高服务质量和效率；第四，覆盖服务对象扩展，从面向企业扩展到灵活就业人员和个人参保人员，有利于“扩面征缴”工作的推进；第五，专业化、信息化水平提高，方便参保单位和个人按时、准确、足额缴纳社会保险费，保证了养老金及时发放。

城乡居民医疗保险多元合作经办取得的成效更加明显。一定程度上，如果没有合作经办探索，就没有今天的城乡居民医疗保险全覆盖。这是医疗保险合作经办最初也是最基本的动因、最直接的效果。但医疗保险经办社会化对各统筹区经办服务能力的影响远不止此。中标承担医疗保险经办业务的商业保险公司为了完成协议规定的经办任务，不仅都按照协议要求投入大量人力，组建专业经办队伍，而且投入大量财力物力，建立经办服务网点，开发完善经办服务系统，并将公司优势的专业人才、技术和跨区域网络资源，投入到跨统筹区经办、大数据分析、保险精算、风险监控等领域，以克服社保

---

① 孟昭喜，傅志明．中国社会保险管理服务发展报告（2016—2017）［M］．中国劳动社会保障出版社，2018.

② 郑秉文．中国社会保险经办服务体系的现状、问题及改革思路［J］．中国人口科学，2013（06）：2-16.

经办机构因各种限制导致的经办服务能力建设和提升障碍。这些做法不仅直接减轻了社保经办机构的业务压力，克服了人手不足的问题，而且大大拓展了经办服务体系，有效弥补了社保经办机构能力上的短板，增强了经办服务能力。例如，平安保险公司 2014 年开始与厦门市合作，由平安保险公司投入资金和技术力量，在预警稽核平台基础上全力打造智慧医保信息管理系统，覆盖全市近 700 家定点医疗机构，无缝对接医生工作站 7 600 多台，接入医生数达 1.2 万名，在全市 9 家三级定点医疗机构开展住院实时监控系统建设。2017 年启动智慧医保信息管理系统二期建设，打造全新板块，新增病种分值审核系统和实时监控屏展示页面两大板块，致力于开展医保基金精算分析，辅助线下稽核等工作。智慧医保信息管理系统建设极大地增强了医疗保险基金监控能力。此外，平安保险公司还利用自身全国网点优势，帮助厦门医保审核异地基本医疗保险报销审核业务。

（二）发挥比较优势，提高经办服务效率与水平

商业保险公司的优势体现在以下三个方面。一是市场化运行机制的引入，增强了经办服务体系的激励与约束力，有助于提高经办服务效率。二是经办服务能力的增强，特别是补齐了社保经办机构在服务网络、技术手段、专业人员等方面的短板，克服了经办服务体系运行中的一些障碍，消除了工作中的一些难点和赌点，一些原来难做的变得容易做了，原来做不到的能够做到了，使经办服务体系整体的运行效率和经办服务水平得到了有效提升。三是社保经办机构的职能更加集中，可以将更多的力量投入到经办服务体系建设、管理制度建设、改进运行机制、加强运行监管等方面，从而提高经办服务体系建设水平和运行效率。例如，中国人寿新乡分公司充分发挥专业化、信息化的优势，改善结算报销工作流程，缩短报销时间，并推动实现当场结报。从 2003 年经办新农合至 2012 年，医疗费用报销时间从过去的 7~10 天缩短为 30 分钟，大大减轻了参保群众的负担。厦门市与平安保险公司合作建设智慧医保信息管理系统，通过事前提醒、事中干预、事后审核，对违规的医生进行信用记分，将监管延伸到医务人员；通过精确分类进行分析，建立了 110 万条专业知识库、141 条监管规则，精准预测判断 110 类医疗欺诈、浪费、滥用行为，实现了对医疗服务行为实行全流程全时段监管；通过采集、汇总分析全市所有社保卡刷卡信息，筛查、监督各种不合理使用医保基金行为，实现了对医保基金支付环节风险的有效监控，大大提高了对医疗保险基金支付

风险的监控水平。

基层乡镇（街道）公共服务平台具有了解和接近服务对象的优势，是实现社会保险全民覆盖，提高经办服务可及性、服务效率和质量的主要支撑，极大地方便了农民工、自由职业者参保，推动了城乡居民养老保险和医疗保险的扩面征缴、待遇发放质量和效率的提升。此外，企业和事业单位退休人员纳入社区管理，在档案管理、政策宣传、养老保险认证、社保卡发放方面也发挥了重要作用。

（三）降低经办服务成本，增强社会保险事业发展能力

通过银行代收社会保险费、代发养老金待遇，商业保险公司承办医疗保险经办业务，一方面基于规模经济原因低费用甚至免费提供部分服务，直接降低了财政供养经办人员和运行费用；另一方面可以利用已有的机构网点、计算机网络和人才队伍等资源，降低系统建设成本和运行费用，同时通过市场化的运行机制特别是用人机制，可以提高运行效率，降低运行费用。医疗保险经办社会化以后，普遍降低了经办服务成本。据河南省新乡市政府对新型农村合作医疗的测算，由社保经办机构自行经办，全市共需财政供养的经办服务人员 544 人，按每人每年平均经费 2 万元（包括工资和办公经费）计算，每年运营费用超过 1 000 万元。委托中国人寿新乡分公司经办后，财政供养人员可减少到 50 人，年均经费 100 万元，加上中国人寿新乡分公司年运营费用 300 万元左右，实际年运营费用为 400 万元左右，每年可减少运营支出约 600 万元。2001 年以前江苏省江阴市全市农村大病医疗统筹年人力成本为 320 万元，委托保险公司经办后降低到 132 万元。中国保监会 2005 年曾对江苏省商业保险公司承办新型农村合作医疗运行情况进行调查，结果表明，保险公司承接新型农村合作医疗经办业务后，除按协议从财政与基金中获得运行经费外，自身还投入了大量经费，用于网络建设，弥补协议经费不足。2001 年到 2004 年，虽然处于外延式扩张的投入期，但经费使用效率却逐年提高，实际运行经费占总基金的比例大幅度降低，由 2001 年的 9.17%降到了 2004 年的 3.58%，2005 年中国人寿承办的 5 个县（市、区）更进一步降到了 2.73%。

（四）增强基金保值增值和抗风险能力，提高保障能力

养老保险合作经办方面，一是 2006 年 12 月 20 日全国社会保障基金理事会与天津、山西等 9 个省份做实个人账户的试点省市人民政府签署了中央财

政补助委托投资合同；二是山东省、广东省委托全国社会保障基金理事会运营城镇职工基本养老保险基金部分结余。两类投资都取得了较高的收益率，风险尤其是贬值风险得到有效控制，提高了制度的财务可持续性。

医疗保险合作经办方面，2012 年《关于开展城乡居民大病保险工作的指导意见》提出的坚持责任共担、持续发展原则，形成政府、个人和保险机构共同分担风险的机制，推进“采取向商业保险机构购买大病保险的方式”，由中标后以保险合同形式承办大病保险的商业保险公司承担经营风险，自负盈亏。各地在实践探索中也都遵循这一原则，并取得了明显成效。因为各地区探索建立的商业保险公司承办医疗保险模式都或多或少包含风险分担机制。再保险模式更是将全部风险都交由商业保险公司承担。即使是单纯的购买服务，商业保险公司也要承担一定的经办风险。根据调查，许多参与医疗保险经办的商业保险公司都承担了较大的风险，特别是参与初期，许多公司都是亏损的，总体而言分担了大部分风险。

（五）实现管办分离，促进经办管理体制改革

我国社会保险虽然实行“政事分离”，政府部门只承担行政管理职能，经办管理由事业单位性质的各级经办机构负责，但由于实行属地管理，经办管理体制等于是依附在行政管理体制上，实际上政与事分而不离。这虽然可以借助政府行政力量推动各项工作，加快社会保险事业发展，但导致经办管理受制于行政管理体制，跨区域、跨层级配置使用资源、共享信息、协调配合的能力不足。经办机构事实上也承担部分行政管理职能，既导致资源短缺，又存在服务者自我监管问题。引入多元合作伙伴参与社会保险经办，将各级经办机构承担的管理职能特别是行政管理职能与公共服务职能分离，借助商业保险公司的跨区域服务网络和基层服务平台资源，不仅可以克服现行管理体制的上述局限性，还可以继续保持现行体制政事分而不离的优点，强化各级经办机构的管理职能，并引入市场化运行机制，提高经办服务效率与水平。虽然各地区还在进行实践探索，并且绝大多数地区都只是按险种分别进行探索，没有着眼于构建一种全新的经办管理体制，但这些探索已产生了这样的效果，客观上改变了现行管理体制，正在朝着构建能够将行政管理体制和市场化运行机制有机结合的中国特色社会保险经办管理体制发展。学界正是基于对厦门、新乡等地医保合作经办经验，提出了成立具有独立法人地位的国家社会保险（管理）局承担起行业管理和监管的作用，指导建立和运营全国

统一的社会保险公共服务平台，并承担基金和数据信息的集中管理；省级社保经办机构将逐渐退出具体的经办业务，省级社保经办机构主要负责组织规划、基金结算、信息统计以及对市县社保经办机构的业务指导；市级经办机构主要负责重要业务的复核、审批、基金结算、统计、稽核监督等管理和监督工作。县级以下经办机构和中标社会合作伙伴则主要负责前台操作，直接向参保对象提供服务，承担起具体的经办服务业务，并对上级经办机构负责。① 这样才能真正实现社会保险管理服务的“政事分离”“管办分离”。

（六）衔接社会保险与商业保险，促进多层次保障体系建设

社会保险的目标功能定位是“保基本”，并不能满足参保人员多层次、多样化的社会保险需求，因而需要建立多层次养老、医疗保障体系，特别是需要开发多层次、多样化的养老金和商业健康保险产品，与社会保险有机衔接。引入银行、基金公司、保险公司参与社会保险经办服务，等于是建立起了衔接基本养老保险与企业年金、自愿商业养老保险，基本医疗保险与补充医疗、商业健康保险的衔接机制。从前期各地探索实践看，至少可以实现了以下四个方面的衔接。

一是对象衔接。基本险和商业（补充）险的受益人是一致的。三个层次的养老金都以退休老年人为服务对象，缴费代收、待遇代发、退休审批、生存认证等业务内容高度类似，合作经办后交由一家负责，不仅可以节省成本，而且降低重复认证，提高退休人员的满意度。所有商业健康保险产品的需求者都是医疗保险的参保对象，借助医疗保险经办服务平台，商业健康保险产品的潜在客户就成了保险公司的服务对象，从而实现了参保对象的衔接。

二是产品衔接。企业年金、大病医疗保险都以参加基本险为前提，服务于共同的受益人，基金公司参与基本养老保险经办有助于年金产品的个性化设计，商业保险公司参与医疗保险经办不仅有助于更加全面地了解和把握医疗保险供求状况，也有助于更全面地掌握商业健康保险产品需求信息，开发更加适合市场需求的多样化健康保险产品。

三是经办服务体系衔接。一方面通过社保经办机构建立服务网络，拓展和延伸了商业保险等合作伙伴的经办服务体系；另一方面商业保险公司、银

---

① 郑秉文. 中国社会保险经办服务体系的现状、问题及改革思路［J］. 中国人口科学，2013（06）：2-16；房连泉. 社会保险经办服务体系改革：机构定位与政策建议［J］. 北京工业大学学报（社会科学版），2016（06）：46-53.

行、基金公司等社会合作伙伴又利用自身服务网络特别是跨区域服务网络，提供社会保险经办服务，实现了与社会保险经办服务体系的衔接。

四是经办服务衔接。以医疗保险为例，无论是对参保对象的服务，还是对定点医院与定点药店的监管，本质上都是信息服务，对医疗保险和商业健康保险是一样的，特别是对同一个参保对象的就医行为和医疗费用支出信息是完全相同的，借助医疗保险经办平台，可以实现与商业健康保险产品经办服务的衔接。

四、社会保险多元合作经办的潜在风险与问题

虽然社保经办机构之外的其他组织参与社会保险经办服务在企业职工社会保险制度改革初期就开始了，并在建立经办服务体系和提高服务水平方面发挥了重要作用。但多数实践探索目的是解决社保经办能力不足等具体问题，对多元合作理念、体制以及合作机制、执行程序和监管方式的研究相对不足。经过多年发展，多元合作的技术优势、专业优势和服务网点优势已经逐步显现，但也存在一些潜在风险和现实问题。

（一）面临的潜在风险

1. 政府主导缺位和越位风险

社会保险多元合作是政府主导下的公共服务提供，政府主导能力是保证以人民为中心理念贯彻和合作成功的关键。中央（省级）政府应在多元合作战略目标、服务领域和项目确定、收益与风险评估、合作模式选择、合作协议签订与执行以及对合作协议执行的监督与调整等方面起主导作用。目前中央（省级）政府的社会保险多元合作相关文件只给出了宽泛的原则，缺乏顶层设计指导。在地市及以下政府主导背景下，存在过度微观管理控制的“越位风险”以及甩包袱导致服务质量和效率下降的“缺位风险”。

2. 合作合规性和可持续风险

第一，《社会保险法》规定“社会保险经办机构的人员经费和经办社会保险发生的基本运行费用、管理费用，由同级财政按照国家规定予以保障”“社会保险基金专款专用，任何组织和个人不得侵占或者挪用”与实践执行矛盾导致的风险。严格讲，目前一些地方城乡居民保险、大病保险的合作经办费用一定比例从基金中划拨的做法与《社会保险法》相悖。第二，对社会主体参与社保经办的“保本微利”的界定模糊，是利润总额还是利润率，各地的

理解和执行差异很大。第三，现有政策文件要求建立考核奖惩机制所需奖励资金，但没有明确资金来源，一些地区虽然建立了考核奖惩机制，但因奖励资金来源存在争议，导致考核奖惩机制不能有效实施，不仅不能发挥调动商业保险公司积极性的作用，还有损政府公信力。第四，招标合规和业务持续的矛盾。实践中合约到期后，原伙伴未必能够中标，导致信息系统、服务设施从头再来，可能造成资源浪费和服务水平下降，这种以供给主体为中心的做法背离了以人民为中心的理念。虽然短期内商业保险公司出于占领市场、履行社会责任等目的积极参与合作经办，但由于存在上述矛盾，社会保险多元合作面临长期不可持续风险。

3. 财政负担风险

面对前面提到保险公司参与社会保险经办没有明确资金来源问题，有学者和专家提出纳入公共预算的思路。纳入公共预算既是必要的，也具有可行性，但必须进行科学的制度设计。由于社保经办机构在提供服务的同时承担“以支定收，略有结余”的基金管理责任，商业机构和社会组织参与服务并不直接承担基金收支平衡责任。随着社会合作范围扩大，社保经办机构对合作伙伴的依赖性必然增加。在全面预算背景下，合作伙伴有与医院共谋提高服务费的经济动机，存在裹挟社保经办机构向财政争取更多资源的风险。

4. 偏离公共政策目标风险

社会保险合作经办是整合外部力量弥补自身力量的不足，但经办服务的本质仍是公共服务。商业保险公司参与经办的根本目的是营利。实践中，可以通过“私”的方式提供具体服务，但必须保证服务对参保人、受益人的“公共性”。社会保险多元合作伙伴之间是有效合作还是矛盾纠纷，取决于多元合作的激励约束机制能否协调社会保险公共性和效率性。当前多数参与合作的保险公司实际更多处于亏损经办的状态，长期看有损害公司积极性、进而迫使其降低服务质量的风险，从而制约以人民需求为中心的服务提供目标的实现。

5. 信息安全和个人隐私不当使用风险

社会保险覆盖全体国民，其积累的信息资源也是所有参保人的身份信息和健康信息。若要实现经办社会化，不可避免的就是要向经办的商业保险机构公开参保人的信息，甚至委托商业保险公司管理这些基础信息，由此对参保信息安全性的顾虑也就成为影响社商合作的广度和深度的制约因素。在大数据时代数据信息本就是一个半公开和敏感的领域，若不能做好对参保人信息安全的保障，便很难实现经办社会化的深入发展。

（二）存在的问题

1. 政府责任主体分散，政府购买无法形成规模经济

理论上，社会保险多元合作中公共机构级别越高，承担的保障项目越多，覆盖参保对象越多，在合作中谈判的优势也就越大；公共机构级别越高，越能从更大范围选择提供服务的市场主体和社会组织，提高政府购买社会服务的竞争性和发挥政府购买的规模经济优势。由于我国社会保险实行属地化管理，机构设置上基本按照行政管理体制设置并划分职能，多元合作主要在地市一级，合作层级较低，服务对象规模较小，如果选择多主体合作，服务规模将更小，成本无法有效控制，优势无法充分发挥。

2. 合作领域和边界不清，公共治理结构不完善

社会保险名义上实行的是管办分离，但运行方式仍是行政主导。实际发包或要约主体主要是省级以下经办机构，缺乏按照标准多元合作所需模式操作的人才、技术和经验。社会保险经办社商社企合作案例基本都是行政推动型，在合同订立前缺乏科学的战略规划和服务工作任务、风险、利益比较和论证，合作的领域、各方的利益和责任边界不够清晰。在执行过程中很少体现出市场化社商合作和多元治理特征，尤其是在公私合作关系建立和执行过程中缺少利益相关者质询、专家咨询和有效的外部监督。有的险种忽略政府主导作用，政府将服务生产外包给社会主体后，对不可外包的经办服务提供责任也交由社会机构负责，与以人民需求为中心公共服务理念及社会保险经办服务公共产品属性冲突。

3. 激励机制设计不合理，长效合作机制尚未形成

社会保险经办服务提供多元合作案例中，经办机构业务很大程度上是在行政或业务压力下选择服务外包或委托，市场营利性主体很大程度上是基于潜在盈利机会而积极参与的。合作双方都对招标、合同管理和监督方式及激励机制缺乏足够的技术分析和谈判沟通。当双方合作遇到困难时，尤其是在责任主体是省级以下政府或经办机构，服务提供主体是企业分支机构的情况下，长效合作机制很难建立。半官方社区居委会和自上而下的社会团体虽然参与了服务提供，尤其是在退休人员社区管理方面发挥了重要作

用，但主要是基于行政命令进行的，目前尚未形成规范的补贴制度。由于缺乏独立的自下而上的非营利性社会组织，政府与非营利性社会组织的合作机制并未形成。

五、完善社会保险多元合作政策建议

（一）转变政府职能，完善多元合作顶层设计

社会保险行政管理机构和经办机构管理体制不完善是服务提供社会化程度低的根源。只有中央政府合理的顶层设计才能消除我国社会保险服务领域省级以下政府及经办机构主导的格局。从国外经验看，成立真正具有相对独立于行政管理部门的公共服务提供机构，引入私人部门绩效管理机制是关键。如澳大利亚的中联、比利时的十字银行、荷兰的社保银行、加拿大的“服务加拿大”等都通过改革，实现了公共服务机构明确的责任和类似私人部门的绩效管理机制，促使公共部门由公共行政管理向公私合作和公共治理转变。

（二）提高经办机构管理业务能力，推动多元合作发展

从国际经验看，经办机构作为社会化服务的主导者和具体组织者需要从以下几个方面提升自身能力：第一，基于社会需求、自身提供能力以及市场主体和社会组织的优劣势分析，理清哪些服务可以转移给市场主体，哪些服务可以转移给社会组织，哪些服务必须自身提供；第二，明确社会保险经办服务提供最终责任者是政府，即使外包出去，经办机构也要承担公私合作的方式、程序、监管等内容的规划和设计，组织外部咨询与质询活动，不能搞成私有化；第三，明确政府主导也必须尊重市场机制，在外包给营利性市场主体时，应科学测算并比较公私提供的成本和收益，尽可能使风险、责任和合理利润平衡，外包给非营利性社会组织时也要科学设定补贴方式和补贴金额，合作条款修改要多方协商谈判决定。

（三）完善合作机制，强化风险管理

社会保障部门一般是最大或第二大政府服务购买主体，具体执行机构是整合后的各类企业化管理经办机构或中央与省经办机构。购买主体的集中和上提是国际趋势，也是规模经济的要求。因此，一方面需要将险种共性业务整合提升到中央或省级层面，另一方面险种特殊业务也应提升到省级层面。采购主体应明确购买内容并以市场化方法选择承接主体，既要强化资金管理，

又要给予营利性主体合理利润和非营利性主体必要的补贴，建立多元合作长效机制。从我国的实践看，风险管理和利益相关者质询工作非常薄弱，需要尽快成立社会保险合作经办内部和外部专业监管组织，尽快建立社会保险专业委员会和社会代表广泛参与并进行信息公开，形成“社会保险必须社会参与”的治理结构和全过程主动风险管理机制。

专题七：

问题与探索：社会保险管理服务重大问题研究进展

中国社会保险的发展，无论是制度建设，还是管理服务发展，都是在面对各种问题与困难，不断进行理论和实践探索的结果。特别是对一些重大问题的研究探索，对政策措施制定与改革方案设计，不仅具有启发认识的意义，也常常成为重要的参考依据和政策措施资源。理论探索对中国社会保险事业发展的推动作用是巨大的，虽然难以准确描述，但得到了人们特别是社会保险管理服务人员的普遍认可。作为全面描述中国社会保险管理服务发展的系列蓝皮书，理应对此有所反映。

对社会保险问题的理论探索涉及面广，参与人员众多，来自众多的部门，要全面反映各方面探索的情况比较困难，本报告的性质与篇幅也不允许。我们仅选取一些针对社会保险发展重大问题立项研究的成果做简要介绍，部分展现实践中面临的也是今后一个时期将要解决的问题及研究进展。作为第一次尝试，本报告仅选取 2018—2019 年中国社会保险学会组织完成的 8 个课题研究成果（见表 3-7-1）。这 8 个课题是：建立全国统一的社会保险公共服务平台研究、全国统筹养老保险经办管理体制研究、我国城镇职工基本养老保险缴费基数研究、建立中国特色第三支柱个人养老金制度研究、医疗保险药品管理与智能监控研究、互联网+门诊慢性病人群健康管理与送药服务研究、医疗保险管理在定点医疗机构中的运行研究、取消行政审批后医疗保险定点零售药店协议管理研究。

表 3-7-1　2018—2019 年度中国社会保险学会部分课题及承担单位

课题名称	承担单位
建立全国统一的社会保险公共服务平台研究	中国社会保险学会社会保险管理服务专业委员会、人力资源社会保障部社会保险事业管理中心和信息中心、山东工商学院东亚社会发展研究院
全国统筹养老保险经办管理体制研究	中国社会保险学会、清华大学公共管理学院就业与社会保障研究中心
我国城镇职工基本养老保险缴费基数研究	人力资源社会保障部相关业务司局、中国社会保险学会、中国人民大学公共管理学院、中国养老金融 50 人论坛、人力资源社会保障部社会保险事业管理中心，河南、南京、成都、哈尔滨等地社保经办机构
建立中国特色第三支柱个人养老金制度研究	人力资源社会保障部相关业务司局、中国社会保险学会、中国人民大学公共管理学院、中国养老金融 50 人论坛，中国工商银行、天弘基金、泰康养老、建信养老等企业
医疗保险药品管理与智能监控研究	人力资源社会保障部医疗保险司、社会保险事业管理中心、信息中心，北京、天津、上海、重庆、吉林、宁夏等地社保经办机构
互联网+门诊慢性病人群健康管理与送药服务研究	中国社会保险学会、天津市人力资源社会保障局、天士力公司
医疗保险管理在定点医疗机构中的运行研究	中国社会保险学会社会保险管理服务专业委员会、人力资源社会保障部社会保险事业管理中心，北京、天津、黑龙江等地社保经办机构，北京医院、北京大学人民医院、北京军区总医院医保办公室
取消行政审批后医疗保险定点零售药店协议管理研究	中国社会保险学会社会保险管理服务专业委员会、人力资源社会保障部社会保险事业管理中心，北京、天津、黑龙江、河北等地社保经办机构

一、建立全国统一的社会保险公共服务平台研究

建立全国统一的社会保险公共服务平台是党的十九大报告提出的任务，

既是党中央对全国人民的政治承诺，也是各级社保经办机构必须完成的任务。社会保险经办服务系统不统一，不能适应参保群众日益增长的流动性需要，已经成为参保群众的痛点和经办人员办理业务的难点。建立统一的社会保险公共服务平台，更好地满足参保群众社保业务“就近办、异地办、快捷办”需求，是参保群众和经办人员的强烈需求，也是国家基本公共服务体系建设的必然要求。

本课题研究包括理论、政策与实践分析，方案设计，典型案例三大部分。理论、政策与实践分析部分首先对建立全国统一社会保险公共服务平台做了理论界定，在此基础上梳理分析了我国社会保险公共服务平台建设的实践探索，结合问卷调查归纳分析了面临的问题与挑战，以及服务需求者、提供者、监管者对全国统一平台的不同需求，总结了可以遵循的政策依据和国内外可资借鉴的实践经验。方案设计部分首先对全国统一的社会保险公共服务平台做了目标功能定位，以此为依据提出了建设方案设计，包括总体构想、建设内容与职责划分、路径选择、阶段目标与进度安排等。典型案例部分介绍了上海、广西、广东和山东威海市在建立统一社会保险公共服务平台方面的主要做法与成功经验。

经过深入系统的研究，课题组提出了按照“收受分离”和“受审分离”原则，国家、省（区、市）、地（市、州）三级，线上线下融合的总体架构，上下结合，分步实施的建设思路。围绕信息系统、服务网络和运行要素三个任务模块、16 项建设任务，从国家和地区两个层面，逐步建立起以国家社会保险公共服务平台为总枢纽和总门户，省（区、市）社会保险公共服务平台（经办服务系统）为骨干，地（市）线下线上融合的服务网络为支撑的全国统一社会保险公共服务平台。其中，国家社会保险公共服务平台承担跨省（区、市）异地业务申请接收、转发和信息推送职能，提供全国性、跨地区“一网通办”社会保险公共服务和跨部门、跨层级信息共享与业务协同服务；省级社会保险公共服务平台承担省（区、市）内“一网通办”社会保险公共服务和跨部门、跨层级信息共享与业务协同服务；地（市）级公共服务网络作为业务终端，具体提供社会保险公共服务。

课题成果为政策设计和人员培训提供了参考。2019 年 9 月 15 日，国家社会保险公共服务平台正式上线。9 月 24 日，人力资源社会保障部发布《关于建立全国统一的社会保险公共服务平台的指导意见》（人社部发〔2019〕103

号)，并在杭州举办专题培训班，标志着建立全国统一的社会保险公共服务平台进入实施阶段。

二、全国统筹养老保险经办管理体制研究

《社会保险法》规定，“基本养老保险基金逐步实现全国统筹。”党中央多次要求加快建立全国统筹的基本养老保险制度。党的十九届四中全会决定提出，“适当加强中央在养老保险方面事权，减少并规范中央和地方共同事权”“创新行政管理和服务方式”“健全权威高效的制度执行机制”。

本课题在分析全球及中国统筹经办体制改革社会背景的基础上，剖析养老保险经办体制的现状和问题。借鉴国家治理体系现代化的相关文献，研究探讨创新养老保险经办体制的治理方向。在此基础上，提出建立全国统筹的养老保险经办体制改革方案和政策建议。最后，作为经验借鉴，比较研究了美国、澳大利亚、德国、法国、英国、日本和金砖国家养老保险管理体制。

课题组经过深入系统的研究，提出了坚持“顶层设计、分步实施、实际运行”，设立国家直属养老保险经办管理机构的改革思路和三个可选方案，即单立机构、不变隶属，单立机构且变更隶属一，单立机构且变更隶属二。方案一是将人力资源社会保障部社会保险事业管理中心改为国家养老保险局，专司企业职工基本养老保险基金统筹职责，将来可扩展到机关事业单位和城乡居民基本养老保险；方案二是设立国务院直属的国家养老金局，与国家医疗保障局平行；方案三是设立国务院直属的国家社会保障总局，下设养老保险局。考虑成本和绩效因素，若以成本为重，建议实施方案一、筹措方案三；以绩效为重，建议一步到位组建国家社会保障总局。

三、我国城镇职工基本养老保险缴费基数研究

缴费基数是职工养老保险计划中最基础、最重要的制度参量之一，各国均高度重视、周密设计政策。无论当前还是长远，在各方面十分关注费率政策的同时，应当对缴费基数问题予以同等重视。经过多年改革，我国已初步形成了一套职工基本养老保险缴费基数的政策规范，但在实践中，各地具体做法差异较大，矛盾较多，必须进行调整。但是如何调整，各地区应当怎样科学合理地确定缴费基数，已成为当前亟待解决的一个重大问题。

本课题在已有文献研究的基础上，梳理分析了基本养老保险缴费基数政

策演变与现行规定，并从不同地区、不同身份角度研究基本养老保险个人和单位缴费基数政策规定与执行情况，揭示存在的问题并剖析原因。在借鉴养老保险缴费基数设置国际经验的基础上，提出了完善基本养老保险缴费基数的政策建议。

课题组建议，在做实个人应缴费工资和扩大缴费基数上下限范围的基础上，将全国各地单位缴费基数核定方式统一为单基数法，即以单位职工个人缴费基数之和作为单位缴费基数。为有步骤、有条理地实现单位缴费基数核定方式统一，建议在操作中采取“两步走”方法。第一，统一不同地区单位缴费基数为单基数核定方式；第二，统一不同单位缴费基数为单基数核定方式，将企业和机关事业单位的单位缴费基数统一为单基数；第三，统一各项社会保险、个人所得税和住房公积金征缴基数。同时建议统一社会保险中城镇职工基本养老保险、城镇职工基本医疗保险、失业保险的个人应缴费工资口径，并实现社会保险中个人“应缴费工资”口径与个人所得税“应纳税工资”及住房公积金提取基数一致，实现社保、税务以及住建部门之间信息共享和交叉稽核。

中央已经决定社会保险费由税务机关统一征收，加快推进基本养老保险全国统筹。这为完善和规范缴费基数政策提供了有利条件和难得契机。本课题研究成果对进一步改进职工基本养老保险缴费基数政策设计具有启发意义和参考价值。

四、建立中国特色第三支柱个人养老金制度研究

20 世纪 80 年代以来全球逐渐进入老龄化社会，以现收现付制或完全积累制为主的单一养老金制度面临巨大挑战。世界银行倡导的三支柱模式成为各国养老金体系改革的共同趋势。三支柱模式的最大优势是能较好地实现政府、单位和个人三方养老责任共担，促进养老金体系可持续发展。从许多国家的发展经验看，体现雇主和个人责任的第二、三支柱养老金制度发挥着越来越重要的作用。1991 年国务院决定改革企业职工养老保险制度时就提出建立由三支柱构成的多层次养老保险体系，但是第三支柱建设一直没有付诸实施。

本课题在分析我国养老金体系构成的基础上，剖析建立第三支柱个人养老金制度的背景及功能定位，借鉴国际经验提出对中国第三支柱制度覆盖范围的建议；探讨第三支柱缴费阶段和领取阶段的财税政策设计；探讨第三支

柱平台的性质、特点、基本原则与基础制度理念，并提出第三支柱平台建设的三种方案；借鉴其他国家和地区补充养老金产品实践，提出我国第三支柱产品发展思路、监管主体与模式、监管内容和监管方式。

课题组认为，第三支柱个人养老金产品体现政府财税支持、机构长期服务、个人自愿投入，属于准公共产品。产品供给应实现参与机构和投资产品多元化，将银行、基金、保险等多类养老金融产品纳入选择范围，满足不同群体的风险偏好；同时建立机构和产品准入与退出机制。课题组建议，初期产品供应不宜过多，且应优先发展固定产品模式；根据个人养老金的不同金融功能，有计划地发展风险保障类和资产管理类产品。第三支柱平台不是一个商业平台，而是一项由中央政府提供的应对老龄化、完善养老金体系的基本公共服务平台，应面向个人、面向政府、面向机构。在坚持账户制理念、“一人一行一户”模式下，课题组设计了三种平台建设方案，即 CIP 综合统一平台（资金流与信息流合一）、CIP 双分设平台（信息平台+资金平台，或信息平台+服务平台）、CIP 信息管理平台（平台仅管理信息），建议以方案二双分设平台为模板进行第三支柱平台建设。第三支柱基金运行应将安全性放在首位，在此基础上追求高效性和便捷性。监管主体可按类型分为行政监管、行业监管和社会监督，监管内容上应统筹税收监管、参与人监管和市场准入监管，采取数量限制监管与审慎监管相结合的模式，未来逐渐向审慎监管过渡，以第三支柱平台为监管载体，建立完善的信息披露制度，加强投资者权益保护和养老金融教育。

2018 年，财政部等五部门开始在上海、福建和江苏苏州工业园区实施个人税收递延型商业养老保险试点，效果如何尚有待观察。但是第三支柱个人养老金制度的建立不可能一蹴而就，需要从理论和实践两方面进行广泛深入的探索。本课题研究不仅具有重要的理论意义，对政策设计也具有较强的参考价值。

五、医疗保险药品管理与智能监控研究

多年来，各地区广泛开展了基于医疗保险大数据和计算机信息技术的医疗保险医疗服务智能监控。通过建立和完善监控系统、设置和应用各种监控规则，基本实现对医疗服务事前、事中和事后的全过程监督，对严格执行医保政策、维护医保基金安全、规范医疗服务行为和打击骗保诈保行为起到了

重要作用。研究总结各地智能监控管理之长，揭示存在的短板与问题，为相互学习借鉴、扬长避短、优化提高提供参考，对进一步促进智能监控管理的完善和发展具有重要意义。

课题组通过对宁夏、吉林、北京、天津等 17 个地区医保部门和经办机构智能监控进行深入调查，梳理各地智能监控总体状况和应用效果，归纳药品智能监控针对的主要问题、主要表现并分析成因，提炼各地实施药品智能监控的主要做法与经验，提出了改进完善药品智能监控的对策建议。

针对药品智能监控中存在的问题，课题组建议切实加强医疗保障医疗服务监管的顶层设计，推进医疗保障及相关医疗服务信息的标准化，提升监控规则的科学性、完整性和准确性，增强监控管理人员的专业化水平和能力建设。这些建议将有助于进一步促进医保医疗服务和药品管理的健康发展，更好地打造与新时代中国特色社会主义相适应的医疗保障制度及医疗服务监管体系。

本课题是基于案例研究的经验总结，全国有 24 个省级和地市级医保经办机构参与。对全国 17 个地区医保部门和经办机构智能监控进行深入调查和系统梳理分析，在国内尚属首次，所获得的数据资料对改进完善医保药品智能监控无疑具有重要的参考价值。

六、互联网+门诊慢性病人群健康管理与送药服务研究

为解决基层医疗机构慢性病备药不齐、老年患者取药困难等问题，近年来部分地方探索为患者提供多种取药选择。通过商业医药企业配送中心，为患者提供快速、便捷的送药服务是其中的一种。天津市人力资源社会保障局、药品监督管理局与天士力公司合作开展的糖尿病门诊特殊病患者用药服务试点就是送药到家模式。这是一种基于“互联网+”的政策创新和惠民之举。这种模式如果具有可行性、可成长性和可复制性，对进一步改善和保障民生、优化医保管理服务无疑具有积极意义，值得培育和发展。这正是本课题要回答的问题。

课题组分两个阶段进行研究。第一阶段研究了这种模式的可行性，重点调查研究天津市送药服务的实施背景、主要做法、成效与问题，以及发展趋向，得出了肯定的结论。第二阶段研究试图回答这种模式是否具有可成长性和可复制性问题。课题组继续跟踪分析了天津市送药服务发展完善的情况、

其他地区推广送药服务的情况，以及上海、北京、温州等地开展慢病送药服务的情况，认为这种模式具有可成长性和可复制性，并对培育和发展这种模式提出了建设性意见。

课题组认为，由商业医药企业为慢病患者配送药品，符合深化医药体制改革的发展方向，适应“互联网+医疗健康”的未来趋势，有利于促进医保基金安全监管的广泛参与。建议进一步增强相关政府部门的共识与协调，进一步扩大慢性病送药服务的病种范围，进一步保护医药企业送药服务的积极性，进一步加强社会宣传和扩大影响。

本课题属于典型的案例研究项目，旨在通过对实践中涌现出来的典型案例进行研究，找出解决人民群众关心的现实利益问题的有效途径，总结代表未来的发展方向且具有可复制性的成功经验。从这个意义上看，本课题成果不仅对政策制定者决策具有参考意义，对地方经办机构创新社会保险管理服务模式也具有重要的借鉴意义。

七、医疗保险管理在定点医疗机构中的运行研究

定点医疗机构在实施基本医疗保险制度的过程中，不断适应医疗保险制度逐步扩展与完善的客观需要，深入结合“三医联动”改革要求，经过积极持续的探索和实践，创新与发展了一系列医疗机构医疗保险管理的成功做法和成熟经验。对定点医疗机构如何围绕贯彻执行医疗保险制度政策、提供合理医疗服务以及有效控制医疗费用，尤其是定点医疗机构医疗保险部门（医保办）在定点医疗机构中怎样发挥作用的研究比较少。这与定点医疗机构医疗保险部门（医保办）作为医疗保险管理体系最基层所发挥的不可或缺的作用是不相称的。开展这方面研究，对于加强与完善医疗保险医疗服务及费用的全过程管理，尤其将其落实到医疗服务的基础环节，具有十分重要的积极意义和现实影响。

课题组以北京肿瘤医院、山东大学齐鲁医院等十多家综合定点医疗机构为研究对象，从组织领导、制度建设、宣传沟通、动态监控、重点把关、考核奖惩、信息化建设和改善服务等方面对这些医疗机构的医疗保险管理进行了调查梳理和分析，总结其管理模式，并提出完善医疗保险管理在定点医疗机构中运行的政策建议。

课题组建议如下。第一，提升管理理念，进一步改善管理方法。相关管

理部门应形成统一和具体的管理办法（或指导意见），也可部分体现在服务协议中（但不能以协议替代），使定点医疗机构医疗保险管理方向明确，有章可依，有规可行。第二，健全组织体系，明确管理责任和要求。管理部门应着力指导和推动定点医疗机构医疗保险管理，树立典型，促进交流，形成定点医疗机构医疗保险管理赶学比超的良好氛围。第三，加强队伍建设，不断增强综合管理能力。重视定点医疗机构医疗保险管理人员的队伍建设，实现管理人员培训的制度化，进一步放开视野，拓展思路，提升能力。第四，结合临床实际，进一步促进精细化管理。管理部门和经办机构在制定相关政策和酝酿运管办法过程中，应提高定点医疗机构及医疗保险管理部门的参与度。第五，畅通沟通渠道，有效化解政策疑点难点。医疗保险管理部门、经办机构应及时告知新政策、新要求。定点医疗机构在执行医疗保险政策和要求中有疑惑问题应及时问询，医疗保险管理部门、经办机构切忌对其久拖不答。

综合定点医疗机构医疗保险管理的特殊性或者难点在于，医疗机构同时承载着提供医疗服务和执行医疗保险政策的双重职责，既要实现医疗保险政策与医疗服务有机衔接和融合，又要直接面对并化解可能产生的现实矛盾和问题。分析定点医疗机构医疗保险管理措施，必须理解其管理的寓意和内涵。

八、取消行政审批后医疗保险定点零售药店协议管理研究

2015 年 10 月国务院印发《关于第一批取消 62 项中央指定地方实施行政审批事项的决定》，取消了省、市、县级人力资源社会保障行政主管部门对基本医疗保险定点零售药店、基本医疗保险定点医疗机构资格审查。同年 12 月人力资源社会保障部印发《关于完善基本医疗保险定点医药机构协议管理的指导意见》，明确对医疗保险定点医疗机构、定点零售药店实行以自愿申请、多方评估和协商签约为形式的新的管理方式。取消行政审批后对定点零售药店实行协议管理的效果如何？是否促进了零售药店的发展？对协议管理需要从哪些方面改进完善？这些正是本课题试图回答的问题。

本课题通过对取消基本医疗保险定点零售药店行政审批前后进行比较，总结归纳了北京、重庆、新疆、浙江嘉兴等地在定点零售药店协议管理方面的各项新举措，包括出台的政策文件、定点零售药店基本条件、申请程序（流程、时限、评估方式、沟通协商、工作纪律）以及对定点零售药店的监管等，分析了定点零售药店数量的变化，从管理要求和发展趋势两个方面分析

了协议管理中存在的问题，提出了改进完善协议管理的建议。

课题组通过调查研究发现，取消行政审批后，定点零售药店总体呈数量增长态势，但各地发展或慢或快，控制较严的地方数量增长不显著，控制较宽的地方数量则成倍增长。各地的协议形式基本雷同，内容千篇一律，往往就是医疗保险及相关政策和管理规定的翻版。定点零售药店违反协议的现象依然存在，“以物代药”情形仍屡禁不绝，加强监管十分必要，但定点零售药店数量扩展与医保监管力量不足的矛盾在加剧。

课题组建议，有关部门应当结合当前医疗保险制度的深入改革和新医改的深入发展，全面审视和定位定点零售药店管理和发展问题。一方面，要以人民为核心，适应新医改、“互联网+”和医疗服务形式等新变化，满足参保人员医疗服务客观需求，使定点零售药店发挥其应有的作用；另一方面，要以合理使用医疗保险基金和有效控制浪费为根本，进一步完善对定点零售药店的各项管理，加强对定点零售药店的监管，严厉打击通过定点零售药店骗取医疗保险基金的行为，使定点零售药店发展有助于人民获得感、幸福感、安全感更加充实、更可持续。

本课题属于对取消定点零售药店行政审批政策效果的评估，对决策部门作出正确判断，修改完善有关政策，特别是改进完善对定点零售药店的协议管理很有参考价值。

第四部分

专论

新中国七十年：探索建立中国特色社会保险体系

2019年是新中国成立七十周年。在这样一个值得纪念和大书特书的重大历史时刻，作为至今为止唯一的一套全面记录中国社会保险管理服务发展历史的系列蓝皮书，有责任对七十年来新中国社会保险事业的发展进行系统梳理和深入分析。这既是对历史的总结，也是系列蓝皮书的历史担当与责任，更有助于阐明改革开放以来的四十年与改革开放前三十年社会保险事业发展的区别与联系，揭示“变”与“不变”及其背后的原因，从而将改革开放四十年来社会保险事业的发展放到更长的历史时期和更广阔的视域下进行审视，更加凸显其历史的必然性与所受到的客观制约，使系列蓝皮书的内容更加丰富，更具有历史的厚重感。

新中国七十年社会保险制度的建立与发展，是伴随着对中国特色社会主义的实践探索而不断探索的过程。受经济体制变化、政治形势、不同历史时期主客观因素以及所面临的特定社会保险问题的影响，七十年的发展具有明显的阶段性特征。各阶段之间有很大的差异，但又具有内在的联系，在根本宗旨上是一以贯之的，都是在中国共产党的领导下，探索建立具有社会主义性质的中国特色社会保险体系。

社会保险体系是以一定的经济体制为基础的。不同的经济体制对社会保险制度体系和管理服务体系有不同的要求。新中国七十年可以分为改革开放前三十年和改革开放以来四十年两个历史阶段。前一阶段通过对旧中国遗留下来的经济基础进行社会主义改造，探索建立社会主义计划经济体制，但受十年“文化大革命”的影响出现了波折。后一阶段通过改革计划经济体制，逐步建立社会主义市场经济体制。与此相对应，建立中国特色社会保险体系的实践探索可以划分为三个时期：第一个时期为初创时期，主要是按照社会主义分配原则，探索建立符合中国实际的城镇职工社会保险体系；第二个时期是重构时期，适应社会主义现代化建设的需要，在新的历史条件下，重新构建与计划经济体制相适应的社会保险体系；第三个时期是再造时期，随着经济体制改革的推进，探索建立与市场经济体制相适应的中国特色社会保险体系。

一、初创时期：探索符合社会主义分配原则的社会保险制度

1949 年 9 月 23 日，中国人民政治协商会议第一届全体会议通过的《中国人民政治协商会议共同纲领》（以下简称《共同纲领》）第二十三条规定：“逐步实行劳动保险制度。”1954 年颁布的《中华人民共和国宪法》第九十三条规定：“国家举办社会保险、社会救济和群众卫生事业，并且逐步扩大这些设施，以保证劳动者享受这种权利。”由此可见，新中国成立初期确立的就是逐步发展的思路。

（一）职工社会保险制度体系的建立

根据《共同纲领》“逐步实行劳动保险制度”的规定，新中国成立前后，政务院责成劳动部和中华全国总工会起草《中华人民共和国劳动保险条例》，在全国范围建立社会保险制度由此开始，但最早建立的却是失业救济制度。

1. 建立失业救济制度

经受了长期战争的破坏，新中国成立时，全国城乡百业衰败，民不聊生，一片凋敝景象。1950 年又爆发了朝鲜战争，国际形势极其险恶。如何迅速稳定社会，恢复经济，成为关系政权稳定和国家前途命运的重大问题。解决大中城市普遍存在的严重失业问题则是重中之重。1949 年，全国大中城市有 470 多万失业人员，相当于当年年底全国在职职工人数的一半，失业率高达 23%。1950 年，城市失业问题更趋严重，仅上海市失业人数就超过了 20 万人。这些人成分复杂，有因企业破产、停工而失业的，也有丧失原收入来源的知识分子，还有旧政权遗留下来的人员，以及餐饮娱乐等萎缩行业的失业人员。毛泽东 1950 年 6 月在党的七届三中全会上强调要做好八项工作，其中

之一就是对于失业工人和失业知识分子进行救济，有步骤地帮助他们就业。

为了解决失业问题，党和人民政府颁发了一系列政策文件，综合采取多种措施，逐步建立起了比较系统的政策体系和组织体系。特别是1950年，中共中央和政务院在半年多时间里密集出台了6项政策文件。1950年6月17日政务院颁布的《关于救济失业工人的指示》和《救济失业工人暂行办法》具有标志性意义。不仅明确了救济失业工人的目的是“减轻失业工人生活困难并帮助其逐渐就业转业”，而且提出了一系列政策措施。救济范围原则上暂以原在各国营、私营工商企业与码头运输事业中工作的工人和职员以及从事文化、艺术、教育事业的工作人员，解放以后失业，尚无工作或其他收入者为限。后扩大到除特务分子及反动有据者外的所有失业工人、职员及知识分子。救济措施是以工代赈为主，同时采取生产自救、转业训练、帮助回乡生产及发放救济金等。救济基金来源于三个方面：一是城市中所有国营、私营工厂、作坊、商店的行政方面或资方，按照所付实际工资总额1%缴纳的费用；二是中央人民政府与地方人民政府拨给的救济基金；三是各界自愿捐助的救济金。同时要求各地在市人民政府下设立失业工人救济委员会，计划并指导一切救济事宜，下设失业工人救济处作为执行救济工作的机构。救济处设办公室、登记科、工赈科、救济科和辅导科，分别负责日常行政、失业工人登记审查、以工代赈、救济金审核发放，以及办理生产自救、协助还乡、转业训练等事项。1950年，全国有210个城市成立了失业工人救济委员会，建立起了较完善的失业救济组织体系。

到1952年初，失业问题依然比较严重。7月25日政务院召开第146次会议专门讨论失业处理问题，通过了《关于劳动就业问题的决定》。8月30日又批准劳动就业委员会发布《关于失业人员统一登记办法》。10月31日颁布《关于处理失业工人办法》。这些文件进一步完善了失业救济办法，加强了对失业救济工作的组织领导，各地的失业状况逐渐缓解。到1952年年底，全国失业人数减少到376.6万人，失业率由23.6%下降为13.2%。

1953年进入第一个五年计划时期，随着大规模生产建设的逐渐展开，每年都新增大量就业岗位，城镇职工人数持续大幅度增长，失业人数则持续减少，失业问题逐渐趋于正常水平。到1953年年底，失业人数降为332.7万人，失业率降为10.8%。

1954年劳动部发布《关于对失业人员进行清理的指示》，将登记失业人员分为三类，分别采取不同政策：第一类是确有就业条件和培养前途的，通过职业介绍、技术训练等方式促进就业；第二类是不适合厂矿需要和就业条件较差的，鼓励自行就业或自谋生活出路；第三类是老弱病残、长期患病而无就业条件或有家庭拖累无法就业的，有生活出路或有子女扶养的注销失业登记，生活确有困难的移交民政部给予社会救济。1956 年 5 月 9 日，劳动部门停止征收失业工人救济基金，并将失业工人救济工作移交民政部，标志着新中国成立之初建立的失业救济制度作为一项独立的社会保障制度完成了它的历史使命，正式退出历史舞台。

2. 建立企业职工劳动保险制度

经过一年多的起草、征求意见和修改，1951 年 2 月 26 日，政务院颁布了《中华人民共和国劳动保险条例》（以下简称《劳动保险条例》），并于 3 月 24 日颁布了《中华人民共和国劳动保险条例实施细则草案》。1953 年 1 月 2 日，政务院又颁布《中华人民共和国劳动保险条例实施细则修正草案》。《劳动保险条例》不仅是新中国第一个全国统一的社会保险政策文件，也是中国历史上第一个全国统一的社会保险政策文件。

根据该条例建立的是企业职工劳动保险制度。保障项目涵盖养老、医疗、工伤和生育四个险种，覆盖人员仅限于企业职工。在实施上采取“逐步推广办法”，实施范围暂定为 100 人以上的四类企业：国营、公私合营、私营及合作社经营的工厂、矿场及附属单位；铁路、航运、邮电的各企业单位与附属单位；工、矿、交通事业的基本建设单位；国营建筑公司。不实行该条例的企业及季节性企业的劳动保险事项，由企业或其所属产业或行业行政方面或资方与工会组织协商，订立集体合同规定。劳动部可以根据实际情况随时提请中央人民政府政务院决定继续推广实施范围。

劳动保险的各项费用，全部由实行劳动保险的企业行政方面或资方负担，其中一部分由企业行政方面或资方直接支付，另一部分由企业行政方面或资方缴纳劳动保险金，交工会组织办理。劳动保险基金由企业行政方面或资方每月按相当于全部工人与职员工资总额的 3% 缴纳，分为两部分：一部分（30%）上缴给中华全国总工会作为劳动保险总基金，为举办集体劳动保险事业（包括疗养所、业余疗养所、托儿所、休养所、养老院、孤儿保育院、残废院及其他）之用；另一部分（70%）作为劳动保险基金存于企业工会基层委员会户内，用于支付工人与职员的抚恤费、补助费与救济费及本企业集体劳动保险事业的补助费，每月结算一次，其余额全部转入省、市工会组织或产业工会全国委员会户内，作为劳动保险调剂金。

劳动保险待遇共 6 项：（1）因工负伤、残废待遇；（2）疾病、非因工负伤、残废待遇；（3）养老待遇；（4）生育待遇；（5）员工及供养的直系亲属死亡待遇；（6）优异劳动保险待遇。前五项待遇是覆盖范围内的所有劳动者都能享受的，优异劳动保险待遇则只有对企业有特殊贡献的劳动模范及转入本企业工作的战斗英雄才能享受。各项待遇所需费用一部分由企业行政方面或资方负担，一部分由劳动保险基金负担。

从劳动保险基金筹集、使用及待遇负担可以看出，《劳动保险条例》确立的制度并不单纯是一个社会保险制度，同时还包含社会福利乃至社会救助的内容。其中的保险制度也不是独立于企业之外的、完全社会化的社会保险制度，而是将企业保险与社会保险紧密结合的制度，企业性成分比社会性成分更重，具有三个显著特征：一是保险责任企业化，实行企业或资方责任原则，保险费用全部由企业负担，个人不缴纳，政府也不负担；二是管理服务职能企业化，不仅保险待遇直接由企业支付，部分劳动保险基金由企业工会基层委员会管理，离退休人员也由企业管理；三是社会保险福利化，不仅用劳动保险总基金举办的各项“集体保险事业”并不属于社会保险，而是社会福利，企业行政或资方支付的待遇也包含很多社会福利与救助的内容。

3. 建立公职人员社会保险制度

新中国成立之初，对于国家机关、事业单位工作人员，并没有像对企业职工那样出台一个综合性的社会保险政策文件，而是通过不同的文件解决有关社会保险问题。最早的一份政策文件是 1950 年 12 月 11 日内务部公布的《革命工作人员伤亡褒恤暂行条例》，分勤、警人员，区长、县科长级以下人员，县长级人员和专员级以上人员四个等级，对除公营企业部门职工之外的革命工作人员因公伤亡的褒恤（包括褒扬和抚恤）做了规定。根据该条例建立的实际上就是机关事业单位工作人员工伤保险制度。1952 年、1953 年、1955 年、1957 年又对该条例进行了 4 次修改。

机关事业单位工作人员医疗保险在新中国成立之初被称为公费医疗预防措施。由于各种条件的限制，新中国成立后仅在部分地区、人员中及某些疾病范围内重点实行。1951 年在陕北老根据地及某些少数民族地区试行了公费医疗预防制。1952 年年初将免费医疗预防办法扩大到第二次国内革命战争各根据地。1952年6月27日，政务院发布《关于全国各级人民政府、党派、团体及所属事业单位的国家工作人员实行公费医疗预防的指示》，决定将公费医疗预防的范围，自1952年7月起，分期推广到全国各级人民政府、党派、工青妇等团体、各种工作队，以及文化、教育、卫生、经济建设等事业单位的国家工作人员和革命残废军人。政务院8月30日又发布《国家工作人员公费医疗预防实施办法》，9月12日发布《关于各级人民政府工作人员在患病期间待遇暂行办法的规定》，对中央、各大行政区、省（市、行署）三级（乡一级待县级财政建立后再行办理）门诊、住院所需的诊疗费、手术费、住院费，由各级人民政府领导的所属卫生机构分配的医药费支付，病者本人仅负担膳费、就医路费。患者实有困难，由机关给予补助，在行政经费内报销。该办法规定的公费医疗待遇比《劳动保险条例》规定的企业职工医疗保险待遇广泛和优厚，但仅适用于国家工作人员本人，所供养的直系亲属不能享受。1954年、1955年曾对该办法进行两次修改。

新中国成立初期也没有出台专门的公职人员养老保险文件。最早关于退休养老待遇的文件是1951年11月12日内务部制定的《一九五一年内处理工作人员退职办法》，该办法规定，凡列入编制的革命工作人员，参加工作满3年，因年老（55岁以上）或长期病弱，确实不能继续工作的，始可退职，并对退职后的待遇作了规定。1952年4月2日，人事部公布《关于处理革命工作人员退职问题的答复》，对实行干部退职的适用范围以及发给补助金的计算方法作了统一规定。同年10月22日，人事部正式颁布了《国家机关工作人员退职处理暂行办法》。该办法对享受退职待遇的条件、工龄计算方法、应领取的供给和补助、安家帮助和照顾等作了系统规定。1955年12月29日，国务院发布《关于国家机关工作人员退休处理暂行办法》《国家机关工作人员退职处理暂行办法》和《国务院关于处理国家机关工作人员退职、退休时计算工作年限的暂行规定》，在对国家机关工作人员退休、退职、计算工作年限等问题作出规定的同时，明确指出在国家机关工作人员中还不能立即实行《劳动保险条例》。各民主党派、各人民团体和国家机关所属的事业费开支的单位，都可以参照各项办法和规定执行。1956年8月21日，国务院人事局、卫生部、内务部作出了国家机关工作人员退休后仍享受公费医疗待遇的规定。

（二）对职工社会保险制度的调整

经过几年发展，社会保险事业取得了很大成绩。到1957年，不仅失业问题基本解决，企业职工和机关事业单位工作人员社会保险制度体系也基本建立起来，逐步改善了广大职工的生活待遇。但也存在一些问题，需要进行整顿。根据1957年9月26日周恩来在《关于劳动工资和劳保福利问题的报告》中的分析，问题主要表现在两方面：一是“走得快了一些，办得多了一些，与我国人口多、底子穷、广大农民生活水平还比较低的现状不相适应”，某些福利待遇过高；二是项目混乱，有些制度不合理，而且管理不善，掌握偏松偏宽，造成苦乐不均和严重浪费，特别是在公费医疗中，浪费极其严重。造成这些问题的主要原因是对于我国人口多、底子穷的情况了解不透；对于从6亿人口出发，统筹兼顾，适当安排的方针体会不深。为此，提出第二个五年计划期间对劳保福利工作和制度应该着重整顿。简化项目，加强管理，克服浪费；改进不合理的制度，适当降低过高的福利待遇；提倡少花钱，多办事；提倡依靠群众集体力量举办福利事业；提倡用互助互济的办法，解决职工生活中的某些困难问题。

1. 统一职工养老保险制度，扩大覆盖范围

第一是统一企业与机关事业单位退休养老办法，解决两类人员之间待遇标准不统一的矛盾。1958年2月9日，国务院公布《关于工人、职员退休处理的暂行规定》，对国营、公私合营的企业、事业单位和国家机关、人民团体工人、职员退休条件、待遇等作了规定，放宽了退休条件，适当提高了待遇标准。

第二是将退休养老制度覆盖的人员范围扩大到资产阶级工商业者和轻、手工业集体所有制企业职工。1962年出台适用于资产阶级工商业者的正式退休办法。1965年又将适用范围扩大到在国家机关、事业单位、人民团体以及民主党派工作的资产阶级工商业者。1966年出台轻、手工业集体所有制企业职工退休、退职养老政策。至此，退休、退职养老制度基本覆盖了城镇各类企业职工。

2. 改进劳保医疗制度，适当增加个人责任

针对现行企业劳保医疗制度包得过多、医疗工作紧张和药品浪费等情况，1966年4月15日，劳动部、全国总工会发布《关于改进企业职工劳保医疗制度几个问题的通知》（〔66〕中劳薪字第60号），明确企业职工患病和非因工负伤所需挂号费和出诊费、营养滋补药品（包括药用食品）费用、计划生育手术住院膳费，以及享受医疗待遇的职工供养直系亲属患病医疗的挂号费、

检查费、化验费等，均由本人负担；职工因工负伤或患职业病住院医疗期间的膳费，本人负担1/3，企业行政负担2/3。

（三）制度模式及基本特征

1. 制度模式

新中国成立之初建立社会保险制度的探索，遵循的是马克思、恩格斯和列宁的社会保障理论，学习借鉴了苏联发展社会保险的经验，采取的是国家保障模式，但与马克思、恩格斯和列宁的设想又有所不同，具有鲜明的中国特色。

马克思和恩格斯设想的国家保障是建立在生产资料公有制基础上的。第一，要实现生产资料全社会所有；第二，应建立作为全社会公共财产的“后备基金”即社会保障基金；第三，按照列宁的观点，必须在各地并根据受保人完全自治原则建立统一的保险组织管理各种保险；第四，实施范围必须包括劳动者本人及其所有家属，保险费用全部由企业或国家负担。1951年颁布实施《劳动保险条例》时，生产资料公有制还没有完全建立起来，私有制经济还占有比较大的比重。在制度安排上，只遵循了第四条，但没有建立作为全社会公共财产的“后备基金”和“完全自治”的统一保险组织。

尽管从严格意义上讲，只有机关事业单位工作人员退休退职养老制度和公费医疗制度算得上是国家保障，因为这些用人单位都是属于国家的，单位负担就等于是国家负担。在资本主义工商业社会主义改造没有完成，还是多种生产资料所有制并存的情况下，一部分职工的保障费用是由私有制企业提供的，劳动保险制度还不能说是国家保障，只能说是企业保障。到1956年，对资本主义工商业的社会主义改造完成，生产资料公有制完全建立起来，企业保障与国家保障也就不再有本质上的区别。

2. 基本特征

与世界多国的社会保险制度特别是市场经济国家的社会保险制度相比，这一时期的社会保险制度具有四个显著特征：

第一，没有风险分担机制。无论是适用于企业职工的劳动保险制度，还是适用于机关事业单位工作人员的退休退职养老制度和公费医疗制度，都不是针对每一种风险，遵循大数法则进行设计的，既没有风险分担机制和互助互济性，也不进行精算平衡，而是根据职工遭遇各种风险时生活可能受到的影响，提出的一系列综合性政策措施，与所遭遇的风险可能带来的损失并不直接挂钩。

第二，就业—保障一体化，将获得社会保障与就业紧密联系在一起。一方面，以就业作为解决劳保福利问题的根本途径，把消除失业作为首要目标，实行合理的低工资制，通过实现高就业，保障人们的基本生活；另一方面，将社会保险作为劳动人事制度的一部分，作为用人单位的责任与职能，从而使个人能够获得的社会保险与就业状况紧密相关，无论是在制度上，还是在保障水平上，都因就业状况不同而不同。同时，将社会保险与国家劳动人事政策特别是就业政策、干部政策联系在一起，作为解决劳动力供求、干部队伍老化等问题的手段。

第三，保险—福利一体化，将社会保险与社会福利融为一体，社会保险制度不仅具有风险防控功能，还具有社会福利与社会救助功能，实际上相当于职工社会保障。不仅保障项目十分齐全，包含各种社会福利和社会救助项目，以及国家给予个人的一些奖励项目，保障待遇的享受还不限于劳动者本人，还包括劳动者供养的直系亲属。更重要的是个人不承担缴费责任，所需费用由企业和政府财政承担。

第四，医保—医疗一体化，不是将医疗保险作为独立于医疗服务之外、为参保对象获得医疗服务提供资金帮助的风险防控机制，而是将医疗保险与医疗服务融为一体，直接将为劳动者提供医疗卫生服务作为制度设计的目标取向与实现保障的途径。通过发展医疗卫生事业，广泛建立各种医疗卫生机构，特别是企事业单位、机关、生产大队等的内部医疗机构，满足人民群众医疗保障需求。

二、重构时期：构建适应现代化建设需要的社会保险体系

（一）重新构建城镇职工社会保险制度体系

1. 重构的必要性与主要内容

1966 年“文化大革命”爆发，社会生产、生活秩序陷入混乱。《劳动保险条例》受到批判，被说成是“典型的修正主义条例”。管理社会保障的各类机构或被撤销，或名存实亡。劳动保险处于无人管理的状态。一些地方甚至被迫中止办理退休退职手续，更没有人去履行征集、管理劳动保险基金的职责。1969 年 2 月，财政部发布《关于国营企业财务工作中几项制度的改革意见（草案)》，要求“国营企业一律停止提取劳动保险基金”“企业的退休职

工、长期病号工资和其他劳保开支，改在营业外列支”。

1976年10月，“四人帮”被粉碎，持续十年的“文化大革命”结束了。中国社会进入拨乱反正的新时期。但持续十年的动乱，积压了大量需要解决的劳保福利问题，仅需要办理退休手续的老职工就有200多万人，城镇待业青年、返城知青就业等问题也十分突出。

党的十一届三中全会公报指出：“能否实现新时期的总任务，能否加快社会主义现代化建设，并在生产迅速发展的基础上显著地改善人民生活，加强国防，这是全国人民最为关心的大事。”加快社会主义现代化建设，首先面临国民经济比例严重失调的问题，不仅限制了经济发展速度的提高，有的甚至已经到了难以持续的状态，必须进行调整，关停并转一批企业，停建缓建一批项目，进一步加大了就业压力，其次面临干部与职工队伍严重老化，不适应现代化建设需要的问题；最后还面临专业技术人才严重短缺的问题。

在这样的形势下，简单地恢复“文化大革命”前建立的各项社会保险制度肯定是不够的，不能够很好地解决新形势下面临的各种问题，特别是不能很好地促进干部与职工队伍新老交替，迅速解决严重的失业问题。必须在恢复的同时，针对新问题，根据新任务，重新构建适应社会主义现代化需要的城镇职工社会保险制度体系。

重构的基本思路是改变“文化大革命”前按照单位性质分别建立社会保险制度的做法，采取按职工个人身份分别建立社会保险制度：一个适用于党政机关、群众团体和全民所有制的企业、事业单位干部，以及因工作需要由组织委派到集体所有制企业、事业单位工作的国家干部；一个适用于全民所有制企业、事业单位和党政机关、群众团体的工人。不再建立劳动保险基金，明确规定退休费、退职生活费，企业单位由企业行政支付，党政机关、群众团体和事业单位就地安置的由原工作单位负责，易地安置的分别由负责管理的组织、人事和县级民政部门另列预算支付，并将管理职能集中到企业行政，基层工会只起辅助作用。

2. 构建干部离退休退职制度

1978年6月2日，国务院发布国发〔1978〕104号文，包括两个暂行办法，其中之一就是《国务院关于安置老弱病残干部的暂行办法》，以对新中国成立所做贡献大小为依据，按照参加革命工作的时间和所任职务，分别给予干部离职休养（简称“离休”）和退休两种待遇。前者的待遇是工资照发，后者根据年龄、参加革命工作年限、是否丧失工作能力等，待遇标准为本人标准工资的 60%～90%。对因公致残完全丧失工作能力的干部给予优厚待遇，不限年龄和参加革命工作年限，根据饮食起居是否需要人扶助，待遇标准分别为本人标准工资的 90% 和 80%。离休和退休的干部去世后，其丧事处理、丧葬补助费和供养直系亲属抚恤费，应当与在职去世的干部一样。同时规定，经过医院证明完全丧失工作能力，又不具备退休条件的干部，应当退职，按月发给相当于本人标准工资 40% 的生活费，低于 20 元的按 20 元发给。与 1958 年规定相比，不仅是离休干部，退休、退职干部的待遇标准都有较大幅度提高。

离休制度是“文化大革命”后建立的一项具有重要意义的特殊制度。但它并不是单纯的退休养老制度，而是特殊历史时期老弱病残干部安置制度的一部分。建立这一制度既是为了妥善安置为建立新中国做出较大贡献的老干部，使他们各得其所，体现社会主义制度的优越性，其优厚的待遇带有褒扬和奖赏的性质；也是为了解决机构臃肿与干部队伍老化问题，顺利实现干部队伍新老交替，建设老中青三结合的精干领导班子，为工作重心转移、加快现代化建设和国家长治久安创造条件。

3. 构建工人退休退职制度

国发〔1978〕104 号文中的另一个文件是《关于工人退休、退职的暂行办法》，重新构建了工人退休退职制度，对全民所有制企业、事业单位和党政机关、群众团体工人，以及工作条件与工人相同的基层干部退休、退职的条件、待遇标准等做了较为详细的规定。

与 1951 年《劳动保险条例》、1958 年《国务院关于工人、职员退休处理的暂行规定》相比，该暂行办法提高了待遇标准。虽然对连续工龄的要求由 5 年延长至 10 年，但是没有了一般工龄要求（1951 年为男 25 年、女 20 年；1958 年为男 20 年，女 15 年），工人更容易达到退休条件。同时还规定了一项特殊待遇，即“子女顶替”，允许招收一名符合招工条件的退休、退职工人子女参加工作。这些规定的目的就是要加速工人退休退职，以缓解就业压力。

4. 调整完善职工离退休、退职保障制度

（1）建立老干部离休退休和退居二线制度

国发〔1978〕104 号文关于干部离职休养的规定，主要是针对丧失工作能力的领导干部。对未丧失工作能力的老弱病残领导干部，则采取在县级和县级以上政府机关、企业、事业单位设顾问，在各级政协、视察室、参事室、文物管理委员会、文史馆等单位设荣誉职务的方式进行妥善安置。在大革命时期、抗日战争时期和解放战争时期参加革命仍健在的 250 万名老干部中，真正离职休养的只是少部分人，大部分人还留在工作岗位上。不少人年事已高，将进入老年，但仍然担负着各种领导岗位上的繁重工作，导致各级领导班子老化，已达到相当严重的地步。妥善安排新老干部有秩序有步骤地适当交替，已经成为摆在全党面前的一个重大课题，成为新的历史时期党和国家干部制度根本改革的重要组成部分。

1982 年，中共中央发布《关于建立老干部退休制度的决定》，决定建立老干部离休退休和退居二线制度。这是一项具有中国特色的制度创新。退居二线不属于离休退休，但又要求身体还好、有比较丰富的领导经验和专业知识，因年龄或名额限制不宜进入领导班子的老干部退出领导岗位，从事一些二线顾问、调查研究、参谋咨询等工作，或担任一定的荣誉职务。同时，对老干部离休退休年龄作出了具有一定强制性的规定，即省部级正职一般不超过 65 岁，省部级副职以及担任司局长一级的干部一般不超过 60 岁。老干部离退休后基本政治待遇不变，生活待遇略为从优。在生活和治疗中不同程度遇到困难的，再分别给以适当补助。国务院 1982 年 4 月 10 日发布《关于发布老干部离职休养制度的几项规定的通知》（国发〔1982〕62 号），不仅放宽了领导干部离休的条件、提高了待遇标准，并且将人员范围进一步扩大到新中国成立前参加党领导的革命战争，脱产享受供给制度待遇和从事地下革命工作的老干部。离休年龄进一步细化为：省部级正职年满 65 岁、省部级副职及地厅局级正副职年满 60 岁，其他干部男年满 60 岁、女年满 55 岁。

（2）提高职工养老待遇水平

20 世纪 80 年代，国家曾两次提高职工退休养老待遇水平。1983 年 6 月 26 日，劳动人事部、财政部发布《关于提高职工退休费、退职生活费的最低保证数的规定》（劳人险〔1983〕60 号），全民所有制企业、事业单位和国家机关、群众团体退休、退职职工，退休费、退职生活费最低保证数在现行标准基础上提高 5 元。1985 年 1 月 10 日，国务院发布《关于发给离休退休人员生活补贴费的通知》（国发〔1985〕6 号），对国家机关、事业单位离休、退休人员，除按国发〔1982〕62 号文和国发〔1978〕104 号文规定享受的待遇和副食品价格补贴外，从 1985 年 5 月 1 日起，每人每月发给 17 元生活补贴费。企业单位根据负担能力，对离休、退休人员每人每月发给12~17元生活补贴费，发放时间由各省（区、市）确定。

（3）调整专业技术人员退休养老制度

由于受“文化大革命”对教育冲击的影响，导致各行各业专业技术人员数量严重短缺。为缓解这一问题，在推动领导干部和工人快速实现新老交替的同时，国务院作出了延长专业技术人才退休年龄的决定。1983年9月12日，国务院发布《关于高级专家离休退休若干问题的暂行规定》（国发〔1983〕141号）和《关于延长部分骨干教师、医生、科技人员退休年龄的通知》（国发〔1983〕142号）。前者适用于具有副教授、副研究员职称以及相当这一级职称以上，以及文艺六级以上的专家，经批准可以适当延长离休退休年龄。副高级可延长至65周岁，正高级可延长至70周岁；学术上造诣高深、在国内外有重大影响的杰出高级专家，可以暂缓离休退休。有重大贡献的高级专家，退休费标准可以酌情提高5%~15%，但提高标准后的退休费不得超过本人原标准工资。后者适用于讲师级的中、小学教师，退休年龄男可延长至65周岁、女可延长至60周岁。

（4）解决历史遗留问题

1983年和1984年，国务院办公厅分别发文（国办发〔1983〕95号、国办发〔1984〕75号），提高“两航”起义中有特殊贡献人员和原九龙关起义人员中有特殊贡献人员退休费。对“两航”起义驾驶12架飞机离港北飞回归的发起者、组织者、架机北飞人员、在港护产斗争等有显著功绩人员，原国民党九龙关1 000余名爱国员工驾驶27艘缉私航艇开回广州人员，视为对社会主义革命和建设有特殊贡献，可以按照国发〔1978〕104号文的有关规定提高退休待遇，按照功劳大小可以提高5%~15%。这些人员在以后的革命或建设中做出了特殊贡献，可合并考虑提高退休费，提高的幅度不得超过本人标准工资的15%。1985年中共中央办公厅、国务院办公厅发文提高原国民党招商局驾船起义人员（含已退休的）养老待遇，干部可享受离休待遇，工人可按本人原标准工资的100%发给退休费。

5. 建立劳动服务公司组织管理待业人员

新中国建立初期虽然不承认生产资料公有制条件下有失业现象，但失业是客观存在的。1978年失业人员达到了530万人，1979年继续增加到567.6万人，失业率也由5.3%提高到5.4%。将失业人员组织起来进行职业培训，帮助他们就业等，就成了一项重要工作。在没有相应管理机构的情况下，各级政府采取在劳动部门建立劳动服务公司的办法，既担负组织社会劳动力进行经济活动的任务，又担负劳动部门的部分行政职能，是组织经济事业、统筹劳动就业、输送和管理企业临时工、开展就业训练的一种综合性机构，具有“劳动力蓄水池”的作用。到 1980 年 8 月，全国已建立劳动服务公司 831 个。

（二）农村合作医疗的创建与发展

新中国成立之初，农村社会保险制度尚未列入国家建设规划，但广大农村居民对社会保险的需求是存在的。特别是由于农村地区医疗卫生条件很差，缺医少药现象普遍存在，农民对医疗保障的需求很强烈。为了解决这一问题，早在抗日战争时期，解放区就出现过农民集资兴办的合作医疗。农业合作化期间，一些地区的农民受农业合作化启发，自发地组织建立了合作性质的医疗保障制度。1955 年，在山西、河南、河北等地农村出现了一批由农业生产合作社举办的“保健站”。农业生产合作社从公益基金中拿出 15%~20%，农民个人每年少量交点钱，形成合作医疗基金，农民据此可以免费就医。1959 年 11 月，卫生部在山西省稷山县召开全国农村卫生工作会议，正式肯定了农村合作医疗制度，认为具有“无病早防、有病早治、省工省钱、方便可靠”的优点。1960 年 2 月，中共中央转发卫生部《关于农村卫生工作现场会议的报告》，要求各地参照执行。自此以后，农村合作医疗迅速发展，对行政村（生产大队）的覆盖率由 1958 年的 10%迅速提升到 1960 年的 32%。1962 年达到 46%。“三年调整”时期，由于压缩农村基层卫生机构，覆盖率有所降低，到 1964 年降至 30%以下。

尽管卫生部对农村合作医疗给予肯定，但并没有采取积极有效的措施推动其发展。农村不仅医疗技术人员少，经费投入也很少。毛泽东曾提出尖锐批评，要求“把医疗卫生工作的重点放到农村去”。1965 年 9 月 21 日，中共中央批转卫生部党委《关于把卫生工作重点放到农村的报告》，决定采取组织城市医药卫生人员到农村去，大力为农村培养医药卫生人员，整顿农村卫生组织，尽可能保证农村药品、医疗器材的需要等措施，逐步改变农村卫生的落后面貌。争取在 5 到 10 年内，为生产队和生产大队培养质量较好的不脱产卫生人员，公社卫生机构一般配备 4~5 名质量较好的医生。

1966 年，湖北省长阳土家族自治县乐园公社杜家村大队赤脚医生覃祥官在公社和大队支持下拿出《关于乐园公社杜家村大队试行农民合作看病的草案》。8 月 10 日，作为农村合作医疗试点的“乐园公社杜家村大队卫生室”正式挂牌。农民每人每年交 1 元合作医疗费，大队从集体公益金中人均提留 0.5 元作为合作医疗基金。通过采取“三土”（土医、土药、土药房）、“四自”（自种、自采、自制、自用常用易植药物）等措施降低医疗费用支出，切实减轻了农民负担。除个别老痼疾病需要常年吃药以外，群众每次看病只交 5 分钱挂号费，真正做到了“有病早治，无病早防”，具有“出钱不多，治疗便利；小病不出寨，大病不出队”等好处，深受广大农民群众拥护，迅速在全公社 6 个大队推广，并在全国再次掀起了大办农村合作医疗的热潮。到 1977 年年底，全国 90%的生产大队实行合作医疗，覆盖农村 80%以上人口。1979 年 12 月，卫生部、农业部等五部门联合颁发《农村合作医疗章程（试行草案）》，对农村合作医疗的性质、任务、举办形式和管理机构、基金和管理制度、赤脚医生和卫生员、接生员、中草药采种制用以及加强领导等作了规定。

三、再造时期：探索与市场经济相适应的社会保险体系

1978 年 12 月，党的十一届三中全会在北京召开，会议作出了从 1979 年起，把全党工作重点转移到社会主义现代化建设上来的战略决策，并提出要改革经济管理体制。中国从此进入了以经济建设为中心的改革开放时期。社会保险事业也进入到了适应改革需要，在新的经济体制基础上再造社会保险体系的新时期。

（一）再造的必要性与目标任务

1. 再造的必要性

“文化大革命”后重建的社会保险体系，保障职能高度企业化，随着时间的推移，弊端逐渐显现，主要表现在两个方面。一方面，随着企业职工队伍日益老化，退休职工越来越多，劳保福利负担越来越重。由于在理论上认为社会主义不允许有失业，实行“低工资，高就业”政策和就业—保障一体化模式，各类用人单位都超出实际工作需要，承担了安置就业、提供生活保障的任务，“三个人的饭，五个人吃”的现象越来越严重，普遍出现了所谓的“富余人员”问题，大大增加了用人单位的工资福利和医疗费用支出，成为制约劳动生产率和工作效率提高的重要因素，导致公有制国营企业和集体企业大面积亏损，很多企业已经无力承担职工的劳保医疗负担，拖欠离退休职工

退休金、医疗费用不能按时报销等现象日益增多。国家每年为国有企业提供大量亏损补贴，也仅仅是解了燃眉之急，无法从根本上扭转国有企业大面积亏损的状况。

另一方面，随着城市经济体制改革的逐渐展开，新建企业大量增加。这些企业不仅没有富余人员，退休人员也很少，劳保福利负担很轻，出现了新老企业社会保障负担畸轻畸重的现象，损害了市场竞争的公平性。同时也出现了一个问题，新建企业多数都是非公有制企业，不在企业劳保医疗制度的覆盖范围，职工都没有社会保险，面临年老、疾病、工伤、失业、生育等风险时，将得不到保障。要将这些企业职工都纳入以公有制为基础的劳保福利制度覆盖范围，为他们提供国家保障，不仅缺乏理论根据，在实践上也不可行。

经济体制改革也要求改革高度企业化的劳保福利制度，实行社会保险制度。城市经济体制改革是从打破“大锅饭”“铁饭碗”，改革以固定工为主体的用工制度、实行劳动合同制开始的。这就需要工资、福利、保险制度及其他方面改革配套。对合同制工人，不仅难以实行企业化的劳保福利制度，而且劳保福利制度也不能解决合同制工人必然会面临的失业问题，只有建立独立于企业之外的社会保险制度，才能适应用工制度改革的需要，为国有企业改革创造条件。

农村合作医疗也面临同样的问题。随着农村家庭联产承包责任制的推行，农村集体经济逐步萎缩，不仅严重削弱了农村合作医疗的经济基础，也丧失了其组织基础。全国大多数农村地区的合作医疗制度被迫解体或停办，一些村卫生室（合作医疗站）变成了乡村医生的私人诊所。据对 1985 年全国 10 省 45 个县的调查，农村居民中仍参加合作医疗的仅占 9.6%，自费医疗已占到 81%。到 1986 年，支持合作医疗的村进一步下降到 5%左右，只有上海的郊县、山东招远、湖北武穴，江苏吴县、无锡、常熟等极少数地区继续坚持合作医疗。

这些现象都表明，以公有制为基础、高度企业化的劳保福利制度和农村合作医疗制度都已经不适应新的经济形势，不仅不能满足公有制企业职工对社会保险日益增长的需求和广大农民对医疗保障日益增长的需求，也与已经发生变化并正在进一步变化的经济体制不相适应，必须适应经济体制的变化进行改革，在所有制形式日趋多样化的新经济体制基础上，再造职工社会保险体系和农村居民社会保险体系。

2. 再造的内涵与目标任务

“再造”不是对原有体系的改良或者改进完善，而是在新的理论即中国特色社会主义理论指导下，在新的经济体制即以公有制为主体、多种所有制经济共同发展的基础上，按照市场经济的要求，重新选择社会保险制度模式，建立各项社会保险制度和管理服务体系。这不仅意味着必须放弃此前采用的以“三个一体化”为核心的国家保障模式和建立在集体经济基础上的农村合作医疗模式，也意味着必须按照共同富裕的目标要求，探索体现社会主义优越性、让全体人民共享改革发展成果的新形式与新机制。

这只能在对过去建立的公有制企业和机关事业单位保障制度进行改革的基础上，通过探索创建与市场经济体制相适应的现代社会保险制度来完成。改革是为了将适应于公有制企业职工和机关事业单位工作人员，就业—保障一体化、保险—福利一体化和医保—医疗一体化的国家保障制度，转变为独立于用人单位之外的社会保险制度，并将原保障模式下的人员平稳过渡到新保障模式下，实现人员的制度性转移。创建则是要在新的经济体制基础上，创立能够满足企业平等竞争与市场化自主用人需要的社会保险制度体系与管理服务体系，形成全体人民共享经济社会发展成果的制度、体制和机制，为人民群众提供可靠社会保障，让人民群众的获得感、幸福感和安全感更加充实、更有保障、更可持续，实现全体人民共同富裕，共同创造美好生活。

实现这一目标需要完成四项历史性任务：一是改革再造城镇职工社会保险体系，在实现公有制企业职工、机关事业单位工作人员保险社会化转型的同时，建立起与市场经济体制相适应、覆盖城镇各类就业人员的现代社会保险制度体系和管理服务体系；二是在新经济体制基础上再造农村社会保险体系，建立城镇居民以及军人社会保险制度体系和管理服务体系，从而实现社会保险制度对各类人群全覆盖；三是要通过持续不断的努力，不断扩大覆盖面，提高参保率，真正做到法定人员全覆盖，应保尽保，实现人人享有社会保险；四是通过进一步改革完善制度和管理体制，建立健全运行机制，完善管理服务系统，创新经办服务方式，提升管理服务能力与水平，解决好人民群众对美好生活日益增长的需要与社会保险发展不平衡不充分的矛盾，增强制度公平性、服务便捷性和均等化水平、保障基金可持续性，为实现全体人民的共同富裕提供可靠保障。

（二）企业保障社会化改革

以“三个一体化”为核心的高度企业化职工社会保险制度已难以为继，国有企业改革特别是用工制度改革对职工社会保险提出了新的要求，这些因素是推动城镇企业职工社会保险制度改革再造的初始动因。前一个因素推动一些地区从1982年开始进行集体企业职工社会保险制度社会化改革，探索实行职工退休费用和医疗费用社会统筹；后一个因素推动一些地区从1984年开始，在国营企业进行合同制职工退休费用社会统筹和建立待业保险制度改革试点。

1985年，《中共中央关于制定国民经济和社会发展第七个五年计划的建议》明确提出了“要逐步建立机关事业单位、全民企业、集体企业、中外合资企业与外资企业职工的各种保险制度”，但需要与经济体制改革进程相配合，“七五”期间只能“首先建立起社会保障制度的雏形”。1986年国务院发布《国营企业实行劳动合同制暂行规定》，开始在全国范围内建立国营企业劳动合同制职工退休费用社会统筹和建立待业保险制度改革探索。1988年3月，《政府工作报告》提出，“以深化企业改革为中心进行综合配套改革，逐步确立新经济体制的主导地位”。加快社会保障制度改革，建立和健全各类社会保险制度是综合配套改革之一，目的是“逐步形成具有中国特色的社会保障制度”。

1991年，国务院发布《关于企业职工养老保险制度改革的决定》，正式拉开了建立社会统筹与个人账户相结合的城镇企业职工基本养老保险制度改革的序幕，并将覆盖范围由国营企业合同制职工扩大到全体职工，但改革的任务“主要是对现行的制度办法进行调整、完善”。1992年召开的党的十四大明确提出，经济体制改革的目标是要建立社会主义市场经济体制。改革再造企业职工社会保险体系的经济体制基础正式确立。改革的目标也逐渐明确，那就是到20世纪末，基本建立适应社会主义市场经济体制要求的企业职工社会保险体系。各地区对城镇企业职工各项社会保险制度的改革探索全面展开，改革步伐不断加快。

1994年，劳动部发布《企业职工生育保险试行办法》（劳部发〔1994〕504号），开启了建立适用于城镇企业及其职工且独立于企业之外的生育保险制度改革探索。1995年，国务院发布《关于深化企业职工养老保险制度改革的通知》，明确提出“到本世纪末，基本建立起适应社会主义市场经济体制要求，适用城镇各类企业职工和个体劳动者，资金来源多渠道、保障方式多层次、社会统筹与个人账户相结合、权利与义务相对应、管理服务社会化的养老保险体系”。1996 年，劳动部发布《企业职工工伤保险试行办法》（劳部发〔1996〕266 号），全国已有 25 个省、自治区的 1100 多个市县进行了工伤保险制度改革，要求到 21 世纪末，要有 90%以上的市县实现改革。1998 年，在总结多年改革试点经验的基础上，国务院发布《关于建立城镇职工基本医疗保险制度的决定》，明确提出改革的主要任务是根据财政、企业和个人承受能力，建立适应社会主义市场经济体制、保障职工基本医疗需求的社会医疗保险制度，要求从 1999 年初开始启动，1999 年底基本完成。1999 年，国务院发布《失业保险条例》，取代 1993 年发布的《国有企业职工待业保险规定》，自发布之日即 1999 年 1 月 22 日起执行。至此，由基本养老保险、基本医疗保险、失业保险、工伤保险和生育保险制度组成的企业职工社会保险制度体系构建完成。

随着各项社会保险制度的建立，各地区相应建立起了独立于企业之外的社会保险行政管理和经办管理服务机构，配置人员和设施设备，开发建设信息系统，制定经办管理服务制度规范，为改革再造各项制度提供了强有力支撑，实现了社会保险管理服务和企业离退休人员管理服务的社会化。计划经济时期建立起来的企业保障制度逐步退出历史舞台，实现了由企业保障向社会保险的转变。

（三）拓展健全社会保险体系

这一阶段的目标是通过拓展健全社会保险制度体系，在制度上实现从城镇职工享有社会保险到人人享有社会保险的转变。主要任务包括两个方面：一是扩大企业职工社会保险制度覆盖面，并对各项制度进行改革完善；二是探索建立城乡居民、军人等非城镇职工社会保险制度体系和管理服务体系。虽然一些地区已经对机关事业单位工作人员养老保险制度等进行了改革，但是总体而言，机关事业单位仍在继续实行原来的离退休养老制度和公费医疗制度，由工作单位提供保障。

拓展完善企业职工社会保险制度的一些改革虽然在第一阶段就在进行探索，但是真正开启则以 2003 年劳动保障部发布《关于城镇灵活就业人员参加基本医疗保险的指导意见》（劳社厅发〔2003〕10 号）为标志，将基本医疗保险制度覆盖面扩大到城镇灵活就业人员。2004 年，劳动保障部发布《关于农民工参加工伤保险有关问题的通知》（劳社部发〔2004〕18号），将工伤保险制度覆盖面扩大到农民工。此后逐步扩展企业职工五项保险的适用范围和人群。从2003年到2010年，陆续出台了一系列政策文件，改革完善了企业职工基本养老保险、基本医疗保险、工伤保险和生育保险制度，并将制度覆盖面扩大到城镇各类企业职工、个体劳动者与灵活就业人员。

2010年10月，《社会保险法》颁布，自2011年7月1日起施行。这是对三十多年来中国特色城镇职工社会保险体系建设成果的总结，并将其提升到了法律的高度，为社会保险的发展提供了法律依据和保障。

构建非城镇企业职工社会保险制度体系始于2004年开始的新型农村合作医疗试点，2007年开展城镇居民基本医疗保险试点，2009年开展新型农村社会养老保险试点，2011年开展城镇居民社会养老保险试点，到2012年基本建立起了由新型农村社会养老保险、新型农村合作医疗、城镇居民社会养老保险和城镇居民基本医疗保险制度组成的城乡居民社会保险制度体系。

2012年，全国人大常委会通过《中华人民共和国军人保险法》，建立起了由军人伤亡保险、退役养老保险、退役医疗保险和随军未就业军人配偶保险组成的军人保险制度体系，自2012年7月1日起施行。除军人伤亡保险独立运作以外，其余几个险种主要涉及的是国家给予参保补助以及与城镇职工社会保险和城乡居民社会保险制度衔接，实际上是将军人及随军未就业配偶纳入了职工和居民社会保险制度覆盖范围。

从2003年到2012年，又经过了10年努力，覆盖所有人群的中国特色社会保险体系基本建立起来，在制度上实现了国有企业和机关事业单位职工享有社会保险向各类人群享有社会保险的转变，完成了改革再造社会保险体系的第二项历史任务，为进一步实现法定人员全覆盖，真正做到人人享有社会保险奠定了坚实基础。

（四）统筹完善社会保险体系

覆盖各类人群的社会保险制度体系建立以后，社会保险事业的发展就进入了统筹提升不同人群、不同地区社会保险制度体系和管理服务体系的新阶段，以增强制度的公平性、覆盖的全面性和服务的便捷性，主要开展了四方面工作：一是统筹不同人群和地区社会保险制度，消除不同人群制度体系的分割和不同地区制度的碎片化现象，增强制度统一性和公平性；二是改革完善各项社会保险制度，扩大人员覆盖面，增强制度适应性，更好地发挥各险种功能；三是建立健全多层次社会保险制度体系；四是加强公共服务平台建设，全面提升管理服务水平。

统筹不同人群、不同地区社会保险制度既是提高制度公平性的需要，也有助于制度之间的有效衔接，更好地适应流动性，主要开展了六项工作。一是统一城乡居民基本养老保险和基本医疗保险制度。国务院分别于 2014 年和 2016 年发布《关于建立统一的城乡居民基本养老保险制度的意见》和《关于整合城乡居民基本医疗保险制度的意见》，开始在全国范围内统一城乡居民基本养老保险制度、整合基本医疗保险制度。二是按照企业职工基本养老保险制度模式，改革再造机关事业单位工作人员养老保险制度。2015 年，国务院发布《关于机关事业单位工作人员养老保险制度改革的决定》，对机关事业单位保障制度进行社会化改革，实现了制度模式、待遇计发办法、缴费水平等与企业职工养老保险的统一。三是解决城乡养老保险制度衔接问题。2014 年，人力资源社会保障部、财政部印发《城乡养老保险制度衔接暂行办法》，对参加城镇职工基本养老保险、城乡居民基本养老保险两种制度人员待遇及制度衔接作了明确规定。四是统一缴费政策与待遇调整。一方面通过连续几年阶段性降低各险种费率，逐步统一了缴费政策，消除了长期以来不同地区之间缴费负担不均衡现象，切实减轻了用人单位与个人的缴费负担；另一方面建立健全社会保险待遇确定与正常调整机制，统一了企业职工与机关事业单位工作人员养老保险待遇调整比例和城乡居民全国基础养老金最低标准调整方案。五是健全社会保险关系转移接续办法。从 2013 年到 2019 年，人力资源社会保障部等部门先后印发了 7 个社会保险关系转移接续文件，涉及职工基本养老保险、机关事业单位工作人员基本养老保险、职业年金、军人退役基本养老保险等关系的转移接续问题。六是推动各险种实现省级统筹，包括推动企业职工基本养老保险省级统收统支、建立企业职工基本养老保险基金中央调剂制度、推进工伤保险和失业保险基金省级统筹。

上述六项统筹发展措施包括两个方面：前四项属于统筹不同人群社会保险的措施，后两项则属于统筹不同地区社会保险的措施。通过实施这些统筹措施，虽然并未完全消除社会保险制度的人群差异与地区差异，仍然存在企业职工社会保险、机关事业单位工作人员社会保险、城乡居民社会保险和军人社会保险四个相互独立的制度体系，地区之间制度不统一的现象依然存在，但在制度模式、缴费标准、待遇确定与调整等方面已统一为城镇职工与城乡居民两种，机关事业单位社会保险与企业职工社会保险是一致的，军人退役及随军未就业家属社会保险则根据参保人个人条件分别与企业职工、机关事业单位工作人员社会保险和城乡居民社会保险衔接，享受相应待遇，并在省（区、市）实现了统一。

这一阶段还从以下方面进一步改革完善了各项社会保险制度：一是修改完善政策法规，增强制度适应性，不断拓展制度和人员覆盖面；二是着手解决特定人群的医疗保障需求，增强医疗保险制度的保障功能；三是完善失业保险政策，充分发挥失业保险预防失业和促进就业功能；四是建立健全社会保险扶贫政策体系。

在管理服务体系建设方面更可谓是精彩纷呈，包括整合经办资源，推动“五险合一”“多险合一”经办机构建设和综合柜员制；加强社会保险基层服务平台及网络化建设，特别是推动实施“互联网+人社”行动，增强服务的可及性与便捷性；全面实施基本医疗保险支付方式改革，推行基本医疗保险医疗服务智能监控，实现了异地就医直接结算；建立社会保险标准体系，制定和实施社会保险国家、行业标准，创建社会保险标准化建设先行城市；实施社会保险业务档案管理规范化，以及改革社会保险基金投资运营体制；等等。这些措施的推行，大幅度提升了经办服务的可及性和便捷性水平，也为建立全国统一的社会保险公共服务平台，实现社会保险公共服务均等化奠定了基础。

四、主要成就

新中国成立七十年来，建立有中国特色社会保险体系的实践探索虽然经历过曲折，也出现过失误，但是除“文化大革命”十年的破坏，许多工作陷入停止之外，其余各个时期都取得了巨大的成就，不仅有效解决了各时期面临的各种重大问题，特别是旧中国长期没有解决的失业问题，保障了人民群众生活，为经济发展和社会稳定提供了有力支撑，也创造了在经济发展水平较低的情况下，通过实施社会保险解决人民群众基本生活保障问题的中国经验，更重要的是已建立起与市场经济体制相适应、世界上覆盖面最大的社会保险体系，即将实现法定人员全覆盖和社会保险公共服务均等化。

1. 迅速解决旧社会遗留下来的严重失业问题和大量精简转业人员安置问题，为维护社会稳定和国民经济迅速恢复发展创造了条件。从 1949 年 11 月 2

日中央人民政府劳动部成立，开始着手安置失业工人，到1956年将劳动部门管理的失业工人和失业知识分子救济工作移交给民政部门，仅用了7年左右时间，在顺利完成军队转业人员和机关、企事业单位精简人员安置的同时，基本解决了旧中国遗留下来的大量失业人员生活保障与就业安置问题，维护了社会稳定，也为新中国成立初期经济的迅速恢复与大规模建设的展开创造了条件。城镇就业人数由1949年的1 533万人，增长到1956年的2 993万人，失业人数和失业率则由1949年的474.2万人和23.6%，下降为1956年的212.9万人和6.6%。

2. 按照计划经济体制要求，建立起覆盖城镇企业职工和机关事业单位工作人员的社会保险制度体系，实现了由家庭保障向社会保障的转变，翻开了中国社会保障历史的新篇章。从1949年中国人民政治协商会议第一届全体会议通过的《共同纲领》提出“逐步实行劳动保险制度”，到1955年国务院颁发《关于国家机关工作人员退休处理暂行办法》《国家机关工作人员退职处理暂行办法》等文件，按照计划经济体制要求，建立起了城镇企业职工和机关事业单位工作人员劳动保险和公费医疗制度，并逐步改进完善，扩大制度和人员覆盖面。在经济发展水平很低同时还面临诸多特殊困难的情况下，帮助广大劳动人民群众解除了在旧社会依靠个人能力无法解决的生、老、病、死、伤、残等困难，为人民群众的生活提供了基本保障。不仅使广大城镇企业职工和机关事业单位工作人员实现了由家庭保障向社会保障的转变，也为探索建立中国特色社会保险体系迈出了重要的第一步，积累了宝贵经验和教训。

3. 创立农村合作医疗制度，较好地解决了占全国总人口70%以上的农村社会成员基本医疗保障问题。由农民结合农村实际，自发创立的农村合作医疗制度，通过培养配备“赤脚医生”，在不增加农民负担也不依赖政府投入的情况下，基本解决了广大农村社会成员看病难的问题，深受广大农民群众欢迎。到1976年，全国已有90%的农民参加了合作医疗。不仅为新中国农村医疗保障事业的发展写下了光辉的一页，也赢得了国际好评，被世界银行和世界卫生组织誉为“发展中国家解决卫生经费的唯一典范”。在1974年第27届世界卫生大会上，受到第三世界国家的热情关注。菲律宾就在学习借鉴的基础上建立了“菲式合作医疗”。联合国妇女儿童基金会1980—1981年年报指出，中国的“赤脚医生”制度在落后的农村地区提供了初级护理，为不发达国家提高医疗卫生水平提供了样本。

4. 通过重构社会保险体系，解决了“文化大革命”十年积累的劳保福利问题，为实现国家工作重心的转移提供了有力支撑。“文化大革命”结束后，并没有简单恢复以前主要基于单位性质建立的劳保福利制度，而是在迅速实现劳保福利领域拨乱反正的同时，基于就业人员身份性质重新构建干部离退休制度和个人退休退职制度，并根据实际需要对社会保险政策做了一系列调整。一方面，通过建立干部离退休制度，为推动领导干部新老交替、顺利实现干部队伍年轻化创造了条件。另一方面，通过放宽工人退休的工龄条件、延长专业技术人员离退休年龄等，为有效解决积压的大量工人退休问题、严重的城镇失业问题、专业技术人员短缺问题等，保障广大退休工人和失业人员生活，顺利实现经济结构调整创造了条件，也为国家工作重心的转移和现代化建设提供了有力支撑。

5. 顺利完成了城镇职工社会保险制度模式的转变，建立起与市场经济体制相适应的社会保险制度体系与管理服务体系。改革开放以后，随着经济体制改革的不断推进，对城镇企业和机关事业单位工作人员社会保险制度进行改革，逐步建立起了与市场经济体制相适应、独立于企事业单位之外的城镇职工社会保险制度体系和管理服务体系，实现了由单位保障向社会保险的转变，并将覆盖范围扩大到城镇各类用人单位、灵活就业人员和自谋职业者。不仅顺利实现了城镇职工社会保险的制度性转移，为经济体制改革的顺利推进提供了强有力的支持，更将探索建立有中国特色社会保险体系推向了一个新的高度。

6. 建立了覆盖城乡各类人群的社会保险制度体系，结束了数以亿计的城乡居民没有社会保险的历史，为实现人人享有社会保险奠定了基础。已建立起由基本养老保险、基本医疗保险、工伤保险、失业保险和生育保险组成的城镇企业职工社会保险体系，由基本养老保险和基本医疗保险组成的机关事业单位工作人员社会保险体系，由基本养老保险、基本医疗保险、大病保险组成的城乡居民社会保险体系以及军人社会保险体系，并正在探索建立失能老人长期护理保险制度，多层次养老保险体系和医疗保险体系建设也取得了积极进展，社会保险制度网已编织得比较严密，基本覆盖了一个人从生到死可能遭遇的各类人生风险，为人人享有全面社会保险奠定了坚实基础。

7. 在扩大人员覆盖面方面取得了“举世无双的成就”，法定人员全覆盖即将实现。新中国成立之初，基本没有社会保险制度，人民群众只能依赖十分有限的家庭保障。《劳动保险条例》颁布一年后的1952年年底，全国城镇职工只有1 603万人，就算全部获得社会保险，也仅相当于就业人口的7.73%，总人口的2.79%。经过几十年的改革发展，到新中国成立七十周年的2019年年底，参加基本养老保险人数达到97 108万人，参加基本医疗保险人数达到135 436万人，占总人口的比例分别为69.36%和96.74%。此外，参加城镇职工工伤保险、失业保险和生育保险的人数有25 474万人、20 543万人和21 432万人。法定人员全覆盖、人人享有社会保险的目标即将实现。2016年，世界社会保障协会称赞中国政府“以坚定的政治承诺和诸多重大管理创新”，在社会保障扩面方面取得了“举世无双的成就”。

8. 在完善社会保险制度体系、增强制度公平性方面迈出了重要步骤，并取得了积极进展。整合统一了城乡居民基本养老保险制度和基本医疗保险制度，统一了城镇企业职工和机关事业单位工作人员基本养老保险制度模式，并建立起与城镇职工和城乡居民社会保险制度衔接的军人社会保险制度，为进一步实现法定人员社会保险制度公平奠定了基础。在社会保险待遇方面，建立了全国统一的城乡居民基础养老金最低标准调整机制和企业职工与机关事业单位工作人员基本养老保险待遇调整机制，城镇职工和城乡居民医疗费用（含城乡居民大病医疗保险）平均报销比例缩小到10个百分点左右，建档立卡贫困人口医疗费用报销比例已与城镇职工相当甚至更高，各类人员社会保险待遇的公平性显著增强。在均衡缴费负担方面，建立了城镇职工基本养老保险制度中央调剂金制度，通过连续几年阶段性降低社会保险费率，逐步统一了各地区社会保险费率，并统一了缴费核定和待遇确定所用社会平均工资计算办法，不同地区之间缴费负担的公平性也显著增强。

9. 政府通过对城镇企业职工基本养老保险基金、城乡居民基本养老保险和基本医疗保险参保缴费以及建档立卡贫困人口参保缴费提供财政补助，建立全国社会保障基金，划转部分国有企业资产充实职工基本养老保险基金等，已建立起较为健全的政府社会保险财政责任履行机制，不仅为逐步消化解决企业职工基本养老保险历史债务，增强基金可持续性奠定了基础，而且建立起了有效发挥社会保险制度的再分配功能和兜底功能，让参保对象分享改革发展成果的制度安排和运行机制，使社会保险体系不仅具有鲜明的中国特色，也更多地体现了社会主义分配原则，更加符合共同富裕的目标追求。

10. 建立了独立于企事业单位之外的社会保险管理服务体系，经办管理服务实现了由传统手工操作向信息化、信息化向网络化、网络化向均等化的三次跨越，社会保险公共服务的便捷性和均等化水平显著提升。建立了由部、省（区、市）、地（市、州）、县（区、旗）四级经办管理服务机构和遍布城市街道、社区和农村乡（镇）、村（社）的基层服务网络，一些地区还在银行、保险公司和其他各类企业等建立了社会化服务网点，在各个经办服务大厅、网点等安置了大量自助一体机，形成了遍布城乡的线下实体服务网络。通过持续多年的信息化建设，实施“互联网+人社”行动等，一方面推动地方进行以提高社会保险公共服务统一性为目的的系统建设和经办服务模式改革创新，包括提升各险种统筹层次、实行数据大集中、实施“金保工程”、建设基层服务平台、建设 12333 咨询服务系统等；另一方面主导建立一些专业性的全国统一社会保险公共服务平台，如社保关系转移接续系统、异地就医直接结算系统、基本养老保险参保待遇状态比对查询与待遇资格协助认证系统等，形成了由网上经办大厅、电脑终端、手机 App、微信等多种服务渠道组成的线上服务网络。2019 年 9 月 15 日，国家社会保险公共服务平台正式上线运行，各地区也正在推进统一社会保险公共服务平台建设，社会保障卡发放数已超过 13 亿张，电子社保卡发放数也已超过 9 600 万张，全部地市都已开通电子社保卡服务。社会保险公共服务的可及性、便捷性和均等化水平显著提升。

五、基本经验

回顾新中国成立七十年特别是改革开放四十多年来建立中国特色社会保险体系的实践探索，总体取得的成就，反思遭遇的挫折，可以归纳出以下几个方面宝贵经验。

（一）坚持以人民为中心，以保障和改善人民生活为目标

保障和改善人民生活始终是中国发展社会保险事业的目标追求。新中国成立后的初创时期，提出要“在发展生产、提高劳动生产率的基础上逐步改善人民生活”。“文化大革命”后的重构时期，又提出要“在生产迅速发展的基础上显著地改善人民生活”。党的十八大提出要“带领人民创造美好生活”。党的十九大则以满足人民群众对美好生活日益增长的需要为目标。这些政策目标，在党的文件中提出，并通过政府发展规划和一系列制度政策、管理创新付诸实践，都取得了显著成效。世界社会保障协会将其视为中国政府对人

民“坚定的政治承诺”。这表明中国政府发展社会保险，不仅是将其作为社会风险分担机制，发挥社会稳定“安全网”或“减震器”的作用，更不是如德国俾斯麦政府那样将其视作“消除革命的投资”，而且是中国共产党为中国人民谋幸福、为中华民族谋复兴的初心和使命的体现，更是以人民为中心发展思想的体现。中国共产党代表的是最广大人民群众的根本利益，始终把人民对美好生活的向往作为奋斗目标。社会保险制度在革命时期被视为维护工人、农民、手工业者等广大劳动人民利益，进行“社会革命”的重要内容。新中国成立后则作为体现社会主义分配原则的重要制度安排。改革开放以后，进一步将其当作人民群众分享改革发展成果、实现共同富裕的重要制度安排。不同历史时期的目标虽有不同，但所遵循的宗旨则是一贯的，为人民谋利益、以人民为中心的政治立场始终没有改变。这是中国特色社会保险制度最本质的特征，也是建立和发展中国特色社会保险最根本的经验。

（二）坚持实事求是，走中国特色社会保险之路

一切从实际出发，理论联系实际，走自己的路，是中国革命和建设的基本经验，也是中国特色社会保险体系实践探索的基本经验。新中国成立初期，探索建立符合社会主义分配原则的社会保险体系，就是从当时资本主义和个体经济所有制基本没有改变、多种经济成分并存的客观实际出发，立足于解决所面临的重大劳保福利问题，以马克思、列宁的国家保障理论为指导，建立起的具有中国特色的社会保险体系，并取得了显著成效。“文化大革命”后拨乱反正，虽然遵循的仍然是马克思、列宁的国家保障理论，仍然是在计划经济体制下，但是客观条件发生了变化，所面临的重大社会保险问题也发生了变化，并没有简单地恢复此前的社会保险体系，而是对社会保险体系进行了重构，不仅迅速解决了长期积压的大量劳保福利问题，而且为解决干部和职工队伍老化、专业技术人才青黄不接以及严重的城镇就业压力发挥了非常重要的作用。改革开放后，探索建立适应市场经济体制的社会保险体系，虽然广泛学习借鉴了市场经济国家的理论和经验，并与欧盟合作推动社会保险制度改革，但无论是制度目标设定，还是发展路径选择，都是根据中国社会主义性质和经济发展水平比较低且地区间很不平衡的客观实际作出的，走的是具有鲜明中国特色的社会保险发展之路，被世界社会保障协会秘书长汉斯·霍斯特·康克乐伍斯基誉为“为推动社会保险覆盖大量人口和地域，提供了一个当代可操作性样本”。这些都充分说明，坚持实事求是，理论联系实

际，走中国特色社会保险之路，是七十年来中国社会保险发展取得成功的重要经验。

（三）坚持统筹兼顾，循序渐进久久为功

兼顾生产发展和人民生活改善，循序渐进发展社会保险事业，是新中国七十年各个历史时期社会保险事业发展共同遵循的基本方针。毛泽东将其概括为“统筹兼顾，适当安排”。新中国成立初期明确提出要照顾到积累资金和改善人民生活两个方面，在发展生产和提高劳动生产率的基础上逐步提高人民的物质生活和文化生活水平。所谓“逐步”就是根据实际需要与客观条件，采取循序渐进的办法，逐步建立各项社会保险制度，并随着客观条件的变化逐步改进完善。在制度建立上采取逐步推广的办法，先建立城镇企业职工社会保险制度，再逐步建立其他人群社会保险制度。企业职工社会保险制度建立之初也是先在一定范围内实施，再根据实际条件逐步扩大到其他单位和人员。并采取了“先分后合”的办法，先分别建立企业职工和机关事业单位工作人员社会保险制度，实际条件成熟后，再进行整合统一。在保障水平上采取逐步提高的办法，制度建立之初待遇标准定得比较低，主要是解决生活困难问题，随着生产的发展和劳动生产率的提高，再逐步提高待遇标准，以改善人民群众生活。“文化大革命”后对社会保险体系的重构及改革开放后对社会保险体系的再造，遵循的也都是这一发展路径。实践证明，坚持统筹兼顾、循序渐进、久久为功的发展路径是正确的，是新中国七十年社会保险事业快速发展、取得巨大成就的一条重要经验。

（四）坚持统放结合，充分发挥中央与地方两个积极性

地区间发展不平衡是中国的基本国情。如何妥善处理国家社会保险政策法规与地方差异化实际的关系，既确保全国各地区发展步伐和进程基本统一，不因发展条件相对较差而被甩在后面，又不影响有条件地区尽可能快速发展，引领和带动其他地区，始终是中国社会保险事业发展面临的现实问题。为此，中国采取了统放结合的管理体制，在社会保险发展上，由中央制定大政方针政策和指导意见，地方结合本地实际制定实施方案和办法并组织实施。同时，允许有条件的地区走在前面，在国家政策出台前先行先试。既保持了基本政策的统一性和各地区发展步骤的一致性，又赋予地方实施上的灵活性以及结合本地实际进行创新的空间，释放了地方改革创新的活力和创造力。同时，也降低了对顶层设计的要求和实施难度，增强了各项政策措施对地区差异的

适应性。更重要的是对国家政策的出台起到了探索路径和积累经验的作用，引领和带动了其他地区，加快了社会保险发展进程。实践证明，这种管理体制不仅符合中国国情，国家社会保险政策法规与地方差异化实际的关系得到了妥善处理，而且充分发挥了中央和地方两个积极性，逐渐形成了两种动力：中央层面的推动力和地方层面自主发展的拉动力。前者推动全国各地按照国家经济社会发展的总体规划稳步推进，后者通过各地区结合本地实际进行自主探索，先行先试，带动其他地区和全国更快发展。这一体制虽然是在改革开放后形成的，但在改革开放前的计划经济时期，社会保险的发展也是受中央和地方两个动力推动的，只不过中央的集中度更高一些，推动力度更大一些，但是地方也有一定的自主权，在社会保险发展上可以进行一定的自主探索。这既是社会保险发展的中国特色，更是中国经验和中国智慧。

（五）坚持改革创新，在实践探索中持续推进

新中国七十年社会保险制度的建立与发展，是伴随着对中国特色社会主义的实践探索而不断探索的过程。不仅没有成熟的理论可供学习，也没有成功的经验可以借鉴，只能在实践中探索前进。改革创新则是贯穿中国特色社会保险体系建立与发展各个历史时期的基本推进方式。新中国成立之初建立的企业职工劳动保险制度和公职人员退休退职制度与公费医疗制度，以及由农民自主探索建立的农村合作医疗制度，都是自主创新的产物。1957 年以后对职工社会保险制度的“调整”，包括统一企业和机关事业单位职工离退休制度、改进劳保医疗制度等，则是针对制度运行中出现的问题进行的改革。“文化大革命”后对社会保险体系的重构，毫无疑问是对计划经济体制下社会保险制度的一次重大改革，也是根据面临的重大问题和加快社会主义现代化建设的需要进行的一次制度创新。改革开放后建立独立于企业事业单位之外、资金来源多元化、保障制度规范化、管理服务社会化的现代社会保险制度体系和管理服务体系，更是在对原有企业保障制度模式进行改革的基础上，通过制度与管理上的不断创新实现的。改革创新不仅贯穿改革开放后社会保险发展的全过程，也是各级经办机构推动社会保险迅速发展的主要方式，体现在社会保险发展的每一个方面、每一个地区和每一个层级。通过改革创新推动新中国社会保险发展既是坚持实事求是、走中国特色社会保险之路的具体体现，也是建立中国特色社会保险体系实践探索的主要经验。

（六）坚持先行先试稳中求进，注重人民群众获得感

我国不仅地域广阔，地区间发展又很不平衡，发展水平差异很大。每一项制度的建立都很复杂，既要保持全国的统一性，又要很好地适应地区间的差异，同时还要做到全国各地整体推进，在大的步调上保持一致，更重要的是必须得到人民群众的拥护，最大限度地消除改革阻力，在调整利益分配格局的同时保持社会稳定，不仅难度很大，也不允许出现大的失误。抓住人民最关心最直接最现实的利益问题，从个别地区先行先试的探索开始，由点到面稳步推进，就成为中国社会保险发展的必然选择。特别是在从计划经济体制向市场经济体制转变过程中进行的社会保险体制改革，更加体现了这种先行先试稳中求进、注重人民群众获得感的特点，并形成了“个别探索—局部试点—全面实施—改进完善”的推进模式。每一项重大改革，都是从个别地区先行先试的探索开始的。取得成功以后，带动其他一些地区学习借鉴，结合本地实际进行改革探索，形成各具特色的实施模式。一定时期以后，再选择不同地区在全国范围内组织试点，并在总结试点经验的基础上，制定改革方案在全国推行。这样，每一个重大改革方案都有比较广泛的实践基础，积累了比较充分的经验，对需要解决的问题、需要克服的障碍、可能遇到的困难、可能带来的影响等都有比较全面的认识和把握，不仅适应面广，可操作性强，既积极又稳妥，而且能够给人民群众带来实实在在的获得感，为人民群众所拥护。这无疑是改革开放后建立中国特色社会保险体系的实践探索能够顺利推进，并取得巨大成功的重要原因。

大事记

2018 年

1 月 2 日，人力资源社会保障部、交通运输部、水利部、能源局、铁路局、民航局联合印发《关于铁路、公路、水运、水利、能源、机场工程建设项目参加工伤保险工作的通知》（人社部发〔2018〕3 号），全面启动交通运输等行业工程建设项目参加工伤保险工作，要求各部门协同配合，合力做好工程建设领域职工特别是农民工工伤保险权益保障工作。

2 月 6 日，人力资源社会保障部、财政部会同国家发展改革委、国家税务总局、人民银行、银监会、证监会、保监会成立工作领导小组，启动建立养老保险第三支柱（个人储蓄养老保险）工作。这是完善多层次养老保险制度体系，积极应对人口老龄化的重要举措。

2 月 7 日，人力资源社会保障部办公厅印发《关于发布医疗保险按病种付费病种推荐目录的通知》（人社厅函〔2018〕40 号），要求各地全面推行以按病种付费为主的多元复合式医保支付方式，因地制宜确定医保付费病种，合理制定医保付费病种支付标准，逐步扩大定点医疗机构实施范围。

2 月 11 日，人力资源社会保障部办公厅印发《关于进一步做好健全社会保险经办服务标准化体系相关工作的通知》（人社厅函〔2018〕49 号），就贯彻《关于进一步健全社会保险经办服务标准化体系的意见》（人社部发〔2017〕104 号）提出具体要求。

3 月 5 日，人力资源社会保障部、财政部、国家卫生计生委联合印发《关于做好当前生育保险工作的意见》（人社部发〔2018〕15 号），对规范生育津贴支付政策，提高基金使用效率等方面提出具体要求。

3 月 17 日，第十三届全国人民代表大会第一次会议批准《深化党和国家机构改革方案》，将人力资源和社会保障部的城镇职工和城乡居民基本医疗保险、生育保险职责，国家卫生和计划生育委员会的新型农村合作医疗职责，国家发展和改革委员会的药品和医疗服务价格管理职责，民政部的医疗救助职责整合，组建国家医疗保障局，作为国务院直属机构。将基本养老保险费、基本医疗保险费、失业保险费等各项社会保险费交由税务部门统一征收。

3 月 26 日，人力资源社会保障部、财政部联合印发《关于建立城乡居民基本养老保险待遇确定和基础养老金正常调整机制的指导意见》（人社部发〔2018〕21 号），明确建立城乡居民基本养老保险待遇确定和基础养老金正常调整机制总体要求、主要任务等。

4 月 3 日，人力资源社会保障部办公厅、财政部办公厅联合印发《关于规范职业年金基金管理运营有关问题的通知》（人社厅发〔2018〕32 号），对职业年金基金市场化管理、账户开设、评审委员会组建等进行统一规范。

4 月 20 日，人力资源社会保障部、财政部联合印发《关于继续阶段性降低社会保险费率的通知》（人社部发〔2018〕25 号），对阶段性降费范围、比例等作出明确规定。

4 月 22 日，人力资源社会保障部办公厅印发《关于实施失业保险支持技能提升“展翅行动”的通知》（人社厅发〔2018〕36 号），对“展翅行动”提出总体要求，并制定了相应工作措施。

4 月 22 日，在首届数字中国建设成果展览会上，人力资源社会保障部签发全国首张电子社会保障卡。线上线下全面打通，以线下为基础，线上线下相互补充的社会保障卡多元化服务生态圈正在形成。青岛、福州、成都等地先期开展电子社会保障卡试点。

5 月 10 日，人力资源社会保障部、财政部联合印发《关于 2018 年提高全国城乡居民基本养老保险基础养老金最低标准的通知》（人社部规〔2018〕3 号），对提高标准和资金来源作出规定。

5 月 30 日，国务院印发《关于建立企业职工基本养老保险基金中央调剂制度的通知》（国发〔2018〕18 号），决定建立企业职工基本养老保险基金中央调剂制度，自 2018 年 7 月 1 日实施。这是实现养老保险全国统筹的第一步，有助于均衡地区间企业职工基本养老保险缴费负担，实现基本养老保险制度可持续发展。

5 月 31 日，国家医疗保障局正式挂牌。我国医疗保障管理体制得以统一，有利于统筹推进“三医联动”改革，更好地保障人民群众健康。

5 月 31 日，人力资源社会保障部印发《关于全面取消社会保险待遇资格集中认证的通知》，要求各地立即全面取消领取社会保险待遇资格集中认证，尽可能让群众不用跑腿完成认证工作。

6 月 15 日，《中共中央、国务院关于打赢脱贫攻坚战三年行动的指导意见》发布，明确了社会保险扶贫特别是城乡居民基本养老保险、基本医疗保险、大病保险扶贫政策，并提出了具体要求。

6 月 26 日，人力资源社会保障部、财政部联合印发《关于使用失业保险基金支持脱贫攻坚的通知》（人社部发〔2018〕35 号），提出从提高贫困地区失业保险金标准、企业稳岗补贴标准等方面，支持脱贫攻坚。

7 月 3 日，人力资源社会保障部召开系统行风建设电视电话会议，部署全系统全面开展行风建设工作。要求围绕“正行风、树新风、打造群众满意的人社服务”，以思想为引领，以信息化为支撑，抓住清权、减权、晒权、制权四个环节，治痛点、疏堵点，规范标准流程，提高能力素质，考核督查倒逼，切实增强人民群众获得感。

7 月 6 日，国家医疗保障局、财政部、人力资源社会保障部、国家卫生健康委联合印发《关于做好 2018 年城乡居民基本医疗保险工作的通知》（医保发〔2018〕2 号），对城乡居民医保年度重点工作作出统一部署。

7 月 10 日，中共中央政治局常委、国务院副总理韩正到国家医疗保障局调研，强调要认真贯彻优化协同高效原则，把党中央确定的改革举措落到实处，不断提高医疗保障水平，更好保障病有所医，增强人民群众的获得感、幸福感、安全感。

7 月 17 日，人力资源社会保障部印发《关于加强社会保险基金管理风险防控工作的意见》（人社部发〔2018〕43 号），对强化社保基金风险管理，健全内部控制等提出新要求和具体措施。

7 月 17 日，国家医疗保障局、国家卫生健康委联合印发《关于开展抗癌药省级专项集中采购工作的通知》（医保发〔2018〕4 号），决定在全国开展省级抗癌药专项集中采购工作，明确了目标任务、覆盖范围。

7 月 20 日，中共中央办公厅、国务院办公厅印发《国税地税征管体制改革方案》，从 2019 年 1 月 1 日起，将各项社会保险费交由税务部门统一征收。

7 月 27 日，人力资源社会保障部社会保险事业管理中心印发《关于开展社会保险标准化建设“先行城市”评估验收的通知》，启动创建社会保险标准化“先行城市”评估验收工作。共有 27 个省的 78 个市县社保经办机构参加社会保险标准化“先行城市”创建。

7 月 31 日，全国社会保障基金理事会发布 2017 年年度报告。社保基金权益投资收益 1 846 亿元，投资收益率达 9.68%，18 年来累计投资收益超 1 万亿元，年均收益率为 8.37%，超同期年均 CPI（居民消费价格指数）6.06 个百分点。

8 月 20 日，国务院办公厅印发《关于印发深化医药卫生体制改革 2018 年下半年重点工作任务的通知》（国办发〔2018〕83 号），要求加快完善全民医保制度。

8 月 31 日，人力资源社会保障部印发《打赢人力资源社会保障扶贫攻坚三年行动方案》，要求全面落实社会保险扶贫政策，推进贫困人口社保应保尽保，逐步提高城乡居民基本养老保险待遇水平，防范因工伤、失业致贫返贫。

9 月 6 日，人力资源社会保障部办公厅、全国工商联办公厅联合印发《关于联合开展“失业保险惠企政策进民企”专项宣传活动的通知》（人社厅发〔2018〕98 号），对活动安排作出统一部署。

9 月 10 日，财政部、税务总局联合印发《关于全国社会保障基金有关投资业务税收政策的通知》（财税〔2018〕94 号），规定对社会保障基金取得的直接股权投资收益、股权投资基金收益，作为企业所得税不征税收入。

9 月 20 日，财政部、国家税务总局联合印发《关于基本养老保险基金有关投资业务税收政策的通知》（财税〔2018〕95 号），对符合条件的投资收入，免征相关税费。

9 月 21 日，人力资源社会保障部办公厅印发《关于贯彻落实国务院常务会议精神切实做好稳定社保费征收工作的紧急通知》（人社厅函〔2018〕246 号），要求各地严格执行现行各项社保费征收政策，严禁自行组织对企业历史欠费进行集中清缴。

9 月 24 日，人力资源社会保障部办公厅印发《关于推进工伤认定和劳动能力鉴定便民化服务工作的通知》（人社厅发〔2018〕104 号），提出从事项下放、简化材料、异地委托合作等方面，推进工伤认定和劳动能力鉴定便民化服务工作。

9月28日，长三角地区上海、江苏、浙江、安徽“一市三省”协作共商，开展门诊直接结算试点工作。江苏省南通市、盐城市、徐州市，浙江省嘉兴市、宁波市、省本级，安徽省滁州市、马鞍山市等8个统筹地区首批开展试点。

9月30日，国家医疗保障局印发《关于将17种抗癌药纳入国家基本医疗保险、工伤保险和生育保险药品目录乙类范围的通知》（医保发〔2018〕17号），将阿扎胞苷等17种药品纳入国家基本医疗保险、工伤保险和生育保险药品目录乙类范围。

9月30日，国家医疗保障局、财政部、国务院扶贫办联合印发《医疗保障扶贫三年行动实施方案（2018—2020年）》（医保发〔2018〕18号），提出到2020年将农村贫困人口全部纳入基本医保、大病保险和医疗救助保障范围。

9月，人力资源社会保障部社会保险事业管理中心启动《社会保险工作人员基本行为规范》《社会保险网上经办服务指南》《劳动能力鉴定职工非因工伤残或因病丧失劳动能力程度》三项行业标准制定工作。

9月，国家医疗保障局、国家卫生健康委、公安部、国家药监局联合开展打击欺诈骗取医疗保障基金专项行动，开展飞行检查。

10月11日，人力资源社会保障部办公厅印发《关于加强贫困地区社会保险基金管理风险防控工作的通知》（人社厅函〔2018〕263号），提出从监督检查、信息化建设等方面，加强贫困地区社会保险基金管理风险防控。

11月15日，《4+7城市药品集中采购文件》于上海阳光医药采购网正式发布，确定31个采购品种和约定采购量，拟中选价平均降幅52%，最高降幅96%。

11月22日，国家发展改革委、人民银行、人力资源社会保障部、国家税务总局、国家市场监管总局、国家医疗保障局等多部门联合签署了《关于对社会保险领域严重失信企业及其有关人员实施联合惩戒合作备忘录》。

11月24日，由中国社会保险学会社会保险管理服务专业委员会和山东工商学院公共管理学院合作编撰的系列蓝皮书《中国社会保险管理服务发展报告2016—2017》发布会在北京举行。

11月28日，国家医疗保障局办公室印发《关于当前加强医保协议管理确保基金安全有关工作的通知》（医保办发〔2018〕21号），要求各地从完善协议内容等方面，进一步加强医保协议管理。

11 月 29 日，国家医疗保障局办公室、财政部办公厅印发《关于印发〈欺诈骗取医疗保障基金行为举报奖励暂行办法〉的通知》（医保办发〔2018〕22 号），对欺诈骗保行为种类、举报方式、奖励标准等作出明确规定。

12 月 14 日，人力资源社会保障部印发《关于修改部分规章的决定》（人力资源和社会保障部令第 38 号），对《就业服务与就业管理规定》《失业保险金申领发放办法》《工伤职工劳动能力鉴定管理办法》《工伤保险辅助器具配置管理办法》《社会保险基金先行支付暂行办法》的相关条款作出修改。

12 月 29 日，第十三届全国人民代表大会常务委员会第七次会议通过关于修改《中华人民共和国社会保险法》的决定，将生育保险基金并入基本医疗保险基金征缴和管理。

12 月 29 日，财政部印发《关于印发〈社会保障基金财政专户会计核算办法〉的通知》（财办〔2018〕43 号），对《社会保障基金财政专户会计核算暂行办法》（财社字〔1999〕118 号）相关条款进行了修订。

12 月，国家医疗保障局、国家卫生健康委、公安部、国家药监局联合开展打击欺诈骗取医疗保障基金专项行动，对 30 个省（区、市）进行飞行检查 39 组次，初步查实违规金额近 2.5 亿元。

12 月，人力资源社会保障部社会保险事业管理中心完成创建社会保险标准化建设“先行城市”评估验收工作，52 个单位（1 个直辖市、39 个地市、12 个县）通过验收，打造社会保险标准化建设城市“样板间”的目标基本实现。

2019 年

1 月 1 日，国务院办公厅印发《关于印发国家组织药品集中采购和使用试点方案的通知》（国办发〔2019〕2 号），决定在北京等 11 个城市开展国家组织药品集中采购和使用试点。

1 月 9 日，中共中央政治局常委、国务院副总理韩正到国家医疗保障局指导工作，指出要大力推进国家组织药品集中采购和使用改革，打破各种利益藩篱，推动集中带量采购常态化，扩大采购品种范围，以此带动“三医联动”改革。

1月23日，人力资源社会保障部办公厅印发《关于机关事业单位养老保险关系转移接续办法实施后相关政策衔接问题的复函》（人社厅函〔2019〕19号），对2014年10月1日以后公务员及参公管理人员办理了正式调动或辞职、辞退手续离开机关事业单位的，应补记职业年金，不再执行基本养老保险个人账户一次性补贴政策。

2月25日，人力资源社会保障部办公厅、财政部办公厅联合印发《关于确定城乡居民基本养老保险基金委托投资省（区、市）启动批次的通知》（人社厅发〔2019〕33号），确定启动河北省、吉林省、江苏省、浙江省、安徽省、福建省、河南省、广东省、青海省居民基本养老保险基金委托投资工作。

2月28日，国家医疗保障局印发《关于国家组织药品集中采购和使用试点医保配套措施的意见》（医保发〔2019〕18号），对落实医保基金预付政策，建立医院集中采购考核机制等提出要求。

3月4日，人力资源社会保障部印发《关于取消部分规范性文件设定的证明材料的决定》（人社部发〔2019〕20号），取消了工伤先行支付等业务中需要的部分证明材料，进一步方便了群众。

3月6日，国务院办公厅印发《关于全面推进生育保险和职工基本医疗保险合并实施的意见》（国办发〔2019〕10号），决定全面推进生育保险和职工基本医疗保险合并实施。

3月11日，人力资源社会保障部、财政部、国家发展改革委、工业和信息化部联合印发《关于失业保险支持企业稳定就业岗位的通知》（人社部发〔2019〕23号），提出从返还失业保险费等方面，支持企业稳定就业岗位，并对返还实施条件、审核认定等作出规定。

3月21日，人力资源社会保障部办公厅印发《关于全面开展电子社会保障卡应用工作的通知》（人社厅发〔2019〕45号），提出了全面开展电子社会保障卡应用的目标原则及工作任务。

4月1日，国务院办公厅印发《关于印发〈降低社会保险费率综合方案〉的通知》（国办发〔2019〕13号），决定通过降低社会保险费率、调整社会保险缴费基数政策等确保企业社会保险缴费负担有实质性下降。要求通过加快推进养老保险省级统筹，提高养老保险基金中央调剂比例等方式确保退休人员养老金按时足额支付。

4 月 1 日，国家医疗保障局在福建省三明市召开全国医疗保障信息化建设试点启动会，明确试点任务，要求探索可行路径，加快推进全国医疗保障信息化建设。

4 月 11 日，国家医疗保障局发布《医疗保障基金使用监管条例（征求意见稿）》，向社会公开征求意见。

4 月 18 日，国家医疗保障局与上海市人民政府签署《共同完善医药招采机制推进平台建设备忘录》，进一步发挥国家组织开展药品集中采购和使用试点的示范效应，为药品采购体制改革提供可借鉴、可推广的经验。

4 月 26 日，国家医疗保障局、财政部联合印发《关于做好 2019 年城乡居民基本医疗保障工作的通知》（医保发〔2019〕30 号），明确了 2019 年七方面的工作任务。

4 月 28 日，人力资源社会保障部、财政部、税务总局、国家医疗保障局联合印发《关于贯彻落实〈降低社会保险费率综合方案〉的通知》（人社部发〔2019〕35 号），对降低费率、缴费基数调整等提出具体要求。

4 月 28 日，人力资源社会保障部印发《关于废止〈社会保险登记管理暂行办法〉的决定》（人力资源和社会保障部令第 39 号），配合“多证合一、一照一码”登记制度改革，提高政务服务“一网通办”效率。

4 月 28 日，长三角跨省异地就医门诊费用直接结算工作推进会召开。截至 2019 年年底，长三角地区全部 41 个城市已经实现跨省异地就医门诊费用直接结算全覆盖，联网定点医疗机构 5 173 家，其中上海市设有门诊的医疗机构已全部联网。

5 月 1 日，中华人民共和国政府和卢森堡大公国政府社会保障协定正式生效。

5 月 21 日，国家医疗保障局、财政部、国家卫生健康委、国家中医药局联合印发《关于印发按疾病诊断相关分组付费国家试点城市名单的通知》（医保发〔2019〕34 号），确定 30 个城市作为 DRG 付费国家试点城市，明确了试点的重点任务及工作机制。

5 月 21 日，国家医疗保障局办公室印发《关于开展医保基金监管“两试点一示范”工作的通知》（医保办发〔2019〕17 号），明确基金监管方式创新试点、基金监管信用体系建设试点和医保智能监控示范点的基本原则、工作内容、责任分工、进度安排和地区名单等。

5月31日，人力资源社会保障部办公厅印发《关于印发〈人力资源社会保障系统开展证明事项告知承诺制试点工作实施方案〉的通知》（人社厅发〔2019〕71号），确定6项社保经办业务开展证明事项告知承诺制试点，以推动实现相关审批服务事项流程更简、监管更严、服务更优。

6月20日，国家医疗保障局办公室印发《关于印发医疗保障标准化工作指导意见的通知》（医保发〔2019〕39号），要求建立国家医疗保障局主导、相关部门认同、各地协同推进的标准化工作机制，形成与医疗保障改革发展相适应的标准化体系。

6月22日，京津冀医疗保障协同发展合作协议签署仪式在天津举行，京津冀门诊异地直接结算试点正式启动。

6月25日，国家医疗保障局办公室印发《关于开展医保药品、医用耗材产品信息维护的通知》（医保办发〔2019〕20号），明确了维护对象、品种、流程和要求。

7月5日，财政部、退役军人事务部、人力资源社会保障部、国家医疗保障局、民政部、国家税务总局联合印发《关于解决部分退役士兵社会保险问题中央财政补助资金有关事项的通知》（财社〔2019〕81号），明确了补助范围、标准、方式等相关事项。

7月12日，全国社会保险标准化技术委员会于北京启动《社会保险登记服务规范》《职工基本养老保险待遇支付服务规范》《城乡居民基本养老保险服务规范》3项国家标准和《工伤保险经办服务规范》《养老保险关系制度间转移接续规范》《社会保险服务综合柜员制要求》《社会保险业务档案元数据规范》4项行业标准制定工作，成立了由地方社保经办机构、有关科研院所组成的标准制定工作组。

8月17日，国家医疗保障局印发《关于完善“互联网+”医疗服务价格和医保支付政策的指导意见》（医保发〔2019〕47号），对完善“互联网+”医疗服务的价格项目管理、形成机制及支付政策等提出指导性意见。

9月1日，中华人民共和国政府和日本国政府社会保障协定正式生效。

9月1日，上海阳光医药采购网发布《联盟地区药品集中采购文件》，依法合规开展跨区域联盟药品集中带量采购，拟中选价平均降幅53%，最高降幅达到93%。

9月5日，国家医疗保障局印发《关于加强医疗保障系统行风建设的通知》（医保发〔2019〕50 号），要求从减少证明材料和手续、积极创新政务服务方式等方面，进一步加强系统行风建设。

9 月 10 日，财政部、人力资源社会保障部、国资委、国家税务总局、证监会联合印发《关于全面推开划转部分国有资本充实社保基金工作的通知》（财资〔2019〕49 号），决定全面推开划转部分国有资本充实社保基金，明确了具体操作办法和要求。

9 月 11 日，人力资源社会保障部、财政部、税务总局联合印发《关于失业保险基金省级统筹的指导意见》（人社部发〔2019〕95 号），明确了失业保险基金省级统筹的原则、内容、要求等。

9 月 16 日，国家医疗保障局、财政部、国家卫生健康委、国家药监局联合印发《关于完善城乡居民高血压糖尿病门诊用药保障机制的指导意见》（医保发〔2019〕54 号），明确了保障对象、用药范围等四项保障措施，提出完善支付政策等三项配套改革措施。

9 月 23 日，国家医疗保障局印发《关于印发医疗保障定点医疗机构等信息业务编码规则和方法的通知》（医保发〔2019〕55 号），明确医疗保障定点医疗机构等 10 项信息业务编码规则和方法，推行统一的医保信息业务编码标准。

9 月 24 日，人力资源社会保障部印发《关于建立全国统一的社会保险公共服务平台的指导意见》（人社部发〔2019〕103 号），确定了统一的社会保险公共服务平台基本架构、运行机制和主要任务。

9 月 25 日，国家医疗保障局、工业和信息化部、财政部、人力资源社会保障部、商务部、国家卫生健康委、国家市场监管总局、国家药监局、中央军委后勤保障部联合印发《关于国家组织药品集中采购和使用试点扩大区域范围的实施意见》（医保发〔2019〕56 号），提出组织试点城市之外相关地区以省为单位形成联盟，开展跨区域联盟集中带量采购，明确了相应的措施和要求。

9 月 26 日，人力资源社会保障部办公厅印发《关于加快推进工伤保险基金省级统筹工作的通知》（人社厅函〔2019〕164 号），要求各地从优化管理服务、加强组织领导等五个方面入手，加快推进工伤保险基金省级统筹工作。

9 月 29 日，人力资源社会保障部办公厅印发《关于职工基本养老保险关系转移接续有关问题的补充通知》（人社厅发〔2019〕94 号），针对各地职工基本养老保险关系转移接续中出现的新问题，对相关政策要求进行了补充完善。

9 月 29 日，国家医疗保障局、财政部、国家卫生健康委、国务院扶贫办联合印发《关于坚决完成医疗保障脱贫攻坚硬任务的指导意见》（医保发〔2019〕57 号），从聚焦应保尽保等四方面入手，制定了确保完成医疗保障脱贫攻坚硬任务的政策措施。

10 月 16 日，国家医疗保障局办公室印发《关于印发疾病诊断相关分组（DRG）付费国家试点技术规范和分组方案的通知》（医保办发〔2019〕36 号），要求各地严格按照技术规范和分组方案，积极推进试点工作。

10 月 28 日，人力资源社会保障部印发《关于印发〈社会保险领域严重失信人名单管理暂行办法〉的通知》（人社部规〔2019〕2 号），对社会保险领域严重失信人的界定、名单管理等进行统一规范。

11 月 22 日，国家医疗保障局、人力资源社会保障部联合印发《关于将 2019 年谈判药品纳入〈国家基本医疗保险、工伤保险和生育保险药品目录〉乙类范围的通知》（医保发〔2019〕65 号），正式公布了谈判药品准入结果。

11 月 24 日，国家医疗保障局在济南市举行全国医保电子凭证首发仪式。与传统凭证相比，电子凭证具有方便快捷、安全可靠等优势。

11 月 29 日，人力资源社会保障部、国家医疗保障局联合印发《香港澳门台湾居民在内地（大陆）参加社会保险暂行办法》（人力资源和社会保障部　国家医疗保障局令第 41 号），对香港、澳门、台湾居民在内地（大陆）参加社会保险待遇享受，转移接续等方面作出具体规定。

12 月 2 日，人力资源社会保障部、国家卫生健康委联合印发《关于做好尘肺病重点行业工伤保险有关工作的通知》（人社部发〔2019〕125 号），决定开展为期三年的尘肺病重点行业工伤保险扩面和工伤预防专项行动。

12 月 9 日，人力资源社会保障部印发《关于修改部分规章的决定》（人力资源和社会保障部令第 42 号），对《失业保险金申领发放办法》做出修改，删去第五条中的“参加失业保险及缴费情况证明”。

12 月 19 日，国家医疗保障局和北京市人民政府签署合作备忘录，确定加强资源整合，在完善疾病诊断相关分组付费（DRG）技术标准和建立维护机制等方面加强合作。

12 月 19 日，国家医疗保障局推出国家异地就医备案小程序（试运行），正式启动全国统一跨省异地就医备案服务试点工作，拓展跨省异地就医联网定点医疗机构相关信息查询等服务。

12 月 23 日，四川、重庆、贵州、云南、西藏 5 省（市、区）跨省门诊费用直接结算签约暨启动仪式在成都市举行，西南片区跨省门诊费用直接结算正式开展。

12 月 26 日，京津冀地区异地门诊直接结算正式启动，北京市、天津市基本医疗保险参保人员以及河北省本级、保定市、廊坊市、邯郸市和雄安新区职工医保参保人员以及北京、天津、河北的 7 家医院参加首批试点。

后　记

经过一年多时间的努力，克服了突如其来的新冠肺炎疫情影响，“社会保险管理服务蓝皮书”第四部——《中国社会保险管理服务发展报告（2018—2019）》终于编撰完成了。

这部报告继续采用“总论+主报告+专题报告+专论”的总体架构，只在具体内容结构上作了必要调整和优化。一是在主报告中增加了“养老保险管理服务”和“工伤保险管理服务”两个内容模块，使分险种内容涵盖所有险种（生育保险合并到医疗保险中），进一步丰富了主报告内容，“险种内容+综合性内容”的主报告结构更加完整；二是将主报告中的“信息管理服务”并入“经办服务体系”，主要是因为“信息管理服务”有关内容已经成为经办服务体系建设的主体，分为两个部分撰写不仅容易使内容割裂，也难以避免重复；三是在专题报告部分增加了一个理论研究模块，即专题报告七“问题与探索：社会保险管理服务重大问题研究进展”，虽然涉及的面还比较窄，但也从一个侧面反映了理论研究对中国社会保险管理服务发展的推动作用，丰富了报告内容。

2018—2019 年正是国家对医疗保险管理体制进行重大改革、各级社保部门进行经办服务体系调整的时期。由于各省（区、市）医疗保障局基本上都是 2018 年年底乃至 2019 年年初才正式成立，地市与县区级医疗保障局 2019 年年底才组建完毕，导致上级行政管理体制与基层经办管理体制不对应。2018 年各地区医疗保险管理服务还在人社部门领导之下，到 2019 年许多地区医疗保险管理服务才逐渐离开社会保险管理服务体系独立运行。这给发展报告的编撰带来了两方面困难：一是数据资料搜集困难。2018—2019 年，与医疗保险、生育保险等有关的数据已不在人社部门统计范围，各级医保经办机构的统计体系还处在建立之中，数据资料搜集难度大大增加，导致医疗保险和生育保险有关数据未能搜集齐全。二是数据资料处理困难。统计数据资料不能准确反映医疗保险实际工作的情况比较突出，有关机构和人员的统计数据与实际情况差异较大，一些与其他险种交叉融合在一起的经办服务难以进行区分，如基金风险防控、经办服务体系建设、行风建设、社保扶贫、参保缴费等等，以及实行多险合一乃至五险合一经办的地区，难以区分哪些属于医疗保险、生育保险管理服务，很难根据统计数据对医疗保险（生育保险）作出全面准确的描述。这导致主报告中有的部分没有将医疗保险和生育保险方面的工作与其他险种工作完全分开，甚至有个别地方由于数据缺乏未能反映这两个险种的情况，有损报告质量，实在令人遗憾。

给人类带来巨大灾难的新冠肺炎依然在世界各地肆虐，目前还看不出什么时候才能被扑灭。中国成了地球上少有的一片没有新冠肺炎肆虐的净土，使我们能够在经历短暂封闭隔离之后，开始正常的工作与生活。这使我们更加深切地感受到了医疗保障和人人享有基本医疗服务的重要性，更加深刻地认识到了我国的制度优势、体制优势与中华民族命运共同体意识的强大和优越。当看到一些国家的人们为了个人的所谓自由拒绝戴口罩、拒绝与他人隔离，心中想的只是个人权利的时候，我们每一个中国人心中想的却是责任——对自己的责任，对家人的责任，对社会的责任。正是因为在这一方净土上，大家都有这样的命运共同体意识，有这样的责任感，我们才能够得到许多单位和个人无私的支持和帮助，克服新冠肺炎疫情带来的不利影响，比较顺利地完成发展报告的编撰任务。对此，我们倍感欣慰，心中更是充满了感激。尤其要感谢人力资源社会保障部养老保险司、失业保险司、工伤保险司、农村社会保险司、社会保险基金监管局、国际合作司、社会保险事业管理中心和信息中心，北京、上海、重庆、辽宁、河南、湖北、广东、广西、陕西、四川、贵州、云南等省（区、市）社保局和青岛、长春、嘉兴、威海等市社保局，以及中国工商银行、中国邮储银行、中国劳动社会保障出版社等为我们调研以及报告编撰和出版发行提供的方便和帮助。

社会保险是我们共同的事业，承载着全中国人民对公平正义和安康幸福美好生活的期待。作为有中国特色社会保险体系建设的见证者和受益者，每一个人都应关心和支持它，都应力所能及地为它尽一份力。编撰出版系列“社会保险管理服务蓝皮书”，全景式地记录社会保险管理服务发展历程，梳理历史演进脉络，总结改革创新经验，分析政策措施利弊得失，为实践者提供理论指南，为研究者提供案例素材，为后来者提供历史资料，为亲历者提供美好回忆，是我们的初心和使命，也是我们为中国社会保险事业尽的一份心和出的一份力。第四部报告编撰完成了，还有第五部、第六部……报告需要编撰。我们将不忘初心，牢记使命，一如既往地为中国社会保险事业尽心尽力。

编者

2020 年 11 月 20 日